पीसी सॉफ्टवेअर मेड ईज़ी

रमेश बांगिया
B.Sc., Dip. Comp. Sc.
Formerly : Managing Editor, Software Today
Formerly : Incharge Computer Centre, Hindustan Copper Ltd.,
New Delhi

KHANNA BOOK PUBLISHING CO. (P) LTD.
DELHI

पीसी सॉफ्टवेअर मेड ईज़ी
रमेश बांगिया

Published by **KHANNA BOOK PUBLISHING CO. (P) LTD.**
1694-95 First Floor, Nai Sarak, Delhi - 110 006
Ph : 011-23256658, 23283211, Fax : 011-23256658
E-mail : contact@khannaedu.com
Website : www.khannaedu.com

ISBN : 978-93-80016-50-4

Hindi Edition : ***2010***

Laser Typeset by :
Stride Computers (Delhi)

Printed in India by :
Seth Printers (P) Ltd. (UP)

भूमिका

एक सॉफ्टवेयर को सीखना आसान और मुश्किल दोनों हैं। यह आप पर निर्भर करता है कि आप किस हद तक सीखने की कोशिश कर रहे हैं। यदि आप केवल ऑफिस के प्रयोग के लिए सीख रहे हैं, तो यह बहुत आसान है। लेकिन यदि आप इसकी गहराई को जानकारी लेना चाहते हैं, तो आप महसूस करेंगे कि इसको समझना थोड़ा मुश्किल है।

यह किताब दोनों पक्षों को ध्यान में रखकर लिखी गई है। शुरु से पढ़ने वाले और साथ ही साथ प्रोफेशनल व्यक्तियों को इसमें पढ़ने के योग्य बहुत कुछ मिलेगा। इसमें मुख्यतया पाठ हैं।

किताब के अन्त में हर पाठ को दोहराने के लिए मुख्य प्वाइंटस् दिये गये हैं। साथही साथ पढ़ने वाले को ज्ञान की परीक्षा के लिए प्रश्न भी दिये गये हैं।

मैं, वास्तव में अपने पब्लिशर का आभारी हूँ क्योंकि उनके ही सुझाव और उत्साहवर्द्धन पर मैंने यह किताब बनाई है।

मैं अपने परिवार का धन्यवाद करता हूँ, क्योंकि यदि वे कुछ आलोचना करते तो मैं यह किताब नहीं लिख पाता। किताब के सुधार के लिए सुझावों का स्वागत है।

रमेश बांगिया

विषय सूची

कम्प्यूटर की बेसिक जानकारी
(Fundamentals of Computers)

कम्प्यूटर का परिचय

पाषाणकालीन समय से ही गणना करने की जरुरत महसूस की जाने लगी थी। सामान के बदले में अच्छे वाणिज्य प्रथा की जरुरत थी लेकिन वहाँ कोई नहीं था। एक मात्र सहारा केवल पत्थर के टुकड़े ही थे। प्रत्येक पत्थर का टुकड़ा एक ईकाई माना जाता था। सामान लेने और देने में पत्थर के टुकड़ों को गिना जाता था।

अगले चरण में वस्तुओं को खरीदने और बेचने में दीवार पर या रेत पर लाइन (रेखा) खींची जानी शुरु कर दी गई। यह बहुत आसान था परन्तु बड़ी गिनती के लिए एक लम्बी प्रक्रिया थी। यहाँ पर भी गणना को सही ढंग से करने के लिए एक आसान तरीके की जरुरत महसूस की जाने लगी।

गणना की दिशा में पहला वास्तविक कदम चाइना के द्वारा उठाया गया। वह एक (यंत्र) device के रूप में था। जिसे Abacus (अबेकस) कहा गया। इस यंत्र में केवल गणना में ही सहयाता नहीं की बल्कि दूसरे गणितीय कार्य जैसे जोड़ना, गुणा करना आदि भी किए।

कम्प्यूटर में दूसरे बड़े विकास कार्य निम्नलिखित हैं–

3000 बी॰ सी॰	अबेकस का आविष्कार चाइना में किया गया। बाद में इजिप्ट और भारत के लोगों के द्वारा इसमें बदलाव किये गये। यह एक आयताकार लकड़ी का फ्रेम होता है जिसमें छड़ें होती हैं और उनमें घुमाने वाले बीड्स होते हैं जिसे गणना में प्रयोग किया जाता था। इसमें 10 छड़ें और प्रत्येक में 7 बीड्स होते हैं। प्रत्येक छड़ में दो भाग होते हैं एक ऊपरी हिस्सा और एक निचला हिस्सा। निचले हिस्से में 5 बीड्स होते हैं जो 5–5 नम्बर के होते हैं। बीड्स छड़ों पर एक सिरे से दूसरे सिरे तक घुमाये जाते हैं और रिजल्ट के नम्बर छड़ पर बीच में दर्शाते हैं। अगले पेज पर उदाहरण में यह नम्बर 8174260847 दिखाया गया है।
1600	हिन्दू अरेबिक गणिक यूरोप में प्रसिद्ध हुआ।
1614	जॉन नेपियर ने logarithms का परिचय दिया।
1617	जॉन नेपियर ने एक मशीन का आविष्कार किया जिसमें गणना करने के लिए गिनती की छड़ें होती थी। हर दछ़ में एक से नौ तक नम्बर होते थे।

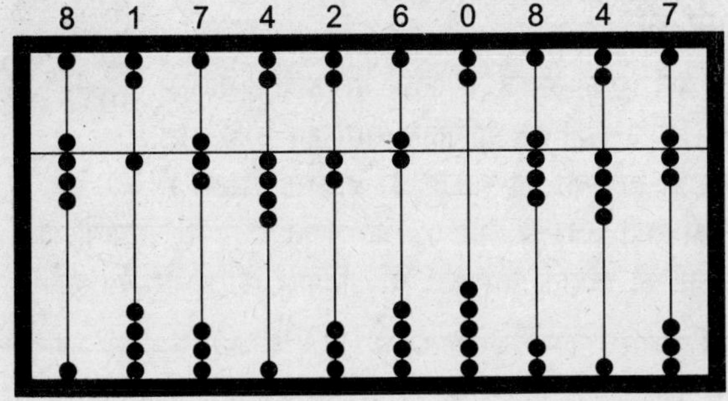

1642 एक प्रसिद्ध फ्रेंच गणितज्ञ बलेसी पास्कल ने पहली मैकेनिकल गणना करने की मशीन विकसित कीख जिसे पास्कलिन कहा गया। इस मशीन में बहुत से काँटे और पहिये एक चेन के द्वारा आपस में जुड़े हुए थे। पहिये पर डॉयल करके मशीन में नम्बर डाले जाते थे। यह सारे गणितीय कार्य कर सकती थी जैसे–जोड़ना, घटाना, गुणा करना आदि।

1671 एक गोफ्राइड लेब्रिटजी–पास्कल की मशीन में बदलाव किये।

1792–1871 चार्ल्स बैबेज, एक अंग्रेज गणितज्ञ ने मशीन बनाई, जिसे Difference engine कहा गया। 1833–34 में बैबेज ने एक दूसरी मशीन का आविष्कार किया, जिसमें स्वचालित गणना

करने का मैकेनिजम था। उसे एनॉलिटिकल इंजन नाम दिया गया। इस मशीन में डॉटा मैमोरी में डाल सकते थे, जो आधुनिक कम्प्यूटर का आधार बना। इसी वजह से उन्हें कम्प्यूटर्स का जनक कहा गया। चॉर्ल्स बैबेज का चित्र यहाँ हैं।

1840 ऑगस्टा (Augasta) एडा ने डेसीमल की जगह बाइनरी डाटा डालने का सुझाव दिया। वह पहली प्रोग्रामर थी।

1850 जॉर्ज बूले, एक अंग्रेज गणितज्ञ थे। उन्होंने महसूस किया कि उलझी हुई गणितीय समस्याएँ उन्हें छोटा करके ही हल की जा सकती है। बाइनरी सिस्टम में 1's को सही उत्तर में और 0's को गलत उत्तर में लगयाया गया। इसी वजह से बूलियन लोजिक की कहानी कम्प्यूटर के इतिहास में आधार बन गई।

1880 हरमन होलरिथ नाम के गणितज्ञ ने USA में जनसंख्या की गणना के लिए पंच कार्ड्स को प्रयोग करके एक मशीन का आविष्कार किया। विभिन्न उत्तरों के लिए इन कार्ड्स में दे

किए जाते थे। जब ये कार्डस् मशीन में डाले जाते थे, तब मशीन उन कार्डस् पर से छेदों को खोज करके नम्बर पहचालनती थी और यह एक सही गणना होती थी।

1939 पहला इलैक्ट्रानिक कम्प्यूटर जॉन विसेंट एटनासॉफ के द्वारा बनाया गया, जो Jowa state college में फिजिक्स और शक्ति के प्रोफेसर थे और क्लीफर्ड बैरी उनके ग्रेजुएट सहायक थे। यह बाद में ''एटनासॉफ-बैरी कम्प्यूटर'' या ए॰ बी॰ सी॰ नाम से जाना गया।

1944 IBM ने एक कम्प्यूटर बनाया जिसे हावर्ड मार्क-I नाम दिया। इस मशीन ने बिना किसी मानवीय सहायता के इलैक्ट्रो मैकेनिकली कार्य किया। यह मशीन तीन जोड़ने के कार्य और एक घटाने का कार्य एक सैकेण्ड में कर सकती थी। गुणा करने में यह एक सवाल एक सैकेण्ड में करती थी। यह पहला कम्प्यूटर था जिसे Automatic Sequence Controlled Computer (ASCC) कहा गया।

1946 इनिएक (इलैक्ट्रनिक न्यूमरिक इंटीग्रेटर एंड केलकूलेटर) कम्प्यूटर मि॰ मॉकली और एकर्ट के द्वारा विकसित किए गये। यह Mark-I पर आधारित था, जिसे हॉवर्ड एटकिन और ग्रेस हॉपर ने 1930 में विकसित किया।

1949 केमब्रिज के मि॰ मॉरिस वी॰ विलकिस ने इलैक्ट्रॉनिक डीलेड स्टोरेज ऑटोमैटिक कम्प्यूटर (इडसेक) बनाया, जो कम्प्यूटर का पहला स्टोर्ड प्रोग्राम था। इडसेक में मॉकली, एकर्ट

और वॉन न्यूमेन ने बदलाव किए और इलैक्ट्रॉनिक डिसक्रिटर वैरिएबल ऑटोमैटिक कम्प्यूटर (इडवेक) बनाया जो दूसरा कम्प्यूटर या स्टोर्ड प्रोग्राम था।

1950 ग्रेस हॉपर ने यूनीवेक-I कम्पाइलर विकसित किया। फिर इसी में बदलाव करके ऑटोमेटिक कम्प्यूटिंग इंजन (ए॰सी॰ई॰) बनाया, जो पहला प्रोग्राम बनाने वाला डिजीटल कम्प्यूटर कहलाया।

1951 मॉकली और एकर्ट ने पहला यूनीवेक-I कम्प्यूटर बनाया, जो व्यावासिक तौर पर बेचा गया।

1957	इंटरनेशनल बिजनेस मशीन (आई बी एम) के इंजीयरों ने फॉरट्रान (फॉरमूला ट्रान्सलेशन भाषा विकसित की।
1959	हॉपर ने कोबोल (कोममन बिसनेस आरिएन्टेड भाषा) [COBOL (Common Business Oriental Language)] प्रोग्रामिंग भाषा का विकास किया।
1960	मेनफ्रेम कम्प्यूटरर्स की आई बी एम सिस्टम/360 सिरीज परिचित कराई गई, जो इंटीग्रेटेड सर्किट टेक्नालोजी पर आधारित थी।
1965	Beginner's All-purpose Symbolic Instruction Code (BASIC) भाषा का विकास एक गणितीय प्रोफेसर डॉ॰ जॉन केमनी और उनके सहायक डॉ॰ थॉमस कर्टज ने किया।
1970	इंटेज ने मैमोरी चिप विकसित की, जो एक किलो-बिट (Kilobit) इन्फॉरमेशन स्टोर कर सकती थी।
1975	एक इलैक्ट्रीकल इंजीनियर, एच॰ एडवर्ड राबर्ट ने पहला माइक्रो कम्प्यूटर डिजाइन किया।
1977	स्टीफन वॉजनाइक और स्टीवन जॉबस ने पहले एप्पल माइक्रो कम्प्यूटर का आविष्कार किया।
1980	पर्सनल कम्प्यूटर्स का विकास हुआ।

इस प्वाइंट से लेकर कॉम्प्यूटर की विभिन्न जेनरेशन विभाजित की गई।

कम्प्यूटर जेनेरेशन

कम्प्यूटर बनने के विभिन्न तरीकों के आधार पर कम्प्यूटर की जेनेरेशन बनाई गई है।

	जेनरेशन	**आधार**	**समय**
(i)	पहली जेनरेशन	इलैक्ट्रॉनिक वॉल्वस्	1950
(ii)	दूसरी जेनरेशन	ट्रॉन्सिसटर्स	1960
(iii)	तीसरी जेनरेशन	इंटीग्रेटेड सर्किट्स	1965
(iv)	चौथी जेनरेशन	माइक्रो प्रोसेसर्स	1975
(v)	पाँचवी जेनरेशन	लार्ज स्केल इंटीग्रेटेड सिस्टम	1980

पहली जेनेरेशन के कम्प्यूटर्स

जे॰ पी॰ एकर्ट और ज॰ डब्लू॰ मॉकली ने 1951 में पहला इलैक्ट्रॉनिक कम्प्यूटर यूनीवेक-I विकसित किया। इन कम्प्यूटर्स के कुद सामान्य गुण इस प्रकार हैं–

1. इन कम्प्यूटर्स में वेक्यूम टयूबस् का प्रयोग की गई।
2. इंफॉरमेशन डालने के लिए पंच कार्डस् प्रयोग किये गये और रिजल्ट के लिए पंच कार्डस् और कागज प्रयोग किये गए।
3. बाहरी स्टोरेज के लिए मैग्नेटिक टेप प्रयोग की गई।
4. एसेम्बली भाषा और मशीनी भाषा विकसित की गई।
5. इसी श्रेणी के दूसरे कम्प्यूटर्स के नाम हैं–नीवेक, एडवेक, यूनीवेक, यूनीवेक-I, आई बी एम 650 आदि।

दूसरी जेनरेशन के कम्प्यूटर्स

दूसरी जेनरेशन के कम्प्यूटर्स 1959 से 1965 में विकसित हुए। इन कम्प्यूटर्स के सामान्य गुण है–

1. वेक्यूम टयूबस् को बदलकर ये कम्प्यूटर ट्रॉनसिस्टर टेक्नालॉजी पर आधारित थे।
2. डाआ डालने के लिए पंच कार्डस् और मैग्नेटिक टेप प्रयोग की गई।
3. रिजल्ट पंच कार्ड्स और कागजों पर लिए गए।
4. बाहरी स्टोरेज के लिए मैग्नेटिक टेप प्रयोग की गई।
5. फॉर्ट्रॉन, कोबोल, बेसिक, ऊँचे लेवे की भाषाएँ विकसित की गई।
6. यूनीवेक 1108, आई बी एम 700, 1401, सी डी॰ सी 1604, 3600 इस जेनेरेशन के कम्प्यूटर है।

तीसरी जेनेरेशन के कम्प्यूटर

तीसरी जेनरेशन के कम्प्यूरों में मशीनी हार्डवेयर में कुछ बदलाव किये गये। सामान्य गुण इस प्रकार हैं–

1. ट्रान्सिसटर्स को बदलकर इंटीग्रेटेड सर्किट्स या चिप लगाये गये।
2. इस दौरान विशेष ऑपरेटिंग सिस्टम विकसित किये गये। जिनमें एक कार्य से दूसरे कार्य पर और दूसरे से तीसरे कार्य पर जाने की और एक साथ कई प्रोग्राम करने की योग्यता थी।
3. ऑपरेटिंग सिस्टम की सहायता से एक मशीन के लिए यह सम्भव हो सका कि वह विभिन्न प्रकार के कार्य एक साथ और लाइन में कर सकें।
4. डाटा को डालने और रिजल्ट लेने के लिए पंच काड्स की बजाय कीबोर्ड और मॉनिटर प्रयोग गये।
5. बाहरी स्टोरेज के लिए मैग्नेटिक टेप की बजाय मैग्नेटिक डिस्क प्रयोग की गई।
6. रिपोर्ट प्रोग्राम जेनेरेट (RPG) और पास्कल आदि ऊँची श्रेणी की भाषाएँ विकसित हुई।
7. उदाहरण के तौर पर–आई बी एम–360, 370, आई सी॰ एल 1900 इस जेनेरेशल के कम्प्यूटर हैं।

चौथी जेनरेशन के कम्प्यूटर

ये कम्प्यूटस लार्ज स्केल इंटीग्रेशन सिस्टम पर आधारित थे। कुछ सामान्य गुण इस प्रकार हैं–

1. डाटा डालने और रिजल्ट लेने की डिवाईसों में बदलाव किये गये।
2. सर्किट्स की अधिता से माइक्रो-कम्प्यूटर्स का परिचय किया गया।
3. बाहरी सटोरेज के लिए मैग्नेटिक डिस्क बहुत प्रसिद्ध हुई।
4. बड़े डाटा बेस के लिए विशेष सॉफ्टवेयर प्रयोग गये।
5. इस जेनरेशन के दसूरे कम्प्यूटर हैं–इंटेज 4004, एप्पल सिरिज I और II, स्पेक्ट्रम 7।

पाँचवी जेनरेशन के कम्प्यूटर

पाँचवी जेनेरेशन के कम्प्यूटर कनैक्टिविटी पर आधारित थे। कुछ सामान्य गुण इस प्रकार हैं–

1. 1990 के दशक में जापानियों ने शक्तिशाली इंटेलीजेंट कम्प्यूटर्स का वर्णन किया।
2. बाद में उन्होंने विभिन्न रिसर्च क्षेत्रों पर काम किया जो कम्प्यूटर इंटेलीजेंस, आर्टीफिशियल इंटेलीजेंस और कुशल सिस्टम से जुड़े थे।

3. इस जेनेरेशन का मुख्य आधार कनैक्टिविटी (कम्प्यूटर को जोड़ना) था।
4. कम्प्यूटर्स को जोड़ने के तरीके को नेटवर्किंग कहा गया।
5. इंटरनेट के विकास में नेटवर्किंग का प्रयोग किया गया।

शताब्दी के मुख्य आवश्यक कम्प्यूटर का निर्माण हुआ जिसे पर्सनल कम्पयूटर कहा गया। कम्प्यूटर का इतिहास इस उपर्युक्त वर्णन के बिना पूरा नहीं हो सकता कि किस तरह से साल दर साल में विकसित होते गये।

पर्सनल कम्प्यूटर्स

1981 में आई बी एम के द्वारा पर्सनल कम्प्यूटर्स निर्मित किये गये। आई बी एम विभिन्न तरीकों के मॉडल और वर्जन लाया, जिसमें विभिन्न प्रकार की फ्लॉपी डिस्क, हार्ड-डस्क, चिप आदि थे जिसमें कम्प्यूटर की गति को तेज पर तेज किया।

आई बी एम के पर्सनल कम्प्यूटर के विभिन्न वर्जन हैं–

मॉडल	रैम चिप	चिप के प्रकार	फ्लॉपी ड्राइव $\left(5\frac{1}{2}\right)$	फ्लॉपी ड्राइव $\left(3\frac{1}{2}\right)$	हार्ड डिस्क
पीसी	640 K	8088	2	निल	निल
पीसी–XT	640 K	8088	1	निल	20 MB
पीसी–AT/286	1028 K	80286	1	1	40 MB
पीसी–AT/386	4 MB	80386	1	1	120 MB
पीसी–AT/486	8 BM	80486	1	1	260 MB
पीसी–पेन्टियम	16 MB	पेन्टियम	निल	1	720 MB
पीसी–पी-3	32 MB	पेन्टियम-III	निल	1	4.3 GB
पीसी–पी-4	128 MB	पेन्टियम-IV	निल	1	20 GB

टेबल की विभिन्न श्रेणी को जानने के लिए ये बातें आवश्यक हैं–

1 बाइट (B) = 1 केरेक्टर (0 + 9 or a to z or विशेष केरेक्टर जैसे $)

1 किलोबाइट (KB) = लगभग 1,000 बाइट

1 मेगाबाइट (MB) = लगभग 1,000 किलोबाइट

1 गोगाबाइट (GB) = लगभग 1,000 मेगाबाइट

एप्पल कम्प्यूटर

1977 में दो लाग स्टीफन बॉजनिक और स्टीव जॉबस ने इस कम्प्यूटर का विकास किया। यह कम्प्यूटर घरों और छोटे व्यवसायों के लिए बहुत प्रसिद्ध हुआ। एप्पल कम्प्यूटर की कम्पनी ने ओर ये भी छोटे कम्प्यूटर का निर्माण किया कुछ सालों बाद इस कम्पनी ने मैकिनतोप ब्रांड का कम्प्यूटर पूरी दुनिया में उपलब्धा कराया। कुछ यूजर्स के लिए ये कम्प्यूटर उन कम्प्यूटर से बेहतर थे जो आई बी एम ने निर्मित किये थे।

कम्प्यूटर टर्मीनोलोजी

कम्प्यूटर शब्द कम्प्यूटर शब्द से लिया गया है जिसका अर्थ है गणना करना। इसीलिए कम्प्यूटर को एक तेज गति वाला कम्प्यूटर कहा गया जबकि ये इससे कहीं ज्यादा था।

यह मशीन बहुत तेज गणना करती थी और साथ ही साथ डाटा को कॉपी करना, इधार से उधर ले जाना, तुलना करना आदि कार्य भी करती थी।

कम्प्यूटर कम्प्यूटर की परिभाषा में, यह एक मशीन है जो डाटा को स्वीकार करके उस पर विभिन्न केलकुशन करके, सीढ़ी दर सीढ़ी नियमों का पालन करती हुई रिजल्ट दर्शाती है।

प्रोग्रामं शिक्षा सम्बन्धाी निर्देशों का लाइन से पालन करते हुए एक विशेष एक विशेष कार्य को अंजाम देना ही कम्प्यूटर का प्रोग्राम है।

डाटा प्रोसेसिंग डाटा को एक उपयोगी इन्फॉरमेशन में बदलना डाटा प्रोसेसिंग है।

कम्प्यूटर्स के लाभ

गति कम्प्यूटर वह इलैक्ट्रॉनिक डिवाइस है जिसके इलैक्ट्रिकल सिग्नल लाइट की गति की तरह है। इसलिए कम्प्यूटर तेज गति से कार्य करता है। यह हजारों कार्य एक साथ बहुत कम समय में कर सकता है। यह कभी धीमे नहीं होता और निरन्तर गति से कार्य करता रहता है। इसकी गति को माइक्रोसेकेण्ड्स में मापा जाता है।

यथार्थता कम्प्यूटर एक 100% सही मशीन है। दो दशाओं में ही यह गलत उत्तर दे सकता है। एक तो जब गलत डाटा जाला जाय और दूसरा जब कम्प्यूटर में गलत निर्देश डाले गये हो।

भण्डारण कम्प्यूटर अपनी मैमोरी में बहुत बड़ी मात्रा में डाटा निर्देश और इन्फॉरमेशन रख सकता है। सारी इंफॉरमेशन इलैक्ट्रिकल सिगनल के रूप में होती है। जिन्हें बिटस् कहा जाता है। इसकी मैमोरी का क्षमता का वर्णन पहले किया जा चुका है।

थकानरहित कम्प्यूटर का रिजल्ट बहुत भरोसेमंद है। यह कभी नहीं थकता, चाहे इसे कोई काम बार-बार करना पड़े। यदि इसे मिलियन गणितीय कार्य करने पड़े तो सभी काम एक ही गति से करता है। और पूरी शुद्धता के साथ सारे कार्य करता है।

स्वयं कार्य करने वाली मशीन एक बार निर्देश देने पर यह सारे कार्य स्वयं करता रहता है जब तक कि काम खत्म ना हो जाये। किसी कार्य को दोहराना हो तो भी यह स्वयं ही करता है मनुष्यों को तो सिर्फ बटन ही दबाना पड़ता है।

विषयों को विचारने की शक्ति कम्प्यूटर में किसी भी विषय को विचारने की गजब की शक्ति है। विभिन्न प्रकार की जॉब्स (कार्यों) को सीढ़ी पर सीढ़ी करने की दिमागी तौर पर गजब की क्षमता रहता है।

याद करने की योग्यता सेकेन्ड्री स्टोरेज की क्षमता की वजह से कम्प्यूटर में डाटा को याद रखने की योग्यता है। किसी भी इन्फॉरमेशन को सालों बाद भी यह याद कर सकता है, रन्फॉरमेशन उसी शुद्धता के साथ आती है जितनी शुद्धता के साथ वह सालों पहले कम्प्यूटर में डाली गई है।

भावनारहित कम्प्यूटर में कोई भी भावनाएँ नहीं हैं क्योंकि वह एक मशीन है। कम्प्यूटर दया भावना के साथ अपने आप कोई निर्णय नहीं ले सकता। उसका निर्णय उन्हीं निर्देशों पर निर्भर करता है जो प्रोग्राम उसमें हमारे द्वारा डाले गये हैं। वह उतना ही अच्छा है जितना उसे मनुष्य बनाता है और उसका प्रयोग करता है।

2
अध्याय

इन्पुट आउटपुट के उपकरण
(Input Output Devices)

परिचय

डाटा प्रोसेसिंग के तीन चरण होते हैं–

1. डाटा इनपुट करना (फीड करना)
2. सी पी यू के द्वारा डाटा की प्रोसेसिंग होना
3. प्रोसेसड डाटा का आउटपुट

इस उद्देश्य से हम इस पाठ को तीन भागों में विभाजित करते हैं। पहले भाषा में, वे उपकरण जो कि कवेल डाटा फीड करते हैं। दूसरे भाग में, वे उपकरण जिनसे रिजल्ट यानि आउटपुट मिलता है। तीसरे भाग में, वे उपकरण जिनसे इनपुट व आउटपुट दोनों काम होते हैं। ये इस प्रकार हैं–

इनपुट करने वाले उपकरण (INPUT DEVICES)

इनपुट के बेस पर ही कम्प्यूटर आउटपुट देता है। पहले हाथ से काम करने पर कुछ गल्तियाँ हो जाया करती थीं जैसे–विद्यार्थी की पहचान का नम्बर 6346 गलती से 6364 डलने पर रिजल्ट गलत हो जाता था। लेकिन कम्प्यूटर से डाटा डालना गल्तियों को खोजने और उन्हें करने का बहुत अच्छा माधयम है। सही इनपुट किया हुआ डाटा कम्प्यूटर फाइल को सुरक्षित करता है, जैसे–इनपुट किये हुए डाटा को डिस्क पर स्टोर करके उसे भविष्य में भी प्रयोग किया जा सकता है। पर उस डिस्क को किसी भी प्रकार की गन्छगी या वाइरस से सुरक्षित रखना जरुरी है।

हाथों से फाइलों में डाटा फीड करना बहुत मेहनत का कार्य है। इसी वजल से डाटा कम्प्यूटर में फीड करने से हाथों से काम करना ज्यादा महंगा पड़ता है।

कम्प्यूटर में सही डाटा फीड होने की तीन मुख्य: विशेषतायें हैं–

1. कम समय
2. शुद्धता
3. सम्भवत: उपयोगी

कम समय–समय से डाटा को इकट्ठा करना और उसे तेज गति से प्रोसेस करता है। जैसे–इलैक्ट्रिक विभाग के ऑन लाइन सिस्टम में वोल्टेज और करंट एक साथ इनपुट किया जा सकता है। जब कभी भी वोल्टेज और करंट खतरे के निशान से कम या ज्यादा हो जाता है, तब अलार्म बज जाता है और सारा सिस्टम बन्द हो जाता है।

शुद्धता–अलार्म के बजने के लिए जो इन्फॉरमेशन कम्प्यूटर में पहले से फीड है, उसी दशा में डाटा मिलने पर अलार्म बजता है, यदि डाटा में शुद्धता नहीं है अर्थात् उस दशा से नहीं मिलता तो अलार्म नहीं बजेगा।

सम्भवत: उपयोगी–डाटा कच्चे माल की तरह है। वह तब तक उपयोगी नहीं है जब तक कि लॉजिकल नहीं है। अर्थात् जरुरत के हिसाब से नहीं है। जब डाटा प्रोसेस होता है तो वह इंफॉरमेशन बन जाता है जो निर्णय लेने में सहायक होता है। इसलिए उपयोगी इन्फॉरमेशन बनाने में कम्प्यूटर से डाटा इनपुट करना पहला चरण है।

सॉर्स डाक्यूमेंट (Source document)

बहुत से बिजनेस सिस्टम में Source document हाथों से ही तैयार किये जाते हैं Source documents में उदाहरण के तौर पर कर्मचारियों के application form, invoices, डिपॉसिट स्लीप और सेल्स टिकट्स आते हैं इसके लिए लाभ व हानियाँ हैं।

लाभ–

1. क्योंकि ये हाथों से तैयार किये जाते हैं इसलिए इसमें कम्प्यूटर बैकग्राउन्ड और ट्रेनिंग की आवश्यकता नहीं होती।
2. कम्प्यूटर की फाइल के बैकअप के लिए source document प्रयोग किये जा सकते हैं। यह इसलिए की कम्प्यूटर फाइल बनाने के लिए Source document का प्रयोग भी हो जाएगा। और यदि कोई कम्प्यूटर file किसी वजह से नष्ट हो भी गई तो source document की सहायता से फिर से नई file बनाई जा सकती है।
3. प्रशासन को सबूत के तौर पर दिखाने के लिए भी source document सहायक होते हैं।
4. Source document एक audit trail (निर्धारित समय पर हिसाब की जाँच) स्थापित करती है। Audit trail वह लॉजिकल पाँच है जो कि रिकार्डस् को प्रभावित करने वाली घटनाओं और ट्रॉन्सेक्शन की जाँच के लिए प्रयोग की जाती है।

हानि–

1. Source documents प्राय: मशीन से पढ़े जाते हैं। इसलिए Source documents डाटा की प्रोसेसिंग के लिए, डाटा को बाइनरी फॉर्म (Binary form) में ट्रॉन्सफर होना चाहिए।

कम्प्यूटर में डाटा और निर्देशों को डालने के लिए डाटा फीड करने वाले उपकरणों का प्रयोग होता है। इनपुट डिवाइस दो प्रकार के होते हैं—Direct और Mannual

Direct Input Device—बहुत बड़ी मात्रा के डाटा को, तेजी से और शुद्धता से, बिना किसी मनुष्य के दखल दिये, डाल सकते हैं। उदाहरण के तौर पर Bar code reader और optical mark reader।

Manual Input Device—हाथों से डाटा डालने के लिए मनुष्यों के द्वारा प्रयोग किये जाते हैं। उदाहरण के तौर पर Mouse और Key Board।

विभिन्न प्रकार के Input devices के बारे में विस्तार से वर्णन करते हैं।

1. Key Board

कम्प्यूटर में डाटा इनपुट करने के लिए कीबोर्ड सबसे ज्यादा प्रयोग किये जाने वाला माधयम है। बहुत से लोग इसके बिना कम्प्यूटर को अधूरा मानते हैं। चलो देखते है, कीबोर्ड से फीड करने पर कम्प्यूटर किस प्रकार डाटा स्वीकार करता है।

कीबोर्ड से कम्प्यूटर कैसे डाटा को स्वीकार करता है–

जब हम कीबोर्ड से कोई बटन दबाते हैं जैसे अक्षर S दबाया, तब एक छोटी-सी कम्प्यूटर चिप जिसे कीबोर्ड कन्ट्रोलर कहते हैं, निर्देश देती है कि कोई बटन दबाया गया है तब Buffer मैमोरी एक कोड निर्देशित करती है कि कौन-सा बटन दबा है। इस कोड को Key's scan code (बटन पहचानने वाला कोड) कहते हैं। तब कीबोर्ड कन्ट्रोलर कम्प्यूटर के प्रोसेसिंग विभाग (CPU) को सिग्नल भेजते हैं तब CPU इसे रिसीव करता है। इसे पूरा की स्ट्रोक कहते हैं।

यह सब कम्प्यूटर में ROM-BIO सॉफ्टवेयर की वजह से होता है। कीबोर्ड Buffer मैमोरी की स्ट्रोक को स्टोर कर लेता है। यह इसलिए आवश्यक है कि बटन दबाने में और कम्प्यूटर को उसे पढ़ने के बीच में कोई बटन रह ना जाये। सभी प्रोग्रामों में प्रोग्राम बनाने वालों की कीस्ट्रोक को पढ़ने के लिए निर्देश डालने चाहिए।

Buffer मैमोरी में Keystroke के स्टोर होने के साथ प्रोग्राम अपनी सुविधाा के अनुसार उसे पढ़ सकता है। कीबोर्ड के विभिन्न अक्षरों और चिन्हों को प्रदर्शित करने के लिए Key-scan code का सॉफ्टवेयर कम्प्यूटर में होता है।

कीबोर्ड के बटन

कम्प्यूटर के कीबोर्ड में एक टाइपराइटर से ज्यादा बटन होते हैं। ज्यादातर प्रयोग होने वाले कीबोर्ड में 101 बटन या उसको थोड़े ज्यादा होते हैं। 84 बटन वाले कीबोर्ड भी प्रयोग किये जाते थे जो अब पुराने हो गये हैं। 101 बटन वाले कीबोर्ड के मुख्य बटन हैं–

Alphabetic Keys—A से Z तक alphabetic keys होती हैं। टाइपराइटर में अक्षरों को बड़े ढंग से (Capital form) में लिखने के लिए Shift बटन का प्रयोग होता है। ऐसा ही कीबोर्ड में भी होता है। कीबोर्ड में Caps Lock बटन दबा देने पर भी ऐसा ही कार्य होता है।

a = A

Shift + a = A

Numeric Keys—0 – 9 तक नम्बर वाले बटन कीबोर्ड में दो जगह पर होते हैं। हम इन्हें alphabets के ऊपर वाली लाइन में दोख सकते हैं जैस की टाइपराइटर में। नम्बर वाले बटन का दूसरा सेट Key board में सीधे हाथ की तरफ होता है। नम्बर वाले बटनों की लाइन में दूसरे विशेष बटन भी होते हैं जो कि Shift key के साथ दबाने पर आते हैं। जैसे—!, %, $ आदि। सीधो हाथ की तरफ वाले नम्बर बटनों को प्रयोग करने के लिए Num Lock Key को On करना पड़ता है।

Function Keys—84 बटन वाले कीबोर्ड में ये F1 से F10 तक होते हैं। और 101 बटन वाले कीबोर्ड में F12 तक होते हैं। ये बटन विशेष कार्य के लिए कम्प्यूटर में बताये गये हैं। उदाहरण के तौर पर Basic प्रोग्रामिंग (Basic एक कम्प्यूटर की भाषा है जो प्रोग्राम लिखने के लिए प्रयोग की जाती है।) में F3 बटन प्रोग्राम को लोड करने के लिए, F1 प्रोग्राम की लिस्ट के लिए और F2 प्रोग्राम को चलाने के लिए प्रयोग होता है।

Arrow Keys—101 बटन वाले कीबोर्ड में ये दो जगह पर होते हैं। पहले सेट को cursor pad कहते हैं जो स्वतंत्र रूप से कार्य करता है। दूसरे सेट को नम्बर के साथ cursor pad कहते हैं। 84 बटन वाले कीबोर्ड में ाी यह एक-सा कार्य करता है। नम्बर के साथ cursor pad को प्रयोग करने के लिए Num lock बटन को on करना पड़ता है अन्यथा यह नम्बर डालने के लिए प्रयोग होता है।

Special keys including space bar

बहुत से विशेष बटन कुछ अन्य कार्यों को करने के लिए होते हैं। ये बटन टाइपराइटर पर भी होते हैं। कुछ विशेष बटन इस प्रकार हैं–

Shift	Shift Key—Capital letters और विशेष चिन्हों वाले बटनों के लिए इसे प्रयोग करते हैं। Controlor alternate key दोनों को एक साथ दबाने पर कुछ विशेष कार्य भी होते हैं।
Ctrl	Control Key—अपने आप में यह बटन किसी काम के लिए नहीं है। फिर भी दूसरे बटन के साथ इसे दबाने पर कुछ लाभदायक कार्य सम्पन्न हाते हैं। उदाहरण के तौर पर word-star और Ms-office सॉफ्टवेयर में ctrl के साथ B दबाने पर शब्द Bold हो जाते हैं।
Backspace	यह cursor को एक character पीछे जाने की आज्ञा देता है। कुछ प्रकार के computer programme में यह बटन पीछे के एक character को delete कर देता है। cursor स्क्रीन पर चमकती हुई लाइन (–) होता है और जो character हम कीबोर्ड से टाइप करते हैं वह उसे दर्शाता है।
Space Bar	यह टाइपराइटर जैसा ही है। शब्दों के बीच में एक स्पेस या गैप छोड़ने के लिए प्रयोग किया जाता है।
Enter Key	एक लाइन से दूसरी लाइन में जाने के लिए इसका प्रयोग किया जाता है। यह कम्पयूटर को बताता है कि इस लाइन का कार्य पूरा हो गया है। यह प्रोग्रामिंग में भी प्रयोग किया जाता हैं जो command हमने दी है उसे पूरा करने के लिए यह कम्प्यूटर को बताता है।
Del key	यदि गलती से आपने कुछ ऐसा टाइपन कर दिया है जो आपको नहीं लिखना था, तो इस बटन की सहायता से हम उस character या word या line को मिटा सकता हैं।

दूसरे विभिन्न प्रकार के कीबोर्ड भी उपलब्धा हैं पर उनमें बहुत ज्यादा ये प्रयोग होते हैं–

DVORAK Keyboard

August Dvorak ने 1932 में इसका आविष्कार किया था। कुछ typists ने पढ़ाई के दौरान यह नोटिस किया की बायं हाथ की चौथी और पांचवी सबसे कमजोर अंगुलियों के द्वारा ज्यादातर प्रयोग होने वाले Character QWERTY टाइप किए जा सकते हैं। और जबकि शक्तिशाली और तेजी से चलने वाले दायं हाथ और मधयम अंगुलियों के द्वारा बहुत कम प्रयोग होने वाले character जैसे d, n, t, n, s टाइप किये जा रहे हैं।

फिर ज्यादा प्रयोग होने वाले character को एक लाइन में डाला गया। क्योंकि ऊपर नीचे जाना आसान था। इस तरह अंगुलियों की शक्ति के अनुसार characters को shift करके इसका layout तैयार किया गया।

जो यूजर्स QWERTY कीबोर्ड प्रयोग करते हैं वे उसे बदलना नहीं चाहते।

AZERTY Keyboard

AZERTY layout के कीबोर्ड यूरोपियन देशों में ज्यादा प्रयोग किये जाते हैं। यह AZERTY टर्म पहली लाइन के 6 लगातार characters के आधार पर निर्धारित की गई है।

2. Mouse

डरो मत, यह वास्तव में नहीं है। क्योंकि यह दिखने में चूहे जैसा होता है इसलिए इसे माउस कहा गया है। वास्तव में, यह एक प्वाटिंग डिवाइस है। क्योंकि जब हम इसे हिलाते हैं तो स्क्रीन पर एक तीर की तरह का निशन आता है और माउस को हिलाने पर यह निशान भी इधर से उधर घुमता है। जहाँ भी हम कोई इन्फॉरमेशन सक्रीन पर डालना चाहते हैं

वही पर माउस के प्वाइन्ट को ले जाकर Clicl करते हैं। जितने भी window बेस के प्रोग्राम हैं उन सभी में माउस की जरुरत होती है। इसकी सहायता से कम्प्यूअर पर काम करना आसान हो गया है।

माउस को एक प्लेन सतहर पर घुमाया जाता है और तभी उसका Pointer या cursor स्क्रीन पर घूमता है। स्क्रीन पर कोई भी ग्राफिकल काम करने के लिए माउस तुम्हारी सहायता करता है। जैसे कोई लाइन, घुमावदार लाइन और विभिन्न प्रकार के आकार बनाने में और Menu और Message box प्रयोग करने में यह हमारी सहायता करता है।

माउस के प्रकार

यह मुख्यत: तीन प्रकार के होते हैं–

1. मैकेनिकल माउस
2. ऑप्टोमैकेनिकल माउस
3. ऑप्टिकल माउस

मैकेनिक माउस–मैकेनिक माउस में नीचे की ओर एक रबर या मेटल की बॉल होती है जो सभी दिशाओं में घूमती है। माउस के अन्दर मैकेनिकल सेन्सर होते हैं घूमती हुई बॉल को दिशा को खोज लेते हैं और उसी के अनुसार स्क्रीन पर इसका प्वाइन्टर घूमता है।

ऑप्टोमैकेनिकल माउस–ऑप्टोमैकेनिकल माउस, मैकेनिकल माउस की तरह ही होते हैं अन्तर सिर्फ इतना है कि इनमे ऑप्टिकल सेन्सर लगे होते हैं जो माउस पैड पर घूमती हुई बॉल की दिशा को खोजते हैं।

ऑप्टिकल माउस–ऑप्टिकल माउस लेजर किरणों का प्रयोग करता है। विशेष रूप से तैयार किये गये माउस पैड पर माउस के प्वाइन्ट की दिशा को जानने के लिए लेजर किरणें होती हैं। तुम्हें उन स्पेशल माउस पैउ पर ही काम करना चाहिए ताकि आप्टिकल मैकेनिज्म को पकड़ बन सके। इस तरह के माउस में कोई भी मैकेनिकल घूमने वाला part नहीं होता। अन्य माउस की अपेक्षा ऑप्टिकल माउस ज्यादा तेजी से और उत्तम तरीके के कार्य करता है। परन्तु ये बहुत महंगे होते हैं।

एक माउस को बहुत सारी Applications के लिए जैसे गेम्स, ग्रॉफिकल कार्य, डिजाइनिंग आदि के लिए प्रयोग किया जाता है। यह उन लोगों के लिए दूसरा विकल्प है जो कीबोर्ड के साथ असुविधा महसूस करते हैं। या फिर इसे बहुत विस्तृत इनपुट कार्यों के लिए कीबोर्ड के साथ भी प्रयोग किया जा सकता है।

माउस को कोई भी स्केच या डॉइग्राम आदि बनाने में भी, सक्रीन पर प्रयोग किया जा सकता है। किसी Text को edit करने के लिए माउस को हिलाकर इसके कर्स को तेजी से इच्छित दिशा में पहुँचाया जा सकता है।

माउस को केसे प्रयोग करें

इसके तीर साधारण तरीके होते हैं–Clicking, double clicking और dragging.

Clicking—किसी भी जगह click करने के लिए माउस को हिलाकर स्क्रीन पर उसके pointer को उस जगह पर ले जाकर, माउस के बटन को एक बार click कर दें।

Double clicking—किसी application को खोलने के लिए माउस pointer को उस पर ले जाकर बटन को दो बार लगातार click करें।

Dragging—ड्रेग करने के लिए माउस pointer को उस item पर ले जाकर माउस बटन को press (दबायें) करे और तब तब दबाये रखें, जब तक उस item को आप कहीं ओर न पहुँचा दें।

3. Joystick (जॉयस्टोक)

इसमें एक बेस पर एक छोटा और खड़ा लीवर होता है जिसे stick (छड़ी) कहते हैं। इस स्टीक को इधर-उधर घुमाकर ही स्क्रीन पर cursor को घुमाया जा सकता है।

Joystick को दायं, बायं, आगे या पीछे घुमा सकते हैं और springs (सिंप्रिंग) की सहायता से यह stick वापिस अपनी मधयम पोजिशन पर आ जाती है।

किसी डाटा को select करने के लिए या इनपुटर करने के लिए इसमें एक या ज्यादा बटन भी बनाये गये हैं। Joystick को स्क्रीन पर control करना थोड़ा मुश्किल होता है क्योंकि इसे जरा-सा हिलाने पर ही इसका cursor 5 से 10 गुना हिल जाता है। इसी वजह से हम तेजी से और शुद्धता से स्क्रीन पर किसी कार्य को कन्ट्रोल नहीं कर पाते।

4. Joyswitch

Joyswitch एक प्रकार का joystick ही है। कुछ घरों में और arcade कम्प्यूटर गेम्स में यह प्रयोग होता है। इसकी stick 8 दिशाओं में, ऊपर, नीचे, दाएं, बाएं और चार तिरछी दिशाओं में घूम सकती है।

5. Optical Recognition

(देखकर पहचानने वाले उपकरण)

1. Optical character recognition (OCR)

2. Optical mark reading (OMR)

Optical Character Recognition (OCR)

एक विशेष प्रकार के उपकरण के लिए scanner (स्केनर) कहते हैं, वह किसी वस्तु पर या किसी कागज पर छपे हुए मैटर को इनपुट करने के लिए OCR के सिद्धान्तों का प्रयोग करते हैं। यह मैटर code में भी हो सकता है या फिर text में या ग्राफिक्स में भी हो सकता है। बार कोड रीडर और स्केनर इस टाइप के उपकरणों में आते हैं। OCR टैक्नीक प्रिन्टिग character को direct पढ़ने की आज्ञा देती है।

OCR स्केनर बहुत बारीकी से किसी character का निरीक्षण करते हैं चाहे उनमें कोर्ठ बारीक-2 निशान भी क्यों ना हो? एक बार जब वह पूरा page स्केन हो गया तब आप उसे किसी same page से मैच करायें तो कम्प्यूटर उस page को पहचानने से इन्कार कर देगा। क्योंकि स्केन किए हुए page पर निशान थे जबकि दूसरे page पर नहीं।

6. Scanner

जहाँ पर कीबोर्ड, माउस, ट्रैक बॉल आदि हाथों से डाटा इनपुट करते हैं वहीं पर स्केनर प्रिन्टिग डाटा को इनपुट करता है। एक स्केनर text, फोटोग्राफ और ग्राफिक्स को कागज से पढ़ता है जिसे वह bit पैटर्न में बदल देता है कम्प्यूटर में स्टोर और प्रोसेसिंग के लिए।

स्केनर में जब कोई इमेज स्केन होती है तो वह इसे हल्के और गहरे पिक्चर एलिमेंट में या पिक्सल में बदल देता है। जैसे कि अखबार की फोटों। रंगीन स्केनर पिक्सल को एक विशेष रंग प्रदान कर देते हैं। फिर कम्प्यूटर पिक्सल को bit पैटर्न ने स्टोर कर देता है। इस तकनीक से चित्रों को word processing desktop pulishing और ग्राफिक पैकेज में प्रयोग किया जाता है। दो तरह के स्केनर उपलब्ध हैं–Hand held scanner and Flat beal scanner.

Hand held scanner—ये उपकरण प्राइस टैग, शिपिंग लेबल, इन्वेन्ट्री नम्बर, बुक मार्क आदि को पढ़ने के लिए प्रयोग होते हैं। लेजर तकनीक की वजह से Hand held scanner को कभी-2 wand scanner भी कहा जाता है। इसमें light emitting diodes का सेट होता है। जिस मैटीरियल को स्केन करना है यह उसके ऊपर धीरे-धीरे ऊपर से नीचे की ओर घुमाया जाता है। मैटीरियल इस तरह से स्केन हो जाता है और bit पैटर्न में स्टोर हो जाता है।

Flat-(bed) scanner—इसमें एक डिब्बा होता है जिसके ऊपर काँच की पलेट होती है जिस document को स्केन करना होता है उसे इस काँच की प्लेट के नीचे रखते हैं। इस काँच की प्लेट के नीचे रोशनी की किरणें होती हैं जो document पर बाएं से दांए जाती है। एक लाइन स्केन करने के बाद ये किरणें थोड़ा खिसककर अगली लाइन में आ जाती हैं।

स्केनर के रंगीन-चित्र को भी स्केन कर सकते हैं।

7. Bar Codes

बार कोड एल्फान्यूमरिक (alphanumeric) डाटा को दर्शाते हैं। इसमें कुछ लम्बी खड़ी रेखाएँ होती हैं। ये रेखाएं Bar code reader के द्वारा पढ़ी जाती हैं। जब एक बार कोड स्केन किया जाता है तो उन रेखाओं के नीचे लिखे alphanumeric code को रोशनी के माध्यम से bit पैटर्न में बदला जाता है और अर्थ से युक्त letter और नम्बर सामने आ जाता है।

एक बुक स्टोर में Bar reader sale terminal का part होता है। जब तुम किसी बुक स्टोर से बुक खरीदने जाते हो तब दुकानदार Bar code reader से check करता है कि इस नम्बर की बुक मेरे स्टोर में है या नहीं। इस code में मूल्य नहीं लिखा होता क्योंकि यह बदलता रहता है। मूल्य एक file में स्टोर रहता है जो कम्पयूटर के द्वारा खाजा जा सकता है। यह इसलिए होता है क्यांकि यदि एक बार मूल्य में कुछ बदला तो बुक पर दूसरी सटाम्प लगाया जा सकता है। कम्प्यूटर में डाटा को पढ़ने के लिए Bar code reader एक विश्वसनीय एवं सस्ता उपाय है।

8. डिजीटल केमरा

पिछले कुछ सालों में source data automation ने ग्राफिक्स इन्फॉरमेशन साथ ही साथ Text इन्फॉरमेशन को स्केनर द्वारा direct entry की आज्ञा दी है। इस प्रक्रिया को इमेजिंग कहते हैं। स्केनर किसी ड्रॉईंग, किसी चित्र या किसी भी document को कम्प्यूटर में एक image की तरह बदल देता है। जिससे हम उस image के एक-एक प्वाइंट को बारीकी से निरीक्षण कर सकते हैं।

एक hard copy image को इलैक्ट्रॉनिक फॉरमेट में बदलकर कम्प्यूटर में स्टोर कर देता है। और उस image को disk पर भी स्टोर कर सकते हैं और जब कभी-भी जरुरत हो तो उसे स्क्रीन पर दोबारा ला सकते हैं। वह image कुछ भी हो सकती है। चाहे वह हाथ से लिखे हुए नोट्स हो या फिर फोटोग्राफ आदि। एक बार वह image डिजिटलाइज्ड (digitalized) होकर कम्प्यूटर से स्टोर हो गई, तो इसको कभी भी प्रयोग कर सकते हैं जैसे कभी भी इस image को डिस्प्ले कर सकते हैं। कुछ बदलना हो तो वह भी

किया जा सकता है, किसी text के साथ जोड़ना, स्टोर करना या फिर कम्प्यूनिकेशन के द्वारा एक जगह से दूसरी जगह पर भेज भी सकते हैं।

बिजनेस में असली documents की इमेज बनाकर उसे किसी भी समय देखा जा सकता है। प्रोफेशनल Photo agencies में imaging बहुत लाभदायक है। जैसे वे किसी भी पति-पत्नी की दर्जनों फोटो की छोटो साइज में स्क्रीन पर एक साथ दिखा ससकते हैं। और किसी भी एक इमेज को माउस बटन से क्लिक करके पूरी स्क्रीन पर बड़ी करके दिखा सकते हैं

एक डिजीटल केमरा किसी साधारण केमरे की अपेक्षा बहुत सारी फोटो को एक साथ स्टोर कर सकता है। डिजीटल केमरे में फोटो उसकी Memory में स्टोर हो जाती है। और केमरे को कम्प्यूटर से जोड़कर सभी फोटो कम्प्यूटर में ट्रान्सफर भी की जा सकती है। कुछ डिजीटल केमरों में थोड़ी देर की चलती फिरती image भी स्टोर कर सकते है। लेकिन बड़ी Video clips के लिए डिजीटल विडियो केमरे की जरुरत होती है। परन्तु दोनों प्रकार के केमरे थोड़े महंगे होते हैं।

9. MICR (Magnetic-Ink Character Recognition)

यह प्रक्रिया कुछ विशेष मशीनों के द्वारा होती है जो कि Code numbers पढ़ती है जैसे तुम्हारे bank के cheque पर होते हैं। इन दिनों ज्यादातर जो cheque issue किये जाते हैं उन पर MICR नम्बर होता है।

docuents पर इन्फॉरमेशन की रिकार्डिंग के लिए यह तकनीक प्रयोग की जाती है। इस तकनीक में Magnetizable मैटीरयिल (जैसे–आयरन ऑक्साइड) के कुछ कण Magnetic ink में मिलाये जाते हैं जो प्रिन्टिग characters की मशीनों के द्वारा automatic पढ़ने के लिए होते है। Magnetic-Ink Character Reader उस इन्फॉरमेशन को code फॉरमेट में पढ़ने में सहायता करता है जो कि मुख्यत: या विशेष क्षेत्रों में डिजिट्स के अनुसार रिकार्ड की हुई होती है। जैसे–एकाउन्ट नम्बर, चेक नम्बर आदि।

जब किसी document में मैग्नेटिक इंक केरेक्टर लिखने होते हैं तो उसे एक शक्तिशाली मैग्नेटिक इंक कोडेड मशीन में डाला जाता है और उसमें मैग्नेटाइज्ड कोड टाइप कर दिया जाता है जिसे केवल Magnetic Ink Code Reader से ही पहचाना जा सकता है। 1966 के शुरु में, दो स्टेन्डर्ड MICR फोन्ट (टाइपोग्राफिकल स्टाइल) International standard organization (ISO) ने स्वीकार किये।

10. Light Pen

Light Pen एक छोटे पेन की आकार की छड़ी सी होती है जिसे light sensors लगे होते हैं। Light pen प्रयोग होता है। इसके अन्दर लगे एक छोटे से switch को दबाकर कम्प्यूटर को सिग्नल भेजे जाते हैं। यह तभी काम करता है जब स्क्रीन पर उचित पॉजिशन में light pen को लगाया जाय। light pen का फायदा यहि है कि Touch screen की तरह इसमें किसी विशेष स्क्रीन की आवश्यकता नहीं होती।

Light pen का आविष्कार कम्प्यूटर ग्राफिक्स के इतिहास के शुरु में ही हो गया था। Light pen बहुत संवदेनशील होते है।

इस pen में एक छोटी-सी tube में फोटोसेल राखे जाते हैं। जैसे ही यूजर स्क्रीन पर pen की tip (नोंक) को घुमाता है, यह उस रोशनी को खोजने में सक्षम हो जाता है जिसकि इसे आवश्यकता होती है। यह एक साधारण लिखने वाले पेन की तरह प्रयोग किया जाता है। यह इलैक्ट्रॉनिक पेन स्क्रीन पर लिखकर डाटा इनपुट करता है। जो डाटा हम लिखते हैं वह मॉनीटर पर दिखाई देता है।

11. Trackball

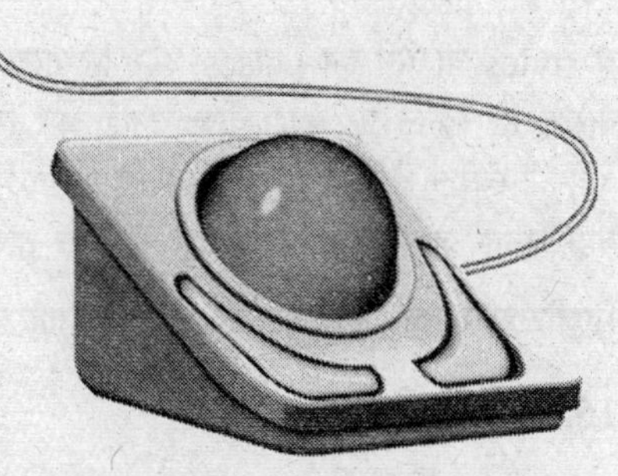

ट्रैकबॉल का प्वाइंटिंग डिवाइस है ऊपर, नीचे,साइड में माउस की तरह काम करती है। इसमें तुम अपनी अंगुलियों को आराम दे सकते हो। क्योंकि माउस में अंगुलियों से बटन दबाना पड़ता है। ट्रैकबॉल में स्क्रीन पर ककर्सर को घुमाने के लिए अंगूठे से बॉल को घुमाना पड़ता है। क्योंकि तुम्हें पूरा डिवाइस नहीं घुमाना पड़ता इसीलिए यह माउस से कम जगह घेरता है। यह मुख्य रूप से नोटबुक कम्प्यूटर में प्रयुक्त होता है।

12. Touch Screens

light pen की तरह ही touch screen में निर्देशों को इनपुट करने के लिए स्क्रीन पर टच (छूना) किया जाता है। Touch screen के मॉनीटर के किनारों पर लम्बी व खड़ी राशनी की किरणें पड़ी होती हैं जो स्क्रीन पर जाल सा बनाती है। जब कोई अंगुली स्क्रीन पर टच होती है तो उन रोशनी की किरणों में दखल होता है और वे ठीक उसी पोजिशन पर टच होती हैं, जो स्क्रीन पर सेलेक्ट करते हैं। ये स्क्रीन उन लोगों के लिए सहायक होती हैं जो कम्प्यूटर से अपरिचित हैं। शॉपिंग मॉल, एअरपोर्ट और मनोरंजन करने वाले पार्कों में अब Touch screen सिस्टम लगाये जा रहे हैं।

एक Touch screen केवल वही option खोजती है जो इसकी सतह पर टच किये जाते हैं। इस Screen पर काम करने के बहुत सारे तरीके हैं। एक साधाारण तरीका यह है कि Touch screen पर अदृश्य infra-red-light beans होती है जो स्क्रीन के सामने ऊपर से नीचे और एक side से इसी तरफ चमकती है। light beams एक जाल बनाती है जो स्क्रीन को विभिन्न भागों में विभाजित करता है। जब स्क्रीन को टच किया जाता है तो कुछ beam black हो जाती है और कम्प्यूटर के द्वारा उस exact पॉजिशन पर काम किया जाता है। Touch screen ज्यादातर fast food chains और रेस्टोरेन्टस में प्रयोग की जाती हैं क्योंकि वे साफ करने में आसान होती है और यदि उनके menu में कुछ बदलना भी हो तो वे दोबारा प्रोगाम की जा सकती हैं।

13. Touch Pad

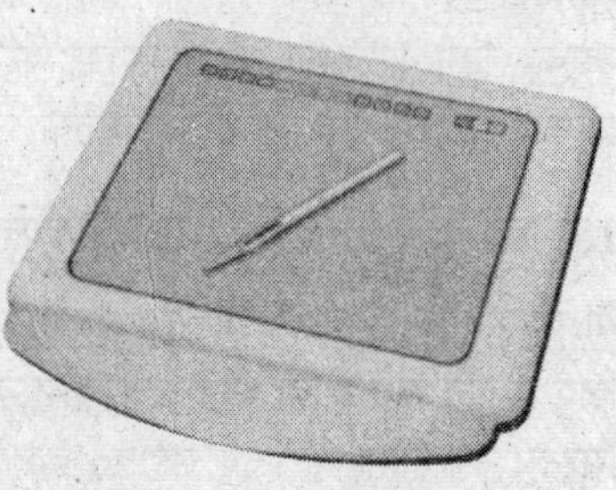

कुछ पोर्टेबल कम्प्यूटरर्स में Touch sensitive pad प्वाइंटिंग डिवाइस के रूप में प्रयोग किया जाता है। सिर्फ एक अंगुली हिलाकर ही हम स्क्रीन पर प्वाइंटर को घुमा सकते हैं। Touch pad, Touch screen से जुड़ हुए होते हैं। लेकिन दूसरे अन्य साधानों में भी प्रयोग किये जाते हैं। टच पैड में दबाव वाले संवेदनशील मैटीरियल को प्रयोग करते हैं। घरों में, बहुत से साधानों में जेसे माइक्रोवेव आवेन में तापमान को निश्चित करने में Touch pad का प्रयोग होता है।

14. Digitizer

एक डिजीटाइजर या ग्रॉफिक टेबलेट, लाइट पेन की तरह ही होता है। फिर भी स्क्रीन पर ड्राइंग करने के बजाय, एक टेबलेट में विशेष styleus घूमता है। ये डिजीटाइजर टेबलेट मुख्यत: CAD टर्मीनल्स और इंजीनियरिंग वर्क स्टेशनों पर मिलते हैं। इन टेबलेट में सौ के करीब करीब कॉपर के वॉयर हरेते हैं, जो एक जाल-सा बना लेते हैं। इसे कम्प्यूटर में जोड़ दिया जाता है। हर कॉपर वॉयर में इलैक्ट्रिक pulse को प्राप्त करता है।

ये styles या पेन इन pulses और सिग्नलों की द्वारा ही ड्राइंग बनाते हैं। डिजीटाइजर पर command को सेलेक्ट करके ही स्क्रीन पर कोई चीज बनाई और मिटाई जा सकती है। light pen और डिजीटाइजर प्राय: मैकेनिकल और आर्किटैक्चरल क्षेत्रों में ड्राईंग के लिए प्रयोग किये जाते हैं। (कम्प्यूटर में डालने के लिए) इन टेबलेटस् पर सीधो ड्राईंग नहीं बनाई जा सकती परन्तु इस पेन के द्वारा टेबलेट पर ड्राईंग ट्रेस कर सकते हैं।

डिजीटाइजर को डिजीटाइजिंग टेबलेट, ग्रॉफिक टेबलेट, टच टेबलेट या खाली टेबलेट भी कहा जाता है।

15. Voice Input

कम्प्यूटर पर बोलने को voice input कहा जाता है। Voice recognizer (आवाज पहचानने वाले यंत्र) माइक्रोफोन के द्वारा बोले हुए शब्दों को स्वीकार करते हैं और कम्प्यूटर के द्वारा समझने के लिए इसे binary code Qs and ls) में बदल देते हैं। बहुत से voice recognizer बोलने वाले पर निर्भर होते हैं जैसे कि एक समय में एक ही आवाज होनी चाहिए। सिस्टम को प्रयोग करने के लिए शब्दों का एक डाटाबेस तैयार होना चाहिए। इस डाटाबेस को तैयार करने के लिए प्रत्येक व्यक्ति को अपने शब्दों को कम से कम 20 बार दोहराना चाहिए। यह ट्रेनिंग आवश्यक है क्योंकि हम एक शब्द को हर बार एक ही तरीके से बोलते हैं।

16. Voice Recognizrs (वॉयस रिकोगनाइजर)

कुछ ग्राफिक वर्कस्टेशनों पर बोलने वाली कमान्डस (Voice comanosQ) को input करने के लिए voice recognizers का प्रयोग होता है। कुछ ग्राफकल डाटा को शुरु करने के लिए voice सिस्टम input किया जा सकता है। यह सिस्टम उस input को (मिलान) करके चलते हैं जिन शब्दों और मुहावरों को इसमें पहले से ही बताया गया है। पर इसमें पैटर्न मिलाने में बहुत-सी गल्तियाँ हो जाती हैं।

17. Graphic Tablet (ग्राफिक टेबलेट)

यह बिल्कुल डिजीटाइजर की तरह ही है। इसमें एक प्लेन सतह पर या pen या stylus होता है। जो विभिन्न तरह के आकारों और डिजाइनों को ट्रेस करने के लिए होता है। जब वह विशेष pen ग्राफिक टेबलेट की सह को छूता है तो उसकी उसी पॉजिशन को कम्प्यूटर पर भेजा जाता है। यह डाटा स्क्रीन पर बिल्कुल वही कॉपी बनाता है जो कि ग्रॉफिक टेबलेट की सतह पर बनाया जाता है।

18. Microphone (माइक्रोफोन)

माइक्रोफोन कम्प्यूटर में आवाज डालने के लिए प्रयोग होता है। माइक्रोफोन ज्यादातर voice recognition सिस्टम के लिए प्रयुक्त होते हैं जो व्यक्ति के द्वारा की गई आवाज को कम्प्यूटर में दी जाने वाली command में बदल देता है। यह सिस्टम उन लोगों के लिए सहायत है जो माउस, कीबोर्ड जैसे साधारण इनपुट डिवाइसों को प्रयोग नहीं कर सकते है। भविष्य में जब कम्प्यूटर ज्यादा शक्तिशाली होग, तब सभी कम्प्यूटर प्रयोग करने वालो के लिए voice recognition भी इनपुट डिवाइस के रूप में common (आम) हो जायेगा।

Voice Input Devices (वॉयस इनपुट डिवासेसे)

ये एकदम नये इनपुट डिवाइस है जिससे कम्प्यूटर प्रयोग करने वाले बहुत खुश है। यह उस प्रकार के डाटा को ही नहीं स्वीकार करता जो हम बोलते हैं, बल्कि जो कमान्ड्स हम कम्प्यूटर को देते है उसे मानने के लिए भी योग्य होता है। इस प्रक्रिया के द्वारा बोले हुए शब्द डिजीटल इनपुट में बदल जाते हैं और कम्प्यूटर में ऐसे ही स्टोर हो जाते हैं।

OUTPUT DEVICES

आज बिजनेस की सफलता उस फैली हुई रेन्ज पर निर्भर करती है कि कितने कम समय में अर्थ से युक्त इन्फॉरमेशन कम्प्यूटर से ली जा सकती है मतलब आउटपुट। इसलिए कम्प्यूटर आउटपुट की दो मुख्य जरुरतें यह है कि वह अर्थ से युक्त होनी चाहिए और प्रयोग करने में सुविधाजनक होनी चाहिए।

आउटपुट की केटेगरी

कम्प्यूटर से उत्पन्न आउटपुट की दो केटेगरी होती हैं–

1. वह आउटपुट जिसे लोगों को तुरन्त प्रयोग में लाना होता है।

2. वह आउटपुट जिसे कम्प्यूटर में स्टोर कर दिया जाता है, बाद में प्रयोग करने के लिए।

आउटपुट के दो प्रकार हैं–हार्डकॉपी और सॉफ्टकॉपी

हार्डकॉपी–जो इन्फॉरमेशन कागज पर आ जाये उसे हार्डकॉपी कहते हैं। हार्डकॉपी हमेशा रहने वाली कॉपी होती है जिसकी किसी आउटपुट डिवाइस जैसे प्रिन्टर या प्लेटर के द्वारा इमेज कागज पर तैयार की जाती है। और जिसे हम ले जा भी सकते हैं।

सॉफ्टकॉपी–जो इन्फॉरमेशन स्कीन पर दिखाई देती है चाहे वह आाज के रूप में हो या फिर मैग्नेटिक टेप, डिस्क आदि पर से व्यक्ति के द्वारा सीधे कम्प्यूटर से पढ़ी जाये।

चलो विभिन्न प्रकार के आउटपुट डिवाइसो का वर्णन कर सकते हैं–

1. Printers (प्रिन्टर्स)

प्रिन्टर्स को दो केटेगरी में विभाजित किया जा सकता है–

1. इम्पेक्ट प्रिन्टर 2. नॉन इम्पेक्ट प्रिन्टर

इम्पेक्ट प्रिन्टर

प्रिन्टर वह होता है जिसमें मैकेनिकली कुल माधयमों के द्वारा कागज पर प्रिन्टिग होती है। इम्पेक्ट प्रिन्टर कागज से, इमेज बनाने के लिए कान्टेक्ट करता है। इम्पेक्ट प्रिन्टर में character हैमर (हथौड़े की चोट) से प्रिन्ट होता है जैसे टापइराइटर से भी भी एक stick रिबन पर चोट करती है जैसे हथोड़े से चोट मारते हैं और अक्षर प्रिन्ट हो जाता है।

यदि बहुत सारी कापियाँ प्रिन्ट करानी है तो इम्पेक्ट प्रिन्टर का प्रयोग किया जाना चाहिए।

इम्पेक्ट प्रिन्टर के मुख्य: प्रकार हैं–

Dot Matrix Printer (डॉट मैटरिक्स प्रिन्टर)–इस प्रिन्टर में कुछ वॉयर या styles होते हैं, जिससे अलग-अलग अक्षर लिखे होते हैं। डॉट मैटरिक्स प्रिन्टर को सीरियल प्रिन्टर्स भी कहा जाता है। जो इमेज बनानी होती है वह प्रिन्टर के head में बन जाती है। इसमें छोटे-छोटे प्रिन्ट हैमर होते हैं जो दिखने में सिर की pin की तरह होती है। प्रिन्ट हैड ज्यादातर 9 पिन और 24 पिन का होता है। नीचे की दो पिन छोटे अक्षर के लिए होती है। जैसे–p, q, g, y आदि। बहुत से महंगे डॉट मैटरिक्स प्रिन्टर में descenders नहीं होते लेकिन प्रिन्ट क्वालिटी बहुत अच्दी होती हैं।

ऊँची क्वालिटी के डॉट मैटरिक्स प्रिन्टर में 2 पिन का हैड होता है जो बहुत अच्छी इमेज बनाता है लगभग 360 dpi (dots per inch)। डॉट मैरिक्स प्रिन्टर 80 कॉलम प्रिन्टर होते हैं और यह इस बात पर निर्भर करता है कि एक लाइन में अधिाक से अधिाक कितने अक्षर प्रिन्ट किये जा सकते हैं। भारत में कुछ डॉट मैटरिक्स प्रिन्टर है जैसे

EPSOn-EX-1000, EPSON LQ 1050 आदि। इन प्रिन्टर का आकार अलग-अलग बनाने वाली कम्पनियों पर निर्भर करता है।

कुछ डॉट मैटरिक्स प्रिन्टर अक्षरों को बनाने के लिए गरमाई का प्रयोग करते हैं। कुछ थर्मल प्रिन्टर पेज को प्रिन्ट करने के लिए प्रिन्ट वॉयर का प्रयोग करते हैं जिन्हें बर्न (जलाकर) करके डॉटस बनाते हैं। उसकी प्रिन्ट क्वालिटी भी वैसी ही होती है जैसे इंक के अक्षरों की होती है। परन्तु कुछ थर्मल प्रिन्टर को heat sensitive paper (गरमाई को खराब ना होने वाले कागज) की जरुरत पड़ती है जिसे लोग "greasy paper" कहते हैं। डॉट मैटरिक्स प्रिन्टर के प्रकाशित पेज की क्वालिटी इतनी अच्दी नहीं होती जितनी की टाइपराइटर की होती है।

डॉट मैटरिक्स प्रिन्टर अन्य प्रिन्टरों की अपेक्षा सस्ते होते हैं। व बहुत तेज गति से अक्षरों को प्रिन्ट करते हैं। इनकी गति की रेन्ज 50 cps से 400 cps (character per speed) तक होती है।

Daisy Wheel Printer डेजी॰ व्हील प्रिन्टर–यह भी एक इम्पेक्ट प्रिन्टर है। इसकी प्रिन्टिग एलीमेंट एक प्लास्टिक की हब होती है। जिसमें बहुत सारी तीलियाँ होती हैं और हर तीली पर एक या ज्यादा उभीरे हुए अखर होते हैं। कम्प्यूटर के कंट्रोल से इसका पहिया (wheel) दाएं से बाएं सीढ़ी दर सीढ़ी घूमता है और तब रुकता है जब इच्छित अक्षर इच्दित पॉजिशन पर प्रिन्ट हो जाता है।

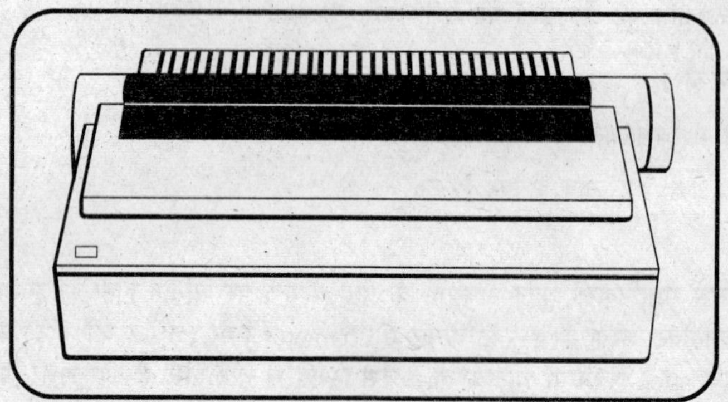

डेसी व्हील प्रिन्टर, डॉट मैटरिक्स प्रिन्टर से धीमे चलते हैं परन्तु उनका आउटपुट ऊँची क्वालिटी का होता है। इस ऊँची क्वालिटी के आउटपुट को बहुधा पत्रों की क्वालिटी प्रिन्टिग (letter quality printing) कहा जता है क्योंकि ये बिजनेस के पत्रों और मेमो के लिए उपयुक्त होता है। तुम डेजी व्हील प्रिन्टर में कोई भी font और कोई भी विदेशी भाषा में प्रिन्ट कर सकते हो।

इसे स्मार्ट प्रिन्टर भी कहा जाता है क्योंकि इसमें माइक्रो कन्ट्रोल प्रौसेसेर और bi-directional printing होती है।

Line Printers (लाइन प्रिन्टर्स)–ये प्रिन्टर्स एक ही बार में पूरी लाइन प्रिन्ट करते हैं ना कि एक बार में एक अक्षर। यह साधारणतया इलैक्ट्रो-मैकेनिकल डिवाइस होते हैं जो एक ही बार भी पूरी लाइन प्रिन्ट करते हैं जिसमें 160 अक्षर एक line में आते हैं। एक मिनट में 300 से 2000 लाइन की गति से प्रिन्ट करते हैं। लाइन इम्पेक्ट प्रिन्टर के उदाहरण हैं–

1. चेन प्रिन्टर (chain printer)

2. बैण्ड प्रिन्टर (Band printer)

3. ड्रम प्रिन्टर (Drum printer)

चेन प्रिन्टर–ये तेज गति वाले प्रिन्टर होते हैं जो कि घूमती हुई चेन से जुड़े होते हैं। प्रिन्ट चेन पर अक्षर एक साइड से दूसरी साइड के लूप में घूमते हैं। हैमर इंक वाले रिबन में पेज पर force करता है जिससे इच्छित अक्षर या चिन्ह पेज पर प्रिन्ट हो जाता है। चेन लगातार घूमती रहती है जब तक कि पूरी लाइन प्रिन्ट ना हो जाये। और अगली लाइन के लिए भी यही प्रक्रिया चलती रहती है।

बैण्ड प्रिन्टर–बैण्ड प्रिन्टर में, कुछ अक्षरों से बने हुए शब्दों का सेट एक हॉरिजेण्टल बैझड पर उभरा होता है। जो कि लगातार प्रिन्ट हैमर के सामने चलता रहता है। बैण्ड प्रिन्टर में उस खण के लिए कागज रुकता है जब इच्छत अक्षर उस कॉलम के सामने आ जाता है, तब हैमर अपना कार्य करता है और इमेज बनाने के लिए कागज के सामने लगे रिबन को हैमर दबाता है। यह लाइन प्रिन्टर की तरह ही होता है।

ड्रम प्रिन्टर या बैरल प्रिन्टर–इस प्रिन्टर में जो अक्षर प्रिन्ट होने हैं वे सभी एक सिलेन्डश्र या बैरल की सतह पर रख दिये जाते हैं। प्रिन्ट पोजिशन में हैमर अपना कार्य करता है। कागज और बैरल के बीच में इंक रिबन से लगातार कम्प्यूटर स्ट्राइक करता है और इमेज कागज पर आ जाती है। बैरल बहुत तेज गति से घूमता है। उपयुक्त अक्षर सेलेक्ट होकर जैसे ही प्रिन्ट पोजिशन पर पहुँचता है वैसे ही प्रिन्ट हैमर स्ट्राइक करता है। एक बार ड्रम के घूमने पर पूरी लाइन प्रिन्ट हो जाती है।

Non Impact Printers (नॉन इमपेक्ट प्रिन्टर्स)

जो प्रिन्टर्स कागज पर प्रिन्ट होने के लिए रिबन पर स्ट्राइक नहीं करते हैं वे नॉन इम्पेक्ट प्रिन्टर होते हैं। नॉन इम्पेक्ट प्रिन्टर के उदाहरण है।–

1. इंक-जेट प्रिन्टर (Ink-Jet Printer)

2. लेजन प्रिन्टर (Laser Printer)

से प्रिन्टर्स इम्पेक्ट प्रिन्टर्स से कम आवाज करते हैं।

यदि तुम नॉन इम्पेक्ट प्रिन्टर्स प्रयोग में ला रहे हो तो कार्बन पेपर लगाकर एक से ज्यादा पेपेर प्रिन्टर पर मत लगाओ क्योंकि दूसरे पेपर पर जिस पर कार्बन लगा है उस पर कोई इमेज का इम्पेक्ट नहीं आयेगा। मतलब, एक बार में एक ही कागज प्रिन्ट होकर आयेगा।

इंकजेट प्रिन्टर–इंकजेट प्रिन्टर जरुरत की इमेज बनाने के लिए कागज पर इंक की बूंदे गिराकर इमेज बनाते हैं 64 छोटे-छोटे छिद्रो के द्वारा इंक को स्प्रे करके इंकजेट प्रिन्टर कागज पर सीधे इमेज बनाते हैं। इनकी प्रिन्ट रिसोल्यूशन की गति 360 डॉटस पर इंच (dots per inch) के लगभग होती है।

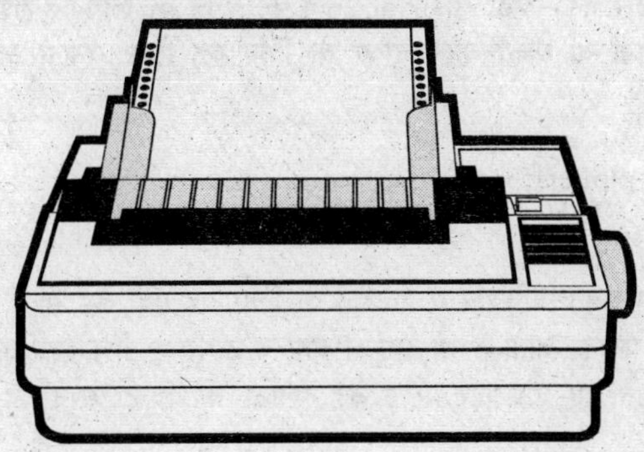

लेजर प्रिन्टर–लेजर प्रिन्टर की फिजीकल प्रोपर्टी यह है कि वह एक छोट से क्षेत्र में, बहुत ही संकरी रोशनी का किरण को, बहुत ऊँची ऊर्जा के स्रोत के साथ भेजकर, उपयुक्त पॉजिशन पर साफ प्रिन्ट करती है। लेजर की फुल फार्म यह है —LASER (Light Amplification by Stimulate Emission of Radiation)।

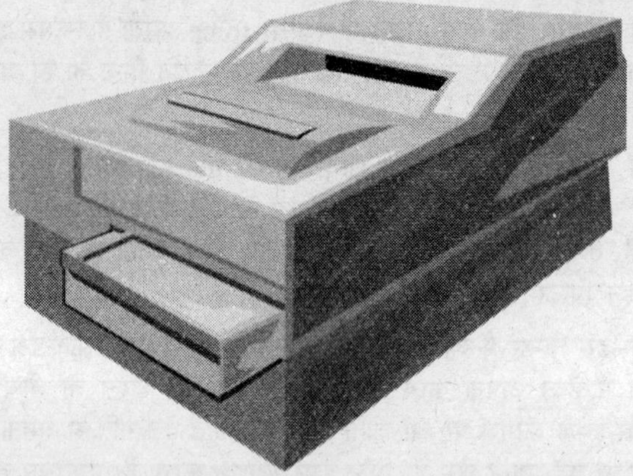

लेजर प्रिन्टर नॉन इम्पेक्ट प्रिन्टर है जो कागज की सतह पर सीधो लेजर बीम (beam) डालती है और टोनर की सहायता से कागज पर फिक्स होकर दिखायी देने लगती है। लेजर प्रिन्टर में एक अलग से छोटा कम्प्यूटर होता है जो कम्प्यूटर से डाटा लेता है और लेजर बीम को कन्ट्रोल करके प्रिन्ट करता है। जैसे कि ग्रॉफिक मॉनीटर में इलेक्ट्रॉन गन (gun) किसी भी पिक्सल को लक्ष्य बना सकती है।

पूरी करी हुई टोर pressure और head के साथ ड्रम से कागज पर ट्रॉन्सफर होकर, जो इमेज हमने सेलेक्ट की हुई होती है कम्प्यूटर पर प्रिन्ट कमान्ड देते ही प्रिन्टर पर, इमेज प्रिन्ट करती है। जब टोनर कम होने लगती है तो कागज पर छपाई धीरे-धीरे हल्की होने लगती है। जब छपाई हल्की हो जाए तो समझो टोनर खत्म हो गई हो और उस बदल देते हैं।

लेजर प्रिन्टर में एक विशेष मैमोरी होती है, जो उस इमेज को स्टोर कर लेती है जिसे हमें प्रिन्ट कराना होता है।

लेजर प्रिन्टर का रेजोल्यूशन (Resolution) 600 DPI (Dots Per Inch) होता है या कुछ ऊँचे मॉडल में इसका रेसोल्यूशन 1200 DPI भी होता है।

2. Plotter (प्लोटर)

यह भी एक आउटपुट डिवाइस है, जो रिकार्ड डाटा की two-dimensional graphic representation की फॉर्म में सीधे हार्ड कॉपी बनाता है। प्लोटर्स बड़ी-बड़ी ड्राईंग या इमेज को बनने के लिए डिजाइन किये गये हैं जैसे–बिल्डिंग के लिए कन्सट्रक्शन प्लॉन बनाना या मैकेनिकल चीजो के लिए ब्लू प्रिन्ट बनाना आदि।

प्लोटर्स के दो मुख्य प्रकार हैं–

1. फ्लैट बैड प्लोटर (Flat bed plotter)

2. ड्रम प्लोटर (Drum Plotter)

फ्लैट बैड प्लोटर–कागज को मजबूत पॉजिशन में पकड़ने के लिए यह एक बैड या ट्रे का प्रयोग करता है। एक हाथ में साधारणतया घूमने वाला पेन पकड़ा जाता है जो दाएं से बाएं व ऊपर से नीचे दोनों तरफ घूम सकता है। कागज पर पेन को x, y पॉजीशन को देखते हुए कम्प्यूटर फ्लैट बैड प्लोटर को प्रिन्ट करने का निर्देश देते हैं।

कमियाँ–

1. यह पेज की लम्बाई चौड़ाई के अनुसार पिक्चर के आकार को कम देता है।

2. धीमा आउटपुट डिवाइस : एक कॉम्पलेक्स ड्राईंग को पूरा करने में काफी समय (1 घंटे से ज्यादा) भी लेता है।

ड्रम प्लोटर–यह केवल हॉरिजोन्टली (एक साइड से दूसरी साइड) ही जा सकता है। यदि खड़ी दिशा में काम करना है तो इसका ड्रम अपने आप कागज आगे पीदे करके, पेन को उसी दिशा में काम करने के योग्य बनाता है। ड्रम के द्वारा किसी तिरछी लाइन को भी, कागज को घुमाकर खींचा जा सकता है।

ड्रम प्लेटर्स किसी लगातार आउटपुट को उत्पन्न करने के लिए प्रयोग किये जाते हैं। जैसे–भूकम्प की एक्टिविटी दिखाना, या लम्बे ग्राफिकल आउटपुट जैसे 'Skyscraper' को बनाने का दृश्य।

3. कम्प्यूटर आउटपुट माइक्रोफिल्म सिस्टम (COM)

माइक्रोफिल्म का अर्थ ''छोटी फिल्म'' है। पेपर documents के द्वारा केवल 2 परसेन्ट जगह की जरुरत होती है। कम्प्यूटराइज्ड माइक्रोफिल्म इन तरीकों से पूरी की जा सकती है–

1. एक फोटोग्रॉफिक प्रक्रिया (a photographic process)
2. माइक्रोफिक प्लेट प्रक्रिया (Microfiche plate process)
3. नॉन-फोटोग्राफिक तकनीक (non-photographic techniques)

फोटोग्रॉफिक प्रक्रिया–यह सबसे पुराना तरका है, जो हमेशा रहने वाली माइक्रोफिल्म स्लाइड नेगेटिव बनाती है। इस तकनीक में document की इनफॉरमेशन आकार में छोटी हो जाती है जैसे कि केमरे के लेन्स में किसी वस्तु का आकार छोटा हो जाता है।

माइक्रोफिक प्लेट प्रक्रिया–फिल्म के रोल को प्रयोग करके तेज गति वाले कम्रे से भी माइक्रोफिल्म बनाई जा सकती है। फिल्म प्लेट (जैसे CD) पर जो फिल्म होती है उसे माइक्रोफिक कहते है। तेज गति वाले केमरे इन्फॉरमेशन की फोटोग्राफ ले लेते हैं जो CRT पर दिखाये जाते हैं। यह प्रक्रिया बहुत तेज है लगभग तेज गति वाले प्रिन्टर्स से 10 से 20 गुना ज्यादा। 32000 lins per minute की गति से फोटोग्रॉफ लिये जा सकते हैं।

नॉन फोटोग्रॉफिक तकनीक–यह यूजर को इस योग्य बनाता है कि वह पूरी की पूरी स्टेज विकसित करने से बच जाय। इस तकनीक में सिल्वर प्लेट वाली फिल्म सामने लायी जाती है और इलैक्ट्रॉन बीम रिकार्डर के साथ फिल्म एनकोड हो जाती है। अब यह सम्भव हो गया है कि कम्प्यूटर पर सीधो ही आउटपुट इन्फॉरमेशन को रिकार्ड करने के लिए माइक्रोफिल्म मशीन का प्रयोग हो। यह प्रक्रिया CRT का प्रयोग करती है और कम्प्यूटर आउटपुट ऑन माइक्रोफिल्म (COM) कहलाती है।

इस प्रक्रिया में कम्प्यूटर आउटपुट मैग्नेटिक टेप पर पढ़ा जाता है। और यह एक माइक्रोफिल्म रिकार्डर के द्वारा टेप पर डाला जाता है। यह रिकार्डर कम्प्यूटर से सीधी ही इन्फॉरमेशन ले लेता है। बहुत से रिकार्डर्स का आउटपुट CRT स्क्रीन पर ही डिस्प्ले होता है। एक तेज गति वाला केमरा 3200 lines per minute की गति से फोटोग्राफस की इन्फॉरमेशन को डिस्प्ले करता है।

4. Audio-Response : Voice Output

Voice response unit दो प्रकार के होते हैं–

1. पहले प्रकार के वह, जो मनुष्य और दूसरी आवजों को दोबारा उत्पन्न करके प्रयोग करें।
2. दूसरे प्रकार के वे, जो speech synthesizer का प्रयोग करें।

मॉनीटर की तरह ही, audio-response unit, जल्द ही खत्म वाले (temporary), सॉफ्ट कॉपी के आउटपुट देते है।।

पहले प्रकार के audio-response unit व्यक्तियों के द्वारा रिकॉर्ड किये हुए शब्दों, मुहावरों, वाक्यों, म्यूसिक अलॉर्म और जो कुछ भी audio tape पर रिकॉर्ड हो सकता हो, उसे select करता है। इन रिकॉर्डेट audio-response unit में, रिकॉर्ड की हुई आवाजें जो analog data में होती हैं उन्हें digital data में बदल देती हैं फिर वह permanantly मैमोरी चिप में स्टोर हो जाती है। जब output देखते हैं तो digital to फिर से analog में बदल कर स्पीकर के द्वारा ही हुई आवाज सुनाई देती है।

ये चिप मुख्यतः applications में बहुधा प्रयोग की जाती है। जैसे–धुँआ खोजने वाले यंत्र, माइक्रोवेव ओवन, एलीवेटर, अलार्म घड़ी, ऑटोमोबाइल चेतावनी सिस्टम, वीडियो गेम्स, टेलीविजन और बैकिंग आदि में।

5. स्पीच सिनथेराइजर (Spech Synthesizer)

स्पीच सिनथेसाइजर, माइक्रोकम्प्यूटर environment में ज्यादा प्रचलित है, जो कि raw data को इलैक्ट्रानिकली स्पीच में बदल देती है एक स्पीच सिनथेसाइजर कम से कम 64 अभिन्न आवाजें उत्पन्न करने में योग्य हैं।

हालांकि इसके कुछ बन्धान है फिर भी स्पीच सिनथेसाइजर की संख्या बढ़ रही है। उदाहरण के तौर पर जो व्यक्ति देखने में सक्षम नहीं है वो सपीच सिनथेसाइजर की सहायता से प्रिन्टिड शब्दों को बालने वाले शब्दों में बदल सकते हैं।

अन्य applications में, स्पीच सिनथेसाइजर उन लोगों के द्वारा प्रयोग किया जाता है जो पूरी तरह बोलने के योग्य नहीं हैं।

6. द मॉनीटर

मॉनीटर सबसे ज्यादा मुख्य आउटपुट डिवाइस है। क्योंकि लोग सारा काम मॉनीटर पर देखकर ही करते हैं।

माइक्रोकम्प्यूटर्स में दो मुख्य प्रकार मॉनीटर होते हैं–

पहले वे मॉनीटर होते हैं जो डेस्कटॉप कम्प्यूटर पर होते हैं जो दिखने टी॰ वी॰ स्क्रीन की तरह होते हैं और बिल्कुल उसी तरह काम करते हैं इस प्रकार के कम्प्यूटर एक लम्बी वेक्यूम टयूब प्रयोग करते हैं जिसे Cathod Ray Tube (CRT) कहते हैं।

दूसरी प्रकार के वे मॉनीटर होते हैं जिनमें आगे से समतल पैनल होता है। ज्यादातर तो ये नोटबुक कम्प्यूटर में प्रयोग किये जाते हैं जैसे लैपटॉप। इस प्रकार में इमेज को दिखाने के लिए liquid crystal display (LCosQ) होता है।

कुछ अन्य प्रकार के भी होते हैं–

मोनोक्रोम मॉनीटर ये केवल एक ही रंग दिखाते हैं जिसमें बैग्राउन्ड रंग दूसरा होता है। इन्हें Black & white कम्प्यूटर भी कहते हैं।

कलर मॉनीटर ये रंगीन मॉनीटर होते हैं। ये सब रंग दिखाते हैं जैसे टी॰ वी॰। इन मॉनीटर्स पर आप सीडी लगाकर पिक्चर भी देख सकते हैं। यह सक्रीन 500 से 2000 अक्षर तक डिप्स्प्ले कर सकती है।

7. पंचकार्डस और कार्ड रीडर्स

ये पुरानी जेनरेशन के कम्प्यूटर में प्रयोग किये जाते थे। ये अब प्रचलन में नहीं है। ये कार्ड बोर्ड से बनते थे और इनमें छिद्र होते थे जिनसे करंट पास करके कम्प्यूटर पर इन्फॉरमेशन दिखाते थे। डाटा को इनपुट करने के लिए कार्ड पंच मशीन और कार्ड रीडर प्रयोग किया जाता है और तुम उस डाटा को या प्रोग्राम को बाद में पढ़ने के लिए पंच कार्ड पर स्टोर कर सकते हो। इस प्रकार इसको एक आउटपुट डिवाइस भी कहा जाता है।

1980 से पहले भरत में कम्प्यूटर पर डाटा और निर्देशों से सम्बन्धा बनाने (communicate) के लिए पंच कार्ड एक बहुत साधारण जरिया था। पंच कार्ड बहुत ही कठोर कागज का टुकड़ा होता है जिसमें नम्बर की लाइन और कॉलम होते हैं। IBM के कार्ड को स्टैण्डराइजड (standadised) कार्ड कहा गया जिसमें 80 कॉलम होते हैं जिनके आकर $7\frac{1}{2}$ इंच $\times$ $3\frac{1}{4}$ इंच $\times$ 0.07 इंच है।

बाएं से दाएं 1-80 कॉलम होते हैं। इस कार्ड का एक कोना थोड़ा कटा हुआ होता है जिससे प्रोसेसिंग के दौरान सही पॉजीशन को बनाये रखने में हायता मिलती है। कार्ड की सबसे ऊपर वाली लाइन को 12-[unch लाइन कहते हैं; अगली लाइन को ग्यारहवी लाइन अगली को दसवीं क्रमशः 0 तक होती है। ऊपर की दो लाइनों को zone punch rows कहते हैं और नीचे की दस लाइनों को Digit punch rows कहते हैं।

ये कार्डस एक keypunch मशीन में रखे जाते हैं। जैसे ही operator डाटा स्टोर करता है, उस डाटा को दर्शाने के लिए keypunch मशीन कार्ड में छिद्र बनाती है। पंच कार्ड के छिद्रों का पैटर्न कार्ड पर डाटा को दर्शाता है, यह HUollerith code कहलाता है। इसका नाम, इसके आविष्कारक Herman Hollerith के नाम पर पड़ा।

पंच कार्ड का हर कॉलम एक सिंगल character को स्टोर करता है। एक single column अधिाक से अधिक 80 characters को स्टोर कर सकता है। इसके बाद छिद्र वाले पंच कार्ड को कार्ड रीडर में डाला जाता है जो punched इन्फॉरमेशन को मशीन के पढ़ने योग्य code में बदल देता है इसके बाद यह इन्फॉरमेशन CPU में प्रोसेसिंग के लिए भेजी जाती है।

डाटा इनपुट करने के लिए पंच कार्ड सबसे पहला तरीका है। यह नये और अधाक प्रभावशाली इनपुट डिवाइसों के द्वारा लगभग पूरी तरह बदल दिया गया है।

इनपुट/आउटपुट/स्टोरेज डिवाइस

इस सेक्शन में हम उन डिवाइसों का वर्णन करेंगे जो इनपुट और आउटपुट दोनों तरह का कार्य करते हैं और वे जो डाटा स्टोर करने के लिए होता है।

सेकेण्डरी स्टोरेज

यद्यपि Central processing unig (CPO) की अपनी इंटरनल मैमोरी होती है फिर भी वह application प्रोग्राम और प्रोसेसिग के लिए दिया गया डाटा दोनों को स्टोर नहीं कर सकती। इंटरनल मैमोरी सेमीकंडक्टर मैमोरी भी है, जो महंगी होती है जबकि इसमें डाटा तक तक ही स्टोर रहता है जब तक कम्प्यूटर बंद ना हो और जब तक electricity भी कोई दखल ना करे।। दूसरा प्राइमरी स्टोरेज के साथ बंधान भी है कि इनमें डाटा और प्रोग्राम को स्टोर करने के लिए सारी जरुरतें नहीं होती।

उदाहरण के लिए बड़े Mainframe कम्प्यूटर्स की RAM की क्षमता इतनी भी नहीं होती कि यहाँ कि कि एक छोटी कम्पनी के डाटा और प्रोग्राम को मिलाकर कार्य कर सके। इसलिए यह आवश्यक हो गया कि कम्प्यूटर की स्टोरेज क्षमता को कुछ अलग external (बाहरी) devices को लगाकर बढ़ाया जाय।

बाहरी स्टोरेज को सेकेण्डरी स्टोरेज कहा जाता है क्योंकि यह प्रोग्रामों को लम्बे समय तक स्टोर कर सकती है। इसमें disk की ईकाईयाँ होती हैं जो एक सिस्टम से इलैक्ट्रॉनिकली जुड़ी होती हैं। सेकेण्डरी स्टोरेज में स्टोर्ड इनफॉरमेशन को प्राप्त करने या निकालने के लिए इनपुट/आउटपुट कार्यों की जरुरत होती है। सेकेण्डरी स्टोरेज आवश्यक है क्योंकि प्राइमरी स्टोरेज temporary होती है। जब किसी डाटा पर तुरन्त प्रोसेसिंग करनी हो तब उस डाटा को प्राइमरी मैमोरी में रखा जाता है। और यदि तुरन्त ही कार्य नहीं करना है तो उस डाटा को सकेण्डरी मैमोरी में रखा जाता है। सेकेण्डरी स्टोरेज में डाटा तब तक रखा जाता है जब तक कि उसे delete ना किया जाय या फिर नये डाटा से उसे बदल ना दिया जाय।

सेकेण्डरी स्टोरेज सिस्टम के प्रोग्रामों को स्टोर करने के लिए प्रयोग की जाती हैं, जैसे, ऑपरेटिंग सिस्टम, असेम्बलर, इंटरप्रेटर, कम्पाइलर आदि। डाटा फाइले, सॉफ्टवेयर पैकेज आदि भी इसमें स्टोर की जाती है। कोई भी कार्य सीधो सेकेण्डरी स्टोरेज में स्टोर किये हुए डाआ पर नहीं होता है। जिस डाटा पर प्रोसेसिंग करनी होती है पहले वह सेकेण्डरी स्टोरेज से प्राइमरी मैमोरी (RAM) में भेजा जाता है। (वहाँ CPU इस डाटा को Read करके प्रोसेसिग करता है।

मैग्नेटिक टेप

जैसे टेप रिकार्डर की केसेट होती है वैसे ही यह मैग्नेटिक कोटेड प्लास्टिक मैटेरियल होता है। यह बड़े स्केल के डाटा को स्टोर करने के लिए बहुत लाभदायक होता है।

मैग्नेटिक टेप के फिजीकल गुण

यह टेप प्लास्टिक मैटिरीयल की होती है जिसकी एक साइड पर iron oxide (Ferrite) की कोटिंग (परत चढ़ी) होती है। यह मैग्नेटिकली संवेदनशील होती है और इसकी यह सतह डाटा रिकार्ड करने के लिए प्रयुक्त होती है। मैग्नेटाइज्ड स्पाट्स इतने छोटे होते हैं कि मनुष्य की ऑखों के द्वारा उन्हें नहीं देखा जा सकता।

इस टेप का मुख्य लाभ यह है कि बड़ी मात्रा के डाटा को भी छोटी सी जगह में स्टोर किया जा सकता है। मैग्नेटिक टेप कल चौड़ाई 1/2 इंच होती है औश्र यह रील में आती है जिसकी लम्बाई 2400 से 3600 फीट होती है। इसका डायामीटर लगभग $10\frac{1}{2}$" इंच का होता ह।।

मैग्नेटिक टेप पर डाटा को दर्शाना

टेप पर 7 से 9 ट्रैक इसकी चौड़ाई में होते हैं। ये ट्रैक टेप की लम्बाई तक जाते हैं। ये टेप कॉलम में विभाजित होती है। जिसमें डाटा स्टोर होता है। प्रत्येक कॉलम कुछ लाइनों में फिर से विभाजित होता है जिसे चैनल कहते हैं।

जहाँ पर अर्थात् जिस कॉलम और जिस लाइन में डाटा सटोर होता है वह 1 दर्शाता है और जहाँ डाटा स्टोर नहीं होता वह 0 (zero) दर्शाता है। टेप की लम्बाई तक किसी भी प्वाइंट पर ट्रैक पर bits का combination एक character दर्शाता है।

जैसे A to Z, a to z, 0 to 9

विशेष केरेक्टर जैसे $ @ : ; , आदि।

फलॉपी डिस्क

दो प्रकार की फ्लॉपी डिस्क होती है जिनका आकर $3\frac{1}{2}$" और $5\frac{1}{4}$" होता है। ये फ्लॉपी vinyl मैटेरियल की बनी होती हैं और इनके ऊपर प्लास्टिक कोट की जैकेट होती है। Vinyl मैटीरियल के मैग्नेटिक ऑक्साइड की कोटिंग (परत) होती है ताकि इस पर डाटा स्टोर हो सके। फ्लॉपी डिस्क इनपुट व आउटपुट दोनों डिवइसों में प्रयोग होती है। इसका अीं यह है कि तुम इस पर डाटा लिख भी सकते हो और पढ़ ीी सकते हो। फ्लॉपी डिस्क डाटा को स्टोर करती है जो डिस्क की सतह पर ट्रैक पर से डाटा को इलैक्ट्रॉमेग्नेटिक साधनों के द्वारा enode करती है। फ्लॉपी डिस्क एक लचीले मैटीरियल से बनती है जो एक तरह की प्लास्टिक होती है जिसकी सतह पर मैग्नीटाइजेबल कण होते हैं।

फ्लॉपी डिस्क एक विशेष लिफाफे में सप्लाई की जाती है। जिसे Read/Write हैड पर एक drive shoft होता है। जो disk को चलाने के लिए होता है। डिस्क लिफाफे में डिजाइन की गई है जिससे रिकार्डिंग सतह सुरक्षित रहती है। फ्लॉपी डिस्क Pcs में वह word processing सिस्टम में प्रयोग होती है और वह काफी प्रसिद्ध है। इस diskette भी कहते हैं।

फ्लॉपी डिस्क के प्रकार

फ्लॉपी डिस्क के दो प्रकार होते हैं–

$$5\frac{1}{4}\text{" and } 3\frac{1}{2}\text{"}$$

ये आकार डिस्क के डायमीटर को बताते हैं ना कि क्षमता को।

–$5\frac{1}{4}$" के आकर वाली डिस्क एक लचीले vinyl envelope में होती है जिसमें एक अण्डाकार आकृति (oval shape) का cutout होता है जो डिस्क को read/write करने की आज्ञा देता है। डिस्क भी मुलायम लचीली Mylar प्लास्टिक की बनी होती है जिस पर magnetically sensitive आयरन ऑक्साइड की परत चढ़ी होती है।

यह परत दोनों साइड पर चढ़ी होती है जबकि ये single sided disk होती है जो केवल एक तरफ ही डाटा स्टोर करती है।

इन दिनों पुराने कम्प्यूटर्स में 5.25 इंच की disk (1.2 MB क्षमता वाली) प्रयोग में आती है यद्यपि कुछ लोग 5.25" की डिस्क ड्राइव अपने नये कम्प्यूटरों में इच्छानुसार लगवाते हैं ताकि उनका PC भी पुरानी डिस्क को पढ़ने और काम करने में सक्षम हो।

– 3.5" की डिस्क एक हार्ड प्लास्टिक कवर में आती है जिसमें एक खिसकने (sliding) वाल मैटल कवर होता है। जब डिस्क को ड्राइव में डाला जाता है तो वह sliding मैटल कवर पीछे की ओर खिसक जाता है जिससे डिस्क पर read/write का काम होता है। फ्लॉपी डिस्क बाहर के प्लास्टिक कवर को नहीं बल्कि अन्दर वाली डिस्क को कहते हैं।

3.5" की फ्लॉपी डिस्क तीन प्रकार की क्षमता में आती है–

1. double density

2. high density

3. very high density

फ्लॉपी डिस्क ड्राइव–फ्लॉपी डिस्क ड्राइव वह डिवाइस है जो फ्लॉपी डिस्क से डाटा को read/write करती है। ड्राइव में होता है।

1. एक छड़ जिस पर डिस्क घूमती है।

2. read/write head जो किसी भी पॉजीशन से डिस्क पर से डाटा को पढ़ता है।

3. ड्राइव में रोशन (drive light)

4. फ्लॉपी को बाहर निकालने का बटन

हार्ड डिस्क

इसे बहुत अधिाक मात्रा में स्टोर करने वाला डिवाइस कहते हैं। फ्लॉपी डिस्क की तरह ही हार्ड-डिस्क डाटा को ट्रैक में स्टोर करती है जो सेक्टरों में विभाजित रहता है। हाड-डिस्क में मैटर की प्लेट्स होती है जो स्पिनडल पर चलती (घूमती) है। प्रत्येक प्लैटर पर आयरन ऑक्साइड की परत होती है और पूरा unit एक चेम्बर में sealed होता है ताकि वह धूल व अन्य प्रकार की गन्दगी से बचा रहे।

विन्चेस्टर डिस्क–मैग्नेटिक डिस्क ड्राइव जो आकर में फ्लॉपी डिस्क की तरह ही हाती है। लेकिन गति और भण्डारण में इससे कई गुना ज्यादा होती है। डिस्क का read/write head घूमती हुई डिस्क के ऊपर float करता है। डिस्क एक हवा के कुशन (गद्दी) पर घूमती है जो ratating surface उत्पन्न करता है। जब rotation रुक जाता है तो वह हवा की गद्दी खत्म हो जाती है और हैड की सत पर आराम करता है जहाँ कोई डाटा रिकार्ड नहीं होता।

विंचेस्टर ड्राइव गन्दगी को रोकने के हिसाब से sealed होती है ताकि इसका head crush (खराब) ना हो। असली विंचेस्टर बिडस्क वही होती है जिससे 30 MB डाटा 30 ट्रैक पर हो। डिस्क पर एक विशेष Lubsicant की परत चढ़ी होती है जो उस रगड़ को रोकती है जब head लैण्ड करता है।

इसका स्टैण्डर्ड आकर 5.25" और 8" है। डाटा भण्डारण की क्षमता 40 MB से 7600 MB के लगभग होती है। ज्यादातर ये माइक्रोकम्प्यूटर्स में प्रयोग होती है। विंचेस्टर हार्ड डिस्क में बहुत-सी डिस्क प्लेटर होती हैं जो अकेली घूमते हुए spindle पर होती हैं। डाटा सभी सतहों पर store होता है।

विंचेस्टर डिस्क का कवर disk को किसी भी प्रकार की गन्दगी जैसे धूल, सिगरेट का धुआँ आदि से बचाता है। मैग्नेटिक डिस्क के घूमने की जो प्रक्रिया है। उसमें सारा डाटा read/write head के नीचे से pass होता है। इस तरह से हर डिस्क पलैटर पर से डाटा काम करने के लिए प्राप्त हो जाता है।

विंचेस्टर डिस्क कुछ यूनिट में permanant install की जाती है। ये हार्ड डिस्क CPU के अन्दर ही चार्ज हो जाती है। और ये इन्टरचार्जेबिल विंचेस्टर डिस्क इस तरीके से लगाई और निकाली जाती है जैसे कि तुम VCR में से टेप को निकालते और लगाते हो। बहुत कम PCs का प्रतिशत है जो विंचेस्टर डिस्क के लिए configure (बनाये) किये जाते हैं।

सीडी रोम (CD-ROM)

इसमें कोई सन्देह नहीं है कि डाटा स्टोर करने के लिए यह सबसे नया और अच्छा माधयम है। यद्यपि ये देखने में म्यूसिक CosQ की तरह ही है। इसलिए उनसे अलग करने के इन्हें CD-ROM कहा गया। ये आकार में गोल और व्या में 5" होती है। अभी तक तो ये सिर्फ पढ़ने के लिए प्रयोग की जाती थीं परन्तु आजकल लिखने वाली CosQ भी उपलब्धा है। इन CosQ में लगभग 600 फ्लॉपियों का डाटा लिखने की क्षमता होती है। आज के समय में यह माधयम बहुत प्रसिद्ध है।

अब Video disk और Compact disk (CosQ), optical disk` रूप में आने लगी हैं। यह देखने में छोटी है और इमेजों और आवाजों को स्टोर करने की ऊँची क्षमता रखती है। एक आप्टिकल डिस्क एक साइड में 1 GB डाटा स्टोर करती है। इसके साथ ही साथ ऑप्टिकल डिस्क 800 टीवी की इमेजों या 60 minute का ऊँची दर का म्यूसिक रख सकती है।

ऑप्टिकल didk डाटा स्टोर करने और पढ़ने के लिए मैग्नेटिक डिसक से थोड़ी अलग है। इन चकतती हुई डिस्क पर डाटा स्टोर करने और पढ़ने के लिए लेजन बीम का प्रयोग होता है। इसलिए इन्हें लेजर डिस्क भी कहते हैं।

इस तकनीक में लेजर किरणें उस मैटेलिक मैटेरियल को हिट करती है जो डिस्क की सतह पर फैला होता है। जब डिस्क पर डाटा प्रवेश करता है तो लेजर की गर्मी डिस्क पर छोटे-छोटे धब्बे उत्पन्न करती हैं। डाटा पढ़ने के लिए, लेजर डिस्क को स्केन करती है और लेंस विभिन्न धब्बों से light के reflection से डाटा उठा लेता है।

आप्टिकल डिस्क के तीन मुख्य प्रकार प्रसिद्ध हैं–

1. read only (पढ़ने योग्य)

2. recordable (रिकार्ड बनाने योग्य)

3. erasable (मिटाने योग्य)

स्पीकर (Speakers)

कम्प्यूटर आवाज, म्यूजिक (गाने) और दूसरी अन्य जटिल आवाजों का आउटपुट स्पीकर पर देता है। आवाज को उत्पनन करने के लिए कम्प्यूटर के अन्दर एक विशेष सर्किट बोर्ड की आवश्यकता होती है जिसे sound card कहते हैं। ज्यादातर PCs में कम से कम एक छोटा स्पीकर इसके अन्दर ही लगा होता है जो sound card के जरिये audio इनपुट सिग्नल उत्पन्न करता है।

आवाज को कम या ज्यादा करने के लिए और इसकी गुणवत्ता बढ़ाने के लिए कम्प्यूटर के पीछे लगे port में बाहरी speaker जोड़े जा सकते हैं। इस पोर्ट पर Head phone भी लगाये जा सकते हैं ताकि कम्प्यूटर पर बैठे व्यक्ति के द्वारा आवाज के केवल सुना जा सके।

ऑपरेटिंग सिस्टम : विंडोज XP
(Operating System – Windows XP)

परिचय

विंडोज XP एक नई विंडोज है जो पर्सनल कम्प्यूटिंग में एक बड़ा बदलाव दिखाती है। विंडोज XP कम्प्यूटर का प्रयोग करने की आजादी देता है। तुम्हारे द्वारा डिजीटल मीडिया और इंटटेज के momentum में सुधर किये जाए जिससे घरों पर प्रयोग करने वाले (Windows XP Home Edition) और सभी प्रकार के बिजनेस (Windows XP Professional) करने वालो के लिए आत्म-निर्भरता और उत्पादन करने की क्षमता बढ़े।

Window XP डिजीटल युग के उत्साही अनुभव व्यक्तियों में अंगुलियों के सिरो पर, डिवाइसों की कार्य करने की क्षमता, सुरक्षा और विश्वसनीयता को बढ़ाकर देती है।

विंडोज XP का अर्थ क्या है?

XP का अर्थ है Experience (अनुभव)। विंडोज XP यह नाम दर्शाता है कि माइक्रोसॉफ्ट का ध्यान ज्यादा अनुभव देने पर केन्द्रिता रहा है किसी भी तरह के उपयोग करने वाले आसान तरीके से कम्प्यूटर का अनुभव ले सकें। विंडोज XP के साथ माइक्रोसॉफ्ट ने PC की शक्ति का विस्तार कराया ताकि अच्दी से अच्छी और नये तरीके की डिवाइस, वेब सेवायें और applicaiton डल सकें, जिन्हें उपयोग करने पर लोगों का अनुभव बढ़ सके।

होम एडिशन और प्रोफेशनल एडिशन में अन्तर

Window 2000 के घरेलू उपयोग करने वालों की शक्ति और विश्वसनीयता देने के लिए विंडोज XP होम एडिशन को डिजाइन किया गया। विंडोजन ME भी अपने आप में अच्छा बदलाव ला रहा है उन लोगों के लिए जो विंडोज 98/2000 प्रयोग कर रहे हैं।

विंडोज XP professional, विंडोज XP होम एडिशन से भी कही अधिक है और अनगिनत अतिरिक्त तकनीकियाँ और गुण प्रदान कर रहा है जिसमें रोमिंग प्रोफाइल, डेस्कटॉप को छोटा करना, डोमेन एकाउन्ट सपोर्ट और एक साथ दो प्रोसेसर से काम करने की सुविधाएँ हैं। विंडोज XP प्रोफेशनल C2 सुरक्षा certification के लिए जरुरतें प्रदान करती हैं और इनक्रिपटिंग फाइल सिस्टम (EFS) भी डालती हैं।

विंडोज XP के डेस्कटॉप का अन्वेषण (Explore)

विंडोज, विंडोज XP के पुराने version (वर्णन) में एक चिपपरिचित डेस्कटॉप था जिसमें हम छोटे तरीकों (short cuts) का प्रयोग करके अपने प्रोग्राम लॉन्च कर सकते थे।

एक विंडोज XP के डेस्कटॉप पर सभी जरुरी icons होते हैं जैसा नीचे (चित्र 3.1) में दिखाया गया है। बिल्कुल एक-सा डेस्कटॉप तो नहीं होता है पर यह पुराने डेस्कटॉप से थोड़ा मिलता जुलता सा होता है।

उपर्युक्त डेस्कटॉप कुछ icons जो सभी डेस्कटॉप के लिए जरुरी है वो विंडोज XP के द्वारा भी प्रयोग किये जाते हैं और कुछ उपयोग करने वाले अपनी इच्छा के अनुसार बनाते हैं।

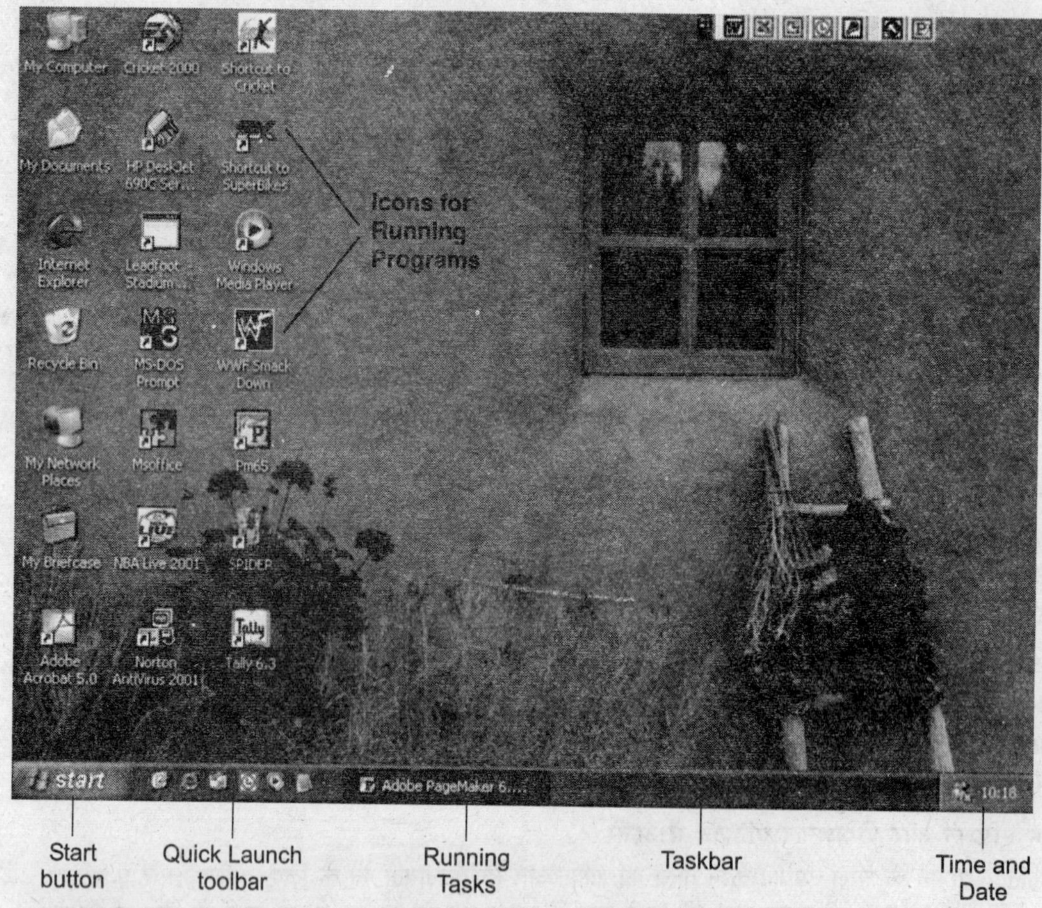

जो जरुरी icons हैं उनमें से कुछ ये हैं–My computer, Recycle Bin, My Documents, Internet Explorer आदि।

इन सबका वर्णन करने से पहले हम यह देखते हैं कि ये काम करने में हमारी केसे सहायता करते हैं। हम डेस्कटॉप के दूसरे ports का अन्वेषण करते हैं। डेस्कटॉप के सबसे नीचे बांए कोने पर start बटन होता है। इसे दबाने पर कुछ ऑप्शन (option) आते हैं।

Caption (Start बटन क्लिक करने पर विभिन्न option आते हैं)

इनमें से कुछ option वही है जो पुराने versions में आते हैं लेकिन ये पहले से बिल्कुल अलग दिखते हैं। सबसे मुख्य अन्तर यह है कि यह दो कॉलम में आता है।

इन्टरनेट	यह इन्टरनेट access करने के लिए इंटरनेट Explorer का version 6.0 खोलता है।
e-mail	यह ई–मेल भेजने के लिए और प्राप्त करने के लिए outlook express को खोलता है।
All programs	तुम इस option से कम्प्यूटर में डाटा हुए (load किए हुए) सारे प्रोग्राम खोल सकते हैं।

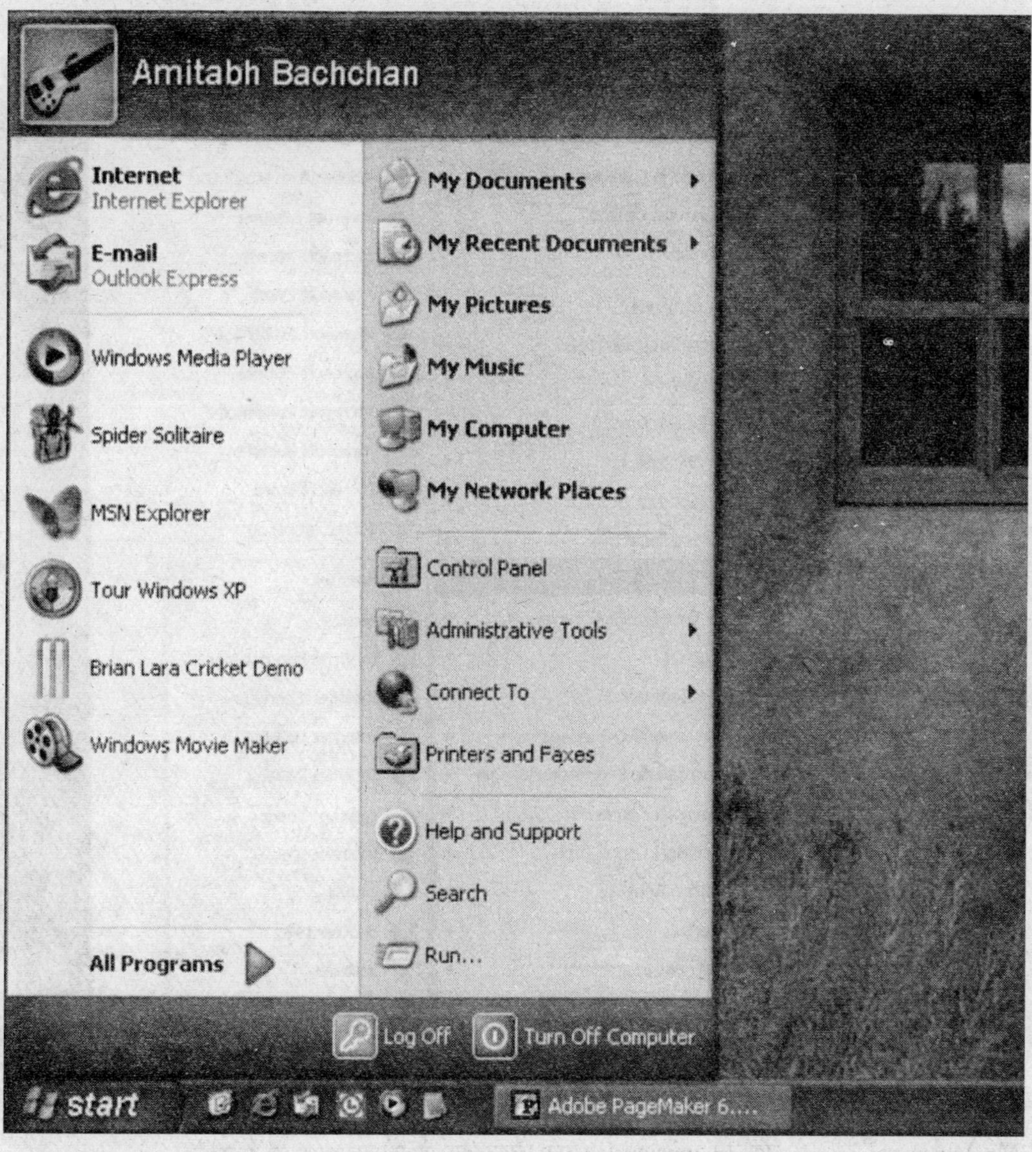

अगले उन सभी प्रोग्रामें की list आ जाती है जो अभी-अभी (recently) प्रयोग किये हैं। चलो अगले कॉलम पर चलते हैं।

My Documents	यह उन documents या files की list देता है जो तुमने My Documents में सेव (save) किये हैं।
My Recent Documents	यह पिछले 15 documents को प्रयोग (use) करने की आज्ञा देता है।

My Pictures — यह उन चित्रों की लिस्ट देता है जो तुमने अपने कम्प्यूटर में स्टोर किये हैं।

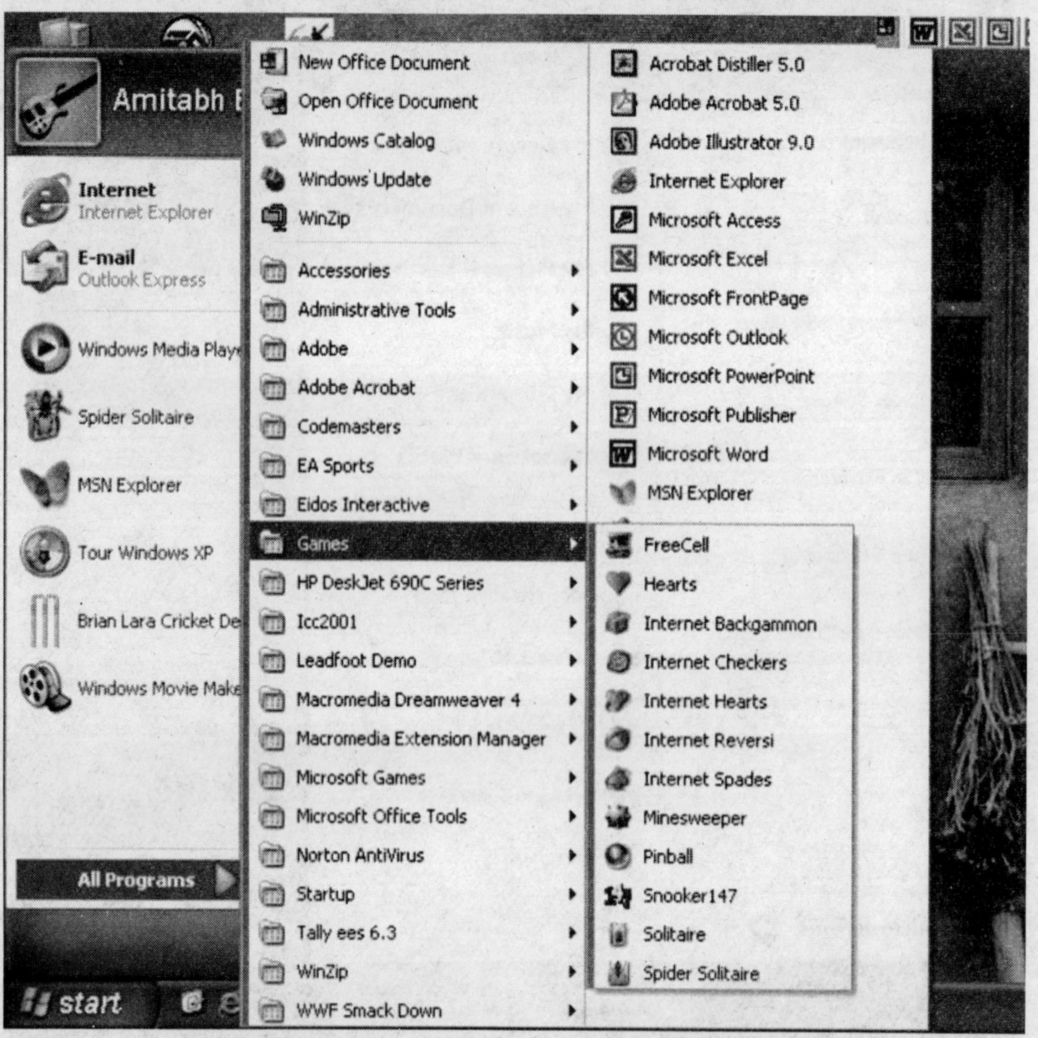

My Music — यह उन music files की लिस्ट देता है जो कम्प्यूटर में स्टोर है।

My Computer — अपने कम्प्यूटर को पूरी तरह से यहाँ से access कर सकते हैं।

My Network Places — यह उन web sites की लिस्ट देता हैं जिन्हें अभी कुछ समय पहले access किया गया है।

Control Pavel — तुम अपने control panel, जिसमें सारे डिवाइस स्टोर होते हैं, यहाँ से access कर सकते हो।

Administrative tool — यह तुम्हें उन विभिन्न tools को access करने देता है जो microsoft की site से access करके प्रयोग किये जा सकते हैं। जैसे–

- Component Services
- Computer Management
- Data Sources (ODBC)
- Event Viewer
- Local Security Policy
- Performance
- Services

Connect to — जो इंटरनेट का connection तुमने लिया हुआ है या जो कनेक्शन कम्प्यूटर में उपलब्ध है यह उनसे जुड़ने की सुविध देता है।

Printers and faxes — जो प्रिन्टर और फैक्स के कनेक्शन तुम्हारे कम्प्यूटर में है यह उन्हें दिखाता है।

Help & Support — यह विंडोज XP के विस्तार से बताये हुए सिस्टम को खेलता है Trouble shoot (प्रॉब्लम को दूर) करने में सहायता करता है। जैसा कि नीचे (चित्र 3.3) में दिखाया गया है।

Search — किसी भी फाइल या फोल्डर को ढूंढने में सहायता करता है। (चित्र 3.4)

Run — डॉयलोग बॉक्स की सहायता से किसी विशेष प्रोग्राम को चलाने में मदद करता है। (चित्र 3.5)।

Log off — यह सिस्टम को तेजी से लॉग ऑफ करता है अर्थात् जिस पर ड्राइव पर आप काम कर रहे हैं उसे बन्द कर देता है। और यदि कोई दूसरी प्रोफाइल भी खुली हुई है तो उसे भी करने के लिए पूछता है। लॉग ऑफ का यह अर्थ भी है कि आपने अपना profile बन्द कर दिया है यदि किसी और को कम्प्यूटर पर बैठना है तो वह बैठ सकता है।

Turn off — इस option पर क्लिक करते ही एक डॉयलाग बॉक्स खुलता है। वह आपसे पूछता है कि क्या करना है

Hibernate : कम्प्यूटर को stand by में रखना है।
Turn off : कम्प्यूटर को बन्द करता है।
Restart : कम्प्यूटर को दोबारा start (शुरु) करना है।

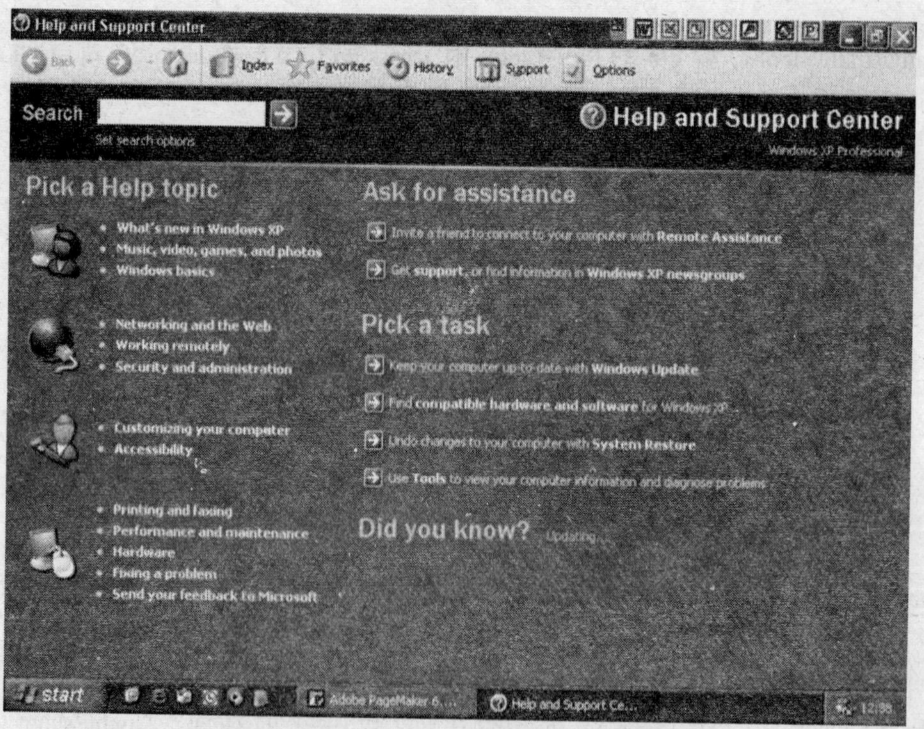
Help and Support Center
Back
Index
Favorites
History
Support
Options
Search
Set search options
Help and Support Center
Windows XP Professional
Pick a Help topic
What's new in Windows XP
Music, video, games, and photos
Windows basics
Networking and the Web
Working remotely
Security and administration
Customizing your computer
Accessibility
Printing and faxing
Performance and maintenance
Hardware
Fixing a problem
Send your feedback to Microsoft
Ask for assistance
Invite a friend to connect to your computer with Remote Assistance
Get support, or find information in Windows XP newsgroups
Pick a task
Keep your computer up-to-date with Windows Update
Find compatible hardware and software for Windows XP
Undo changes to your computer with System Restore
Use Tools to view your computer information and diagnose problems
Did you know?
Updating
start
Adobe PageMaker 6....
Help and Support Ce...
12:38

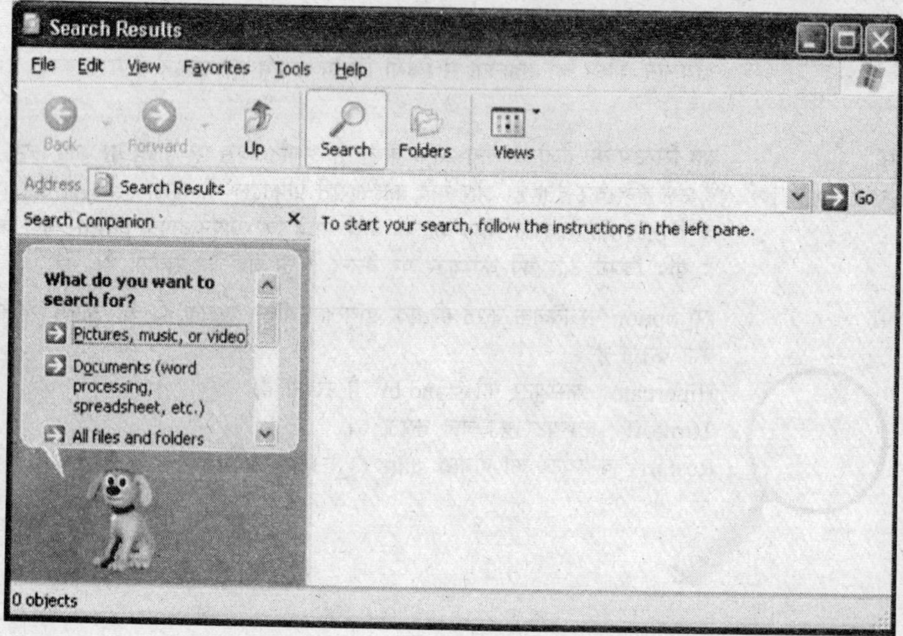
Search Results
File
Edit
View
Favorites
Tools
Help
Back
Forward
Up
Search
Folders
Views
Address
Search Results
Go
Search Companion
To start your search, follow the instructions in the left pane.
What do you want to search for?
Pictures, music, or video
Documents (word processing, spreadsheet, etc.)
All files and folders
0 objects

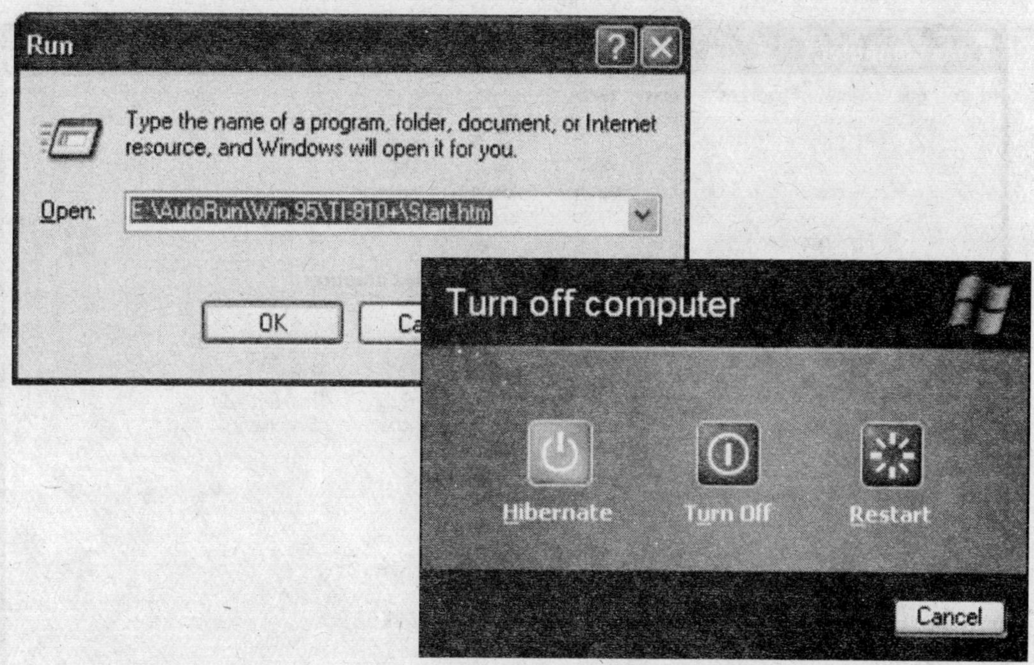

Task Bar का अन्वेषण

यह डेस्कटॉप की सबसे नीचे की लाइन हाता है। जैसा कि चित्र 3.1 में दिखाया गया है।

Date and time	यह सिस्टम की date और time को दिखाता है।
Quick Launch Tool Bar	विभिन्न प्रोग्रामों के बहुत से ऑइकन यहाँ पर होते हैं। ताकि वे यहाँ पर क्लिक करते ही फटाफट खुल जायें। तुम्हारे पास यह option है कि यहाँ पर उन ऑइकनो को रख सकते हैं जो तुम्हारे बहुत ज्यादा प्रयोग में आते हों।
Running Task	जब सिस्टम पर तुम्हारा कोई प्रोग्राम चल रहा हो, ताह वह यहाँ इस Task बार पर रिफ्लेक्ट होता रहता है।

अब हम डेस्कटॉप के विभिन्न options पर आते हैं।

My Computer

यह तुम्हारे कम्प्यूटर के कंटेन्टस (contents) को खोजने में, किसी फोल्डर को खोलने मेंख किसी document को खोलने में और तुम्हारी पंसदीदा application को चलाने में सहायता करता है। जैसा कि चित्र 3.7 में दिखाया गया है कि यह 3 सेक्शन में विभाजित रहता है। सिस्टम टॉस्क, other places, Details तुम इस डॉयलोग बॉक्स के किसी भी ऑइकन को चुन सकते हो। किसी भी option पर क्लिक कर सकते हो। जिस option पर क्लिक करोगे, उससे सम्बन्धित जानकारी स्क्रीन पर उसी डॉयलोग बॉक्स में right side पर डिस्पले (display) हो जाएगी।

सिस्टम टॉस्क किसी भी कार्य को करने की आज्ञा देता है। किसी दूसरे स्थान पर जाने के लिए other places option पर क्लिक कर सकते हो।

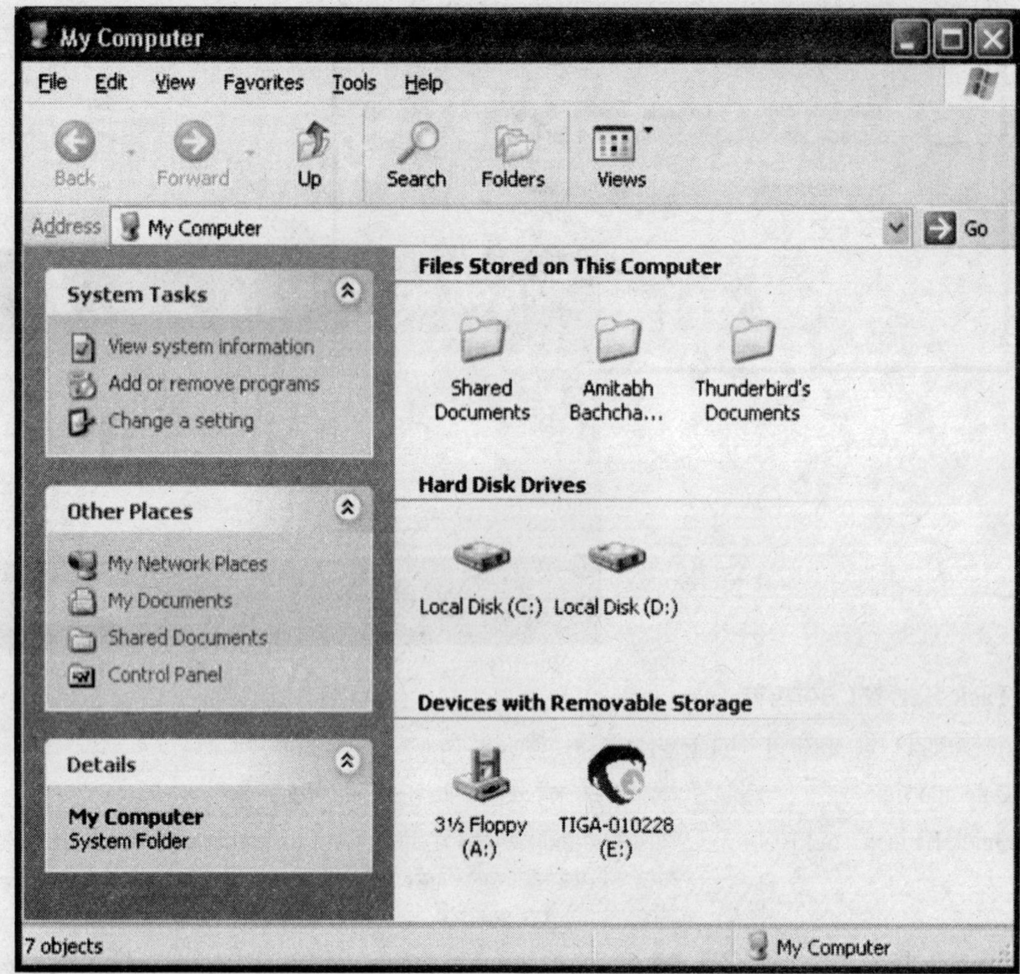

सीधे हाथ की तरफ जिवइतक की लिस्ट होती है। जिस ड्राइव का मैटेरियल आप देखना चाहते हैं उस पर क्लिक कर दें।

ऊपर की ओर कुछ बटन होते हैं जो आगे जाने में और वापिस आने में सहायता करते हैं। जैसे आपने D:/- drive का मैटर देखने के लिए उस पर क्लिक किया। वापिस My Compouter में आने के लिए Back बटन को दबा दें। चलो, अब यह देखते हैं कि My Computer में किस तरह फाइलों की कॉपी कर सकते हैं।

फाइलों को कॉपी करना

चलो मान लेते हैं कि तुम्हें फ्लॉपी से हार्ड डिस्क पर कोई फाइल कॉपी करनी है। तो सबसे पहले फ्लॉपी ड्राइव के ऑइकन A: पर क्लिक करके फोल्डर को खोलते हैं। और हार्ड डिस्क के उस फोल्डर को भी खोलते हैं जहाँ पर हमें फाइल कॉपी करनी है। तुम My Computer के आईकन पर फिर से क्लिक करो।

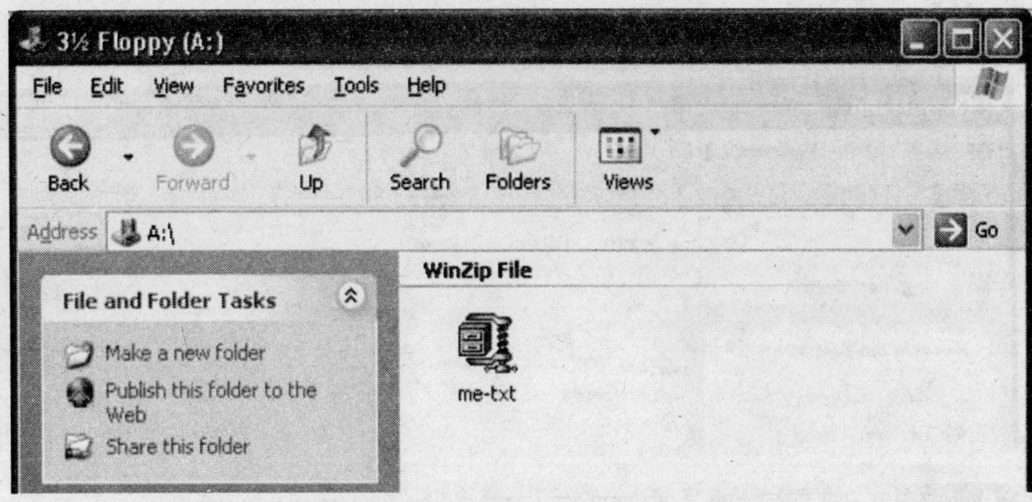

अब जहाँ से कॉपी करनी है वह फ्लॉपी ड्राइव और जहाँ पर कॉपी करनी हैं वह हार्ड डिस्क ड्राइव दोनों खुले हुए हैं। जो फाइल कॉपी करनी है उसे क्लिक करो और ड्रेग (drag) करके (मतलब, माउस बटन दबाकर उस फाल को सिखकाकर) हार्ड डिस्क के उस फोल्डर में डाल दो जहाँ कॉपी करनी है। तुम देखोगे कि कॉपी होना शुरु हो गया है। (चित्र 3.8)

एक बार जब फाइल कॉपी हो जाएगी तो यह डायॅलोग बॉक्सी अपने आप गायब हो जायेगा। अब यह फाइल हार्ड डिस्क और फ्लॉपी ड्राइव दोनों में दिखाई देगी।

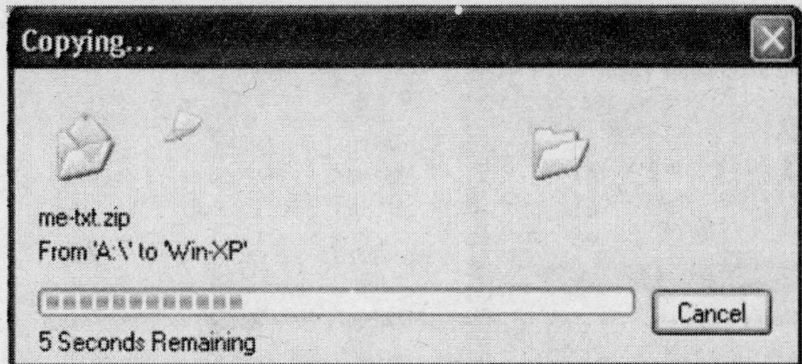

फिर भी, यदि आप चाहते हैं कि फाइल हार्ड डिस्क में कॉपी हो जाए, यह फ्लॉपी में ना रहे, तो ctrl (contrl) बटन दबाकर फाइल को ड्रेग करें।

Recycle Bin (रीसाइकल बिन)

यह एक तरह से कम्प्यूटर का dustbin (कुड़े दान) है। जितनी भी फाइलें delete की (मिटाई) जाती हैं वह सब यहाँ ट्रान्सफर हो जाती है। यदि आप चाहते हैं कि आपनी delete की हुई फाइल वापिस आ जायेंख तो आप उसे तभी वापिस ला सकते हैं जबकि वह Recycle bin में हो। यदि आपने Recycle bin को खाली कर दिया है तो आप किसी कीमत पर भी फाइल को वापिस (resi\tore) नहीं ला सकते।

My Documents

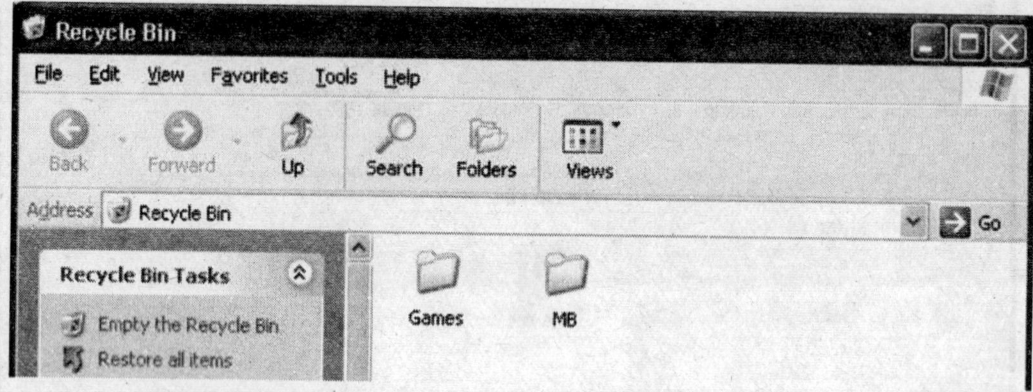

इस फोल्डर में वे सभी फाइलें होती हैं जो आपने इसमें बनाई हैं और save की है। और यही से भी आप किसी भी फाइल को खोल सकते हैं। सम्बन्धित प्रोग्राम या फाइल तुरन्त खुल जायेगी।

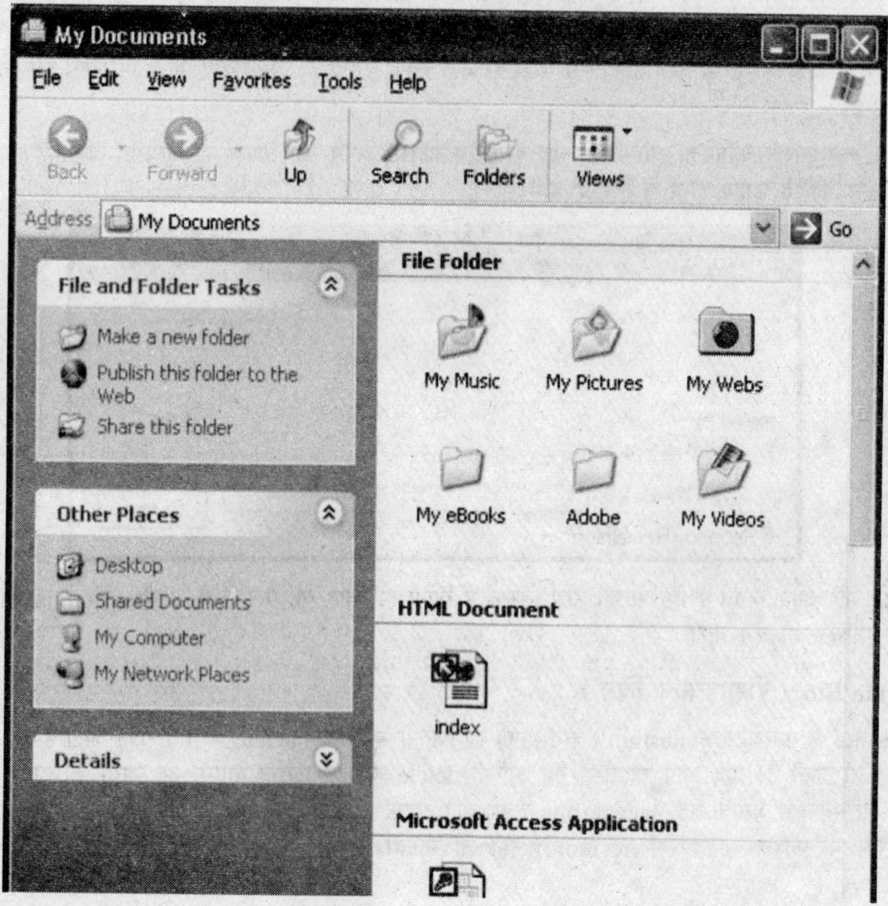

अभी तक हमने आपको छोटे तरीके (short cut) या ऑइकन के बारे में बताया। पर short cut बनाना नहीं बताया। आइये देखते हैं–

Shortcuts बनाना

मान लो कि तुम्हारे कम्प्यूटर में कोई ऐसा प्रोग्राम है जिसे तुम बहुत ज्यादा प्रयोग करते हो, तो तुम्हे उसका short cut बना लेना चाहिए। उदाहरण के तौर पर, मेरा Page maker का बहुत ज्यादा उपयोग है तो मैने इसका एक shortcut बनाया जो डेस्क टॉपर पर उपलब्ध है।

माना कि तुम Paint Brush पर बहुत काम करते हो तो बार-बार Programs Δ Accessories Δ Paint खोलने की अपेक्षा, तुम उसका एक short cut डेस्कटॉप पर बना लो। इसके लिए कुछ चरणों का अनुसरण करो–

1. अपने सभी खुले हुए प्रोग्रामों को minimize (छोटा) करें।
2. डेस्कटॉप पर माउस का Right button (दायां बटन) क्लिक करें। तब एक Menu खुलेगा जैसा चित्र 3.10 में दिखाया गया है।

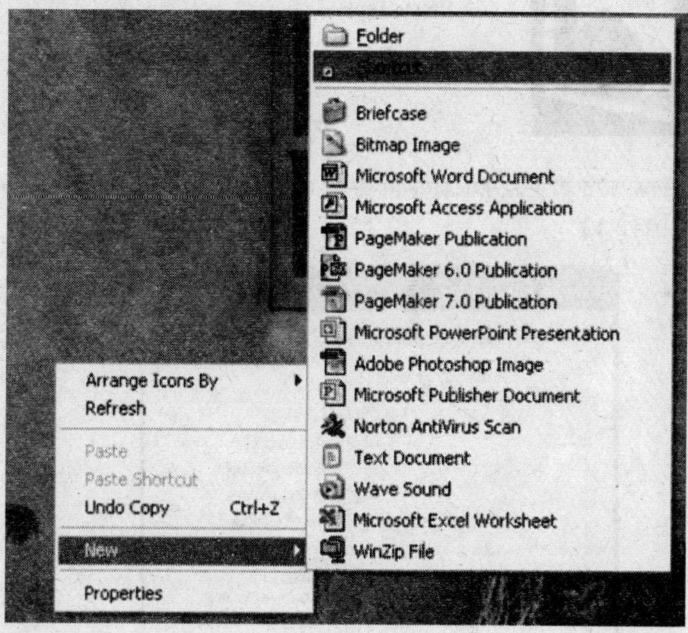

3. नया फोल्डर के लिए New पर क्लिक करें। नया shortcut बनाने के लिए shortcut पर क्लिक करें।
4. तभी एक नया डॉयलोग बॉक्स खुलेगा जैसा चित्र 3.11 में है। साथ ही साथ आप देखेंगे कि New बटन पर क्लि करने पर नया फोल्डर भी खुल गया है।
5. ठतवूेम बटन पर क्लिक करें। और उस दिशा में खोजे जिसका shortcut बनाना है। मतलब My Computer Δ*C*:\Δ Programs Δ

   Browe folder पर click करें जो dialog box खुलेगा वह यहाँ आयेगा।

Window Δ Accessories Δ Paint Brush. Browse पर क्लिक करके My computer पर जाये फिर C: ड्राइव में Programs में जाये। फिर windows में जाकर Accessories में option में जाकर Paint Brush पर क्लिक करे। फिर OK बटन पर क्लिक करें।

6. अब तुम देखोगे कि Create shortcut डॉयलॉग बॉक्स में Paint Brush option का पूरा लिखा हुआ है। अब Paint Brush का shortcut बनने के लिए तैयार है। अब Next बटन पर क्लिक करो।

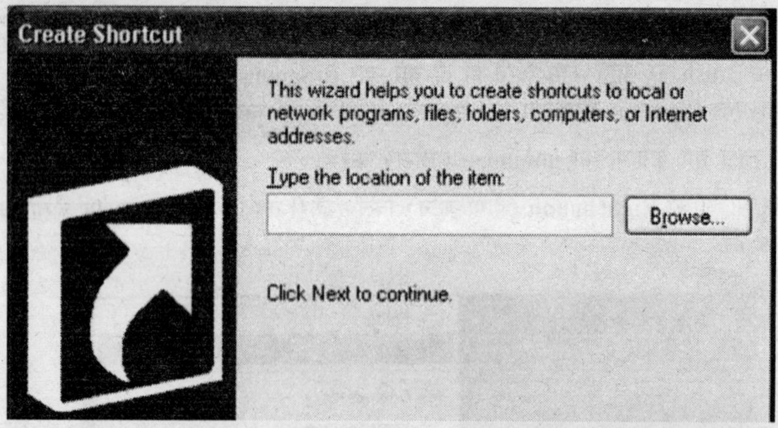

7. Next बटन पर क्लिक करते ही एक नया डॉयलाग बॉक्स खुलेगा जो आपसे यह पूछेगा कि इस shortcut को क्या नाम देना है। चित्र 3.13

हमने यहाँ इस shortcut को Paint नाम दिया है।

8. Finish बटन पर क्लिक करे। अब यह प्रक्रिया खत्म हो जाएगी। डेस्कटॉप पर Paint के नाम से Paint Brush का shortcut तैयार हो गया है। चित्र 3.14

9. अब आप सीधे ही डेस्कटॉप से Paint Brush लॉन्च कर सकते हैं।

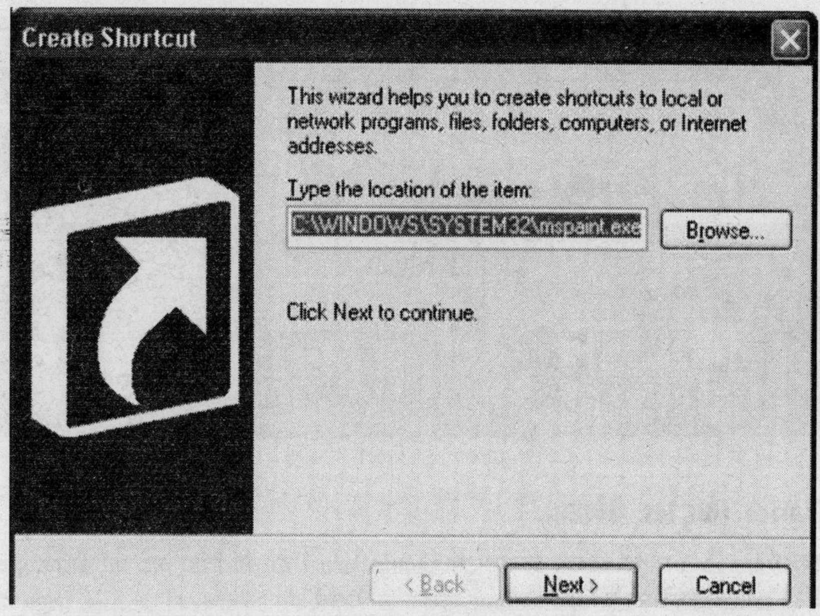

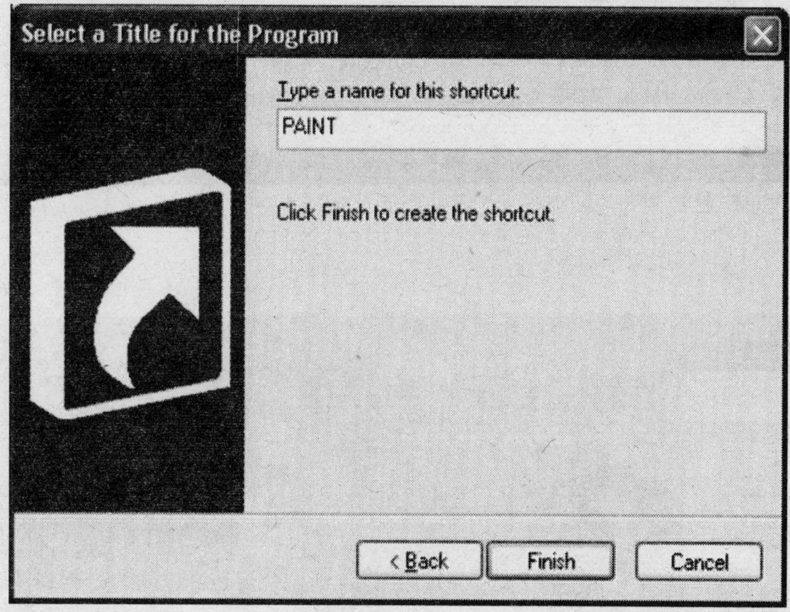

चलिये अब आगे चलते हैं। विंडोज XP में control panel और Accessories में कौन-कौन से tools हैं उनके बारे में पढ़ते हैं।

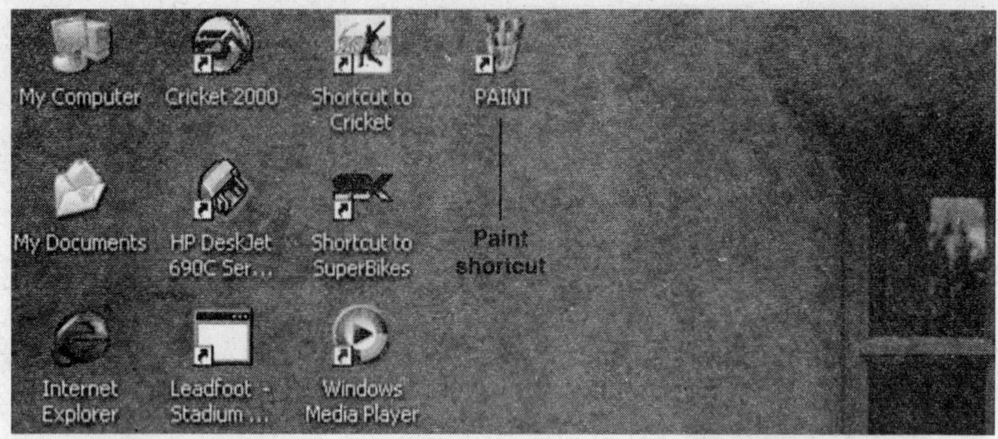

Control Panel (कंट्रोल पैनल)

विंडोज के पिछले Version की तरह ही इस विंडो में भी control panel है। यह विंडो कई सारे ऑइकनों का झुण्ड (group) है जिन्हें select करने पर वे application खुलती है जिनसे हम विंडोज की setting बदल सकते हैं।

Control Panel को खोलने का तरीका

Control Panel दो जगह से खुल सकता है। यह तो My Computer ऑइकन में Control panel और डेस्कटॉप पर Start बटन, उसमें All programs, उसमें Accessories फिर control panel।

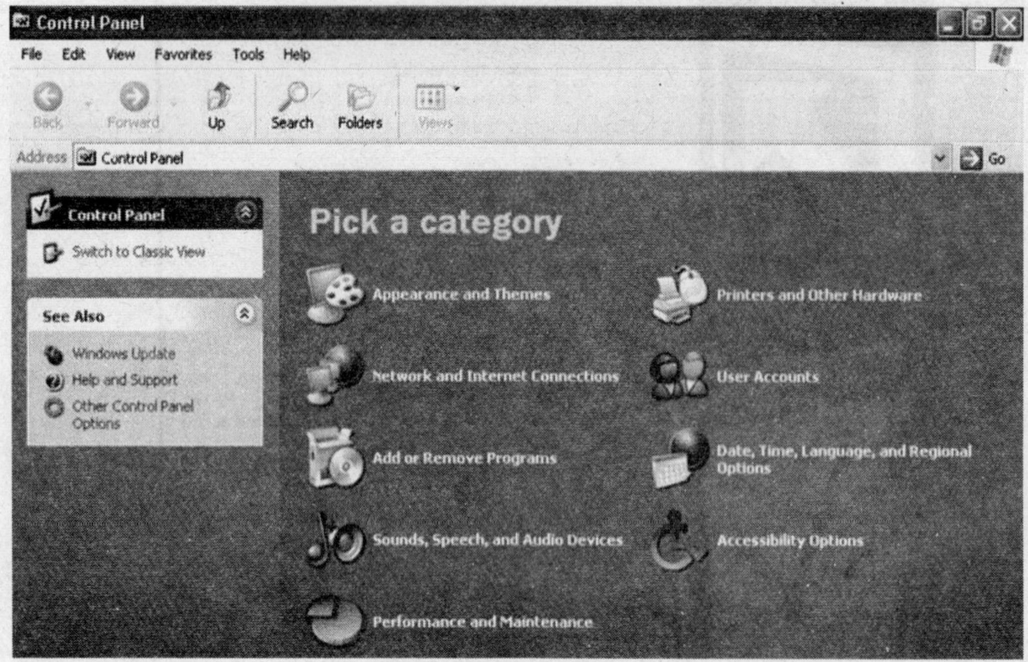

Control Panel फिर से विभिन्न भागों में विभाजित है जो इस प्रकार हैं–

Appearence and Themes

यहाँ कुछ options की लिस्ट है जो टास्क (कार्य करने) और ऑइकन के रूप में है। तुम दोनों रूप में काम कर सकते हो। जो जार्य तूम कर सकते हो वे इस प्रकार है देखो चित्र 3.16।

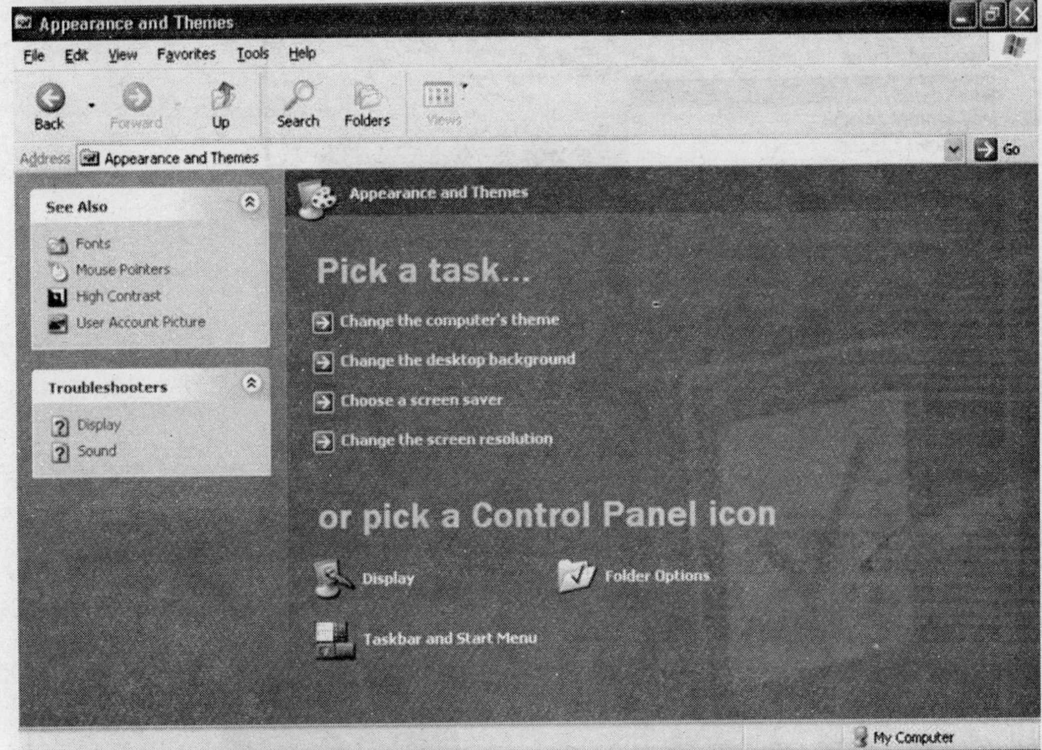

Change the Computer theme : विंडोज XP का डिस्प्ले बहुत सारी themes पर आधरित है जिस पर तुम ऑठकन डेस्कटॉप पर डिस्प्ले (दिखा) सकते हो या इन्फॉरमेशन डिस्पले कर सकते हो। तुम एक थीम select करो, यह अपने आप ही डिस्प्ले बदल देगी। यहाँ चुनने के लिए बहुत सारी थीम है। (चित्र 3.17) हर थीम का विभिन्न रंगों में डिस्प्ले होने का अपना version है।

Change the desktop Background : पिछले कार्य की तरह ही तुम अपने डेस्कटॉप के बैकग्राउन्ड का डिस्प्ले भी बदल सकते हो। देखा चित्र 3.18।

Choosing a Screen Saver : स्क्रीन सेवर तुम्हे सुविधा प्रदान करता है कि तुम अपनी स्क्रीन को किसी दूसरे को दिखाने से बचा सकते हो। विशेष रूप से तब जब तुम स्क्रीन पर कुछ नहीं कर रहे होते हो। यहाँ बहुत सारे स्क्रीन सेवर हैं जो कुछ समय के अन्तराल पर Set किय जा सकते हैं। देखो चित्र (3.19)।

Change the Screen Resolution : तुम अपनी स्क्रीन बदल सकते हो। मतलब यह है कि स्क्रीन पर सब कुछ छोटा-छोटा दिखाई दे या थोड़ा बड़ा, स्क्रीन के रंग हल्के हो या गहरे। यह मॉनीटर का नाम भी दिखाता है जो आप प्रयोग कर रहे हैं। देखा चि;ा 3.20।

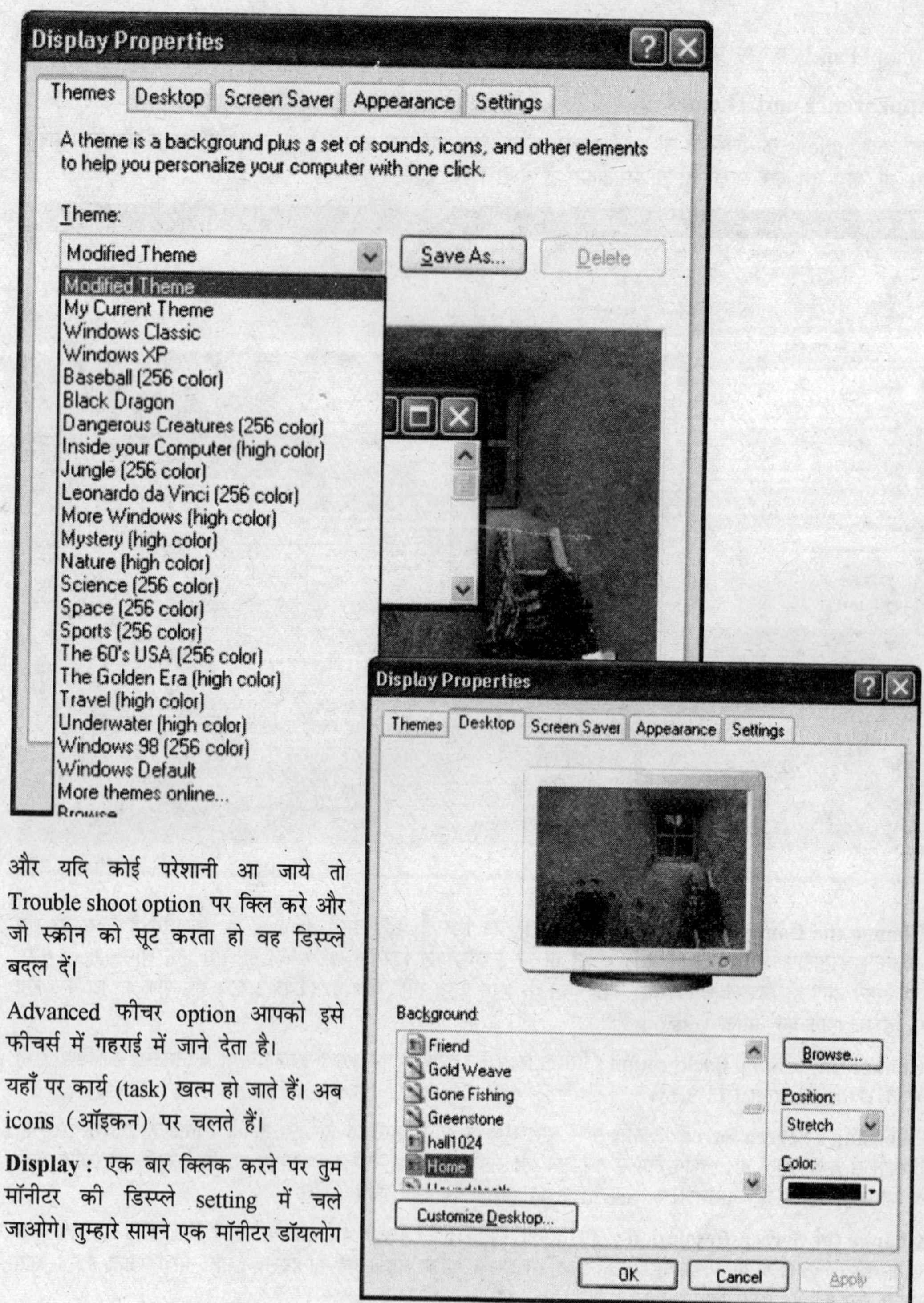

और यदि कोई परेशानी आ जाये तो Trouble shoot option पर क्लि करे और जो स्क्रीन को सूट करता हो वह डिस्प्ले बदल दें।

Advanced फीचर option आपको इसे फीचर्स में गहराई में जाने देता है।

यहाँ पर कार्य (task) खत्म हो जाते हैं। अब icons (ऑइकन) पर चलते हैं।

Display : एक बार क्लिक करने पर तुम मॉनीटर की डिस्प्ले setting में चले जाओगे। तुम्हारे सामने एक मॉनीटर डॉयलोग

बॉक्स आयेगा। जो तुम्हे अपनी इच्छा के अनुसार विभिन्न प्रकार की setting करने की permition (आज्ञा) देता है।

Folder Options : चित्र 3.21 में देखें, इसमें 5 पैनल हैं। हर किसी की अपनी settinh है। जैसा कि इसके नाम से जाहिर होता है कि ये सारे पैनल फोल्डर और फाइल से सम्बन्धित है।

जनरल option कुछ settinh करने के लिए कहता है। view option folders की जो settings आपने की है उनकी देखभाल करते हैं।

File type option उन फाइलों की setting के लिए होता है जिन्हें आप प्रयोग करने जा रहे हैं।

Offline files उन फाइलों पर काम करने की आज्ञा प्रदान करता है जो Net working के अन्तर्गत आती है जब Net connect नहीं होता है।

Task bar and Start Menu : अब तुम जान चुके हो कि टॉस्क बार क्या है। तुम अपने आप भी set कर सकते हो कि टॉस्क बार पर विभिन्न items केसे set करते हैं। देखें चित्र (3.22)।

यदि आप विंडोज 98 में काम कर रहे हैं और चाहते हैं कि तुम्हारा start बटन वो option डिस्प्ले करें (दिखाये; जो आप चाहते हैं तो इस डॉयलोग बॉक्स में से Classic start menu को चुनें। देखे चित्र 3.21।

जैसा ऑइकन अब तुम चाहते हो ये वैसा ही होगा। Trouble shoutus के अन्तर्गत आवाज और डिस्प्ले दोनों है। दोनों Microsoft help और Support centre को अनुसरण करते हैं। तुम्हें

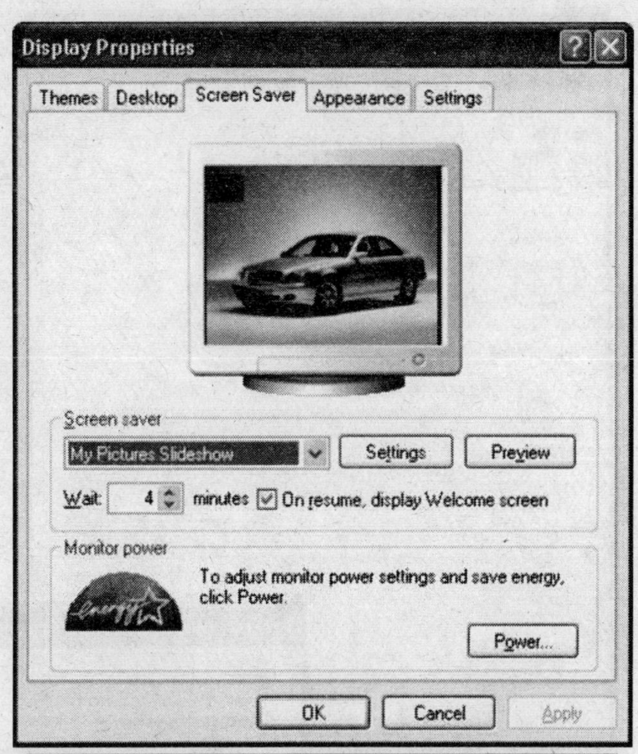

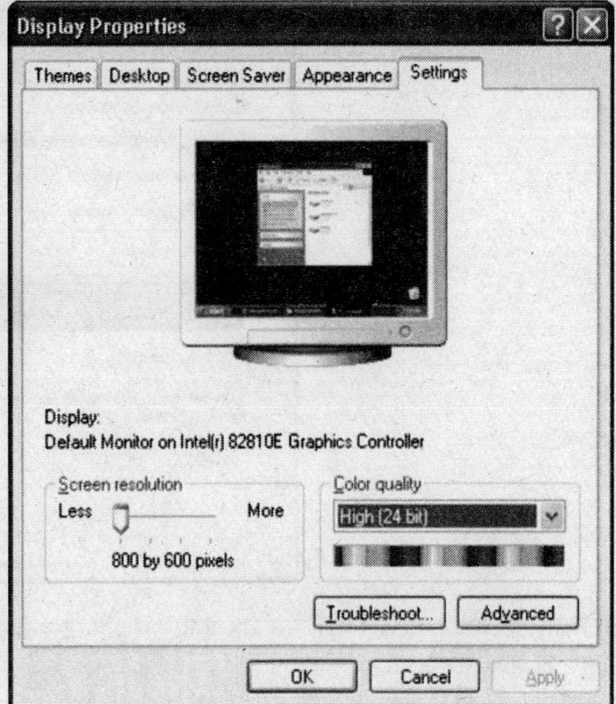

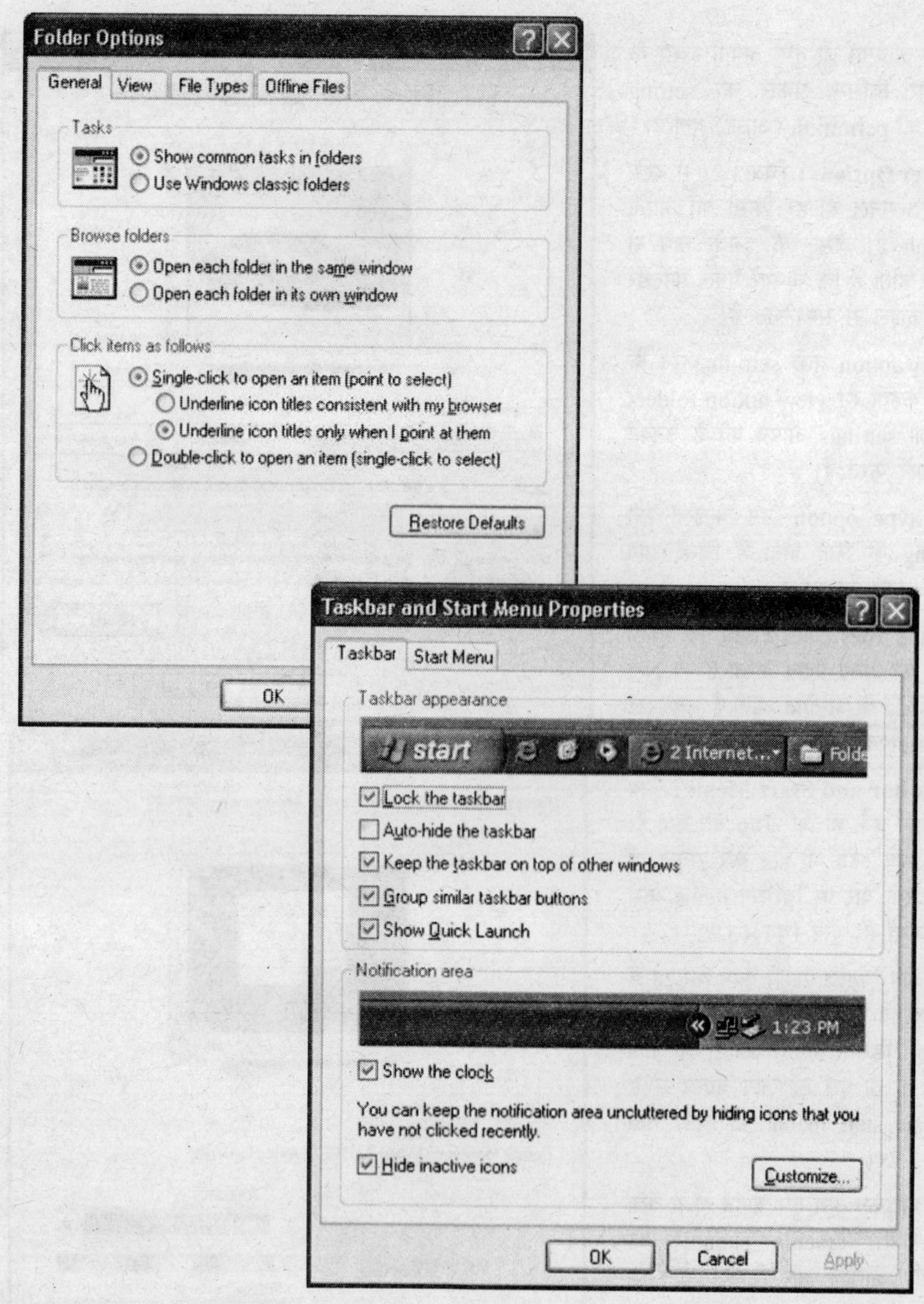

अपनी किसी भी समस्या का हल यहाँ मिल सकता है। परन्तु किसी वजह से यदि समस्या हल नहीं हो रही है तो तुम इंजीनियर को बुला सकते हो।

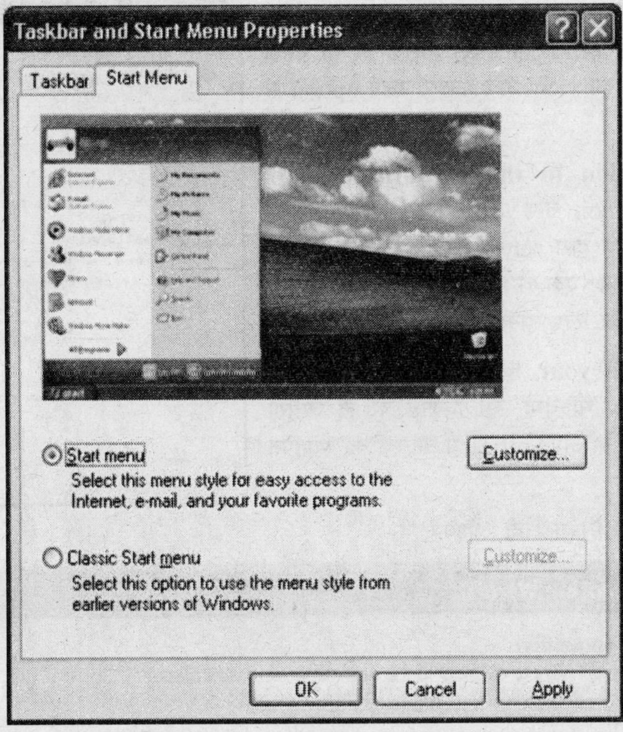

Network and Internet Connections

कंट्रोल पैनल का दूसरा option network और net के connections का है। इससे भी बहुत सारे task और ऑइकन है। देखे चित्र 3.21। इन सबका वर्णन इस प्रकार है–

Set up or Change your Internet Connection–इस option को तुम सिंगल क्लिक या डबल क्लिक से भी खोल सकते हो। इस option को view और फाइल टाइप option से भी खोल सकते हो।

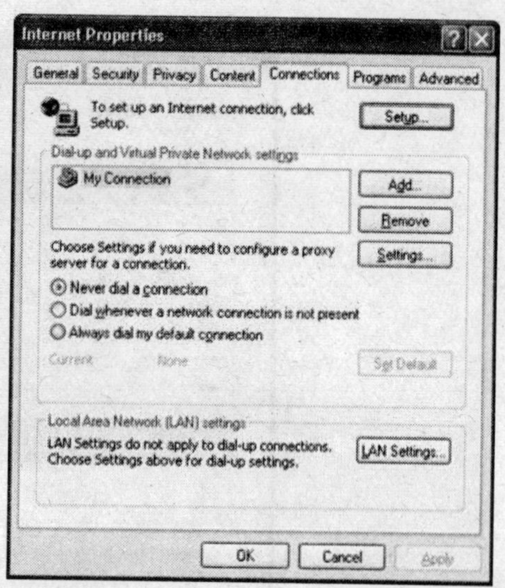

Create a connection to the network at your workplace—यह option तुम्हें उस विजार्ड (wizard) से परिचय करवायेगा जिसके द्वारा network से जुड़ने की प्रक्रिया होती है। wizard मतलब, एक के बाद एक चरण जो किसी प्रक्रिया को पूरा करने के लिए होता है। देखो चित्र 3.32।

Set up or Change your home or small office network–यह option भी तुम्हें उस विजार्ड पर ले जायेगा जिसमें तुम अपने घर पर या अपने office में नेटवर्क को स्थापित कर सकते हो।

अब ऑइकनों पर चलते हैं। यहाँ दो ऑइकन है–

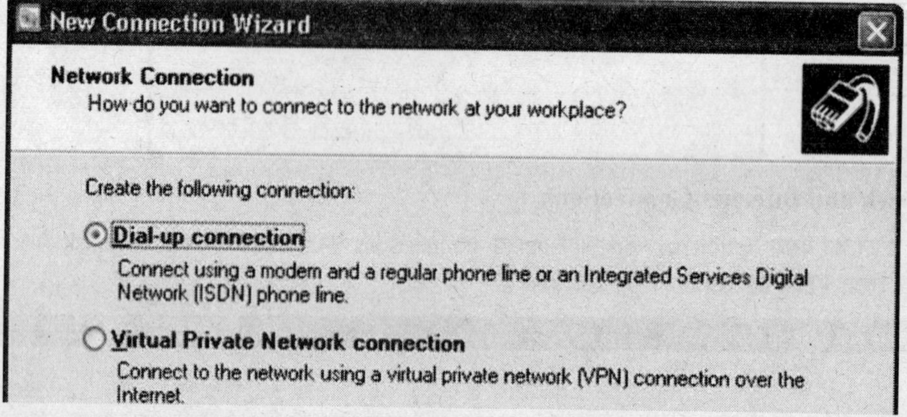

Internet options Network connections

Internet option—जैसा कि चित्र 3.27 में दिखाया गया है। कि तुम इस option के द्वारा इंटरनेट की विभिन्न settings को बदल सकते हो।

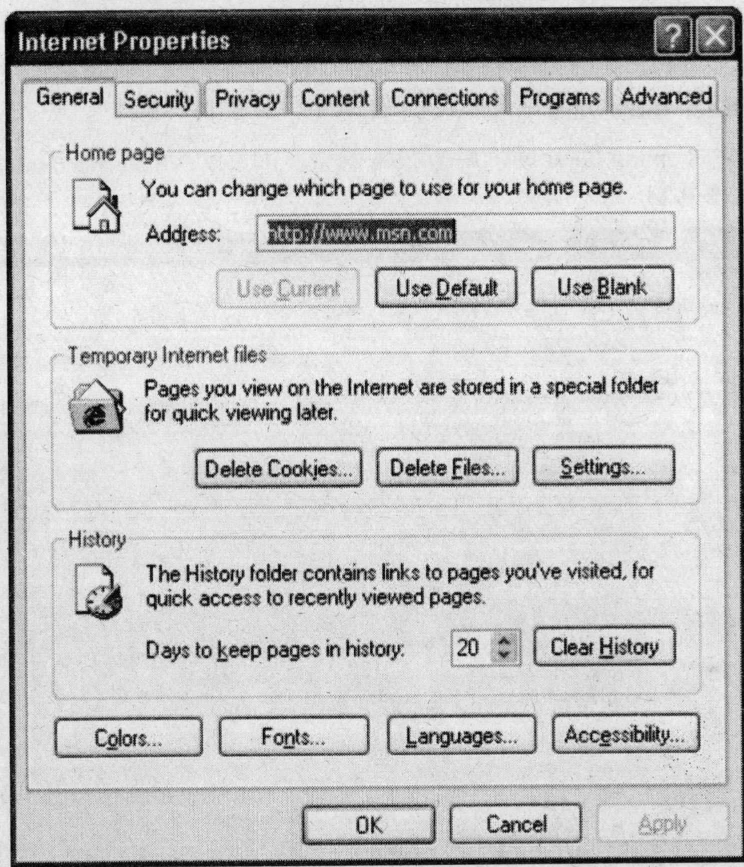

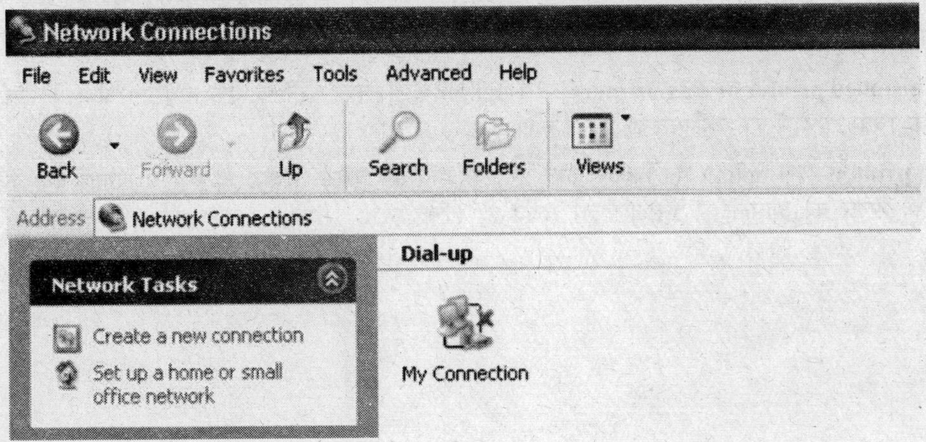

ये option यहाँ अलग-अलग पैनल में है। जैसा–General, security (सुरक्षा), Privacy (गोपनीयत), content, connections, programs and advanced.

जिस इन्फॉरमेशन की तुम्हें जरुरत हो, उसी के अनुसार बदल सकते हो।

Network Connections—जो नेटवर्क का कनेक्शन तुमने लिया है यह उसे दिखाता है। नेटवर्किंग और इंटरनेट से जुड़ी समस्याओं के लिए यह सेक्शन Troubleshoting की व्यवस्था उपलब्ध कराता है।

Printers & Other Hardware

कंट्रोल पैनल का अगल option प्रिन्टर्स और दूसरे हार्डवेयर है। पहले की तरह इसमें भी कुछ tasks और आॅइकन है। जैसा कि चित्र 3.28 में है।

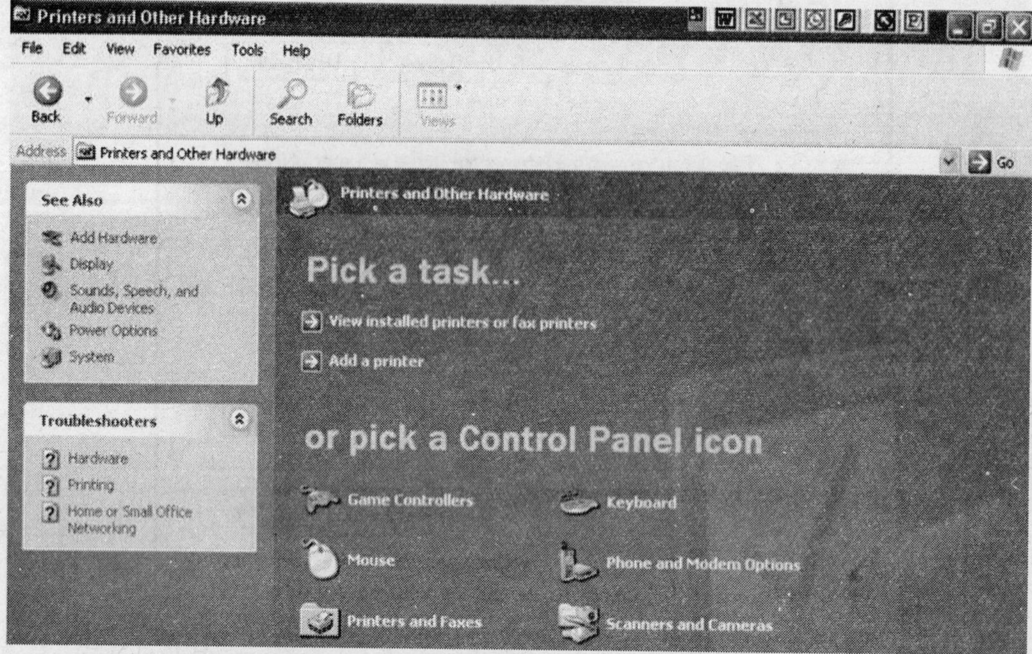

यहाँ दो प्रकार के कार्य हैं–इन्सटॉल किए हुए प्रिन्टर्स और फैक्स को देखना और किसी प्रिन्टर को जोड़ना।

View installed printer or Fax printers—इस option को क्लिक करने पर एक डॉयलोग बॉक्स दिखाई देगा जैसा कि चित्र 3.29 में है। यहाँ पर जो प्रिन्टर लगा हुआ है वह दिखाई देखा।

Add a printer—इस option को क्लिक करने पर एक डॉयलोग बॉक्स विजार्ड के रूप में दिखाई देगा, जिससे किसी भी प्रिन्टर को आसानी से इन्सॅटाल कर सकते हैं। (चित्र 3.30)

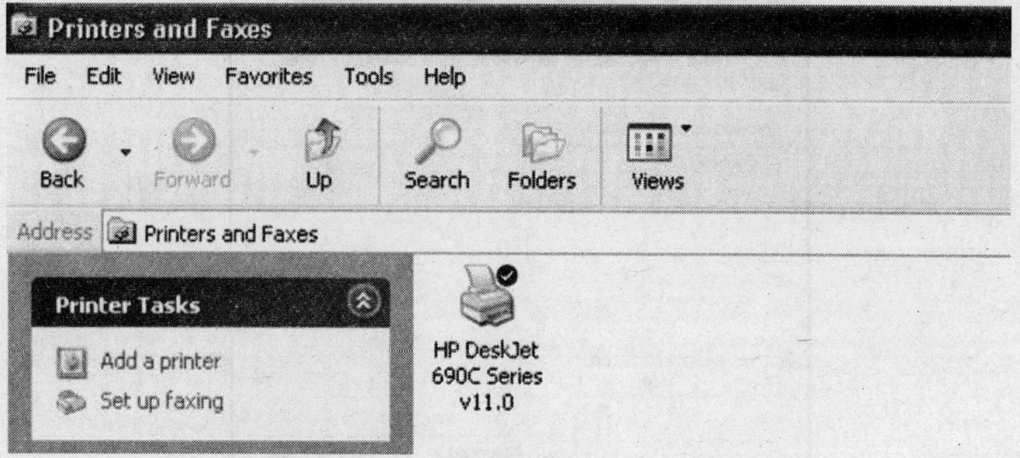

इसमें छः आॅइकन हैं जो इस प्रकार हैं–

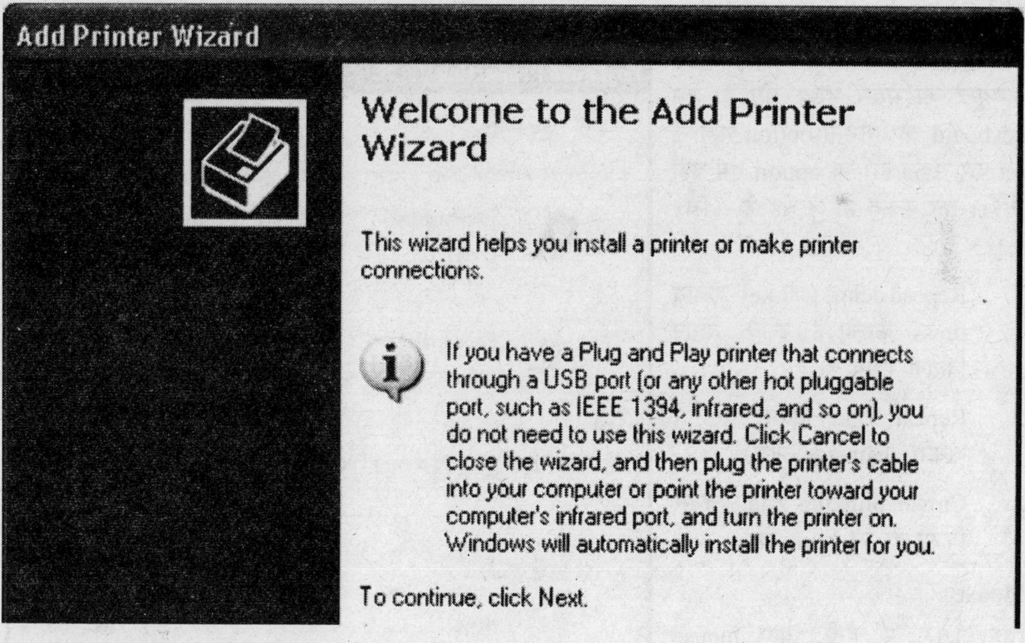

Game Controller

इस icon को क्लिक करने पर एक डॉयलोग बॉक्सी खुलेगा, जो किसी game को set करने में सहायता करता है।

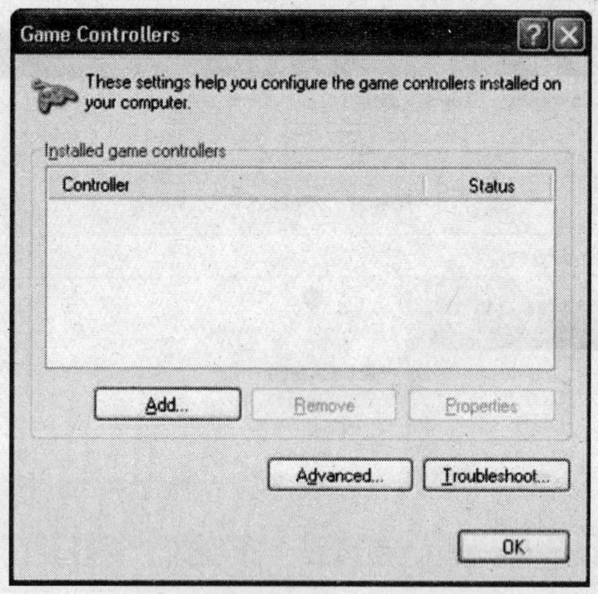

Keyboard

इसमें कोई संदेह नहीं है कि keyboard कम्प्यूटर का सबसे मुख्य अंग है। तुम keyboard के विभिन्न option यहाँ से set कर सकते हो। जो option तुम यहाँ से set कर सकते हो वे यह है–(चित्र 3.32)

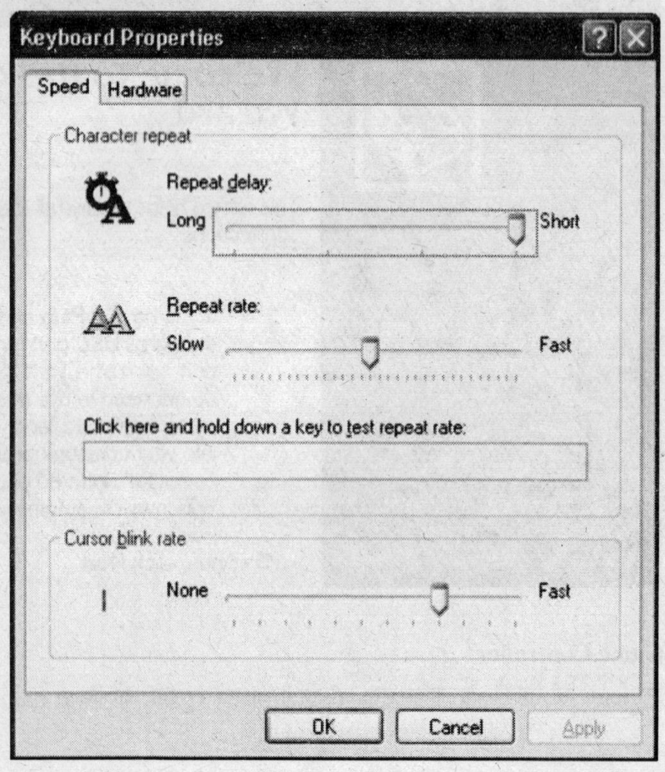

1. Repead delay (जो key दोबारा press करनी है उसके दौरान कितना समय हो)
2. Repeat Rate (किस दर पर दोबारा character आयें)
3. Cursor blinking rate (कर्सर किसी दर पर blink करें)

Mouse

चित्र 3.33 में देखे, यह mouse properties डॉयलाग बाक्स है इसमें 5 पैनल है। इस option से तुम mouse के बटनों को अपनी इच्छा के अनुसार set कर सकते हो। Double click को स्पीड को भी एडजेस्ट कर सकते हैं।

Pointer option से तुम pointer का style चुन सकते हो। यहाँ बहुत सारे pointer के style है तुम किसी को भी चुनकर अपने प्रयोग में ले सकते हो।

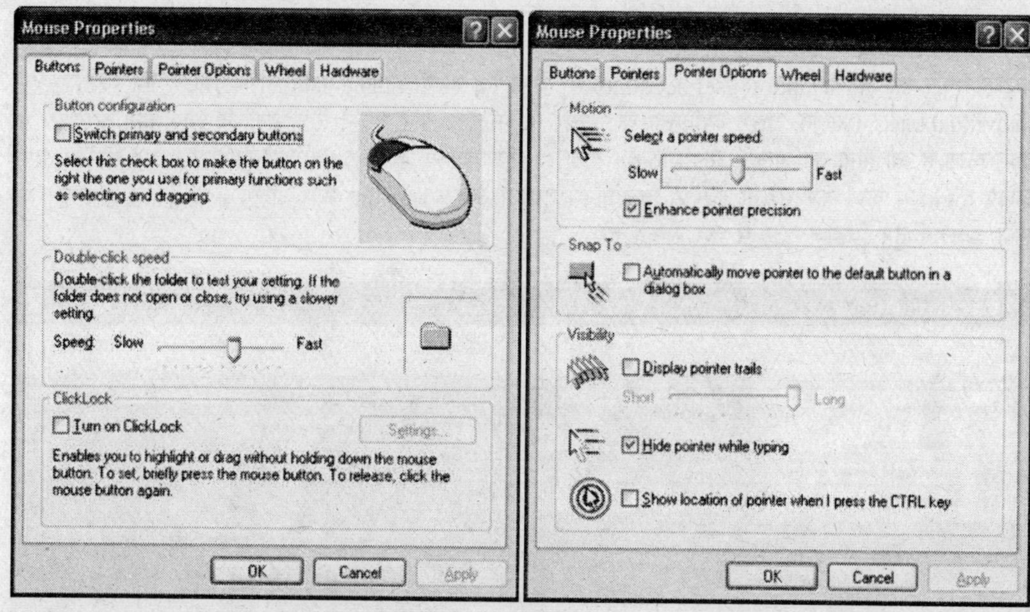

Pointer option से mouse के pointer की गति को भी set किया जा सकता है। कि एक बार के selection में mouse का pinter कितनी बार दिखें। तुम इसे भी अपनी इच्छानुसार set कर सकते हो।

Hardware पैनल वह नाम डिस्प्ले करता है जो mouse तुम्हारे कम्प्यूटर में जुड़ा हुआ है।

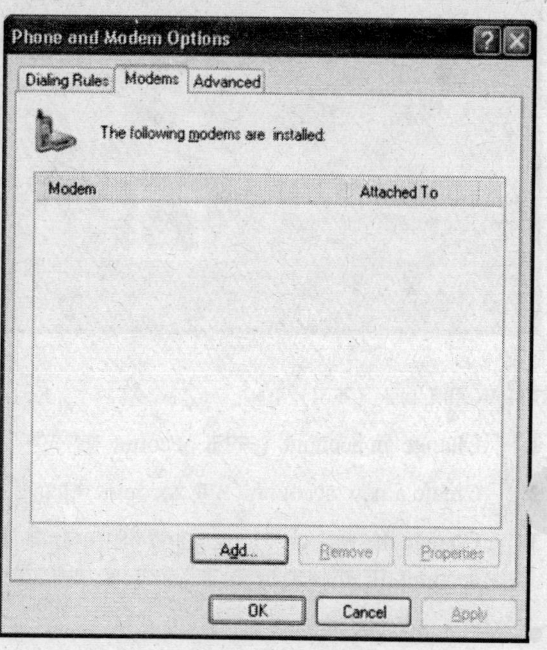

Pnone and Modem option

इस option में तीन पैनल हैं। एक में तो यह modem दिखाता है जो तुम्हारे कम्प्यूटर में जुड़ा है। यदि नहीं जुड़ा हुआ है कि यह विजार्ड के द्वारा modem जोड़ने के लिए कहेगा। कुछ dialing rules (डायलिंग के नियम) परमिशन देते हैं कि जो dialing rules तुम set करना चाहते हो वह set कर सकते हो। Advanced option, जो तुम्हारे कम्प्यूटर में advanced feature इन्सटॉल (डले हुए हैं) हैं उन्हें दिखाता है।

Printer and faxes

प्रिन्टर्स और फैक्स मशीन जो तुम्हारे कम्प्यूटर से जुड़े हुए हैं यह option उन सबको दिखाता है और नया इन्सटॉल (डालने के लिए) करने के लिए option देता है।

Scanners and Cameras

यह option भी कम्प्यूटर से जुड़े हुए scanner और केमरा को दिखाता है यदि नहीं है तो जोड़ने का option देता है।

User Accounts

कंट्रोल पैनल का अगला option user accounts है। जैसा कि हमने आपको पहले ही बताया है कि विंडोज XP, individual basis (अलग-अलग व्यक्तियों के आधर पर, मतलब यदि घर में तीन प्राणी हैं और तीनों कम्प्यूटर पर काम करते हैं, तो तीनो को अलग-अलग login होता है। एक व्यक्ति के login off हो जाने पर दूसरा व्यक्ति अपने अलग login में कार्य कर सकता है) पर चलती है। तुम्हारा अपना account और अलग password होता है। यह सभी बदलाव तुम विंडोज XP में कर सकते हो।

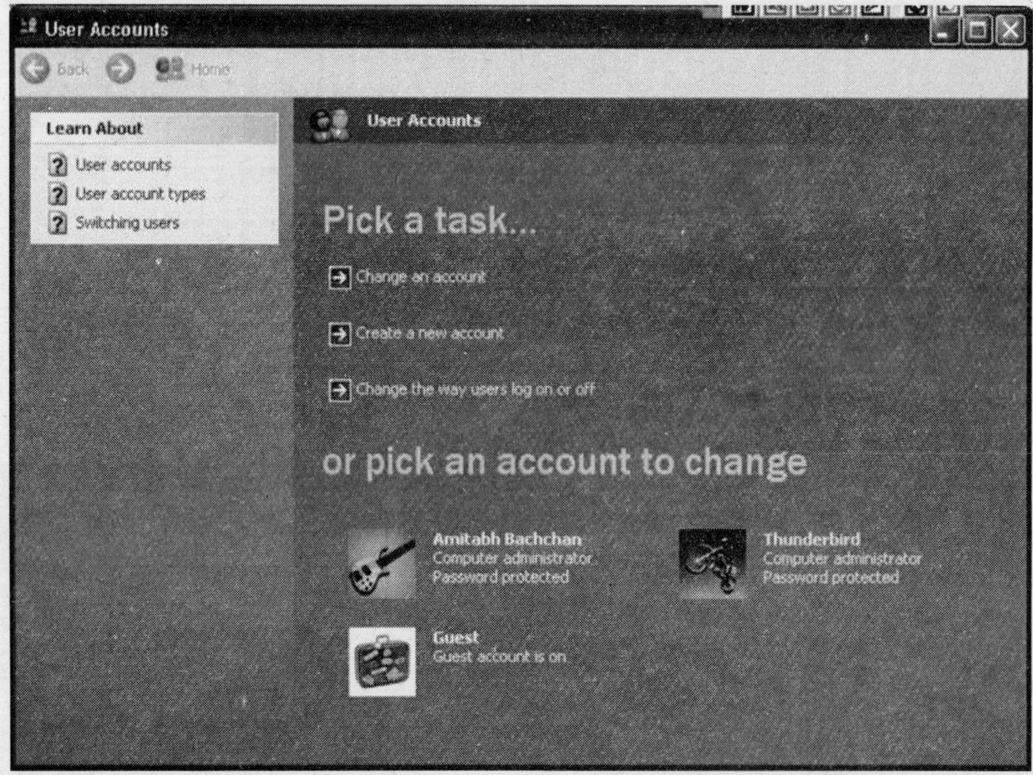

यहाँ पर तीन task (कार्य) हैं–

1. Change an account (अपना account बदलना)
2. Create a new account (नया account बनाना)
3. Change the way user log on and off (user के log on व off करने का तरीका बदलना) Indicidual account भी रजिस्टर किया जा सकता है जैसा कि ऑइन में दिखाया गया है (देखें चित्र 5.26)।

Change an account—यह option individual account की इन्फॉरमेशन को बदलने का तरीका बताता है। individual एकाउन्ट पर क्लिक करने पर एक डॉयलोग बॉक्स खुलेगा, जो आसे पूछेगा कि आपको निम्नलिखित में से क्या करना है–

Change my name (अपना नाम बदल सकते हो)

Change my passward (अपना passward बदल सकते हो)

Remove my passward (अपना passward हटा सकते हो)

Change my picture (अपना चित्र बदल सकते हो)

Change my account type (अपना account type बदल सकते हो)

Set up my account to use a NET passport (डॉट नेट पासपोर्ट के द्वारा एकाउन्ट सेट कर सकते हो)

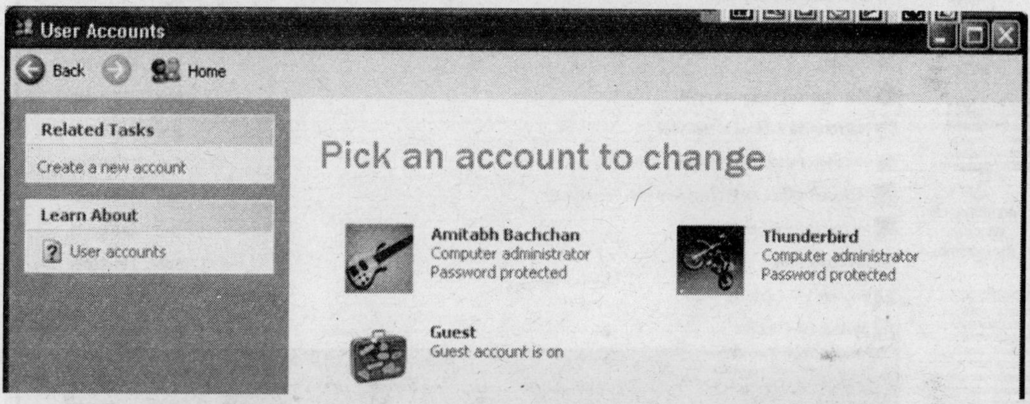

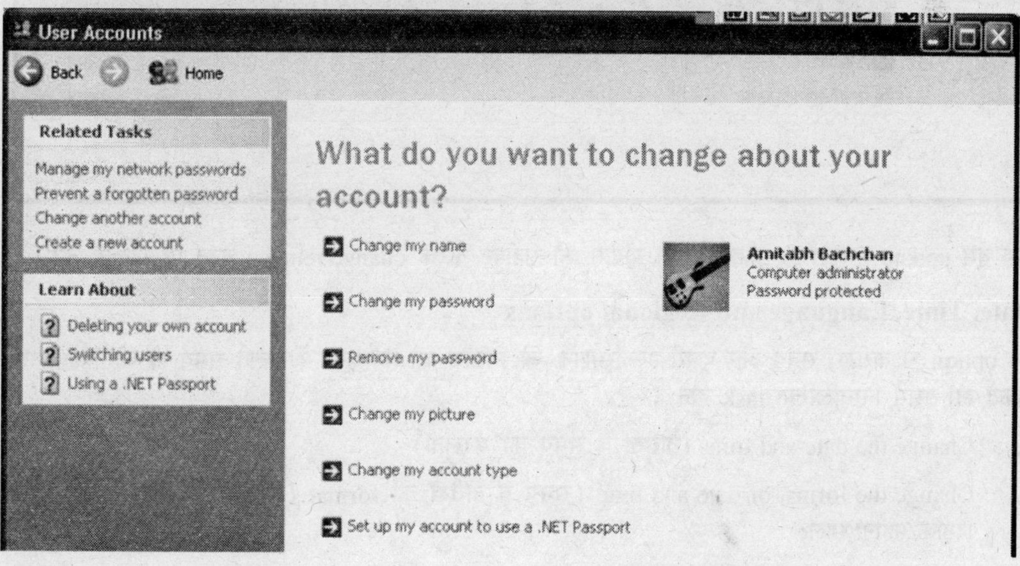

Add and Remove Programs

इस option का प्रयोग करके हार्डडिस्क पर (चित्र 3.28) से तुम किसी भी प्रोग्राम को जोड़ भी सकते हो और हटा भी सकते हो। यह ध्यान रखना चाहिए कि जब कभी भी delte comand का प्रयोग करो तो डारेक्टरी (Directory) से प्रोग्राम फाइलें delete ना हो। इससे विंडो की रजिस्टरी में प्रोग्राम की इन्फॉरमेशन रह जाती है। चित्र 3.28 में लिस्ट दिखाई देती है, जिसमें हार्डडिस्क पर जो प्रोग्राम उले हुए हैं, वे हैं उनका size, औश्र उनमें कितना डाटा स्टोर है यह भी दिखता है।

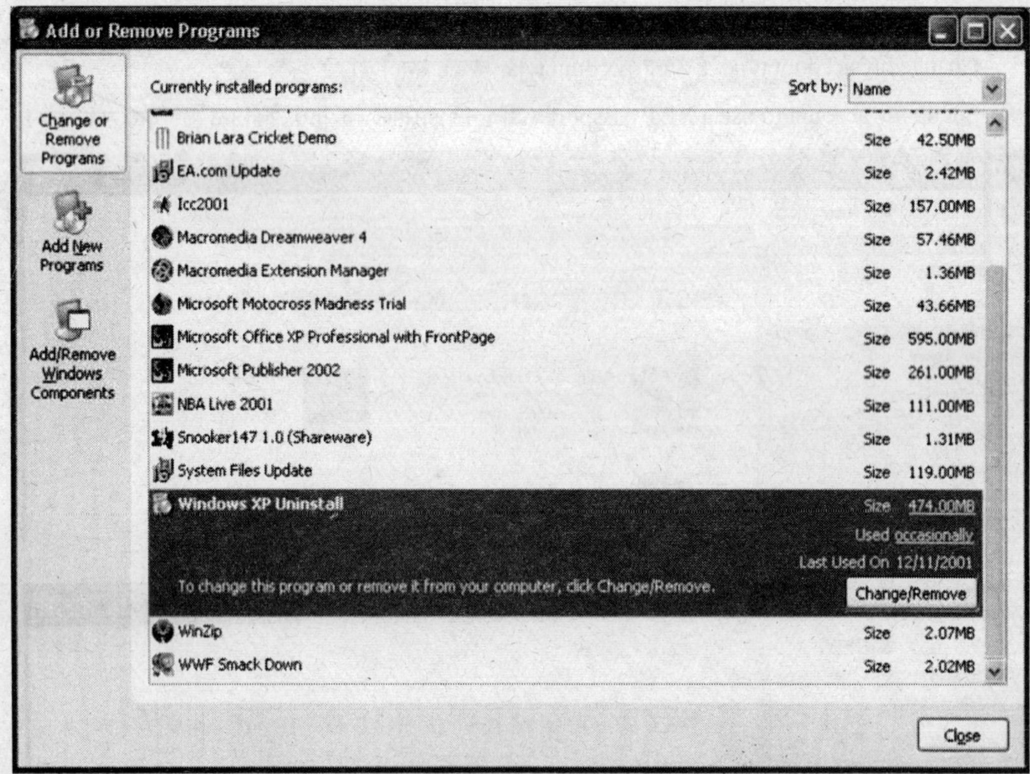

यदि तुम update (बदलना) चाहते हो तो प्रोग्राम को सेलेक्ट करके change/remove बटन पर क्लिक करो।

Date, Time, Language and Regional options

इस option से तारीख, समय और दूसरी इन्फॉरमेशन, जो विंडोज को कम्प्यूटर में डालते समय दी थी, वह बदल सकते हो। इसमें निम्नलिखित task होते हैं–

1. Change the date and time (तारीख व समय को बदलना)
2. Change the format of date and time (समय व तारीख का format (तरीका) बदलना, अर्थात् पहले दिनाँक/महीना/साल;
3. Add other languages (दूसरी भाषाएं डालना)।

और कुछ आइॅकन हैं–

1. Date & time 2. Regional and language options

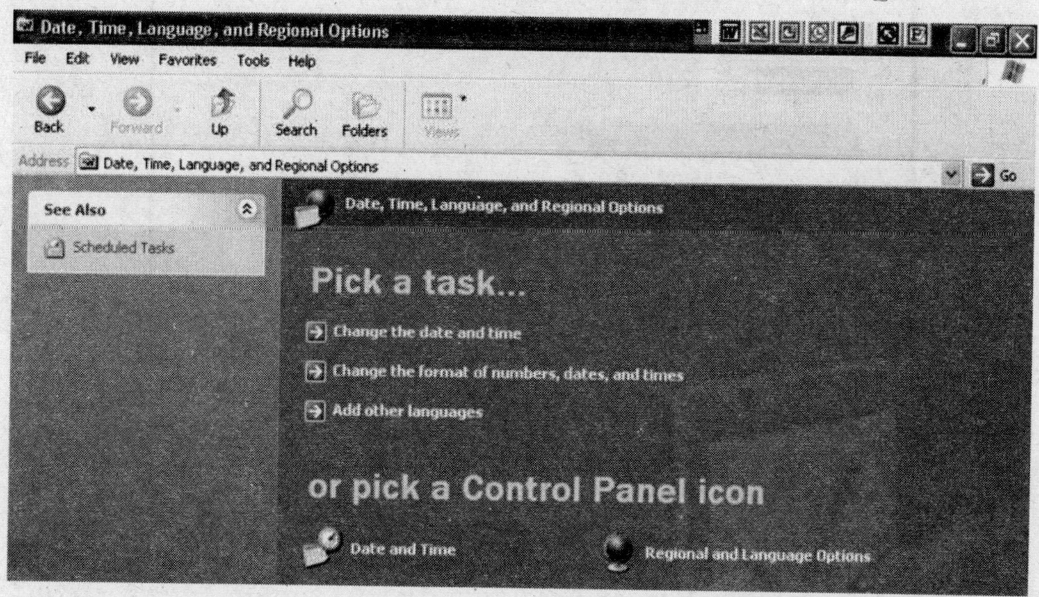

Change the date and time—इसमें तीन पैनल हैं।

Date and time तुम्हे पहले से set की हुई date, time, year दिखाता है, जिसे तुम बदल भी सकते हो।

Time zone तुम्हे set किया हुआ समय दिखता है जिसे तुम बदल भी सकते हो।

Internet time तुम्हे आज्ञा प्रदान करता है कि तुम विदेशी समय के साथ भी अपनी घड़ी को set कर सकते हो।

Change the format of numbers, Date and time

इस option में तुम नम्बरों का format (तरीका) बदल सकते हो जैसे 1, 2, 3, 4 या i, ii, iii, iv आदि।

date का तरीका भी बदल सकते हो जैसे–mm/dd/yy, अर्थात् month, date, year होते हैं तुम इसे बदलकर dd/mm/yy या yy/mm/dd कुछ भी कर सकते हो।

Time का तरीका भी बदला जा सकता है जैसे–hhpmm:ss होता है मतलब घण्टे, मिनट और सेकेण्ड फिर millisecond भी होता है। तुम चाहते हो कि तुम्हारे घड़ी सिर्फ घण्टे और मिनट ही बताये तो तुम hh : mm time set कर सकते हो।

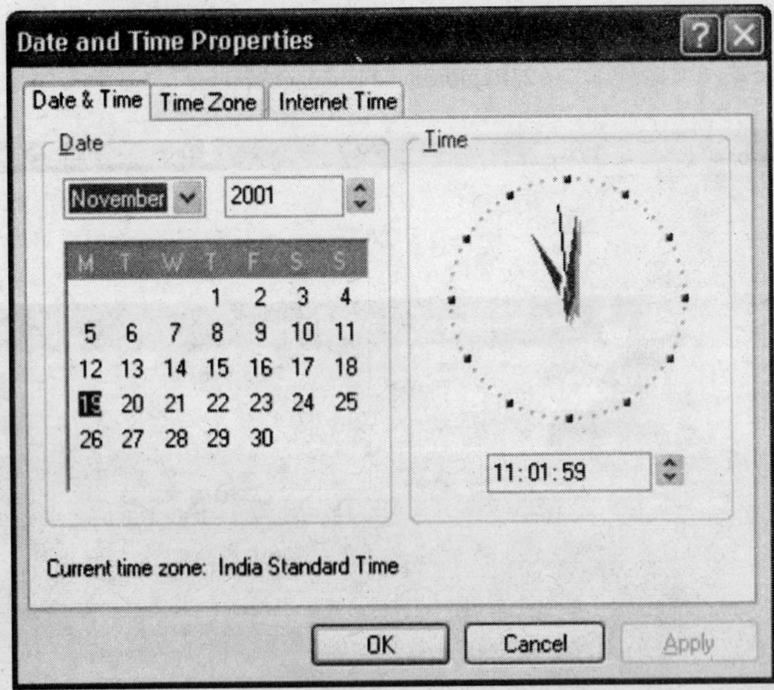

Add Other Languages

यदि किसी दूसरी अन्य भाषा को कम्प्यूटर में डालना चाहते हो तो यहाँ से डाल सकते हो।

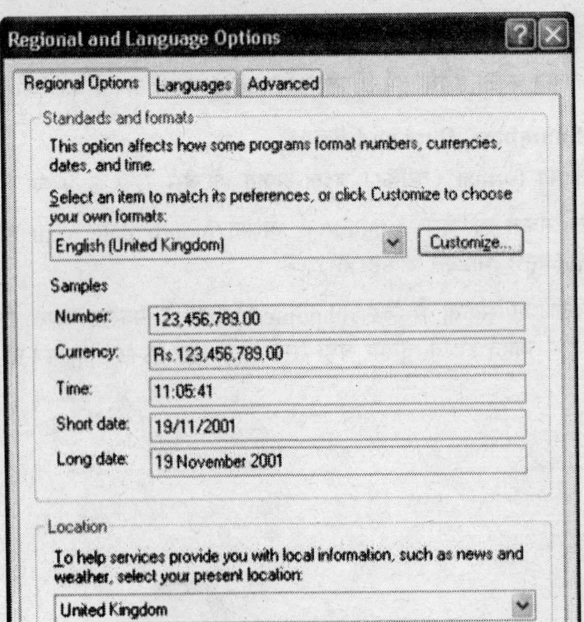

Sound, Speech and Audio Devices

इस option से कम्प्यूटर में sound (आवाज), speech (भाषा) और audio device (स्पीकर) आदि जोड़ सकते हो।

यहाँ कुछ task (कार्य) दिये गये हैं–

1. Adjust the system volume (सिस्टम की आवाज को set करना)

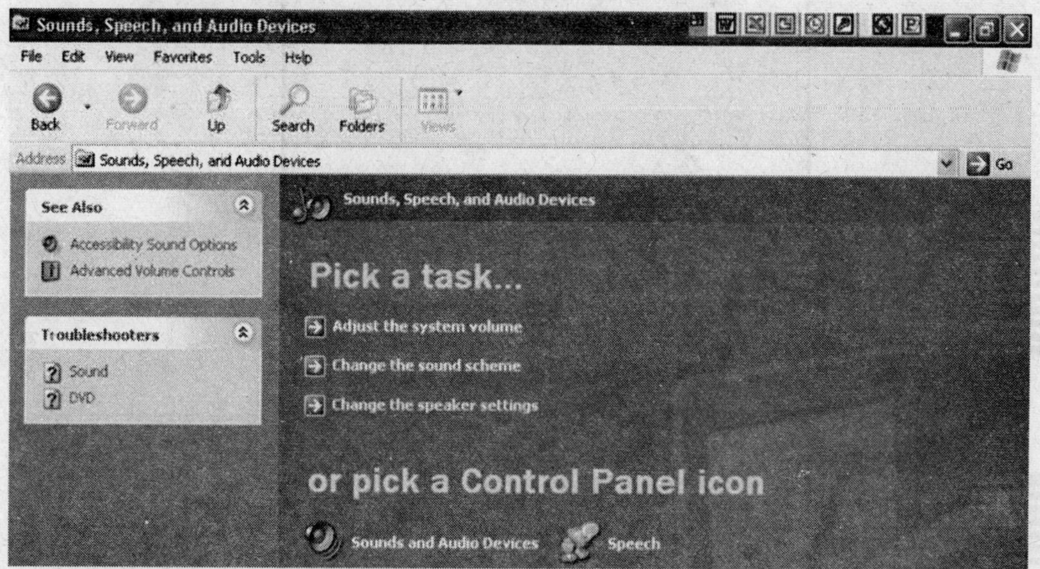

2. Change the sound scheme (आवाज की स्कीम को बदलकर दूसरी लगाना)
3. Change the spaker setting (स्पीकर की setting को बदलना)

Adjust the System Volume—इस option पर क्लिक करने पर एक डॉयलोग बॉक्स (चित्र 3.32) खुलेगा। इससे जो भी आवाज की डिवाइस तुमने अपने कम्प्यूटर से जोड़ी हुई है जैसे स्पीकर, उसकी आवाज कम या ज्यादा जो भी करनी है set कर सकते हैं।

Change the sound scheme—चित्र 3.32 में दूसरी पैनल sound से विंडोज से काम करनते हुए अपने हर कार्य पर या क्लिक पर आवाज डाल सकते है जो डली हुई आवाज है उन्हें बदल भी सकते हो। उदाहरण के तौर पर, जब प्रोग्राम को बन्द करते है तो एक आवाज होती है और जब किसी सॉफ्टवेयर को खोलते हैं तो अलग तरह की आवाज होती है।

Change the speaker setting—जैसा कि ऊपर बताया गया है स्पीकर की settings को अपनी इच्छानुसार बदल सकते हो।

यहाँ दो ऑइकन भी हैं–

Sound and audio Device—इसे क्लिक करने पर उसी डॉयलोग बॉक्स से आप आवाज की setting और किसी भी सुनने वाले डिवाइस को लगा भी सकते हो।

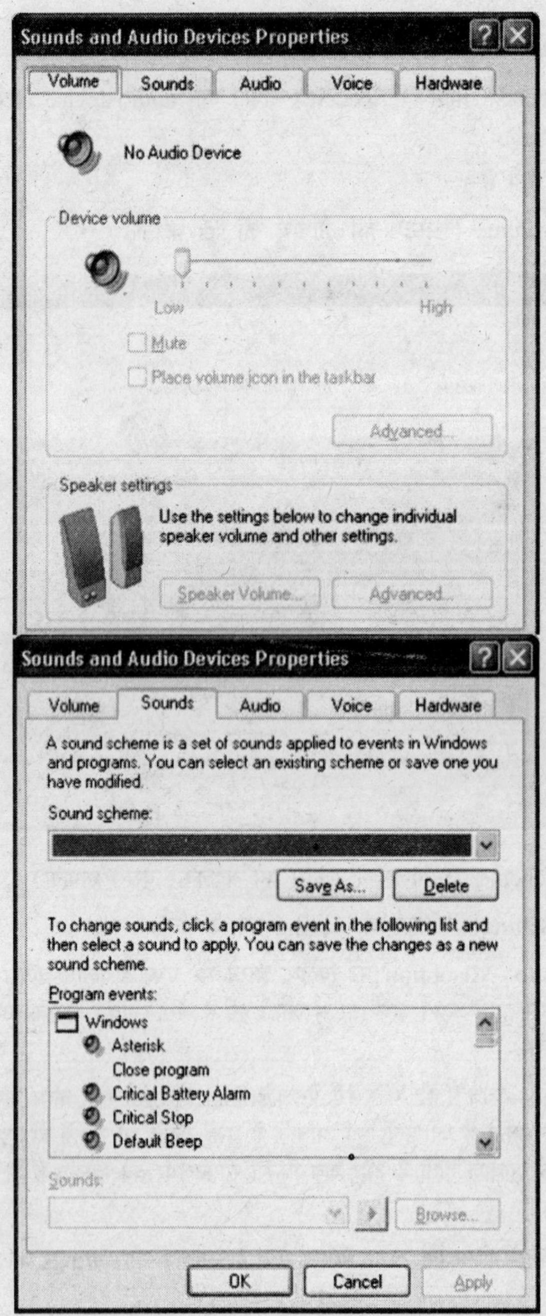

Speech—इस option को क्लिक करने पर डायॅयलोगा बॉक्सी आयेगा। यहाँ से तुम अपने माइक्रोफोन या भाषा की setting कर सकते हो।

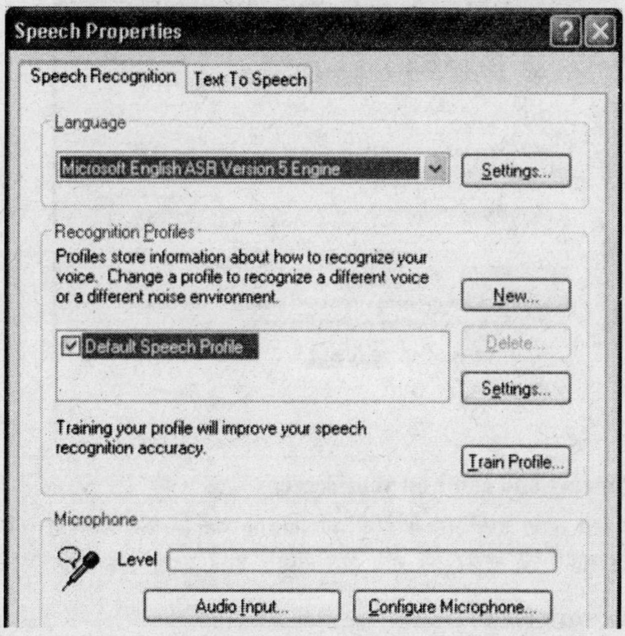

Accessability Options

इस option के द्वारा सुनने और देखने से सम्बन्धित चीजों की setting कर सकते हैं।

इसमें दो कार्य (task) और एक ऑइकन है।

1. करनेज जीम बवदजतेंज वित जमगज 'दक बवसससवत वद लवनत 'बतममद (लिखे हुए काम का रंग और स्क्रीन पर रंगों की setting)
2. Configure windows to work for your vision, hearing and mobility neeosQ.

Icon is—Accessability options (कीबोर्ड, आवाज, माऊस, देखने से सम्बन्धित कुछ setting करना।

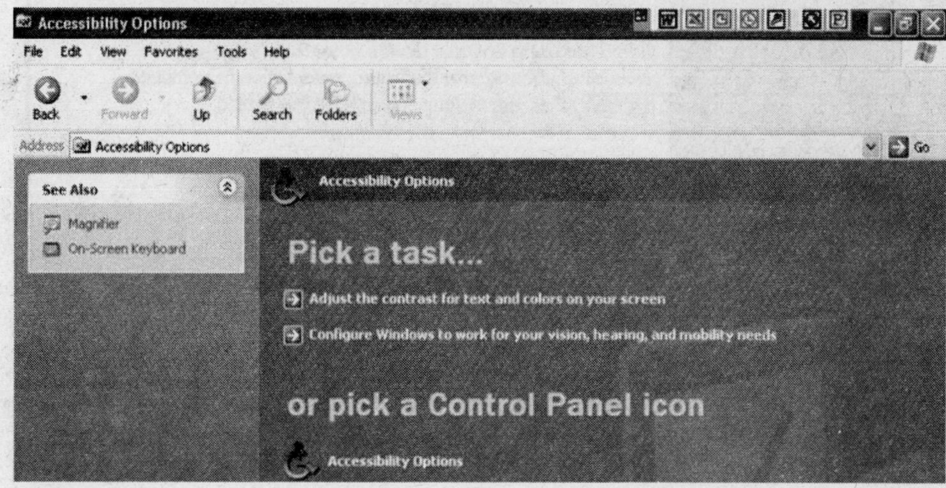

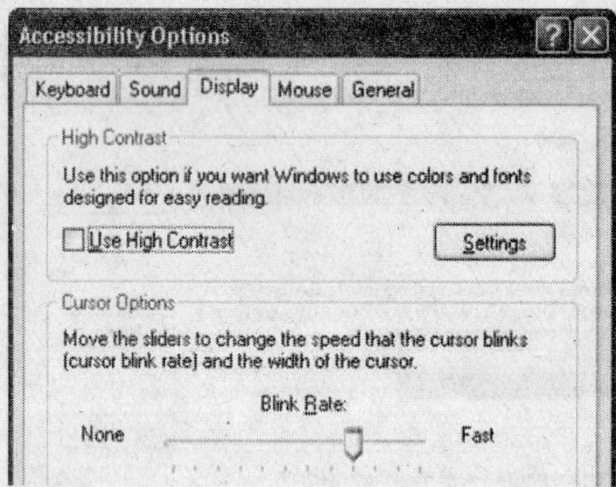

Adjust the contrast for text and color on your screens

स्क्रीन पर दिखने वाले रंग और लिखे हुए काम की रंगों की setting यहाँ से कर सकते है। (चित्र 3.34) कर्सर की Blink करने दर भी बदल सकते है। कर्सर की गति और चौड़ाई दोनों बदल सकते हो।

Configure windows to work for your ...

इस option की सहायता से एक विजार्ड बॉक्स खुल जायेगा। जिससे देखने, सुनने से सम्बन्धित सभी कार्यों की setting की जा सकती है।

Accessability Option

इस ऑइकन से चित्र 3.34 में ही की-बार्ड, आवाज, माउस, डिस्प्ले में रंग आदि कार्यों की setting होती है।

Performance and Maintainance

शायद यह कंट्रोल पैनल का सबसे मुख्य भाग है। यह option तुम्हारे कम्प्यूटर को एक उचित प्रकार से चलने में सहायता करता है। इसके विभिन्न task (कार्य) हैं–

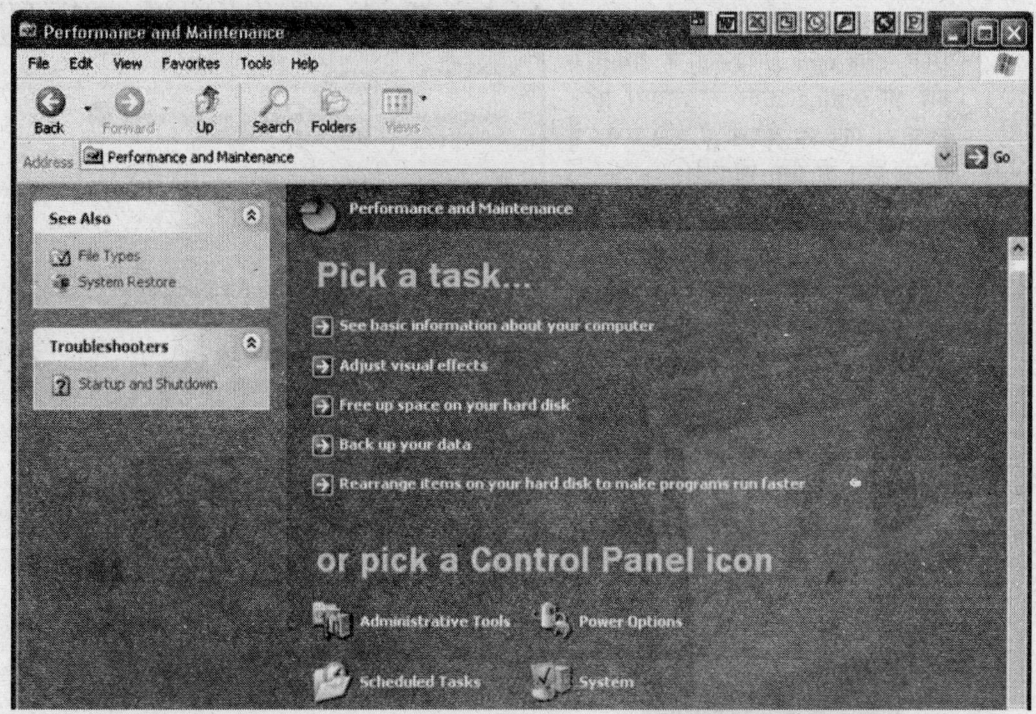

1. See basic informatiuon about computer (कम्प्यूटर की आधारभूत इन्फॉरमेशन देखना) यहाँ से आप अपने कम्प्यूटर की configuration (आंकलन) देख सकते हो। यह आपरेटिंग सिस्टम, रैम (RAM), कम्प्यूटर की गति आदि की पूरी जानकारी देता है।

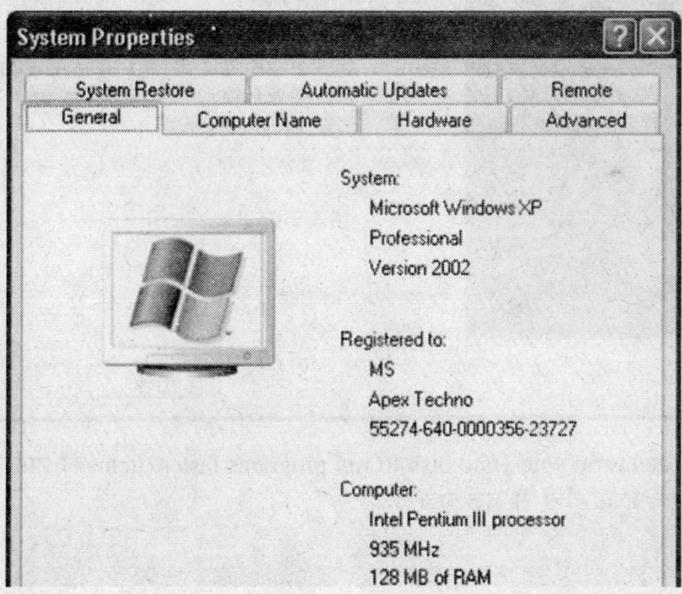

2. Adjust visual Effects (डिस्प्ले का प्रभाव)–यह option डिस्प्ले के प्रभाव में कोई भी setting करने का अवसर प्रदान करता है। यदि इस बॉक्सी में कोई सन्देह है तो इसे ऐसा ही ऐसा छोड़ दें।

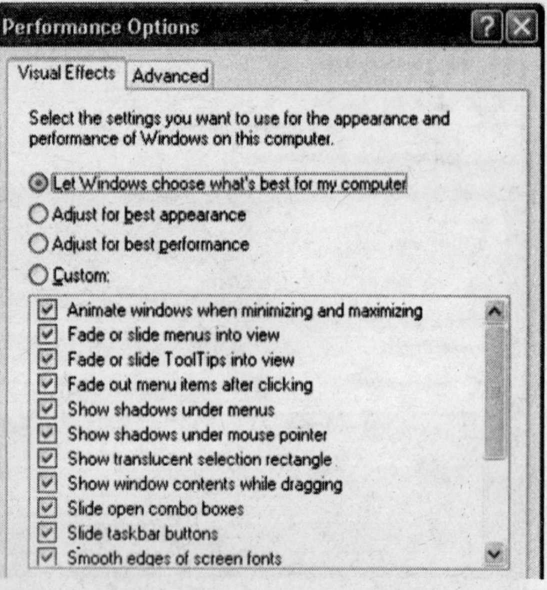

3. Free up space on your hard disk (हार्ड डिस्क पर जगह बनाना)–जिन फाइलों की हार्ड डिस्क पर जगह नहीं है उन फाइलों का delete करके हार्ड डिस्क पर ज्यादा काम करने के लिए जगह बना सकते हो।

4. Backup your data (डाटा का बैक-अप लेना)–इस option पर क्लिक करने पर एक विजार्ड खुलेगा, जो आज्ञा प्रदान करता है कि तुम अपने हार्ड डिस्क के डाटा को किसी दूसरी removable drive (a :, f :) पर ले सकते हो।

5. Rearrange Items on your Hard disk to run programs faster (Item को हार्ड-डिस्क पर दोबारा से लगाना जिससे प्रोग्राम तेजी से चल सके)

Defragmater (डीफ्रेगमेटर) वह तरीका है हार्डडिस्क पर जितनी भी जगह भरी हुई है और जो खाली जगह है, उन्हें ठीक से एक जगह पर लगा देता है, जिससे काम करना आसान हो जाय। यद्यपि यह थोड़ा समय लेता है परन्तु समय-समय पर इसे चला देना चाहिए ताकि जगह हो जाय और प्रोग्राम ठीक से सांस ले सके। देखे चित्र 3.39।

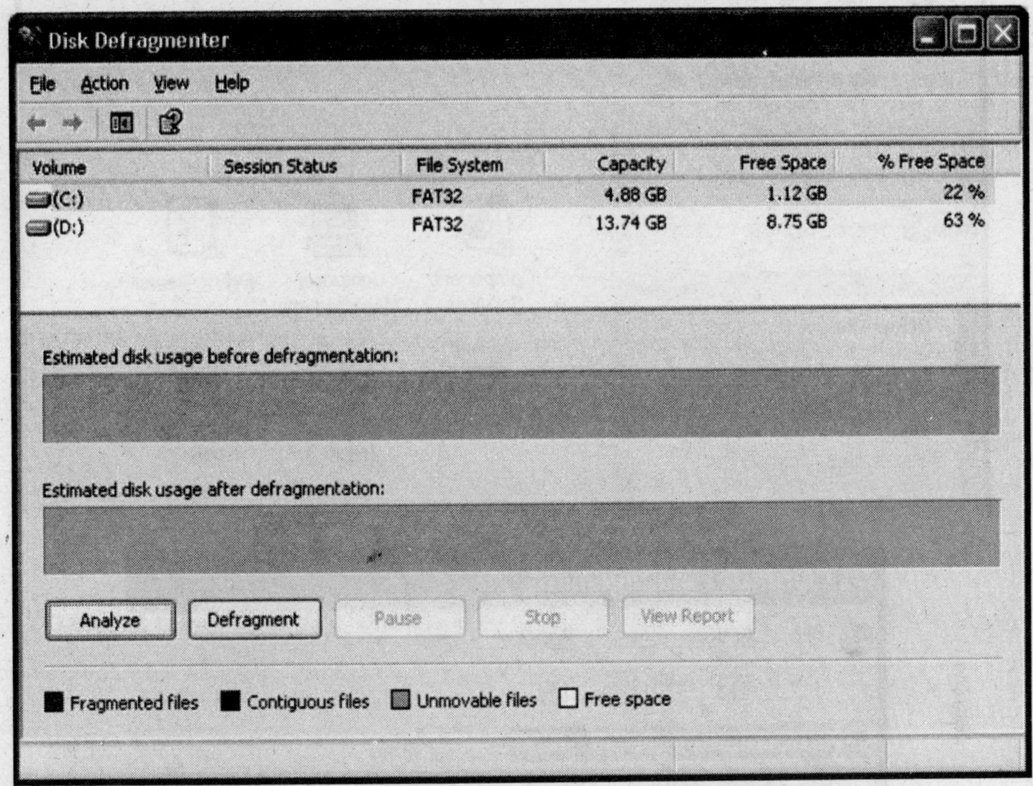

Performance and maintenance option में चार ऑइकन भी हैं जो इस प्रकार हैं–

1. Administrative tool (कम्प्यूटर पर शासन करने वाला टूल यंत्र)

   जैसा कि चित्र 3.40 में दिखागया गया है कि इसमें बहुत सारे टूल (tool) हैं जिससे हार्डडिस्क के विभिन्न items को सेट किया जा सकता है। उनमें से एक computer management को दिखाया गया है। चित्र 3.41।

2. Power options—यदि तुम leptop (लैपटॉप) पर काम कर रहे हो तो यह option तुम्हारे लिए है। तुम मिनट की टर्म set कर सकते हो कि तुम्हारा मॉनीटर और हार्डडिस्क कुछ मिनट में बन्द हो जाय, जब तुम उसे प्रयोग नहीं कर रहे हो, ताकि बिजली को बचाया जा सके। जैसा चित्र 3.42 में है।

3. Scheduled task (नियमित काम)–कुछ काम नियमित रूप से कम्प्यूटर द्वारा किये जाये यह तुम set कर सकते हो। उदाहरण के तौर पर तुम चाहते हो एंटी-बायरस प्रोग्राम हर sunday को चलें। डिस्क डिफ्रेगमेंटर हर महीने की पहली तारीख को चलें। तो यह पैनल तुम्हें यह सब काम set करने के लिए option देता है।

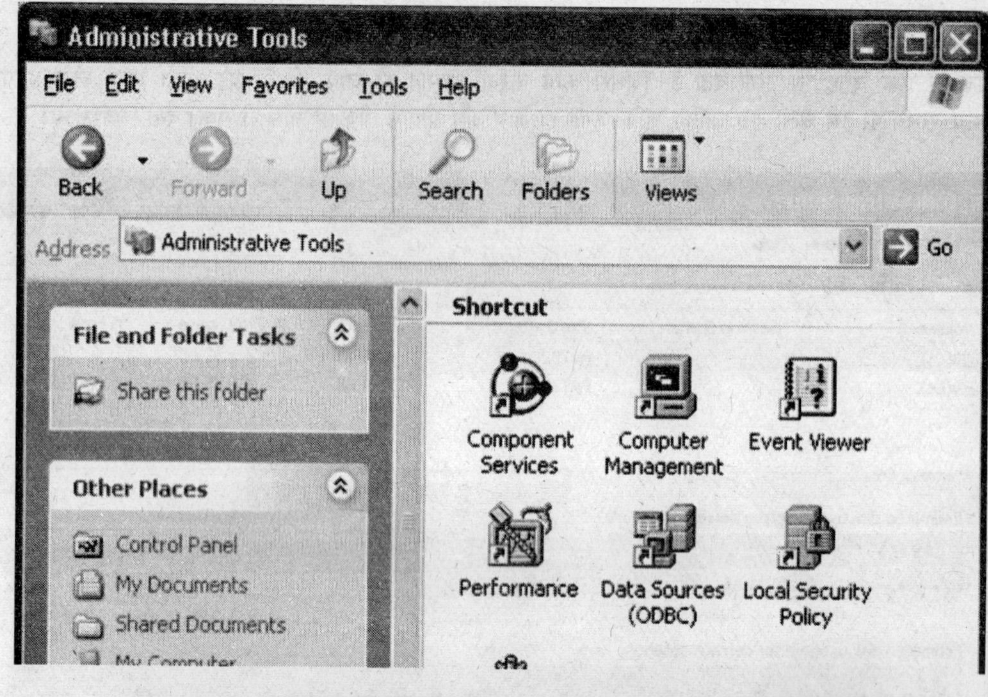

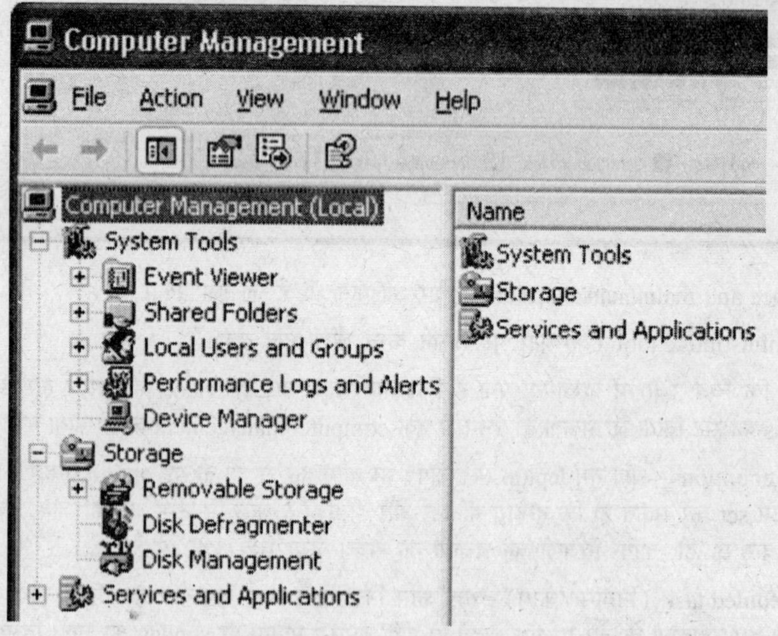

System (सिस्टम)–यह पैनल वही डॉयलोग बॉक्सी खोलेगा जैसा कि पहले बेसिक इन्फॉरमेशन एबाउट कम्प्यूटर में खुला था।

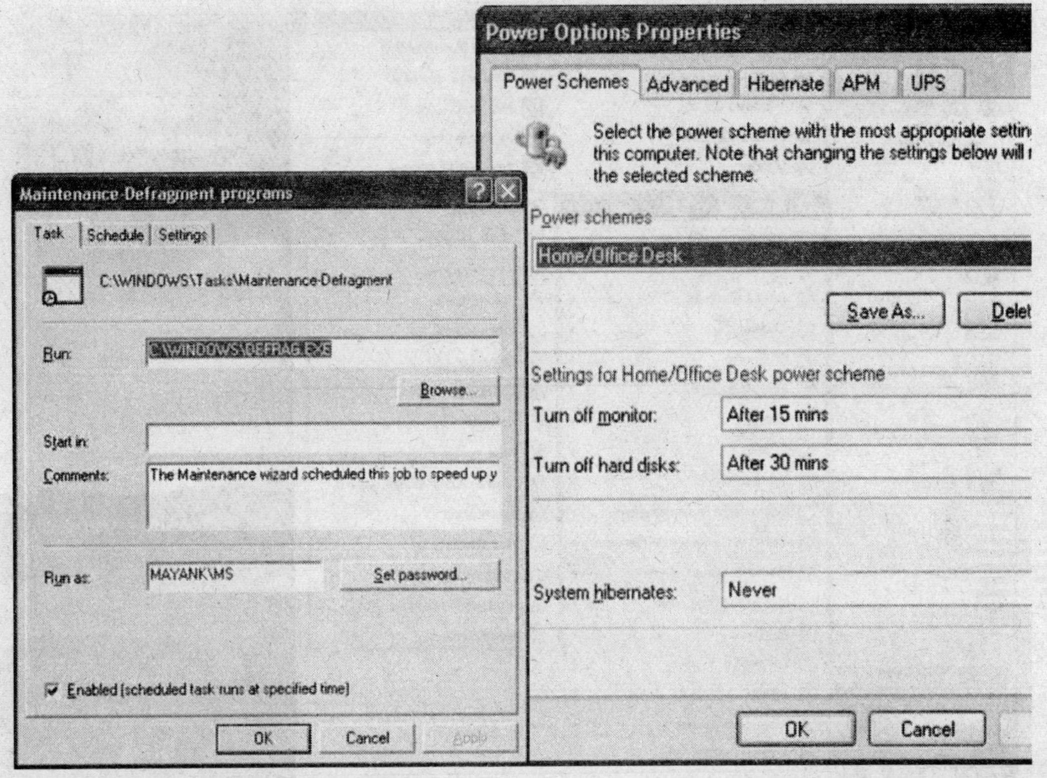

Accessories of Windiws XP (विंडोज XP)

विंडोज के पुराने वर्जन की तरह ही विंडोज XP की भी अपनी एसेसरीज है। (version) जिससे विंडोज XP में काम करना आसान बनाया जा सकता है। पहले कुछ option बदल कर नये option जोड़ दिये गये हैं जैसे कि control panel में हमने एक-एक option के बारे में बताया है कि यदि तुम्हें कभी जरुरत पड़े, तो तुम स्वयं ही काम कर सकते हो।

Accessing Accessoles (एसेसरीज का वर्णन)

Accessories को start menu के प्रोग्राम option में से खोला जा सकता है।

जैसा कि चित्र 3.43 में देखा जा सकता है कि Accessories में विभिन्न options है। इस सभी के बारे में विस्तार से वर्णन करते हैं–

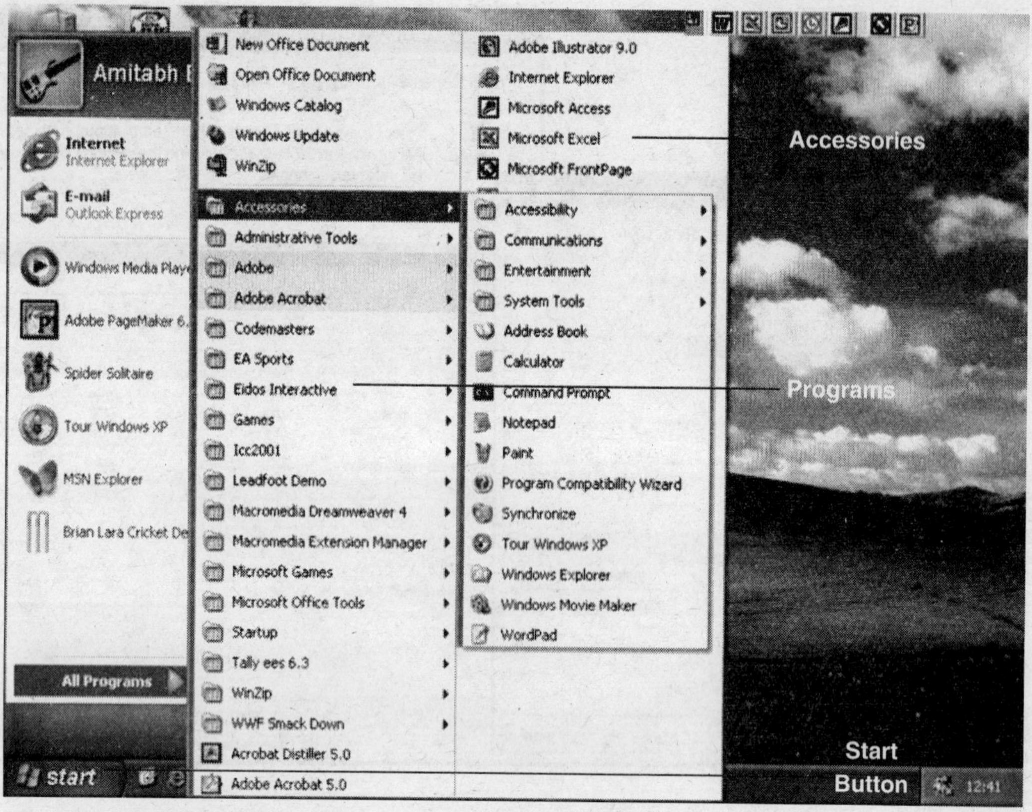

1. Accessibility—इसमें पाँच option हैं–

(a) **Accessibility Wizard**—अपनी ररुरत के अनुसार विंडोज के विभिन्न options को set करने के लिए इस विजार्ड का प्रयोग किया जा सकता है।

(b) **Magnifier**—यदि तुम्हें स्क्रीन पर लिखे हुए शब्दों और वाक्यों को पढ़ने में परेशानी होती है तो उनको साफ-साफ देखने के लिए इस option का प्रयोग कर सकते हो। तुम इसमें मैग्नीफिकेशन लेवल भी सेलेक्ट कर सकते हो और जहाँ पर भी माउस से क्लिक करोगे, वहाँ का मैटर मैग्नीफाईग ग्लास के नीचे से बड़ा-बड़ा दिखेगा। तुम इसे टैक्स्ट (text) और ग्राफिक्स दोनों में प्रयोग कर सकते हो। देखो चित्र 3.45।

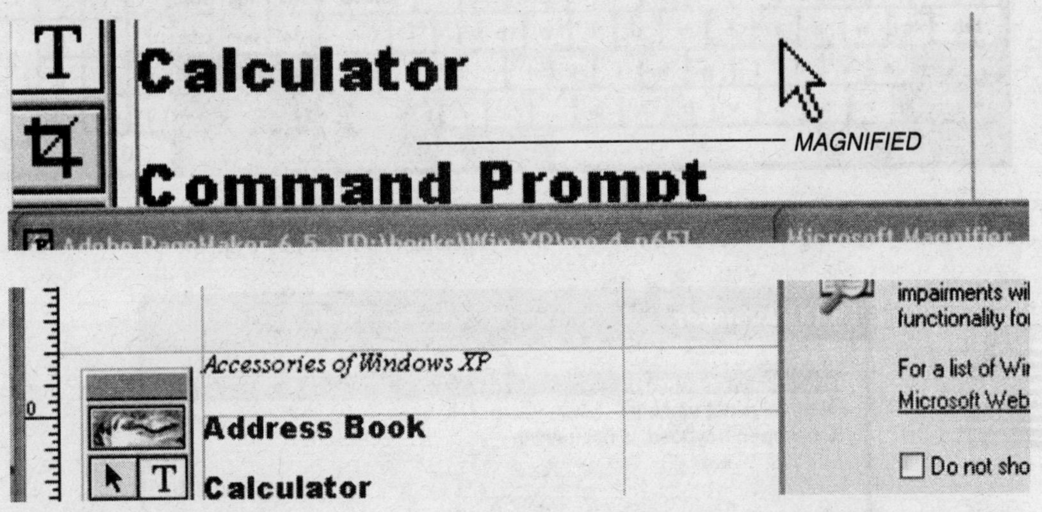

(c) **Narrator (बोलने वाला)**–यह text को बोलने वाला प्रोग्राम है जो कुछ लोगो की सहायता कर सकता है। Narrator कुछ प्रोग्राम के साथ अच्छे से काम नहीं करता है और केवल English में बोलता है।

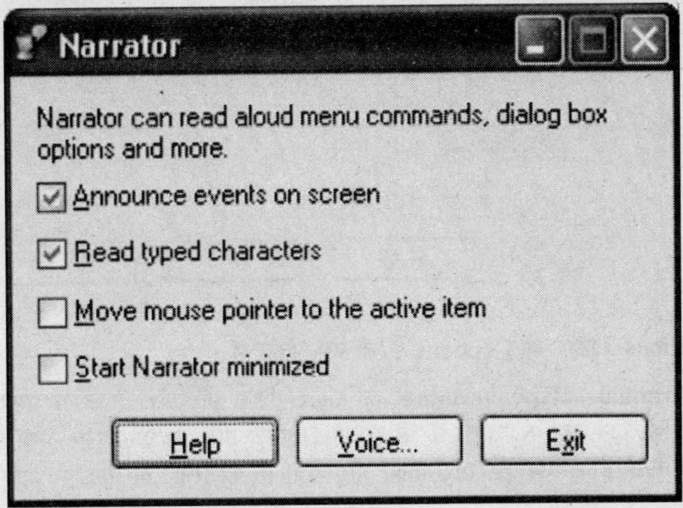

(d) **On screen keyboard (की-बोर्ड स्क्रीन पर)**–यह स्क्रीन पर की-बोर्ड दिखाता है और आप उसका प्रयोग टाइपिंग के लिए कर सकते हो। यदि दुर्भाग्यवश आपका कीबोर्ड काम नहीं कर रहा है या कोई error दे रहा है तो।

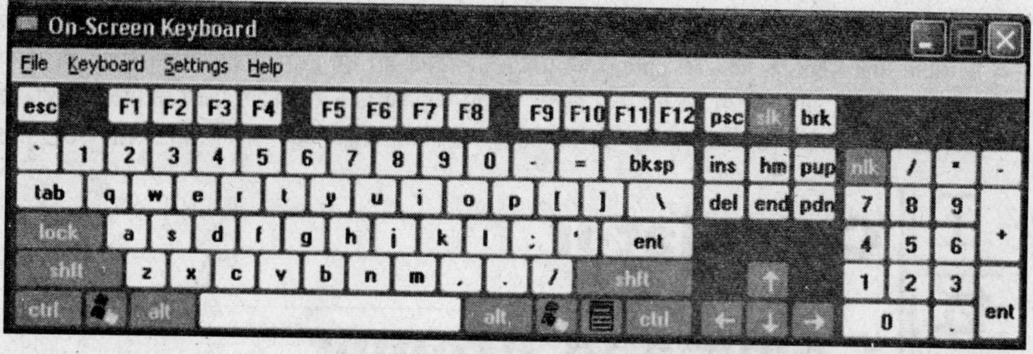

(e) **Utility Manager—Accessibility** के विभिन्न options को manage करता है।

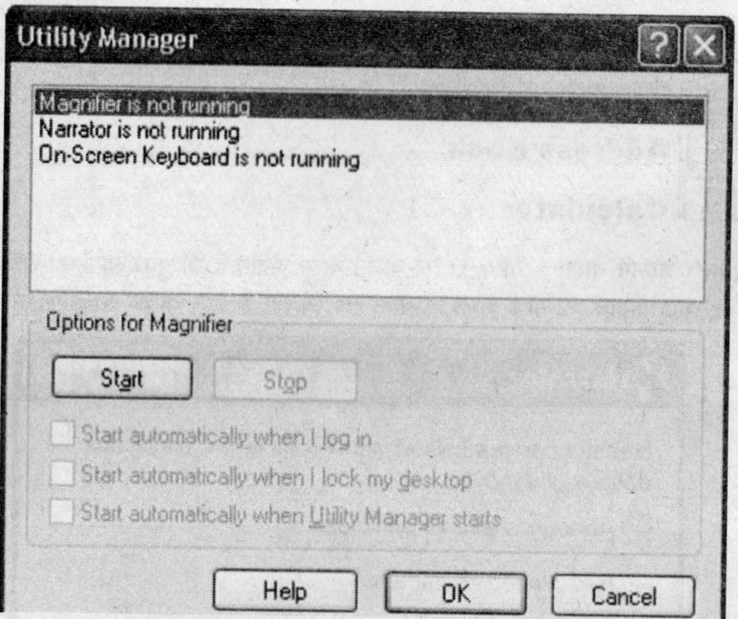

2. Communications—इसमें आठ options हैं जो इस प्रकार हैं–

(a) **Hyper Terminal—Hyper terminal** को files भेजने और प्राप्त करने में प्रयोग कर सकते हो, या कम्प्यूटर को बुलेटिन बोर्ड से जोड़ने में भी इसका इस्तेमाल होता है। और दूसरे अन्य इन्फॉरमेशन प्रोग्राम में इसका प्रयोग करते हैं। तुम Hyper texminal और modem को रिमोट कम्प्यूटर से जोड़ने में प्रयोग कर सकते हो।

(b) **Internet Connection Wirzard (इंटरनेट जोड़ने के लिए setup)**–यह option उन लोगों के लिए सहायक है जो इंटरनेट कनेक्शन लेने का plan कर रहे हैं। यह विजार्ड (step by step process) पूरे setup को लगाने में एक गाइड की तरह कार्य करता है और आपके लिए कनेक्शन बना देता है।

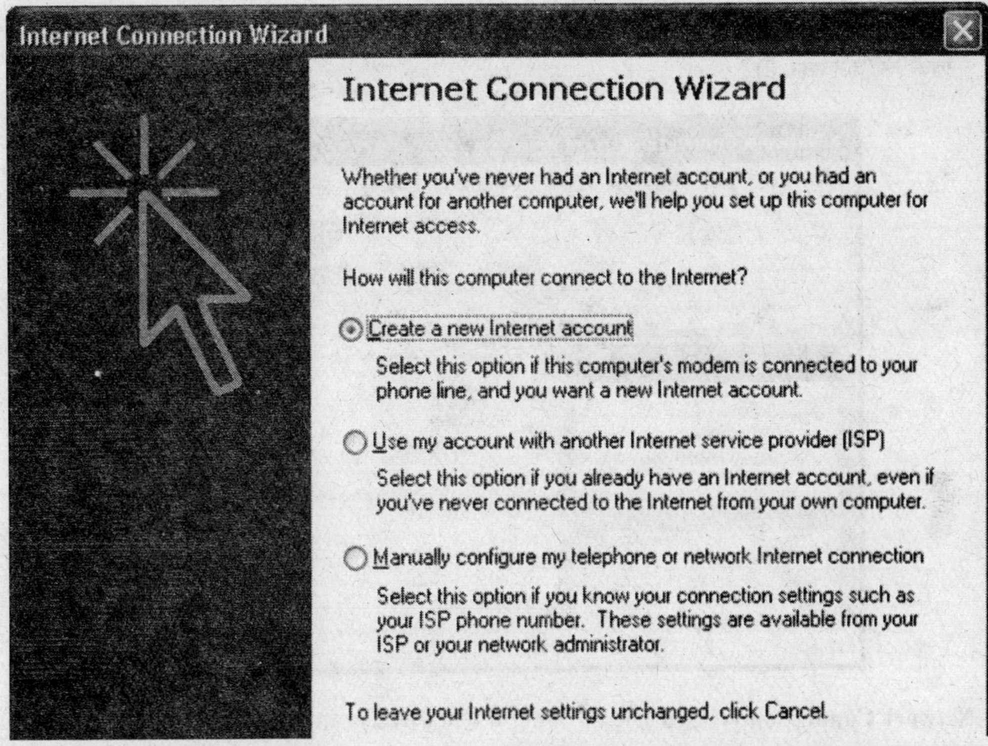

(c) **Netmeeting (ऑनलाइन मीटिंग)**–यह option पूरे इंटरनेट पर था तुम्हारे लोकल इंटरनेट पर दूसरे लोगों के साथ वार्तालाप करने या मीटिंग करने में सहायता देता है। इस option को प्रयोग करके तुम दूसरो के साथ बातचीत कर सकते हो, दूसरो को देखने के लिए वीडियो का प्रयोग कर सकते हो या अपने को दूसरो को दिखा सकते हो, application और documents दूसरो के साथ बांट सकते हो, अन्यों को फाइल भेज सकते हो, कोई message भेज सकते हो या फिर while board पर दूसरो के साथ shared drawing कर सकते हो।

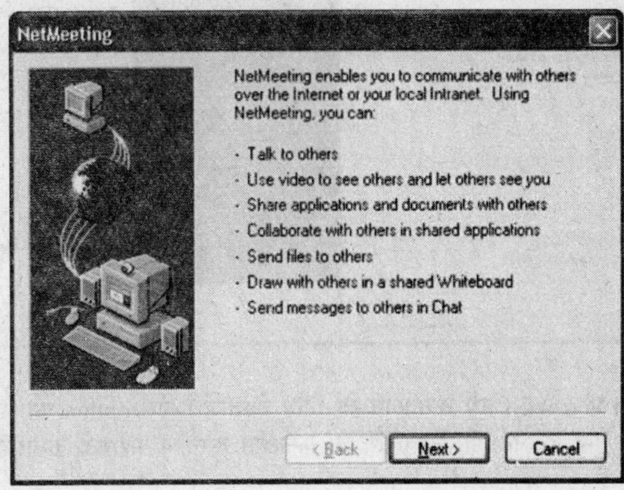

(d) **Network Connections (नेटवर्क कनेक्शन)**–यह command दर्शाती है कि तुम्हारे कम्प्यूटर में कितने नेटवर्क के कनेक्शन हैं।

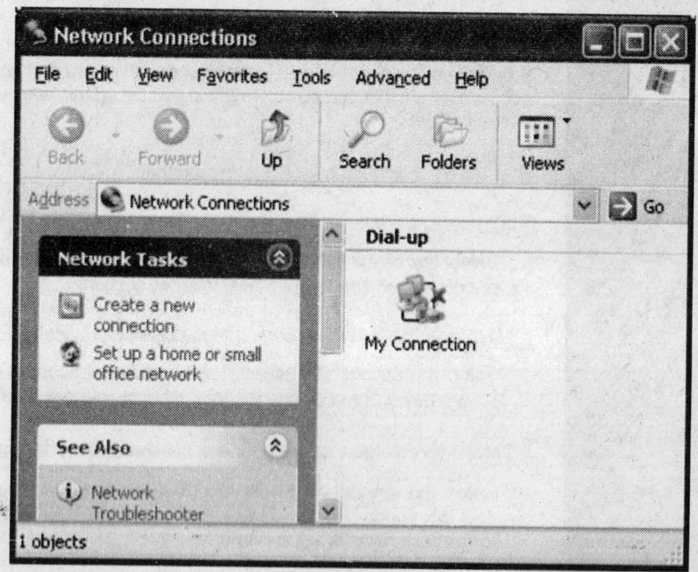

(e) **Network Connection Wizard** (नेटवर्क जोड़ने के लिए विजार्ड)–जैसे इंटरनेट कनेक्शन विजार्ड होता है। वैसे ही यह विजार्ड भी तुम्हें नेटवर्किंग के विभिन्न options को set करने में गाइड की तरह सहायता करता है।

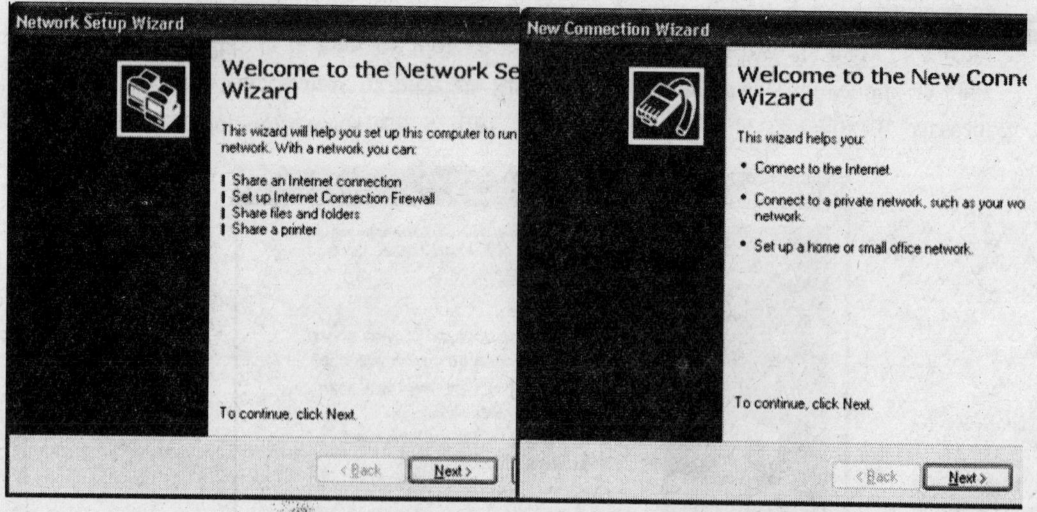

(f) **New Connection Wizard (नये कनेक्शन के लिए विजार्ड)**–इस option को डिस्क करने पर एक wizard खुलेगा जो तुम्हें इंटरनेट और नेटवर्किंग के कनेक्शन करने में सहायता करता है।

(g) **Phone dialer (नम्बर डॉयल करने वाला)**–जैसा कि तुमने बहुत सारे फोन देखे होंगे, उन पर बहुत सारे नम्बर देखे होंगे। ये नम्बर डॉयल करने के लिए होते हैं। साथ ही साथ कुछ नम्बर ऐसे होते हैं जो कभी-कभी ही डॉयल होते हैं। फोन डॉयलर इसलिए होते हैं ताकि ये नम्बर कोई एक नम्बर दबाते ही डॉयल हो जाये।

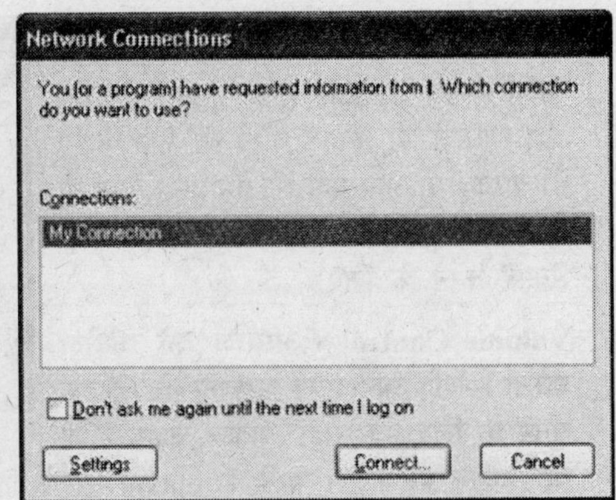

(h) **Remote desktop connection (रिमोट डेस्कटॉप कनेक्शन)**–यह कमान्ड कम्प्यूटर के डेस्कटॉप को रिमोट की जगह से जोड़ती है। जैसे ही आप उसके सामने रिमोट दबाते हैं तो कम्प्यूटर पर applications चलने लगती है।

3. Entertainment (मनोरंजन)–इसमें चार option हैं–

(a) **CD Player (सीडी प्लेयर)**–इससे तुम अपनी मनपसंद music (गाने) सुन सकते हो और अपने CD player से गाने बदल भी सकते हो।

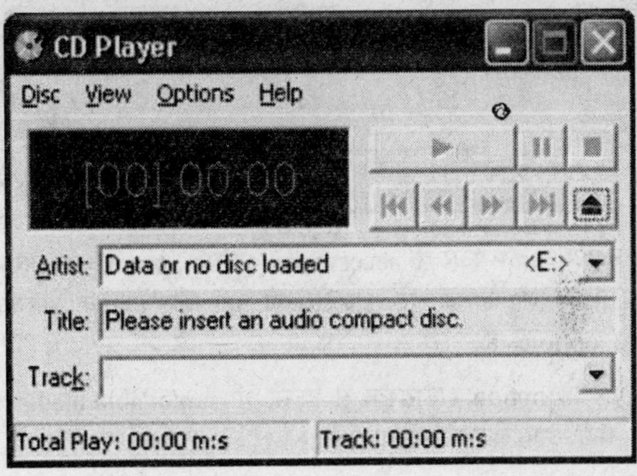

(b) **Sound Recorder (आवाज रिकार्ड करने वाला)**–यह option तुम्हें तुम्हारी आवाज और म्यूसिक भी रिकार्ड करने के लिए कहता है। वास्तव में, आप एक मल्टीमीडिया किट भी अपने कम्प्यूटर से जोड़ सकते हैं। आवाज रिकार्ड करने के लिए।

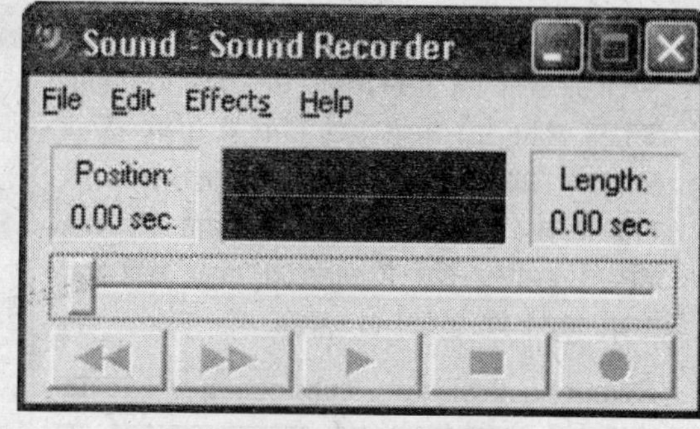

(c) **Volume Control (आवाज को कंट्रोल करना)**–यदि आप अपने कम्प्यूटर पर म्यूजिक सुनने के लिए एक सही आवाज चाहते हैं तो यह आवाज पर कंट्रोल करने का option आपके लिए ही है। अपनी इच्छानुसार आवाज को कम या तेज कर सकते हैं।

(d) **Windows Media Player (विंडोज मीडिया प्लेयर)**–विंडोज ME में विंडोज मीडिया प्लेयर का सबसे नया version डाला गया है। विंडोज के लिए विडियो के द्वारा बनाई हुई एनीमेटेड फाइलें (avi) भी तुम यहाँ चला सकते हो। यह sound files (.wav), midi files (.rmi) या तुम्हारी ऑडियो सीडी के लिए भी प्रयोग किया जा सकता है।

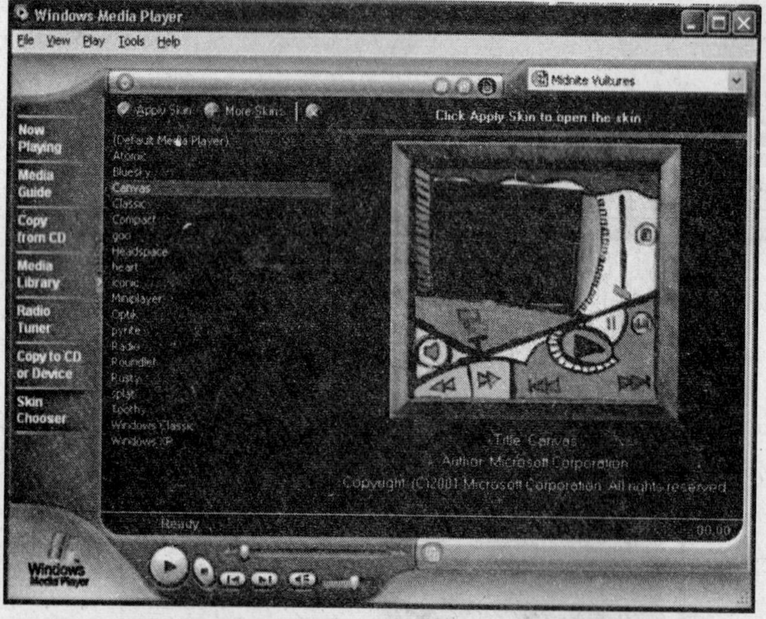

4. System Tools (सिस्टम के यंत्र)–कम्प्यूअर के accessories का यह option काम करना और आसान बना देता है। इसमें विभिन्न प्रकार के tools हैं जो केवल गति (speed) ही नहीं बढ़ाते बल्कि अनचाहे तत्वों से सिस्टम को साफ भी रखता है। इसमें आठ options हैं–

(a) **Back up (बैक-अप)**–यह option हार्डडिस्क से किसी भी removable media (सीडी, फ्लॉपी आदि) पर तुम्हारी फाइलों का बैक-अप लेने में सहायक होता है।

(b) **Character Map (अक्षरों का चार्ट)**–यह option विंडोज में उपलब्ध विभिन्न fonts के विभिन्न अक्षरों को दिखाने में सहायता करता है। अक्षर के तरीके और प्रकार को देखकर, तुम निश्चित कर सकते हो कि तुम्हें इसे प्रयोग करना है या नहीं।

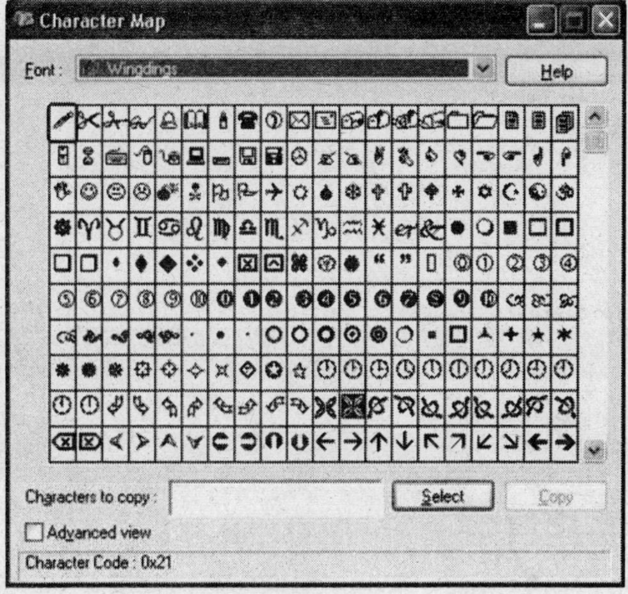

(c) **Disk Cleanup (डिस्क को साफ करना)**–विंडोज के ऑपरेटिंग सिस्टम बहुत बड़ी मात्रा में temparary फाइल और calculated फाइल बना देते हैं। ये फाइलें एक अच्छा काम यह करती है कि जब हमारी असली फाइल delete हो जाती है तो यह फाइले हमारी सहायता करती है। कभी-कभी ये अच्छा काम नहीं करती है कि जब हम इन्हें delete करना चाहते हैं तो यह delete नहीं होती हैं। इसके परिणामस्वरूप बहुत सारी फाइलें

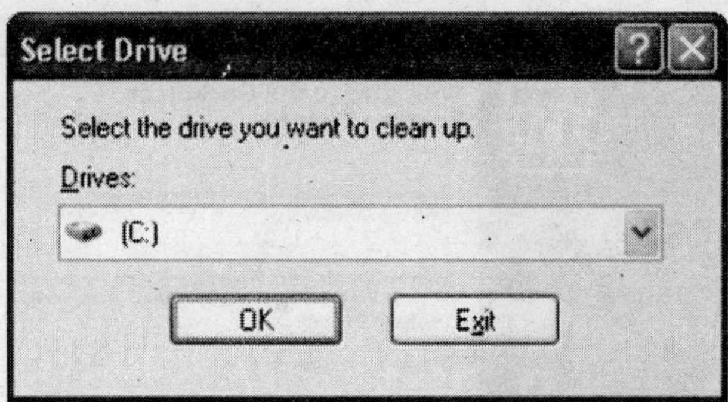

हार्डडिस्क पर एकत्रित हो जाती हैं। जब हम disk cleanup कमान्ड चलाते हैं तो ये हमें delete करने वाली फाइलों की लिस्ट दे देता है।

(d) **Disk defragmenter (फाइलों को स्टोर करना)**–जब हार्डडिस्क पर फाइल हम लिख रहे होते हैं तो विंडोज तेजी से फाइल को FAT का प्रयोग करते हुए tracks में स्टोर कर देती है। इसके परिणामस्वरूप फाइल हार्ड डिस्क पर, बिखरी हुई पॉजिशन में स्टोर हो जाती है। यह कमान्ड DOS में House keeping (घर की देख-रेख) की तरह एक side फाइल को, दूसरी side खाली जगह रखती है। इसकी वजह से हार्ड-डिस्क की गतिविधि तेज हो जाती है। यह सलाह दी जाती है कि जब तुम disk defragments कमान्ड चलाते हो तो उसके बाद disk clean-up कमान्ड भी तुम्हें चलानी चाहिए।

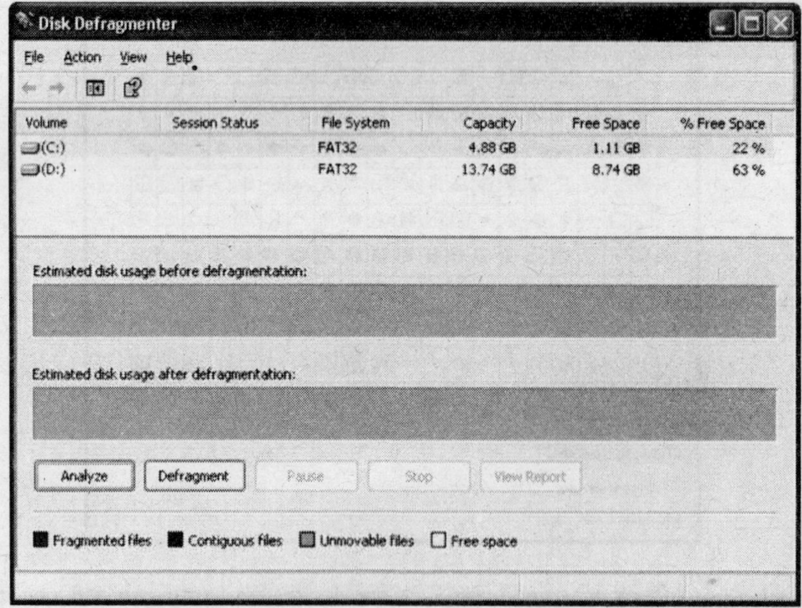

(e) **Files and Settings Transfer Wizard**–एक कम्प्यूटर से दूसरे कम्प्यूटर पर files को set करना और ट्रान्सफर करने में यह विजार्ड सहायक है।

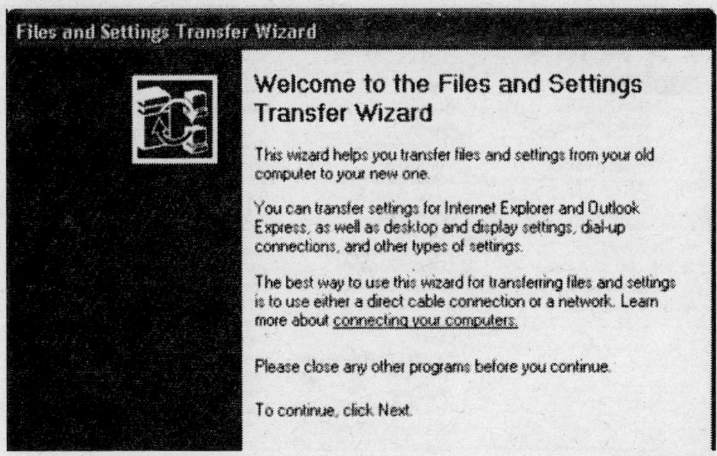

(f) **Scheduled tasks (नियमित कार्य)**–कंट्रोल पैनल के केस में जैसा कि पहले बताया गया है कि कुछ कामों को कुछ समयान्तराल पर चलाया जा सकता है। जिस लाइन में आप कमान्ड को दोगो उसी लाइन में कमान्ड चलेगी।

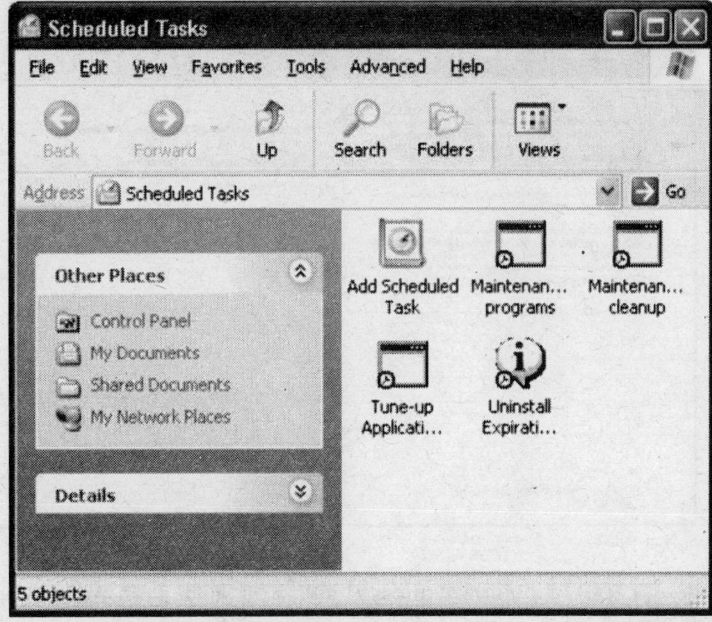

(g) **System Informatiuons (सिस्टम की जानकारी)**–यह कमान्ड ज्यादातर उन लोगों के लिए हैं जो अपने सिस्टम को सही करने की सोचते हैं। यदि तुम्हारा सिस्टम configuraiton को कुछ समस्या आ रही है तो यह सही जानकारी देता है। यह तेजी से उस डाटा को खोजता है जो सिस्टम की समस्या को दूर करने में सहायक होता है।

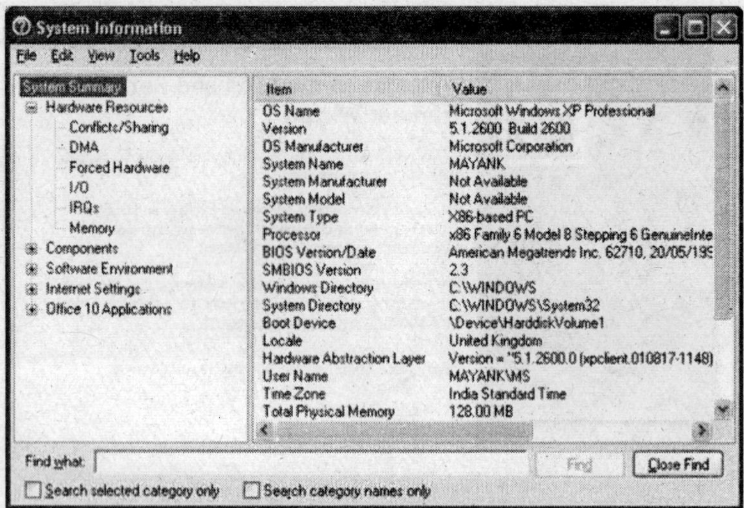

(h) **System Restore (सिस्टम को दोबारा स्टोर करना)**–इस option से सिस्टम को दोबारा से स्टोर करने का point बनाया जाता है।

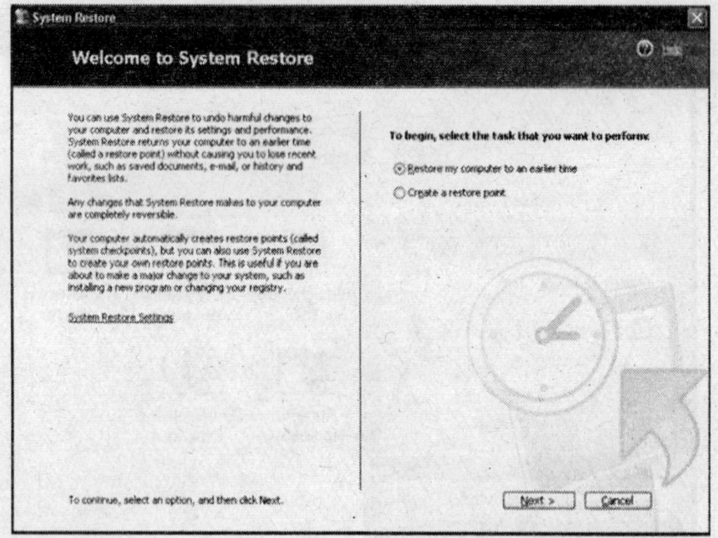

5. Address Book–तुम सबमें जो outlook express में काम करना जानता है वह Address book से भी परिचित होगा। वास्तव में, यह एक डाटाबेस है जो नाम, पता, ई-मेल id रखता है जिन लोगों से तुम प्राय: कनेक्ट होते हो।

6. Calculator (केलकुलेटर)–विंडोज XP कम्प्यूटर पर काम करते हुए दोनों तरह के अर्थात/ (स्टैण्डर्ड और साइंटिफिक) केलकुलेटर को इस्तेमाल करने का अवसर प्रदान करती है। साइंटिफिक केलकुलेटर यहाँ दिखाया गया है चि़ा 3.65

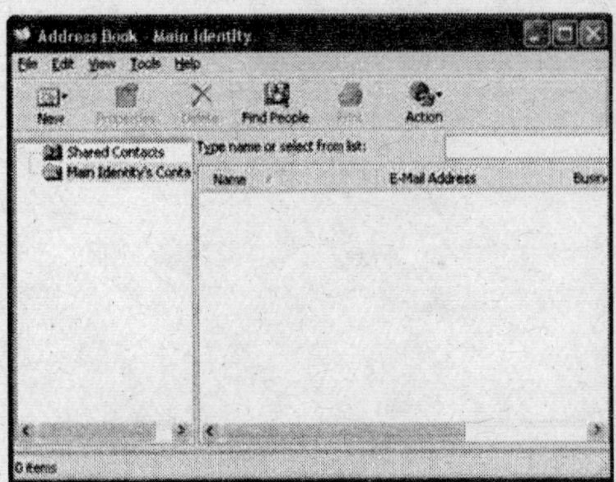

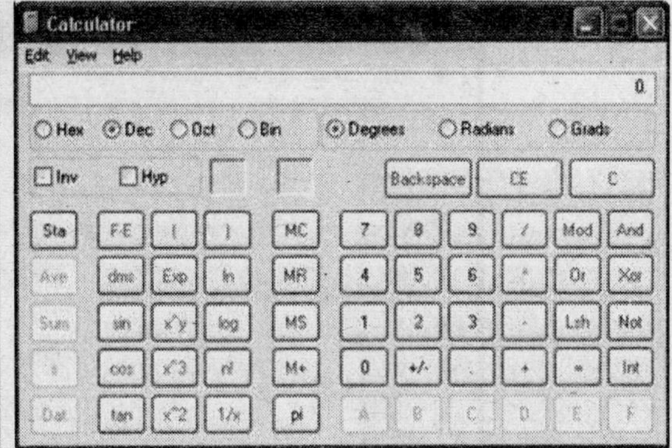

7. Command Prompt–कुछ ऐसा भी है जो MS-DOS को प्रयोग करने वालो को खुश कर देता है। इस कमान्ड पर क्लिक करके आप अपने DOS प्रोग्राम को चला सकते हैं।

8. Notepad (नोट-पैड)–यह एक साधारण टैक्स्ट एडिटर (Text editor) है। एक अच्छे word प्रोसेसर के कुछ गुण इसमें हैं। Text फाइलों को देखने के लिए इसका प्रयोग किया जा सकता है। HTML में फाइलों के code लिखने के लिए नोट-पैड का प्रयोग किया जाता है।

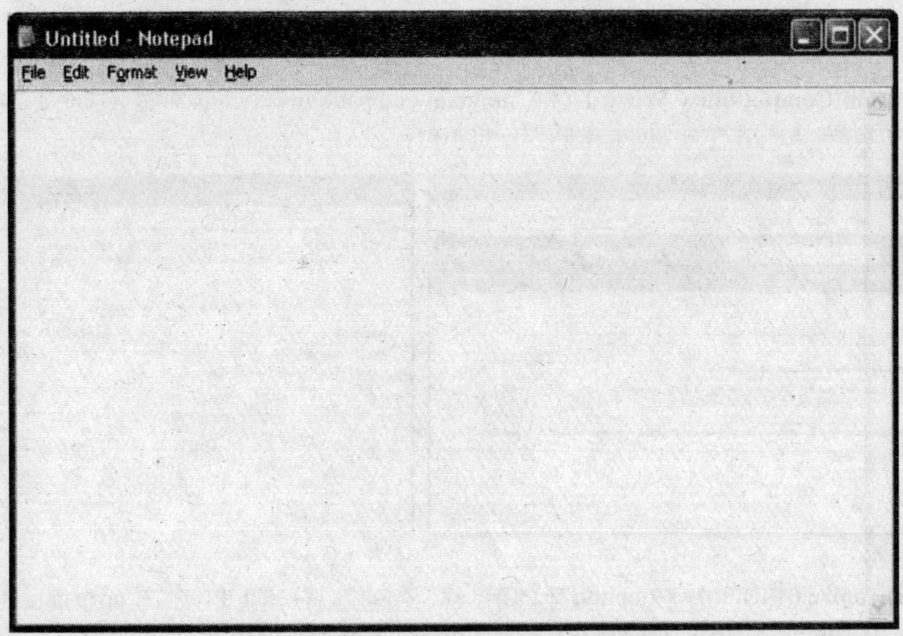

9. Paint (पेन्ट)–यह एक पूरी तरह से अपना अलग प्रोग्राम है जिसका पूरा नाम पेन्टब्रश है। तुम फाइल बना सकते हो, बदलाव भी कर सकते हो, इसकी फाइल bitmap (.bmp) पैटर्न में होती है। इसके पास अपने औजारों का set है जैसे–कलर बॉक्स, लाइन, आकार, इरेजर, सेलेक्शन, पेंसिल, स्प्रे, मैग्नीफाइंग ग्लास, ड्रापस, ब्रश आदि।

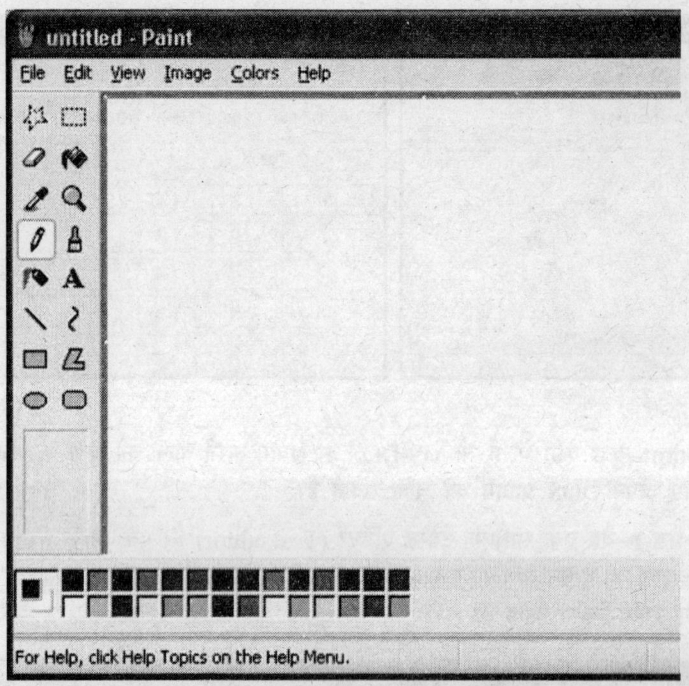

10. Program Compatibility Wizard–इससे program compatibility wizard बॉक्स खुलता है जिसकी सहायता से विंडोज XP पर पुराने प्रोग्राम चलाये जा सकते हैं।

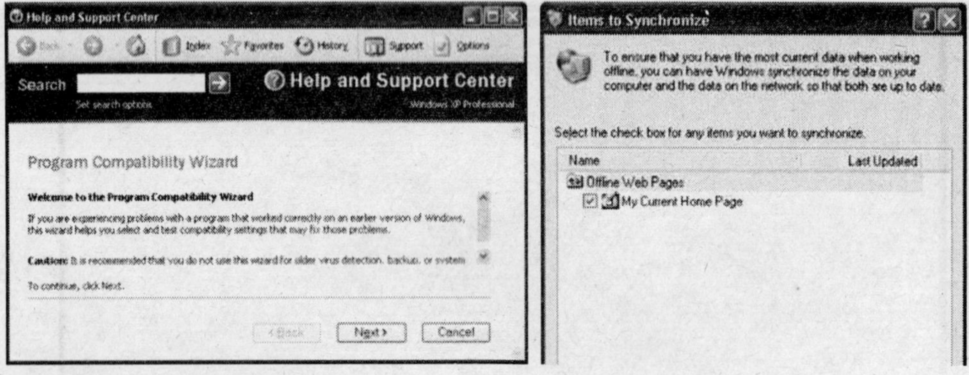

11. Synchronize (मिलाना)–इस option से निश्चित रहते हैं कि आपका डाटा पूरी तरह से up to date है और network पर current डाटा के साथ पूरी तरह synchronize (मिला हुआ) है।

12. Tour Windows XP (विंडोज XP की एनिमेशन दुनिया)–चाहे कोई विंडोज पर पहली बार काम कर रहा हो या फिर सौबी बार उसे विंडोज XP के एनिमेशन tour के इस option को एक बार जरुर प्रयोग करना चाहिए। यह देखने के लिए कि विंडोज XP क्या ऑफर दे रहा है।

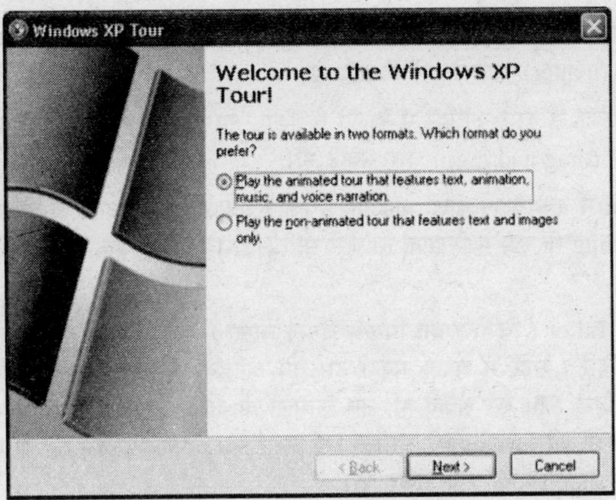

13. Window Explorer (विंडो को खोलकर देखना)–यह तुम्हें एक आसान तरीका उपलब्ध कराता है अपने फोल्डर, फाइल और दूसरे document को देखने के लिए कि कौन-सी फाइल कहाँ पड़ी है। By default जो

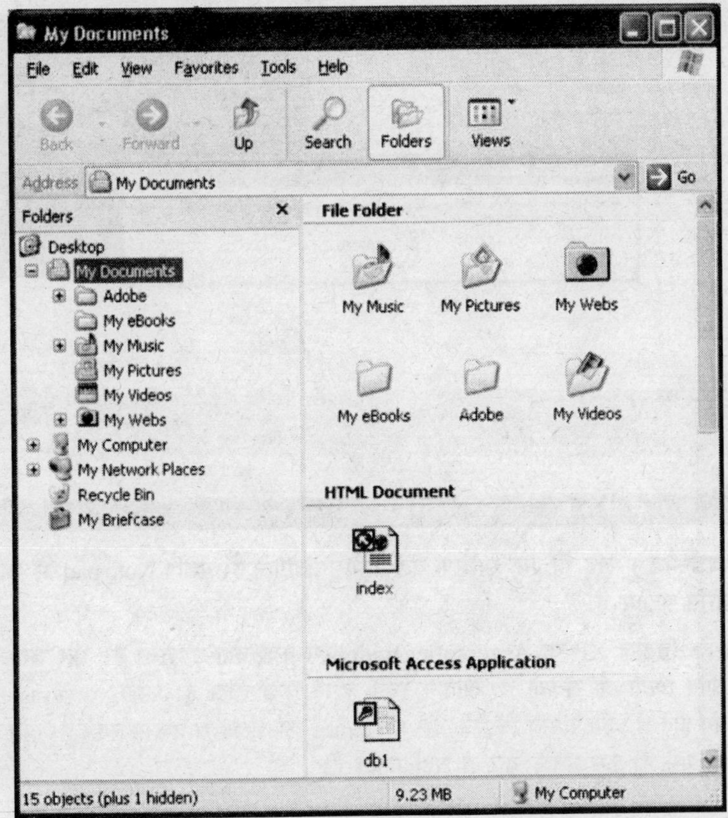

Explorer सामने आता है वह दो pane वाली विंडो है। जब तुम विंडो के किसी item पर बाएं पेन में क्लि करते हो तो वह उसके contents (matter) दाएं पेन में दिखाता है।

किसी फाइल को एक फोल्डर से दूसरे फोल्डर में डालने के लिए, तुम एक से ज्यादा विंडो यहाँ खोल सकते हो और फाइल को ड्रेग और ड्रॉप (drag and drop) कर सकते हो।

विंडोज XP के Explorer में एक देखने वाली बात यह है कि Explorer अपने आप ही फाइलों को उनकी parent directory के साथ Heading के रूप में दिखाता है। जैसे सारी HTML फाइलें एक साथ एक ही heading HTML Folder में होती हैं।

14. Windows Movie Maker (विंडोज का पिक्चर बनाने वाला)–इस option के द्वारा तुम अपने कम्प्यूटर को ऑडियो और विडिरूो एडिटिंग सेंटर में बदल सकते हो। तुम ऑडियो और वीडियो के स्रोत जैसे केमकोर्डर या डिजीटल केमरा में scene को edit कर सकते हो। तुम फैमिली या दोस्तों के साथ share करने के लिए मूवी बना सकते हो। महत्त्वपूर्ण घटनाओं की images को सुरक्षित रख सकते हो। अपनी पिक्चरों को या कम्प्यूटर पर डाली गई पिक्चरों को प्रयोग करके slide show बना सकते हो।

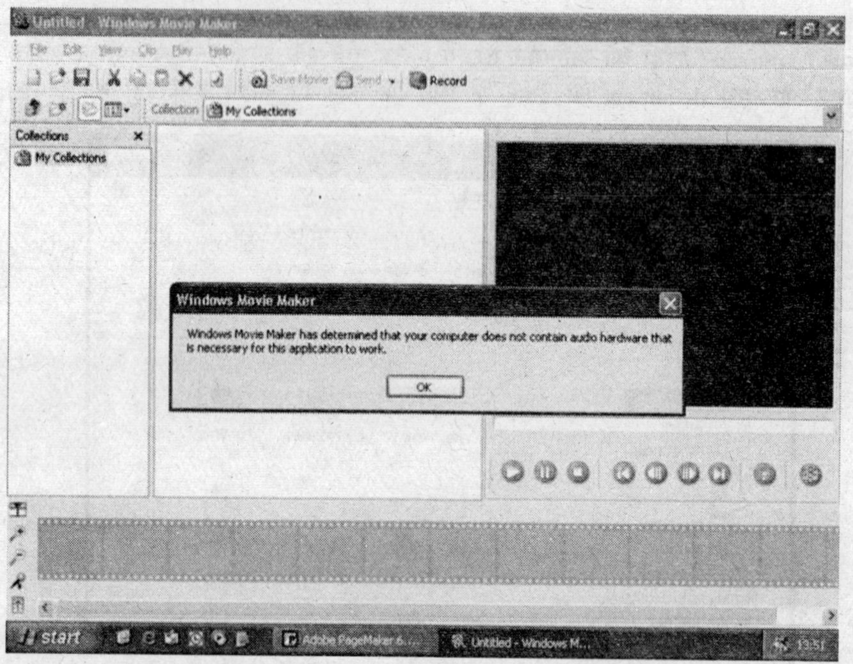

15. Word Pad (वर्ड-पैड)–यह भी एक साधरण वर्ड प्रोसेसिंग प्रोग्राम है। यद्यपि Note pad से यह बेहतर है। यह एक छोटा वर्ड प्रोसेसिंग प्रोग्राम है।

अब हमने यह देखा कि विंडोज XP के Accessories option में क्या-क्या उपलब्ध है। और जरुरत पड़ने पर इन option को केसे प्रयोग किया जा सकता है। लेकिन रुको, हमने कुछ छोटा है। पहले versions में Games भी Accessories का अंग होते थे लेकिन अब विंडोज XP में Games का अलग से एक फोल्डर है। और इसमें कुछ नये Game भी जोड़ दिये गये हैं। हम उनके बारे में यहाँ बताते हैं।

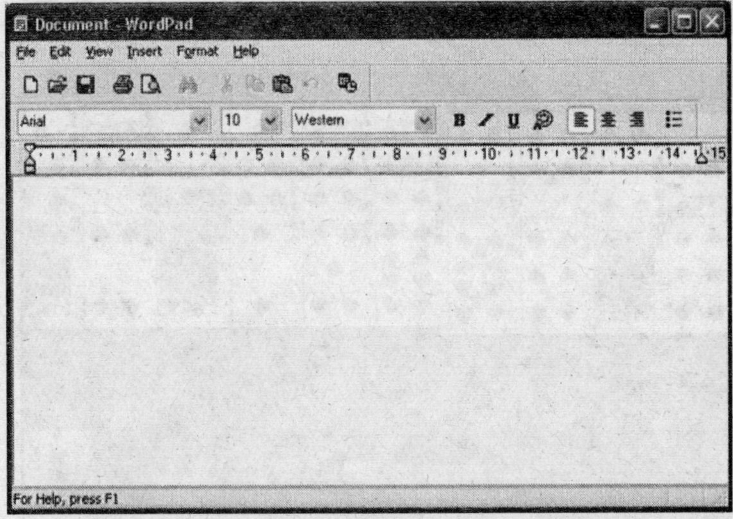

Games

1. Classic Hearts
2. Classic Solitare
3. Free Cell
4. Internet Blackgrammon
5. Internet Checker
6. Internet Hearts

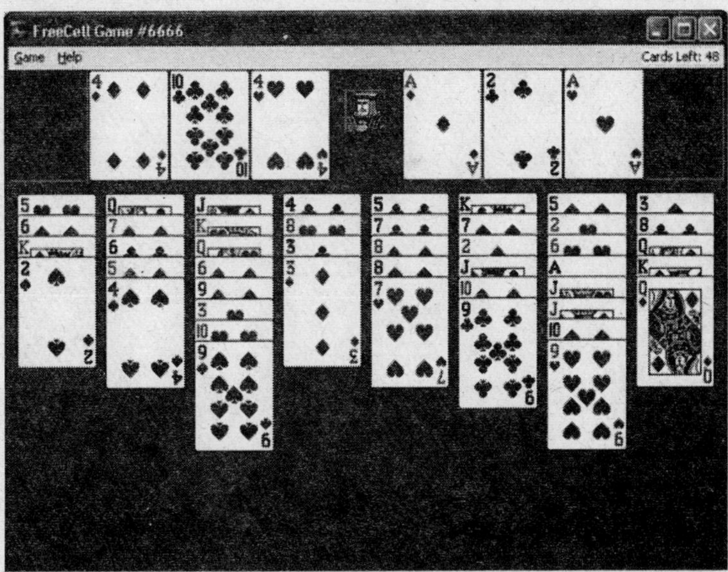

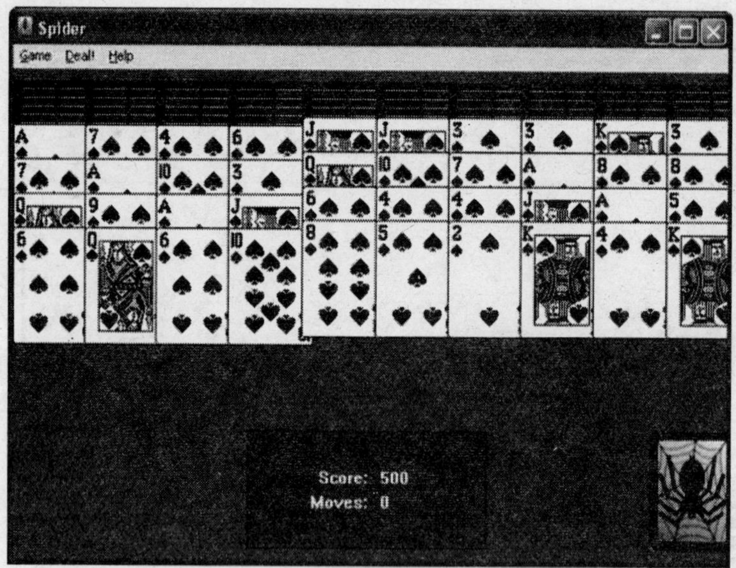

7. Internet Reversi
8. Internet Spades
9. Minesweeper
10. Pinball
11. Spider Solitaire

इंटरनेट वाले games को खेलने के लिए इंटरनेट का connect (जुड़ना) भी जरुरी है।

माइक्रोसॉफ्ट वर्ड 2003
(Microsoft Word 2003)

वर्ड–प्रोसेसिंग का परिचय

ऑफिस व घरों में ज्यादातर कम्प्यूटरों में letter टाइप करने का काम होता है। यह कम्प्यूटर की प्रसिद्ध application word processing को इसके लिए प्रयोग किया जाता है। जैसा कि इसके नाम से ही पता चलता है कि इसमें शब्दों पर प्रोसेसिंग होती है। माइक्रोसॉफ्ट ऑफिस 2003 में, यह काम माइक्रोसॉफ्ट बड़े 2003 को प्रयोग करके किया जा सकता है। यह केवल letter टाइपिंग के ही काम नहीं आता बल्कि साधरण Memo से लेकर कठिन प्रोजेक्ट रिपोर्ट और किताबें और मैग्जीन के भी काम आता है। वर्ड 2003 में टाइप की हुई फाइल मेल की जा सकती है और दूसरे फाइल format में भी बदली जा सकती है ताकि उन्हें दूसरे प्रोग्राम में भी खोला जा सके। इन फाइलों को HTML documents के रूप में भी save किया जा सकता है ताकि उन्हें इन्टरनेट पर भी share किया जा सके।

वर्ड 2003 का परिचय

जैसा कि पहले भी बताया जा चुका है कि वर्ड 2003 माइक्रोसॉफ्ट ऑफिस 2003 का अलग से एक अंग है जिसमें माइक्रोसॉफ्ट ऑफिस एक्सेल 2003, माइक्रोसॉफ्ट ऑफिस वर्ड 2003, माइक्रोसॉफ्ट ऑफिस पावर प्वाइंट 2003 आदि हैं।

ये सभी अंग अपने एक अलग प्रकार के कार्य करने के लिए बनाये गये हैं जैसे–

माइक्रोसॉफ्ट ऑफिस एक्सेल 2003	डाटोबेस बनाने और उसके काम करने के लिए
माइक्रोसॉफ्ट ऑफिस एक्सेल 2003	स्प्रेडशीट पर काम करने के लिए
माइक्रोसॉफ्ट ऑफिस पावरप्वाइंट 2003	Preseutation तैयार करने के लिए
माइक्रोसॉफ्ट ऑफिस फ्रंट परेज 2003	वेब पेज पर काम करने के लिए
माइक्रोसॉफ्ट ऑफिस वर्ड 2003	वर्ड प्रोसेसिंग के लिए।

वर्ड 2003 में Document बनाना

किसी नये सॉफ्टवेयर को जानने का सबसे अच्छा तरीका उसे प्रयोग करना होता है। यह तैरने के लिए स्वीमिंग पूल में कूदने के बराबर है। हम यहाँ कुछ टाइप करके विभिन्न कमान्डो को सीखेंगे।

वर्ड 2003 की शुरुआत आसान है। नये document से शुरु करते हैं। यह start बटन से किया जा सकता है। वर्ड 2003 खोलने के बाद फाइल menu से New क्लिक करें या फिर टूल बार पर से New ऑइकन पर क्लिक करें।

File में New पर क्लिक करके जो menu खुलेगा उसका display मान लीजिये हमें टेलीफोन शिकायत के लिए जनरल मैनेजर को लैटर लिखने का document तैयार करना है। लैटर का display चित्र 4.2 में दिखाया गया है।

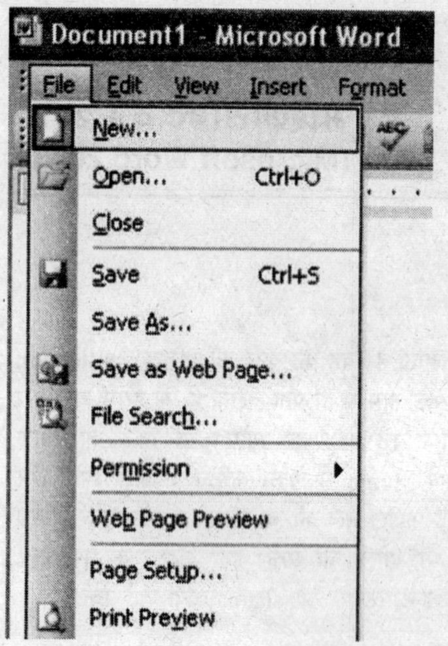

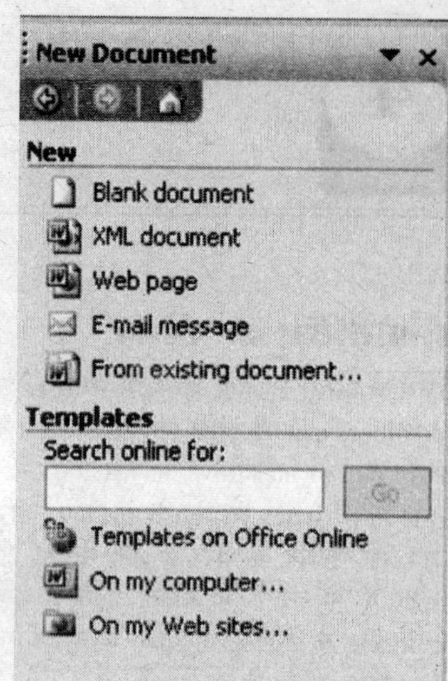

Telephone compoint का letter display (चित्र 4.2)

अब तुम्हें एक नया document खोलना है। लिखने में गलतियों पर ध्यान न दें। और ना ही कोई formatting पर ध्यान दें। बस ऐसे ही text टाइप करते जायें। अब आप देखेंगे कि कुछ लाल रंग की और हरे रंग की लहरदार लाइनें दिखाई देंगी। लाल रंग की लाइन बताती है कि सिस्टम में उपलब्ध डिक्शनरी के हिसाब से वह गलत टाइप किया हुआ है और जिस वर्ड पर हरे रंग की लाइन है वह बताती है वह लाइन या वर्ड ग्रामिटिकली (grammatically) गलत है। यह सॉफ्टवेयर की राय है तुम इससे अलग भी जा सकते हो।

फाइल को Save करना

यह वह प्रक्रिया है जिससे फाइल को कोई नाम दिया जाता है या किसी पहले से दिये गये नाम में फाइल को जोड़ा जाता है। जैसा कि हम अपनी बनाई हुई फाइल को Bill नाम से save करते हैं। Save करने के लिए File menu से सिर्फ save का बटन क्लिक करें। आपके सामने एक डॉयलाग बॉक्स खुलेगा (चित्र 4.3) जहाँ पर फाइल का नाम टाइप करने के लिए जगह दी गई है वहाँ पर फाइल का नाम Bill टाइप करें और save पर क्लिक करें।

Save का dialog box display (चित्र 4.3)

तुम्हारी फाइल इस नाम में save हो जायेगी और वर्ड 2003 की स्क्रीन पर सबसे ऊपर tittle bar पर अपने आप ही फाइल का नाम दिखाई देने लगेगा।

अब हम दूसरे formatting टूल पर चलते हैं।

11th January 2004

To

General Manager
Mahanagar Telephone Nigam Limited
Khurshid Lal Sawan
New Delhi-110001

Ref : Telephone No. 4611098

Sir,

I am in receipt of bill for the above telephone number dated 11-5-2000 for an amount of Rs. 4,678.90. This bill is to be paid by 215.2000. While going through the bill, I see that I have been charged at two accounts for the calls which have not been made by me. These enteries are :

Called id	**Duratiuon**	**Amount**
0017249873769	120	1,008.00
001325934234	60	675.90

As you can notice that both these International calls and since my phone does not have. this facility, these calls could not have been from my phone.

Hoping for an early action.

Thanking you

Your faithfully

Abhinandan
3695, Raj Enclave
Delhi, 110006

फॉरमेटिंग करना

सबसे ऊपर से इस letter की फॉरमेटिंग करते हैं। पहली लाइन में date है उसमें कुछ नहीं करना है। दूसरी लाइन में To है उसे Italized करना है।

उसके लिए निम्नलिखित प्रक्रिया है–

1. सबसे पहले To के शुरु में माउस बटन को क्लिक करें।
2. अब माउस को ड्रेग करें, उसे दबाये हुए ही दाईं तरफ बढ़े तब तक कि अगला अक्षर हाइलाइट ना हो जाये। अब To select हो चुका है।

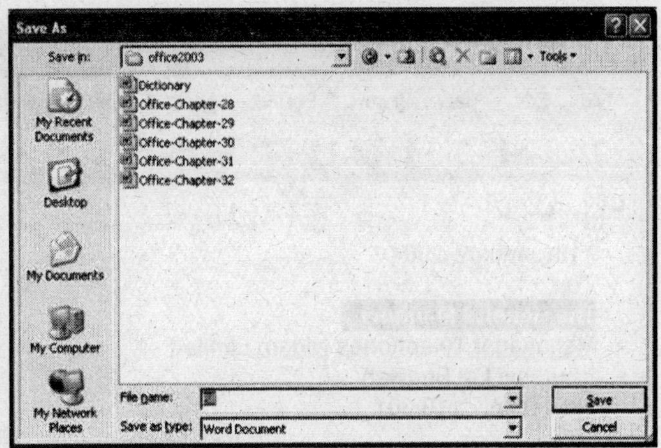

3. अब selecyt किए हुए को ऐसे ही छोड़ दें, आगे बढ़ें।
4. अब माउस से formatting tool bar पर I को क्लिक करें जिससे To Italic यानि To हो जायें।
5. देखो चित्र 4.4 में To केसा हो गया है।

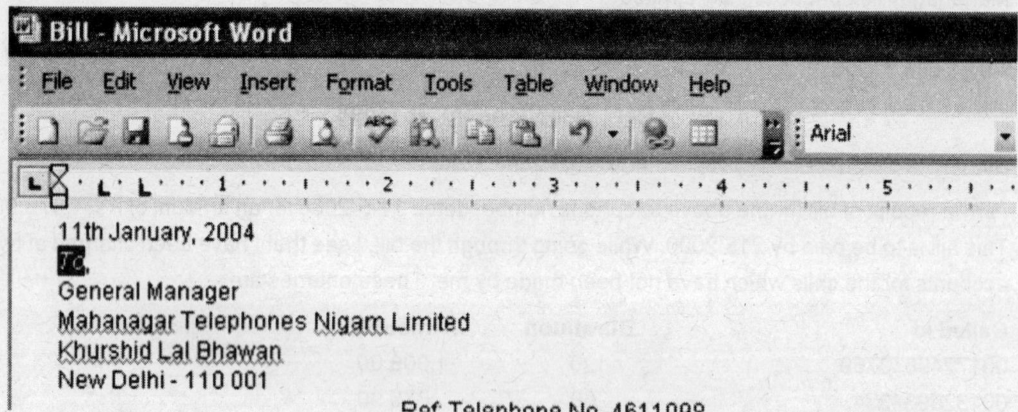

अब हम अगली लाइन पर आते हैं। General manager को bold करता है। यह भी उपयुक्त तरीके से ही होगा। देखते हैं–

1. लाइन के शुरु में माउस से क्लिक करो।
2. जैसे To select किया था वैसे ही इसे भी select करो। हम इसे कीबोर्ड से भी select कर सकते हैं। माउस प्वांइटर को शुरु को रखकर कीबोर्ड पर shift को दबा कर right arrow दबाते जायें, जब तक पूरी लाइन select ना हो जायें।
3. अब shift key को छोड़ दें।
4. अब माउस से formatting toolbark से B को दबाये जिससे text Bold हो जाये।
5. नीचे चित्र 4.5 में देखें text केसा दिखता है।

अब Address की आखिरी लाइन New Delhi को underline करना है। वर्ड 2003 एक से ज्यादा लाइनों का option देता है। लेकिन अभी हमें केवल एक लाइन ही खींचनी है जिसके लिए same तरीका है।

1. माउस को New Delhi वाली लाइन के शुरु में क्लिक करो।
2. फिर text को अक्षर बताये दोनों में से किसी तरीके highlight करो।
3. फिर माउस से formatting tool bar पर ले जाकर U पर क्लिक करें। Text underline हो जायेगा।
4. तुम इसे चित्र 4.6 में देख सकते हो।

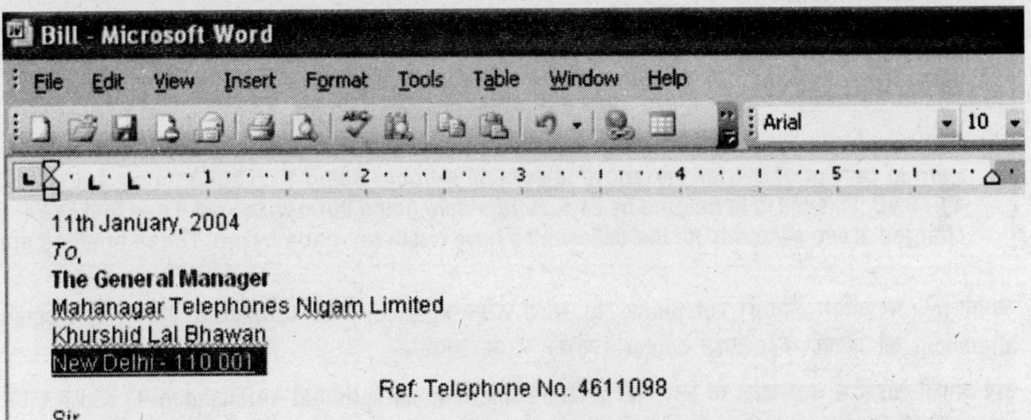

अब अगली line में टेलीफान न॰ का Reference दिया हुआ है। इसे underline और centralized करना है। underline का तरीका हम आपको पहले बता चुके हैं। अब alighment पर ध्यान देते हैं। देखते हैं कि वर्ड 2003 में यह केसे करते हैं।

टेक्स्ट का Alignment

वर्ड 2003 text को सही तरीके से manage करने के लिए चार विभिन्न तरीके के alignments का option देती है। ये इस प्रकार हैं–

- Left aligned इसमें text बायीं तरफ एक सीध में हो जाता है।

Right aligned इसमें लाइन दायीं तरफ एक सीध में हो जाती है।

Centeralized इसमें सारी लाइन बीच में shift हो जाती है।

Justified इसमें लाइन दायीं और बायीं दोनों तरफ से एक सीध में हो जाता है।

तुम left align और justified में ज्यादा अन्तर महसूस नहीं करोगे। यह इसलिए क्योंकि यह लाइन छोटी है। इस बुम में सारे text को देखा यह justified है। यह दायीं व बायीं दोनों तरफ से align है। आप देखे कि यह पैराग्राफ left align है जबकि और सब justified हैं।

इस ऊपर वाले paragram को left align करें।

चारों alignment आपके formatting tool bar पर भी है। तुम यहाँ से कोई सा भी alignment चुन सकते हो। यदि तुम alignment देने के बाद वहाँ से हटाना चाहते हो तो टूल बार पर दायीं तरफ add/Remove बटन पर क्लिक करो।

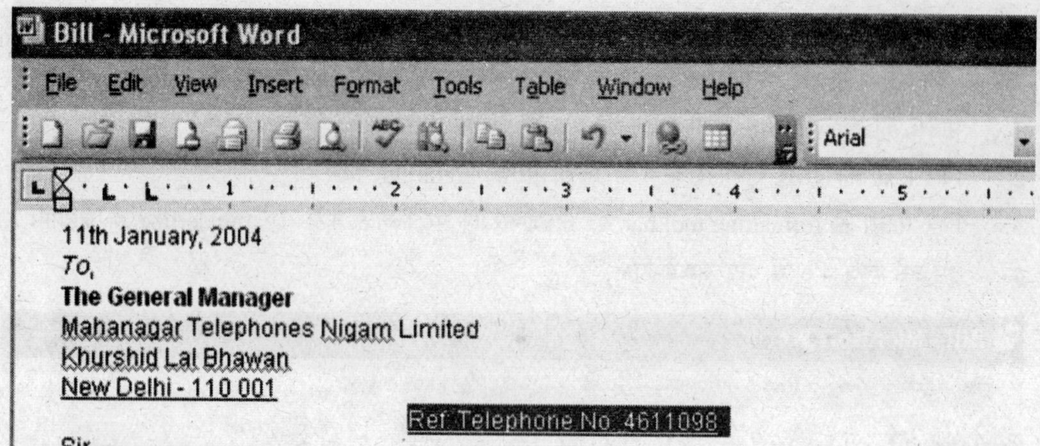

आपके text पर वापिस आते हैं। Telephone No. वाली लाइन को select करके formatting टूलबार पर से center alignment को क्लिक करें। लाइन center (बीच) में आ जाएगी।

अब अगली लाइनों में कुछ करने के लिए नहीं है सिवाय International calls and Abhinandan को add करना है। हम सोचते हैं कि आप यह बिना किसी मुश्किल के कर लेंगे।

अब letter को ऐसे ही छोड़ देते हैं। अब document को save करने का समय है। क्योंकि जो बदलाव अभी हमने किये हैं उन्हें हार्डडिस्क में भी स्टोर करना है अन्यथा letter पर कोई भी formatting नहीं होगी।

अब letter पर कुछ फैन्सी चीजें डालते हैं। सबसे पहले fonts बदलते हैं।

Fonts बदलना

यह तुम्हारे ऊपर निर्भर करता है कि तुम सारे page पर एक से font रखना चाहते हो या हर पैराग्राफ अलग-अलग font रखना चाहते हो। देखते हैं कि यह किस तरह होता है–

1. माऊस को text में कहीं पर भी क्लिक करो।
2. Edit menu से select all पर क्लिक करो या ctrl key के साथ A को दबाओ, document में सारा text select हो जायेगा।
3. अब जो font आप चाहते हैं उस पर क्लिक कर दें और जो size आप चाहते हो उस पर क्लिक कर सकते हो।
4. जैसे हम Arial को font के लिए और size 12 प्वाइंटस के लिए formatting toolbar से क्लिक करते हैं।
5. अब आपका सारा text 12 size में और Arial font का हो जायेगा। जो पहले Bold, Italic आद बदले थे। उपर पर इसका कोई प्रभाव नहीं पड़ेगा।

7. यदि आप चाहते हो कि Address अलग font में हो text आदि font में हो, तो आप ऐसा करके उसे ओर आकर्षक बना सकते हो। जैसे सिर्फ Address को Arial font में करना है तो Address के select करके Arial font चुनें। सिर्फ address ही arial होगा। बाकि का text नहीं।

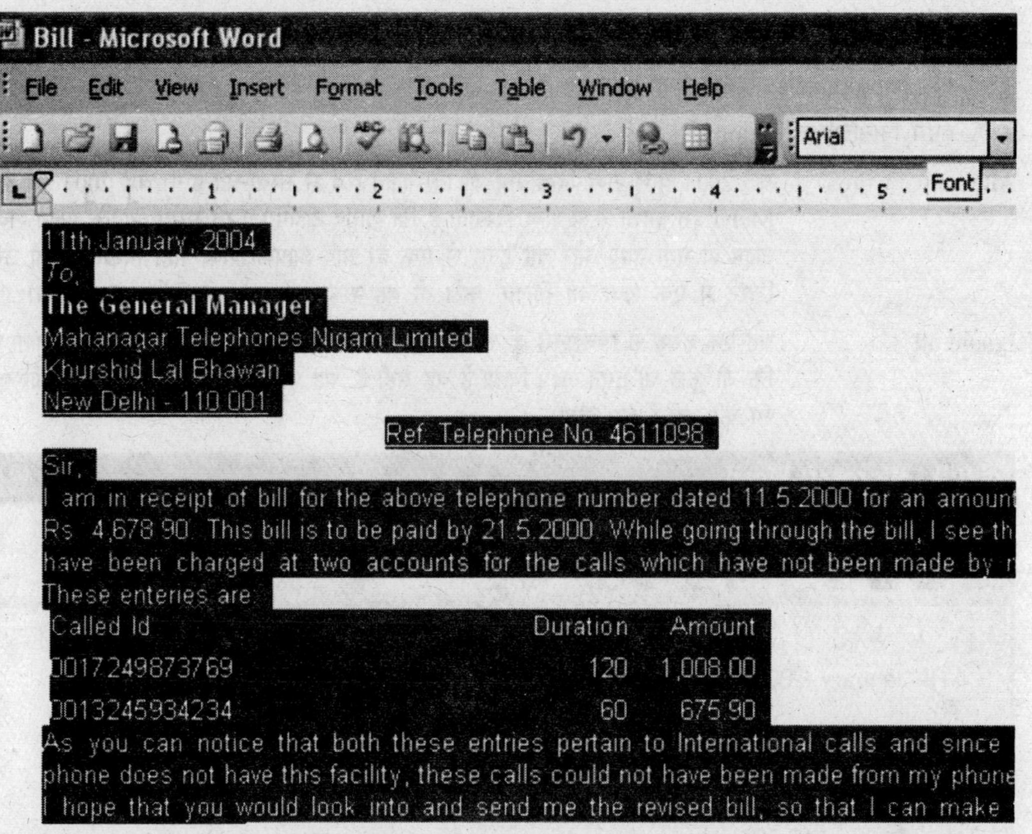

11th January, 2004
To,
The General Manager
Mahanagar Telephones Nigam Limited
Khurshid Lal Bhawan
New Delhi - 110 001

Ref. Telephone No. 4611098

Sir,
I am in receipt of bill for the above telephone number dated 11.5.2000 for an amount
Rs. 4,678.90. This bill is to be paid by 21.5.2000. While going through the bill, I see th
have been charged at two accounts for the calls which have not been made by r
These enteries are

Called Id	Duration	Amount
0017249873769	120	1,008.00
0013245934234	60	675.90

As you can notice that both these entries pertain to International calls and since
phone does not have this facility, these calls could not have been made from my phone
I hope that you would look into and send me the revised bill, so that I can make

वर्ड 2003 की विंडो पर Address को arial font में बाकी text को times new roman में दिखायें। (चित्र 4.7)

अब यदि letter में स्पेलिंग भी चेक करें, फिर आपका detter प्रिन्ट के लिए होगा।

स्पेलिंग चेक करना

जैसा कि पहले बताया जा चुका है कि वर्ड 2003 में स्पेलिंग की गलतियों को लाल रंग की लाइन के द्वारा दिखाया जाता है। चूँकि हमारा document सिर्फ एक पेज का है इसलिए गलतियाँ निकालना मुश्किल नहीं है।

इन गलतियों को सुधरने के दो तरीके हैं। पहला तो ये कि एक-एक करके गलतियों को ठीक करें। दूसरा पूरे document पर spell check option का प्रयोग करें। चलो दोनों तरीके प्रयोग करके देखते हैं।

ऊपर से नीचे की ओर पूरे document Bill को check करते हैं। तुम देखोगे कि जो वर्ड (शब्द) लाल रंग से underline है, उनमें से कुछ proper (ठीक) है, जिन्हें सही नहीं किया जा सकता है।

शब्द जैसे Mahanagar मुख्य रूप से हिन्दी का शब्द है, इसलिए वर्ड 2003 की डिक्शनरी में ये शब्द नहीं है। इसीलिए यह इस शब्द को गल दिखा रहा है। ऐसे ही Rs. वह भी डिक्शनरी में नहीं है। इसके लिए निम्नलिखित प्रक्रिया अनुसार करें।

1. माउस से document पर उस शब्द पर क्लिक करें।

2. अब माउस का दाहिना बटन (Right click) दबायें।

3. एक pop-up menu दिखाई देगा।

4. इसमें निम्नलिखित option हैं–

Alternative woros — वर्ड 2003 कुछ शब्द दिखायेगा जो कि गलत वर्ड से सम्बन्धित होंगे। वर्ड 2003 का यह Menu इस आशा से ये शब्द दिखाता है कि शायद टाइपिंग करते समय आपके गलत शब्द टाइप हो गया होगा और वह इनमें से एक है। यदि आपको शब्द सही दिखता है तो उस लिस्ट में एक शब्द को क्लिक करें। तो वह शब्द उस नये शब्द से बदल जायेगा।

Ignore all — यह एक तरफ से डिक्शनरी के ऊपर शासन करने के बराबर है और यह option बताता है कि जो कुछ भी तुमने टाइप किया है वह सही है, यह पूरे document पर से लाल और हरे रंग की लाइनें हटा लेगा।

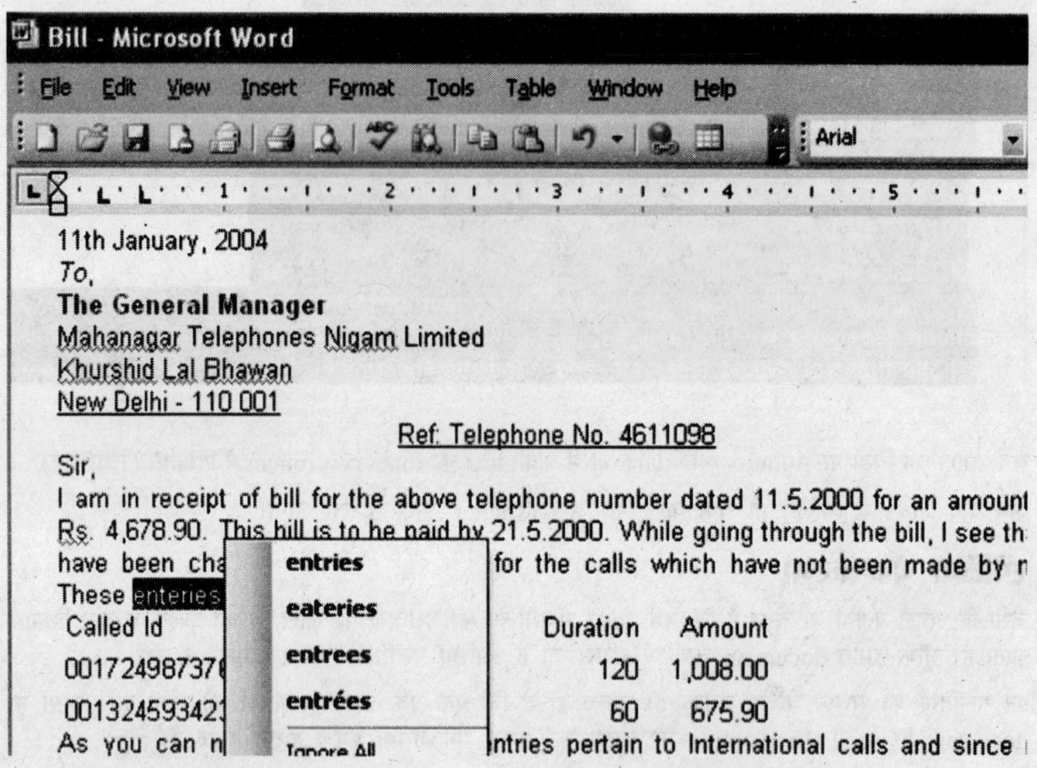

Add to Dictionary — तुम्हें लगता है यह शब्द सही है और यह शब्द डिक्शनरी में जुड़ जाना चाहिए ताकि भविष्य में कहीं पर भी गलत ना दिखाये तो उसे Add to Hetionary पर क्लिक करें।

Auto correct — Auto correct (अपने आप शब्द का सही हो जाना) इस option को बाद में इस पाठ में पढ़ेगे। समझने वाली बात बस यही है कि कुछ शब्द जो हम गलती से गलत टाइप कर देते है वह डिक्शनरी का बिना दिखाये अपने आप ठीक हो जाये। जैसे आप साधरणतया यह

गलती बार-बार दोहराते है कि the को आप teh टाइप कर देते हैं तो तुम इसे अपने आप ही कम्प्यूटर ठीक कर दें तो आप इसे autocorrect में डाल दें। जैसे ही आप teh टाइप करके space दबायेंगे यह अपने आप the हो जायेगा।

Language आप महसूस करते हैं कि यह particular शब्द इस डिक्शनरी में गलत दिखा रहा है जबकि दूसरी डिक्शनरी में सही है। तो उसे नजरंदाज कर दें।

Spelling इस पर क्लिक करेंगे तो यह उस प्वाइंट से spell checking शुरु करेगा जहाँ पर कर्सर होगा।

Cut, copy and Paste यह option किसी शब्द या लाइन को cut करके या copy करके किसी दूसरी जगह पर ट्रान्सफर करके paste करने के लिए है।

5. अब यहाँ पर कोई ओर शब्द नहीं है जो सही किया जा सकता है मतलब सारा text अब सही हो गया है। अब हम spell check के दूसरे option पर आते हैं जो पूरे document को check करेगा। इस case में कर्सर को text के शुरुआत में क्लिक करते ही date के शुरु पर माउस से क्लिक करते हैं।

अब spell checking शुरु करते है।–

1. Tools menu से spelling and grammer option पर क्लिक करें।
2. या F7 कीबोर्ड से दबायें।
3. या standard toolbar से spell check ऑइकन पर क्लिक करें।

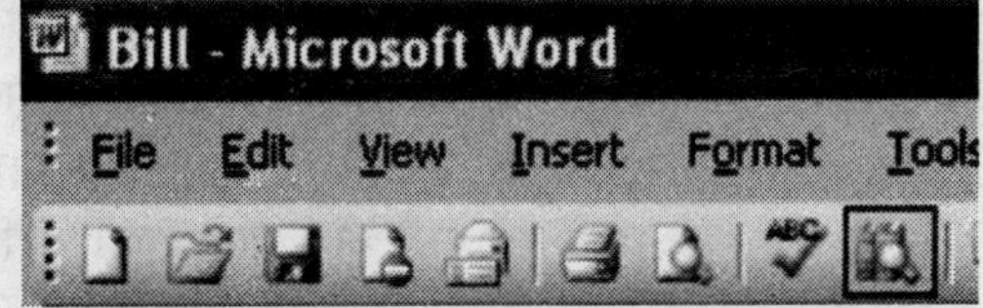

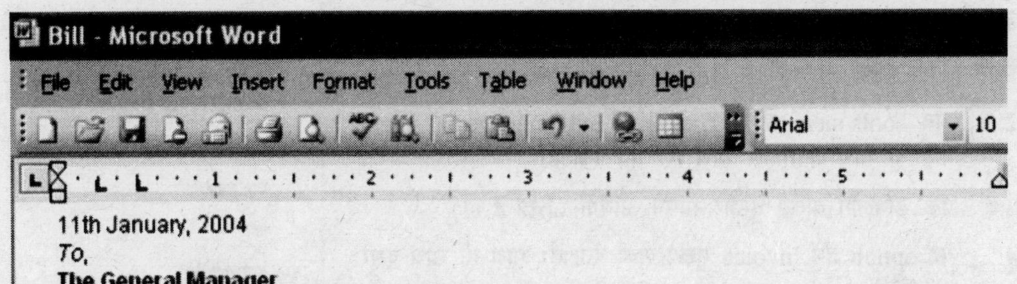

11th January, 2004
To,
The General Manager
Mahanagar Telephones Nigam Limited
Khurshid Lal Bhawan
New Delhi - 110 001

Ref: Telephone No. 4611098

Sir,
I am in receipt of bill for the above telephone number dated 11.5.2000 for an amount of Rs. 4,678.90. This bill is to be paid by 21.5.2000. While going through the bill, I see that I have been charged at two accounts for the calls which have not been made by me. These entries are:

Called Id	Duration	Amount
0017249873769	120	1,008.00
0013245934234	60	675.90

As you can notice that both these entries pertain to International calls and since my phone does not have this facility, these calls could not have been made from my phone.
I hope that you would look into and send me the revised bill, so that I can make the payment in

अब document पर spell check प्रक्रिया आरम्भ हो जायेगी। यह हर शब्द को check करेगा। और जो शब्द से अपनी डिक्शनरी में नहीं मिलेगा उसके जैसे शब्दों को दिखायेगा। यदि आपको सही लगे तो correct पर क्लिक कर दें नहीं तो ignore पर क्लिक कर दें। जैसे Mahanagar, Nigam शब्द है। ये हिन्दी के शब्द हैं तो अंग्रेजी के शब्द कोश में नहीं मिल सकते इसलिए यह उन्हें गलत बतायेगा। तो आप उन्हें ignore कर दें क्योंकि हमारे लिए ये सही शब्द हैं। अन्त में यह जब सारे शब्द सही हो जायेंगे, तो एक डॉयलोग बॉक्स डिस्प्ले करेगा, जिस पर लिखा होगा कि checking पूरी हो गई है।

तुम एक शब्द या text के एक position को भी spell check कर सकते हो। बस उस part को select करना होगा। अब अगला option thesaurus है।

Thesaurus देखना

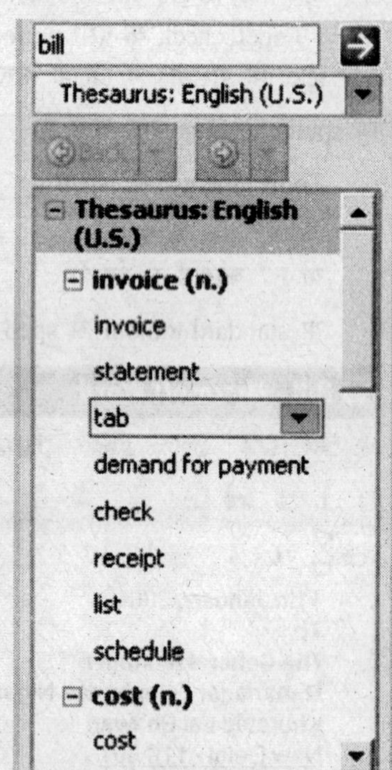

Thesaurus, Synonym अर्थात् एक से अर्थ वाले शब्दों को और Antonym, अर्थात् विलोम शब्दों को देखने में सहायता करता है। Thesaurus केवल शब्दों को लिखने में ही सहायता नहीं करता बल्कि पूरे text में एक जैसे शब्दों को दूसरे अर्थ वाले शब्दों में लिखने में सहायता करता है।

इस option को अपने text में प्रयोग करते हैं। मान लीजिये कि हम Bill की जगह दूसरा शब्द लिखना चाहते हैं उसके लिए निम्नलिखित चरण हैं–

1. पैराग्राफ की दूसरी लाइन में से Bill को select करो।
2. अब Tools menu में से Thesaurus and language को select करो या सीधे shift के साथ F7 को दबाओ।
3. एक डॉयलोग बॉक्स तुम्हारे सामने आयेगा (चित्र 4.11)
4. यह option हमें Invoice मुख्य शब्द देता है। साथ ही साथ दूसरे शब्द जैसे statement, check आदि भी देता है।
5. अब तुम कोई भी नया शब्द चुन सकते हो या bill को ऐसे ही रहने दे सकते हो।

शब्दों में स्टाइल डालना

स्टाइल formating attributes का सेट है जो तुम अपने document में text पर डाल सकते हो स्टाइल पूरे पैराग्राफ पर भी लगाये जा सकते हैं या फिर Heading, caption या नम्बर वाली लाइनों को भी दे सकते हो। स्टाइल डालने से document आकर्षक हो जाता है।

Character style डालने के लिए निम्नलिखित प्रक्रिया है–

1. सबसे पहले जिस text पर style लगाना है उसे select करो। यदि आप New पैराग्राफ जो आप शुरु करने जा रहे हैं उस style डालना है तो कर्सर का वहाँ पर रखें जहाँ से स्टाइल डालना शुरु करना हैं।
2. Formatting tool bar पर से style list में से एक style चुनें। जब आप नीचे वाले arrow पर क्लिक करेंगे, तो सारे बने हुए style सामने आ जायेंगे।
3. जो style आप अपने text पर डालना चाहते हो उसे क्लिक करो। स्टाइल selected text पर आ जायेगा।

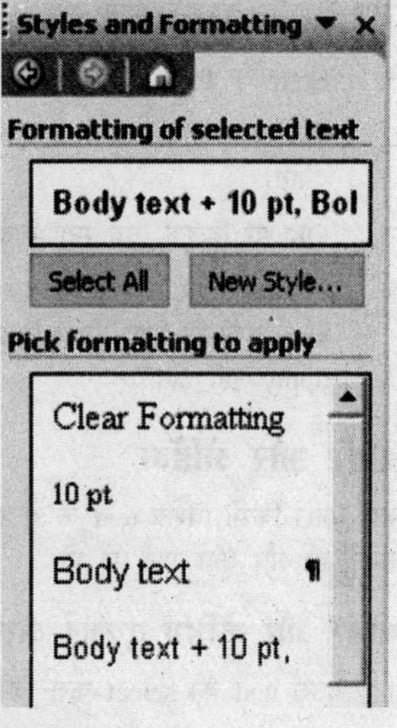

यदि आप स्टाइल हटाना चाहते हो तो उस Paragraph को select करो और style box में से default style पर क्लिक करो। text अपनी पहली वाली पॉजिशन में आ जायेगा।

Character स्टाइल बनाना

1. फॉरमेट मेन्यू खोलें और style & formatting को चुनें।
2. नये style को चुनें।
3. Name box में नये स्टाइल को नाम दें।

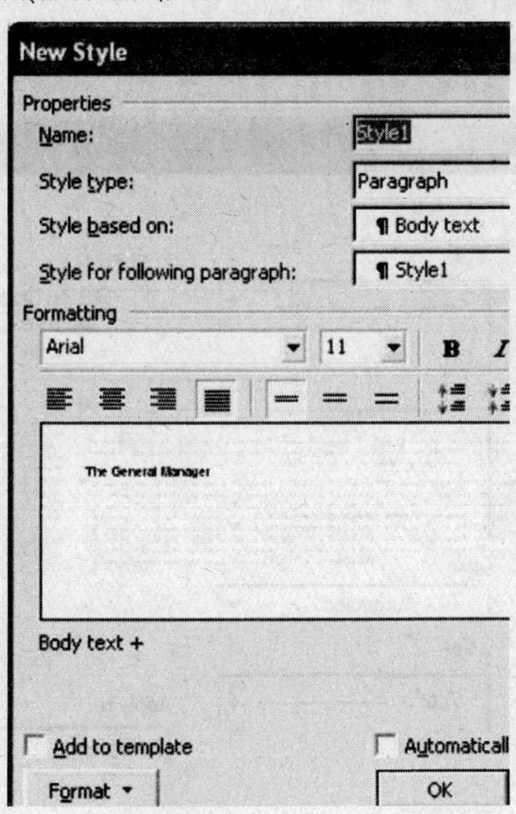

4. Style type बॉक्स में पैराग्राफ को चुनें।
5. Style के features डालने के लिए format में font को चुनें।
6. बार्डर और रीडिंग के लिए Borders and shading डॉयलोग बॉक्स को खोलें। अपनी इच्छा से चुने। OK दबायें।
7. OK पर क्लिक, नये स्टाइल बॉक्स को बन्द करने के लिए।
8. अपने text पर स्टाइल को डालने के लिए Apply पर क्लिक करे। Close पर क्लिक करें, नये स्टाइल को sare करने के लिए, बिना किसी text पर style डालकर। अर्थात् close करने पर style तो बन जायेगा पर apply नहीं होगा।

बोर्डर और शेडिंग

वर्ड 2003 किसी विशेष text के कुछ पार्ट को बोर्डर और शेडिंग का option देता है। तूम इसे पूरे text पर भी दे सकते हो और कुछ पार्ट पर भी।

बोर्डर और शेडिंग एप्लाई करना

1. उस text को select करो जिस पर बोर्डर और शेडिंग apply करना है।
2. Format menu खोलकर बोर्डर व शेडिंग को select करें।
3. इसके पहले पैनल Border पर क्लिक करें।

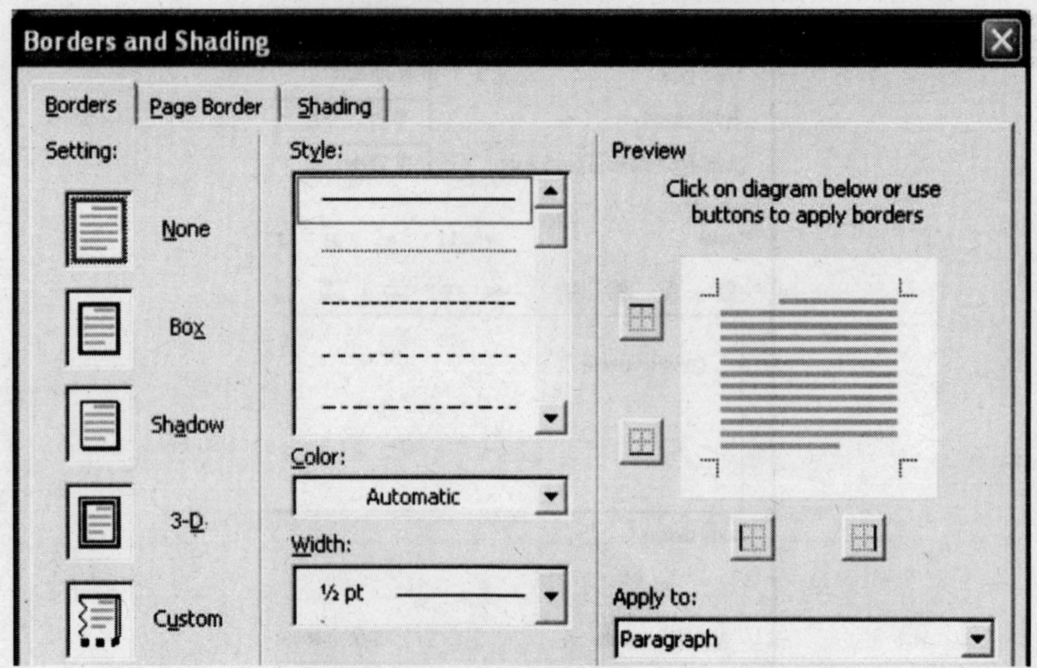

4. इसमें बहुत सारे Border के option दिये हुए हैं। कोई भी एक select कर सकते हो।

   यदि Border नहीं डालना है तो None पर क्लिक करो।

   Box option पैराग्राफ के चारों आर बॉक्स बना देगा।

   Shadow option से पैराग्राफ के चारो ओर Box पर परछाई आ जायेगी।

   3D option से बॉक्स के चारों ओर बॉक्स भी बना आयेगा।

   Custom option से दो side बार्डर आयेगा दो side नहीं। इनमें से किसी भी Border को चुनने पर उसका स्टाइल, रंग, चौड़ाई और पैटर्न भी चुन सकते हो। जो बार्डर तुम चुनोगे इसका Preview भी साइड में देख सकते हो।

   Apply to option से तुम पुरे document पर या किसी पैराग्राफ पर बोर्डर दे सकते हो। दूसरा पैनल Page Border का है वह भी Border जैसा ही है देखे चित्र 4.14।

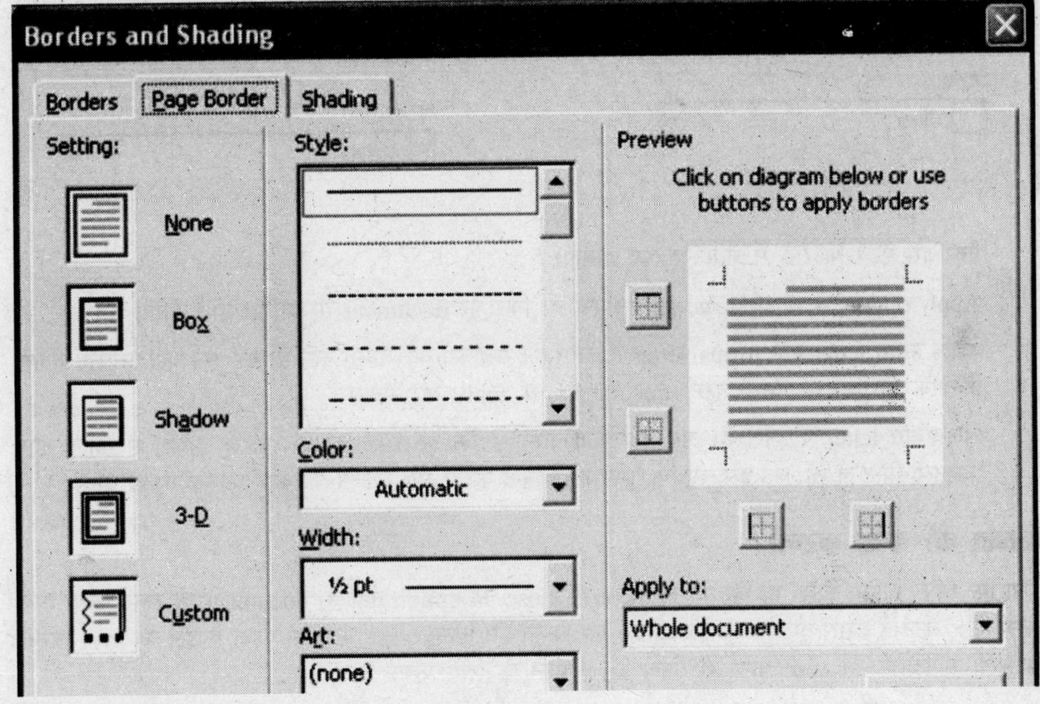

5. Shading के लिए तीसरे पैनल को क्लिक करो।

   Fill option के द्वारा कोई भी दिये हुए रंगों में से चुन सकते हो। More colors पर क्लिक करके बड़ी मात्रा के रंगों में से चुन सकते हो।

   Pattern के down arrow को क्लिक करने पर drop down (नीचे की ओर) list box सामने आ जायेगा, उसमें से शेडिंग रंग की प्रतिशत मात्रा चुन सकते हो। और लाइनों का स्टाइल भी चुन सकते हो।

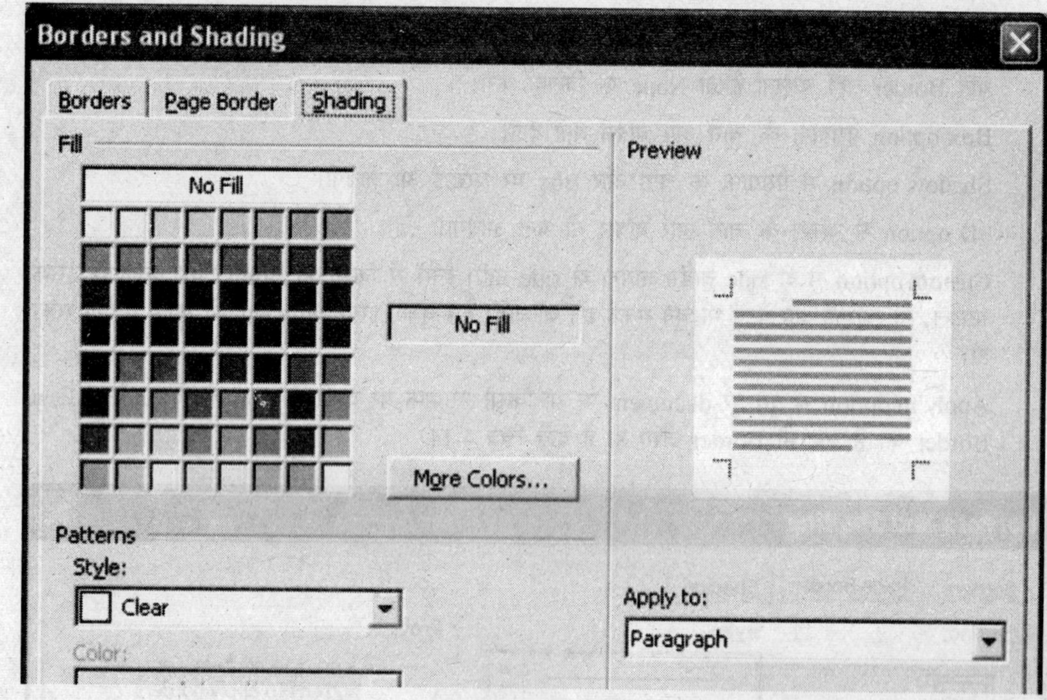

फिर इस पैटर्न या रंगों से बैग्राउन्ड भर जायेगा।

Apply option से या तो selected पैराग्राफ या फिर पूरे document पर शेडिंग हो जायेगी।

यद्यपि हमारा letter एक formal letter है उसमें इन सजावटों की जरुरत नहीं है। यह सब यहाँ इसलिए बताये हैं ताकि तुम बाद में किसी दूसरी documents पर apply कर सको।

अब हमारा letter फाइनल है। अब तुम्हें क्या करना है कि इस file को बन्द करके दोबारा से खोलो और फाइनली प्रिन्ट ले लो। यह इसलिए कि तुम्हें फाइल बन्द करनी और खोलने का कान्सेप्ट क्लीयर हो जाये।

फाइल को बन्द करना

जैसा कि आपने नोटिस किया हो कि फाइल menu में close का option नहीं है। document के सबसे ऊपर दायें कार्नर में × बटन है उससे तुम सब फाइल close कर सकते हो। किन्तु close करने से पहले फाइल को save करना ना भूलें। सॉफ्टवेयर भी cose करने से पहले save करने के लिए पूछता है।

Save as option

चलो अब save और saves option में अन्तर समझते हैं। तुम अपनी document फाइल को दूसरी अन्य फाइलों की तरह सेव कर सकते हो।

Save as option से फाइल दूसरे नाम से save होती है। हो सकता है कि दूसरी directory या drive में save हो। यह इसलिए नहीं save as तुम्हें फाइल को उसी नाम में save करने नहीं देता बल्कि save as करने पर वह exist फाइल को बदलने के लिए पूछता है। जैसे तुमने Bill नाम की फाइल बनाई। अब उसमें कुछ fonts बदले, रंग डाले

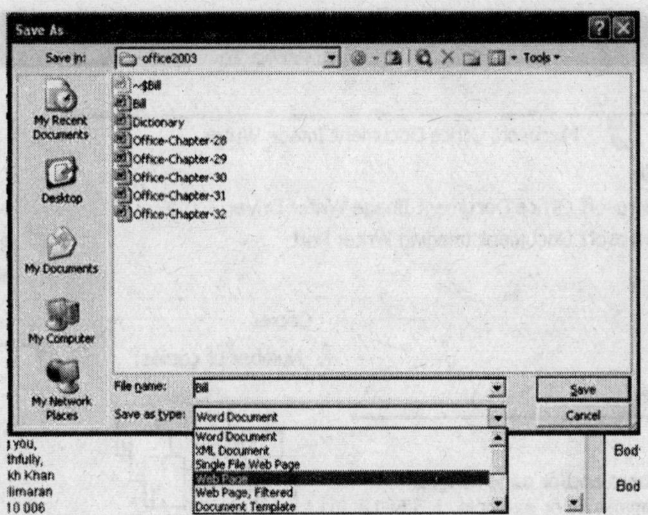

और बोर्डर भी दिया। अब तुम चाहते हो कि Bill नाम की पहली फाइल भी रहे और दूसरी formatting के साथ रहे। तो उसे save as option के द्वारा Bill नाम से save कर दो, तो तुम्हारे पास Bill or Bill 1 अब दो फाइलें हैं।

Open file (फाइल को खोलना)

वर्ड 2003 को खोलने के 3 तरीके हैं।

From File menu

फाइल menu में open command से फाइल खोली जा सकती है। इससे एक open का dialog box खुलेगा।

From open icon

स्टैण्डर्ड टूल बार पर से open icon पर क्लिक करने पर वही open डॉयलेगा बॉक्स खुलेगा।

From Task Pane

टॉस्क पेन पर कुछ पिछली open फाइलों की लिस्ट होती है। जो फाइल खोलनी है यहाँ से भी खुल सकती है। और आपकी फाइल स्क्रीन पर होगी।

अपने Document को प्रिन्ट करना

कोई भी document तब तक पूरा नहीं होता जब तक प्रिन्ट ना हो। फाइल menu से प्रिन्ट option दिया जा सकता है।

प्रिन्ट पर क्लिक करने पर एक डॉयलोग बॉक्स खुलेगा देखे चित्र 4.18

इसमें विभिन्न options है जो इस प्रकार है–

Printer	प्रिन्टर को select करो जिस पर तुम्हें प्रिन्टिग करनी है। नीचे आयी हुई लिसट में प्रिन्टर select करो जो विंडोज में इन्स्टॉल किये हुए हैं।

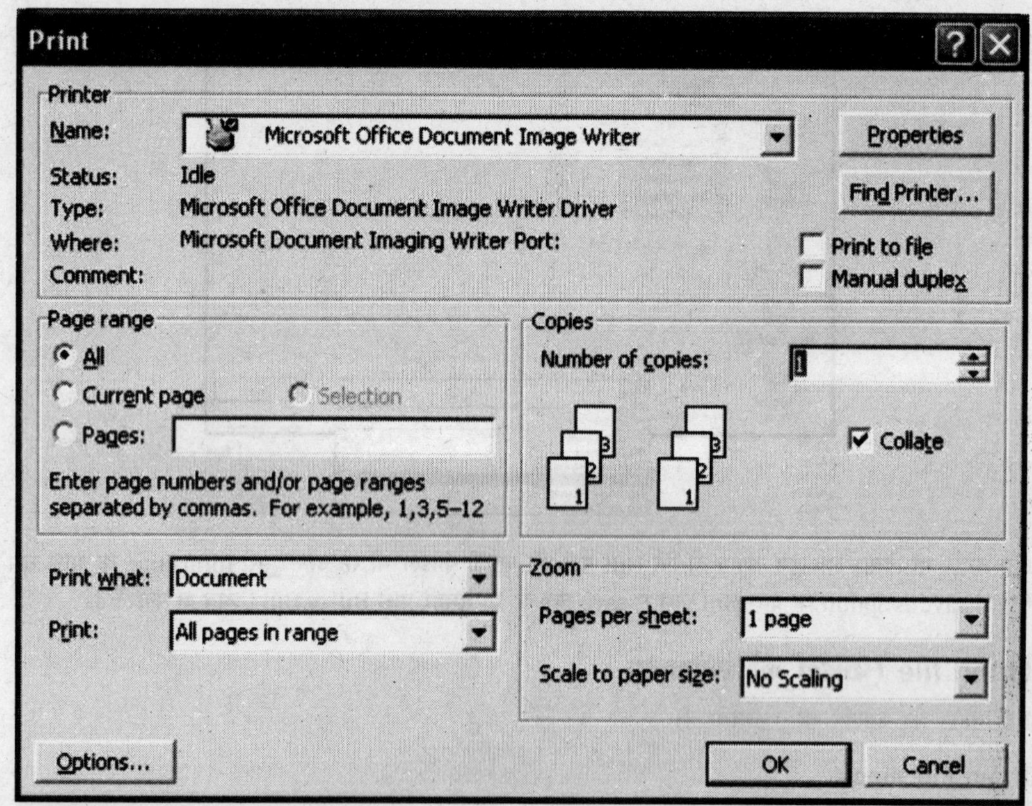

Properties	इस पर क्लिक करने पर एक डॉयलॉग बॉक्स खुलेगा, जिसमें select प्रिन्टर के गुण होंगे उन्हें यहाँ से चुन सकते हो।
Print to file	कभी-कभी ऐसा होता है कि जो प्रिन्टर आपने इन्सटॉल नहीं किया है उस पर प्रिन्ट निकालना है तब आप अपनी फाइल उस सिस्टम पर कॉपी करे जहाँ पर वह प्रिन्टर इन्सटॉल हो।
Print range	पूरे document को प्रिन्ट करने के बजाये आप कुछ selective page प्रिन्ट करना चाहते है तो All पर click करने के बजाये, पेज बता दें जिन्हें प्रिन्ट करना है। आप करन्ट पेज भी प्रिन्ट कर सकते हैं।
Copies	वर्ड 2003 में, एक पेज की बहुत-सी कापियाँ भी निकलवा सकते हो। कापियों के नम्बर बता सकते हैं।
Print what	जो बीज प्रिन्ट करानी हो वह प्रिन्ट कर सकते हैं।
Print	आपके पास सारे सम पेजों आ विषम पेजो को print कराने की सुविध भी है।
Zoom	जूम option से 1–16 पेज तक के प्रिन्ट 1 पेज पर निकल सकते हैं। Scale से आप हर पेज की माप भी बदल सकते हैं।
Options	यह प्रिन्ट options के लिए होता है। तुम अपनी पसन्द के option प्रिन्ट कर सकते हो।

जब आप निश्चित हो जायें कि सारे options आपने जरुरत के हिसाब से चुन लिये हैं तो OK पर क्लिक कर दें। आपका document प्रिन्ट होना शुरु हो जायेगा। फाइनल comand देने से पहले प्रिन्टर ON करना ना भूलें।

मैं आपको राय देती हूँ कि प्रक्टिस के लिए आप दूसरा letter टाइप करें और यही सारी प्रक्रियायें दोबरा दोहरायें।

एडिटिंग टूल्स [Editing Tools]

Selected text पर बहुत सारे editing कार्य किये जा सकते हैं। जैसे cut, copy, paste, move and delete, वर्ड के द्वारा ये सब tools text को एडिट करने मतें सहायता करते हैं।

Cut, copy	Cut किया हुआ और कॉपी किया हुआ text एक temporary memory clip board पर स्टोर होता है। तुम इस text को document में कहीं पर भी paste कर सकते हो। ये items text, graphic, table या कोई ओर object कुछ भी हो सकता है। cut और copy माउस और बटन की सहायता से भी किए जा सकते हैं।
Paste	Clipboard पर जो कुछ भी है उसे document में कहीं पर भी paste किया जा सकता है। यह माउस और keys की सहायता से भी किया जा सकता है।
Move	यह वह कार्य है जो माउस से किया जाता है। यदि एक जगह से दूसरी जगह पर cut और paste किया जाता है तो उसे भी मूव कहते हैं।
Insert mode	यह वह गुण है जो जगह को Adjust करता है जब document में कुछ जोड़ा जाता है।
Overtype mode	यह option नये text से पुराने text को बदलने में सहायता करता है।
Delete	यह वह कार्य है जो text को पूरी तरह से हटा देता है। Delete text को clipboard में paste नहीं किया जा सकता। तुम माउस और कीबोर्ड के बटन से भी delete कर सकते हैं।
Undo and Redo	इस command को प्रयोग करके पिछले जो काम किये हैं उन्हें वापिस ला सकते हैं।

ये सभी commands standard tool bar पर ऑइकन के रूप में भी मौजूद हैं। ये सभी Edit menu में भी उपलब्ध हैं।

Cut and copy जो भी करना है text के उस part को select करो और क्लिक करो। ये सभी काम keyboard से भी किये जा सकते हैं। कुछ short cut keys हैं–

Cut	:	Ctrl + X
Copy	:	Ctrl + C
Paste	:	Ctrl + V
Move	:	Ctrl + X and then Ctrl + V
Delete	:	Baccspace or Delete
Undo	:	Ctrl + Z
Redo	:	Ctryl + Y

अब वर्ड 2003 के कुछ options के बारे में पढ़ते हैं जो कम प्रयास करने पर ही हमारे document को ठीक करते हैं।

Auto Correct (अपने आप ठीक करने वाला)

यह वर्ड का अपना एक अलग गुण हैं जो कॉमन टाइपिंग की गलतियों को, अक्षर को केपिटल करना और स्पलेलिंग की गलतियों को अपने आप ठीक कर देता है। यह हमें इस योग्य बनाता है कि हम shortcut टाइप करें और Auto correct इसे पूरा शब्द बना देता है। जैसे कि हमने टाइप किया BOMBAY और Autocorrect ने इसे बदल दिया MUMBSI में। यह इसलिए जरुरी था क्योंकि शहर का नाम बदल चुका है। यद्यपि वर्ड 2003 में अपने आप में ही Autocorrect में बहुत सारी entries हैं, तुम साथ में अपने shortcuts और गलत लिखने वाले शब्दों को जोड़ सकते हो।

यह पूरे शब्द को check करता है जैसे कि तुमने टाइप किया teh, यह इसे तब तक नहीं बदलेगा, जब तक उसे यह निर्देश ना मिल जाये कि शब्द पूरा हो चुका है। teh लिखने के बाद जब आप spacebar, enter key या कोई key दबायेंगे, तब Autocorrect को यह पता चलेगा कि यह शब्द पूरा हो चुका है तब यह इसे the में बदल देगा। यदि आप चाहते हैं कि आपके बिजनेस letter में आपकी company का नाम हमेशा कुछ फॉरमेटिंग के साथ आये तो आप Autocorrect में उस नाम को फॉरमेटिंग के साथ डाल दें, यह अपने आप सामान्य लिखे हुए को फॉरमेटेड कर देगा।

बिना फॉरमेटिंग के Autocorrect में Entry डालना

1. Tools menu से Auto correct पर क्लिक करो तो यह डॉयलोग बॉक्स खुलेगा। Autocorrect के पैनल पर Tab key से जाओ या माउस से क्लिक करो।

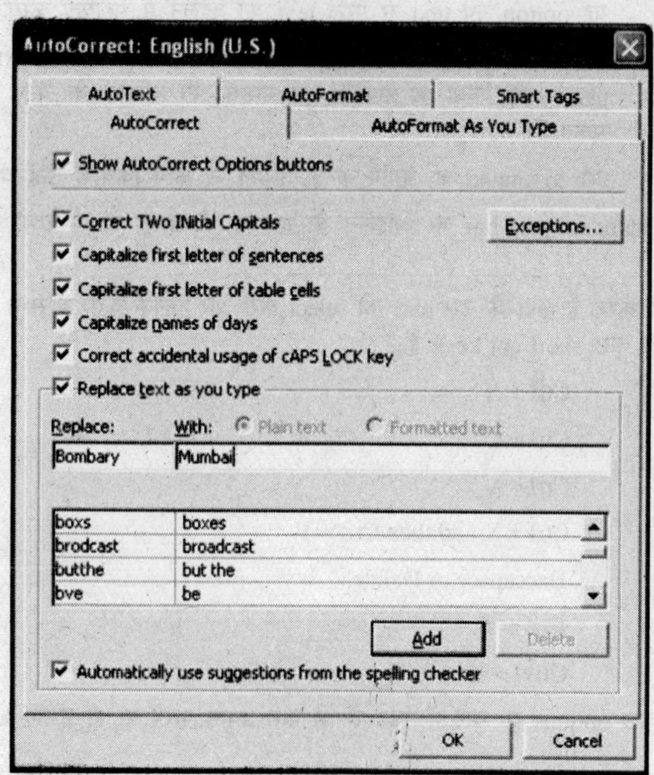

2. Replace text as you type पर Tick 2 करो।
3. Replace बॉक्स में उस text को टाइप करो जिसे तुम बदलना चाहते हो। जैसे—teh
4. Plan text रेडियो बटन को मार्क O करो।
5. With वाले बॉक्स में इस text को टाइप करो जिममें बदलना चाहते हैं जैसे–the।
6. Add बटन पर क्लिक करो। यदि वह text पहले सह ही होगा तो Replace पर क्लिक करो।
7. Click OK

आपकी Autocorrect entry तैयार है। document में टाइप करके spacebar दबा कर देखें यह स्वयं सही हो जायेगा।

फॉरमेटिंग के साथ Auto Correct Entry बनाना

1. Document में text को टाइप करो और फॉरमेट करो।
2. फॉरमेटेड text को select करो।
3. Tools menu से Auto correct पर क्लिक करो, Autocorrect का डॉयलोग बॉक्स खुलेगा।
4. Replace text box में वो नाम select करो जिसकी Autocorrect entry करनी है।
5. With Box में फॉरमेटेड text को click करो।
6. Entry को save करने के लिए Add बटन दबाकर close का बटन दबायें।

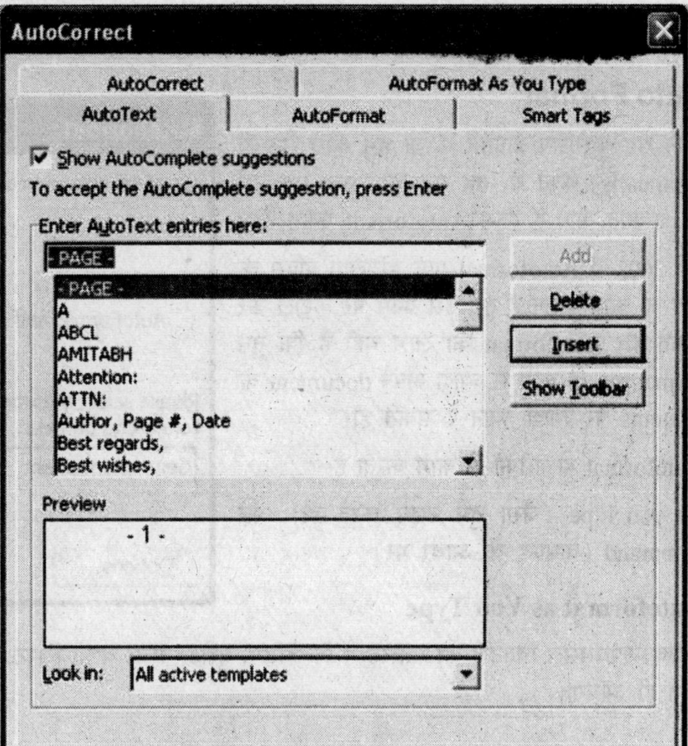

Auto Text

Auto correct उन text, graphics और डिजाइन किये हुए text को स्वत: बदल देता है जिसका आपको बहुत प्रयोग करना होता है। वर्ड के पुराने versions में Auto text को ग्लोसरी (Glossary) कहा जाता था, जिसे बहुध प्रयोग में आने वाले text को रखा जाता था लेकिन यह documents में तभी insert होता है जब आप इसे कॉल करते हो।

जैसे कि आप अपनी company को लोगों की Auto text entry बनाते हैं और यह document पर तभी insert होगा जब आप उसकी उपयुक्त बटन दबायेंगे।

Auto text बड़ी मात्रा के text की जैसे Address आदि की entry के लिए लाभदायक है।

Auto Text की Entry बनाना

1. जिस text को auto text entry में डालना है उसे select करो। जैसे Profectmanager।
2. Insert Menu से auto text को select करो। फिर New option को select करो, तुम Alt+F3 को भी दबा सकते हो, या Auto text tool bal से New को select करो। Create Auto text का डॉयलोग बॉक्स खुलेगा।
3. जो entry अपने आप आती है उसे select करो या फिर अपनी नयी entry डाल दो। जैसे—Profectmanager के लिए PM।
4. OK पर क्लिक रो।

Document में auto text entry बन जायेगी। जब insert करना हो, तब–

1. Auto text entry name टाइप करो और F3 दबाओ। अर्थात् PM टाइप करो और F3 दबाओ।
2. या फिर Insert menu में से Auto text को select करो और फिर लिस्ट में से अपनी entry पर क्लिक करो।
3. Auto text tool bar पर से middle button को चुने auto text enteries की लिसट आ जायेगी। जो चाहिए उस पर क्लिक करो।
4. यदि PM लिखने पर Auto text entry नहीं करनी है जो उसे नजरंदाज करके टाइपिंग करते रहो।

Auto Format

पुराने वर्ड प्रोसेसिंग प्रोग्रामों में जो हम काम मैन्यूली (Manually) करते थे, वह सब काम अब एक टर्म के अन्तर्गत आते हैं जिसे Autoformat कहते हैं।

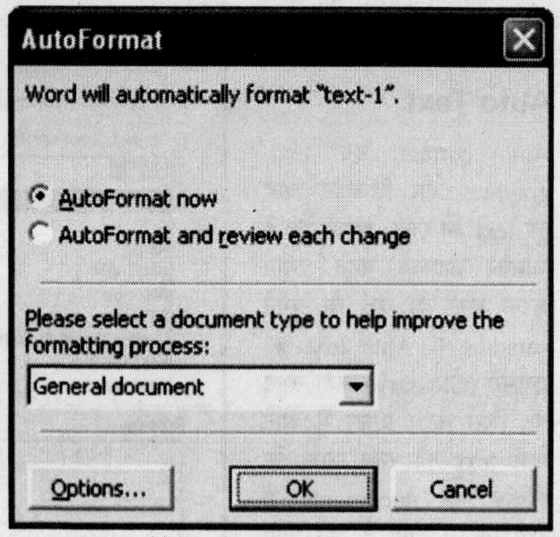

वर्ड 2003 में Autoformat एक डॉयलोग बॉक्स के द्वारा जो काम करता है तुम उस काम पर कंट्रोल कर सकते हो। Autoformat का लाभ यही है कि तुम formatting के काम से ज्यादा अपने document के contents पर ज्यादा ध्यान दे सकते हो।

Autoformat दो तरीकों से काम करता है–

As you type (जैसा तुम टाइप करते हो) और command (कमान्ड के आधर पर)

Autoformat as You Type

निजवउंजपबंससल वितउंज का मतलब है कि हैडिंग, बुलेट, नम्बर वाली लिस्ट, बोर्डर आदि जैसा तुम टाइप करते हो वैसा ही आयेगा।

Autoformat on Command

तुम्हें autoformat को active (चलाने) के लिए कुछ भी नहीं करना है। यह अपने आप ही on रहता है। तुम बस text Enter करो यह अपने आप format करेगा। अपने आप जो यह ON रहता है तुम उसे बदल कर manually भी कर सकते हो।

Find and Replace

मान लीजिये आप बोम्बे शहर के मधयमवर्गीय मैनेजरों के काम करने के तरीके पर thesis तैयार कर चुके हैं। असल में, शब्द BOMBAY बहुत बार आपकी thesis में आया होगा। तब आपने सुना स्टेट की सरकार ने BOMBAY का नाम बदलकर Mumbai कर दिया है। तब आप क्या करोगे? क्या आप इतने सक्षम होंगे कि thesis के सौ पेजो पर से हर Bombay को ढूंढकर उसे Manually उसे Mumbai कर सकेंगे। नहीं! उसके लिए वर्ड 2003 में बहुत अच्छा option है जिसे Find and Replace कहते हैं। एक बार जब आप यह command दे देंगे तो यह पूरे document पर से स्वत: ही Bombay ढूंढकर उसे Mumbai में बदल देगा।

Find and Replace से तुम निम्न कार्य कर सकते हो–

Text strings	शब्द की जगह पर पूरी text लाइन (strings) डाल सकते हो।
Text strings with formatting	जमगज लाइन को फॉरमेटेड भी कर सकते हो जैसे Bold Italic आदि।
Formatting	Fonts की formatting जैसे size बदलना, font बदलना, विशेष अक्षर डालना आदि कार्य भी कर सकते हो।

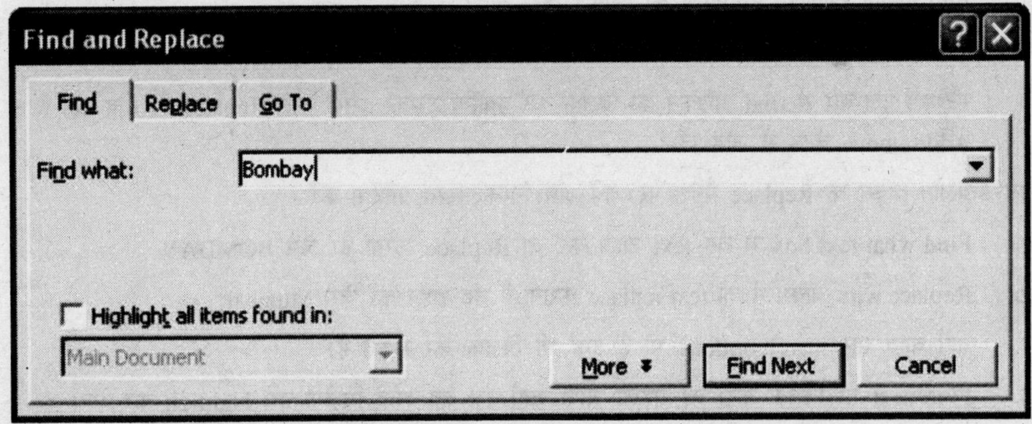

और भी बहुत से कार्य किये जा सकते हैं। यह कमान्ड 3 part में विभाजित है।

Find

यह कमान्ड बिल्कुल वही text खोजने के लिए है जो हम देंगे। साधरणतया जहाँ पर कर्सर होता है वहाँ से यह खोजना शुरु करता है। यदि कुछ part को select करके खाजना शुरु करेंगे तो find command सिर्फ selected part में ही खोजता है। इसलिए select करके find करने के बताय हम यह सलाह देते हैं कि cursor (कर्सर) को शुरु में क्लिक करके ही find किया जाता है। Find command को शुरु करने के लिए निम्नलिखित तरीका है–

1. Edit menu को खोलो और find का option क्लिक करो। या
2. Ctrl + E दबायें। या
3. स्टैण्डर्ड टूल बार से find का ऑइकन बदाये। यदि वह टूल बार पर नहीं है जो Add/Remove बटन से टूल बार में जोड़ दें। Find and Replace का डॉयलोग बॉक्स इनमें से किसी भी option के दबाने पर आ जायेगा।

Find command को इस तरह से प्रयोग कर सकते हो।

1. Find what option में वो text लिखे जो आपको find करना हो।
2. यदि जरुरत हो तो more बटन दबाकर search करें।
3. Find next पर क्लिक करें। यह पूरे document में उस शब्द को search करेगा यानि खोजेगा। जब उसे यह शब्द मिल जायेगा तो उसे highligh करके यह option रुक जायेगा लेकिन find का डॉयलोग बॉक्स स्क्रीन पर रहेगा।
4. यदि दोबार खोजना चाहते हो तो Find next पर फिर से क्लिक करें, यदि रोकना चाहते हो तो Esc दबाकर डॉयलॉग बॉक्स को बन्द कर दें। वह text document में तब तक highligh रहेगा जब तक आप कुछ ओर काम ना करें।

Replace Text

Find के बाद अगला step replace करना का है। Replace की command लगने के लिए same तरीका है।

1. Edit menu खोलकर Replace को select करें। या
2. Ctrl + H दबायें। या
3. स्टैण्डर्ड टूल बार से find ऑइकन को क्लिक करें क्योंकि उसका दूसरा पैनल Replace है। यदि नहीं है तो Add/remove बटन से जोड़ लें।

इस डॉयलोग बॉक्स के Replace पैनल पर जायें और निम्नलिखित प्रक्रिया करें–

1. Find what text box में वह text टाइप करें जो Replace करना है। जैसे BOMBAY
2. Replace with बॉक्स में जो text replace कराना है वह टाइप करें जैसे Mumbai.
3. यहाँ बहुत सारे search options भी हैं उन्हें भी क्लिक कर सकते हैं।
4. Find next पर क्लिक करें। वह पहली जगह जहाँ उसे वह शब्द मिलेगा उसे highligh कर देगा।
5. Replace पर क्लिक कर दें फिर यही प्रक्रिया दोहराते रहें जब तक आप चाहते कि शब्द बदल जाये।
6. यदि तुम चाहते हो कि सारे शब्द एक साथ ही बदल जायें तो Replace all पर क्लिक करो।

इस तरह से सारे Bombay शब्द एक साथ ही Mumabi में बदल जायेंगे।

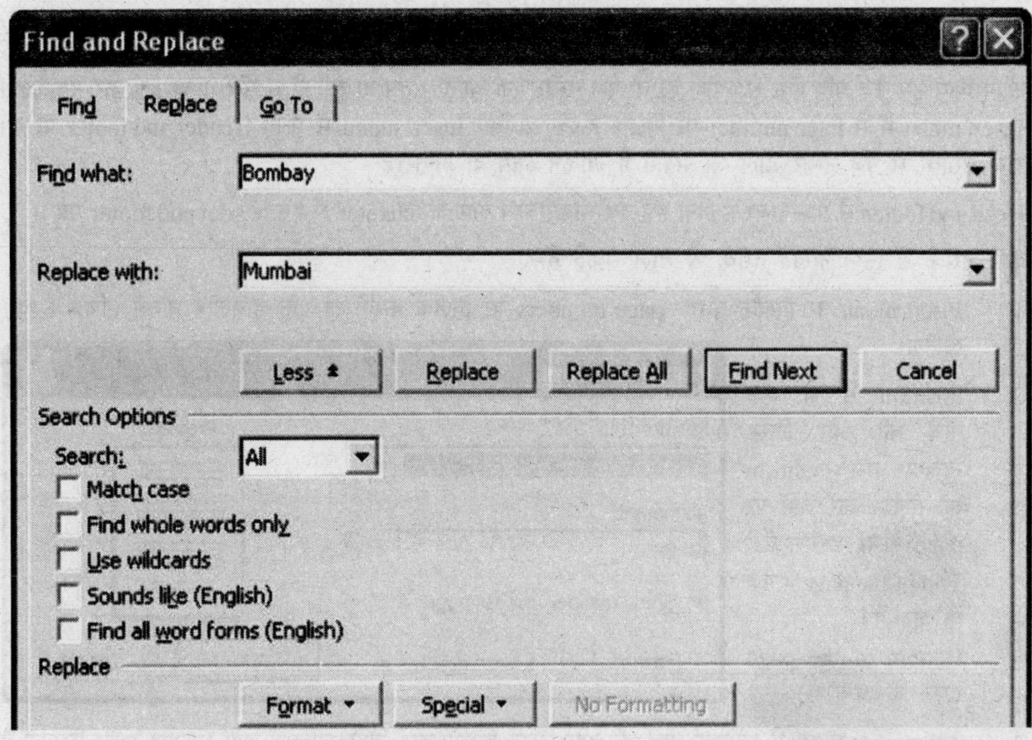

विभिन्न search options हैं वे इस प्रकार हैं–

Match case	मतलब जिस case में तुमने लिखा है छोटे अक्षरों में (a, b, c, d) या बड़े अक्षरों में (A, B, C, D) उसी case में यह search करेगा।
Find whole words only	मतलब जो शब्द तुमने लिखा है वही search करेगा जैसे find किया है Branch और यदि कहीं Branchmanager लिखा है तो उसे search नहीं करेगा।
Use wildcards	* चिन्ह wildcard अक्षर होता है। यदि आप चाहते हैं कि B के शुरु होने वाले सारे अक्षर search हो जायें तो B* लिखकर find next पर क्लिक करें।
Sounds like	जो शब्द बोलने में एक होते हैं उन्हें find करता है जैसे Die, Dye।
Find all forms	टमतइ की तीनों forms वाले शब्दों को find करता है। जैसे, ring, reng, rung जब सारी search खत्म हो जायेगी और शब्द Bombai mumbar में Replace हो जायेंगे तो एक डॉयलोग बॉक्स खुलेगा। उस पर OK क्लिक करके अपने document पर वापिस आ जायें।

Page Numbering

टाइप किये हुए पेज यदि एक से ज्यादा हो तो पेज नम्बर देना चाहिए। तुम दो तरीकों से पेज नम्बर set कर सकते हो। Insert menu में से Page number पर क्लिक करके या फिर Insert menu में से ही Header and footer पर से। दोनों तरीकें से पेज नम्बर डाले जा सकते हैं लेकिन इनमें दो अन्तर हैं–

Head and footer से पेज नम्बर डालना हम तब सीखेंगे जब आगे के chapter में हम header and footer पढ़ेंगे।

दूसरे तरीके से निम्नलिखित तरीके से डाल सकते हैं–

1. Insert menu पर क्लिक करके page numbers पर क्लिक करोगे तो एक डॉयलोग बॉक्स (चित्र 4.24) खुलेगा।

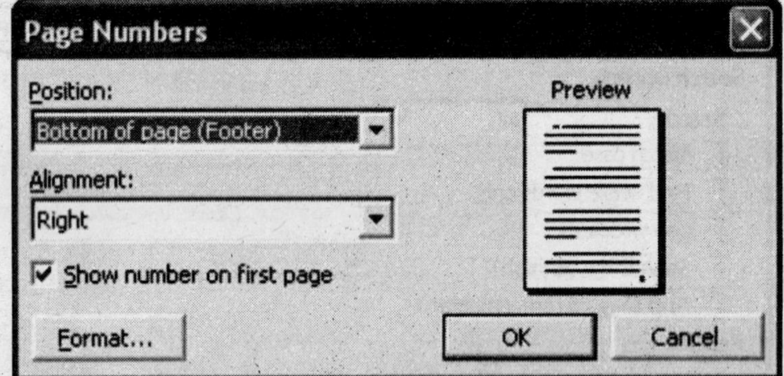

2. Position में से एक नीचे की ओर लिस्ट खुलेगी। उस Position को सेलेक्ट करें जहाँ पर page नम्बर डालना है। Top of the page (पेज के शुरु में) Bottom of the page (पेज के अन्त में)
3. Alignment बॉक्स में भी एक नीचे की ओर लिस्ट खुलेगी दाएं, बांए, बीच में जहाँ भी पेज नम्बर लिखना है जगह सेलेक्ट कर लें।
4. यदि आप पहले पेज पर भी पेज नम्बर डालना चाहते हैं तो नीचे वाले बॉक्स में Tick कर दें।
5. क्लिक OK

जब तुम पेज नम्बर को डाल दोगे तो वर्ड अपने आप ही तुम्हें प्रिन्ट लेआउट (Print layout) view दिखा देगा। जहाँ से तुम देख सकते हो कि पेज नम्बर कहाँ पर आता है।

Header and Footer

जैसा कि आप जानते होंगे कि Header पेज के शुरु में आता है और footer पेज के अन्त में।

हर document के Header and footer change हो सकते हैं।

अपने Document में Header and Footer डालना

1. View menu में से Header and footer को select करो। डॉक्यूमेन्ट print layout view में दिखने लगेगा जिसमें प्रिन्ट ना होने वाले dash-2 लाइन का बॉक्स दिखेगा जो header को दर्शायेगा। हमारा document का पेज ग्रे रंग में दिखाने लगेगा और Header वाला area डार्क रंग में डिस्प्ले होगा।
2. अब तुम Header और footer के लिए text टाइप करो।
3. पेज नम्बर, तारीख और समय आदि लिखने के लिए टूल बार के बटनों का इस्तेमाल कर सकते हो।

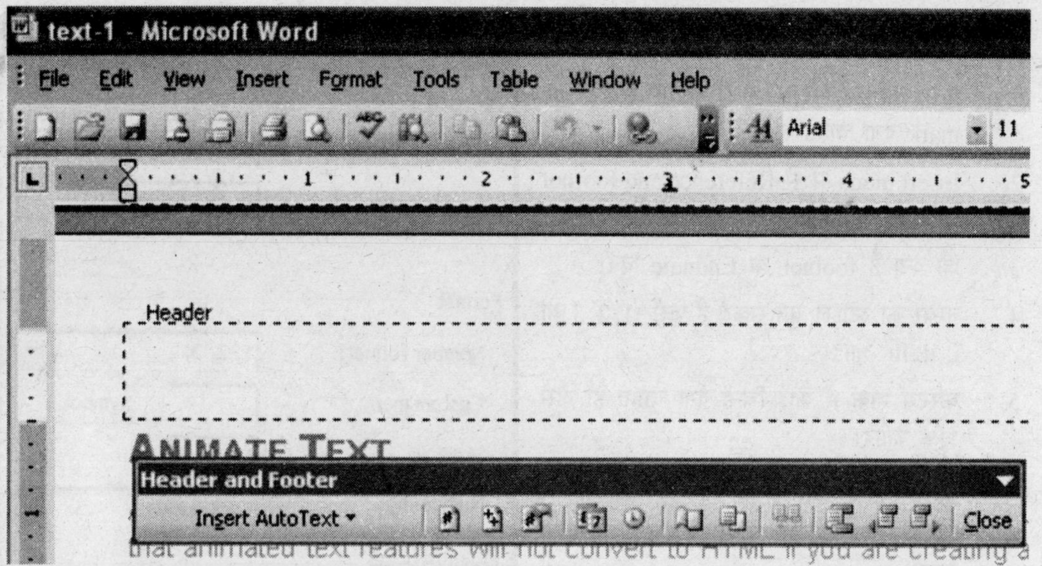

4. अपने document पर वापिस आने के लिए Header and footer पर से close को चुनें।
5. चित्र 4.25 में Header दिखाया गया है।

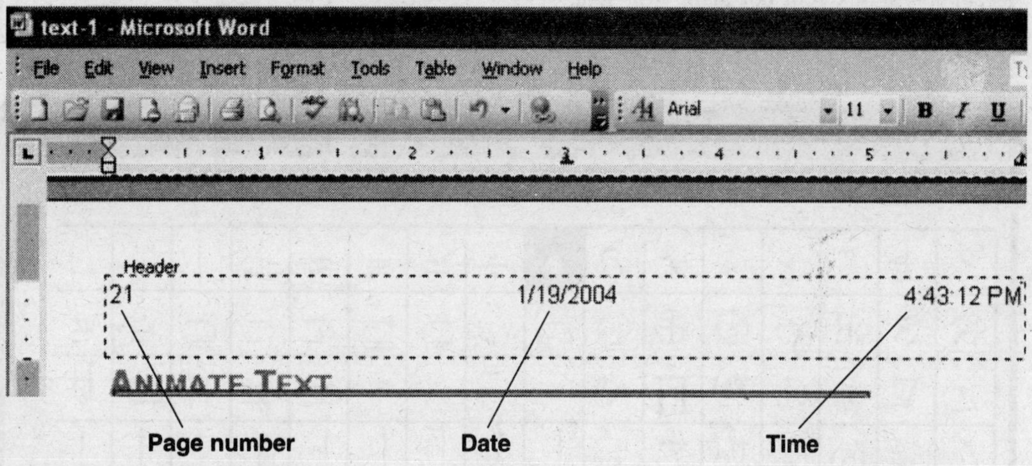

Footnotes and Endnotes

Document को कुछ extra वर्णन देने के लिए इनका प्रयोग किया जाता है। ये Header and footer से काफी similar है अर्थात् एक जैसे ही हैं।

Footnote या Endnote में से एक समय में एक ही दिया जा सकता है। Footnote पेज के अन्त में दिया जाता है जबकि Endnote document के अन्त में आता है।

Footnote या Endnote जोड़ना

1. कर्सर को वहाँ पर रखें जहाँ पर तुम Referene mark देना चाहते हो।
2. Insert menu में से Reference and footnot चुनें। एक डॉयलोग बॉक्स डिस्प्ले होगा।
3. जो देना है footnot या Endnote चुनें।
4. नम्बर का स्टाइल चुन सकते हैं जैसे–1, 2, 3 या i, ii, iii आदि।
5. कस्टम मार्क में कोई चिन्ह देना चाहते हो जैसे *, $ आदि।
6. किस नम्बर से शुरु करना चाहते हो वह डालें।
7. OK क्लिक करें इस बॉक्स को बन्द करने के लिए।
8. जैसे आपने टाइप किया–यह किताब *बहुत अच्छी है।

अब किताब के बाद foot not mark दिया हुआ है। पेज के अन्त में होगा—*सीमित मात्रा में उपलब्ध।

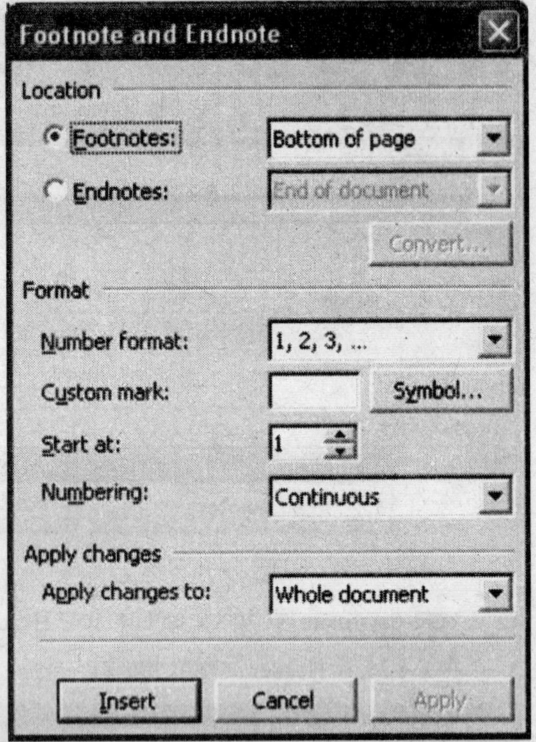

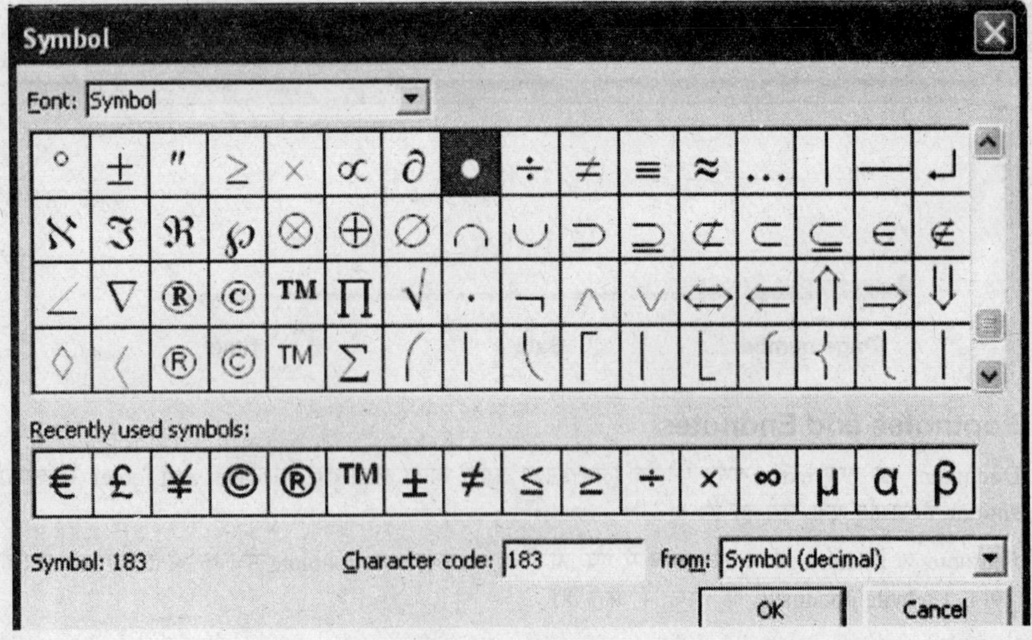

Splitting Panes (विंडो को विभाजित करना)

तुम अपनी विंडो को दो भागों में विभाजित कर सकते हो। तब आप एक समय में एक ही document को दो भागों में देखकर काम कर सकते हो। इससे किसी text को more करने या copy करने में आसानी होगी। यदि आप किसी एक pane में कुछ बदलते हैं तो वह दोनों pane में बदल जायेगा।

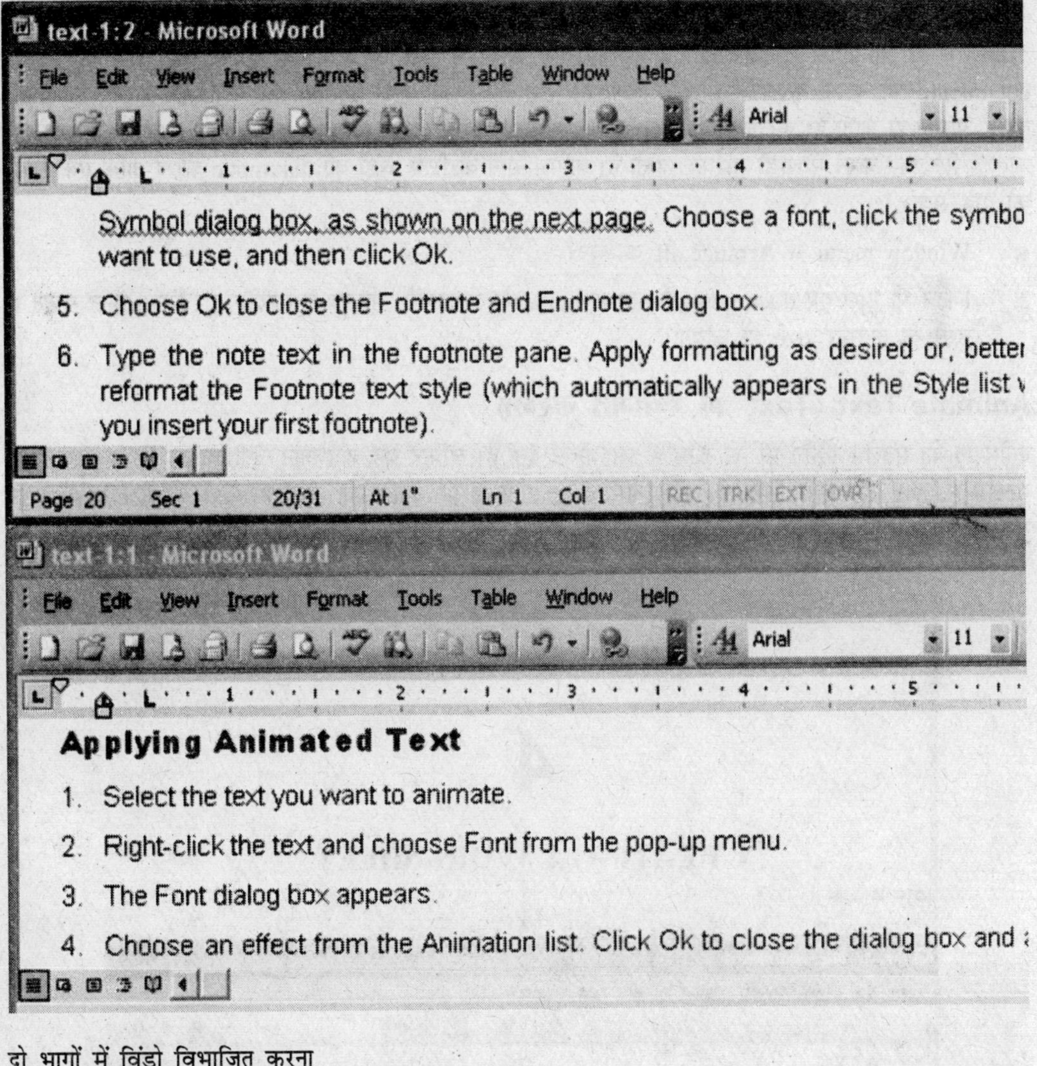

दो भागों में विंडो विभाजित करना

1. विंडो menu से split command चुनें। विंडो के Title bar पर माउस क्लिक करके ड्रेग करके विंडो को shift भी कर सकते हो।
2. Horizontal bar व Vertical bar से document को इधर से उधर व ऊपर से नीचे भी कर सकते हो।

नॉर्मल विंडों में वापिस आना

1. विंडो menu से Remove split चुनें।
2. Split bar पर डबल क्लिक करें, तो भी एक विंडों बन जायेगी।

Tiling of the Documents (एक से ज्यादा Documents की Title बनाना)

Tiling से दो या दो से ज्यादा documents को एक समय में देख सकते हैं। इसकी सहायता से दो से ज्यादा documentd की तुलना करना आसान हो जाता है। text को किसी दूसरे document में move करना, या copy करना आसान हो जाता है। हालांकि दो documents में काम करना अच्छा होता है। वरना विंडो इतनी छोटी-छोटी हो जाती है कि काम करने में थोड़ी मुश्किल होती है। वापिस आने के लिए विंडो को maximize कर दे ताकि एक विंडो को देख सकें।

1. Window menu से Arrange all को चुनें।
2. जितने भी खुले हुए documents हैं सब एक size के हो जायेंगे। मतलब दूरी स्क्रीन पर जितने फैल सकते हैं उसी के अनुसार size हो जायेगा।

Animate Text (Text को एनीमेट करना)

एनीमेशन का मतलब स्क्रीन पर जो काम है इसे जीवन देना है। लेकिन यह बात जान लेनी चाहिए कि एनीमेशन का मतलब HTML में बदलना नहीं है। हाँ, एनीमेटेड text प्रिन्टर पर नहीं आता, इसलिए text को documents पर सुरक्षित रखना चाहिए। ताकि वह online पढ़ा जा सके।

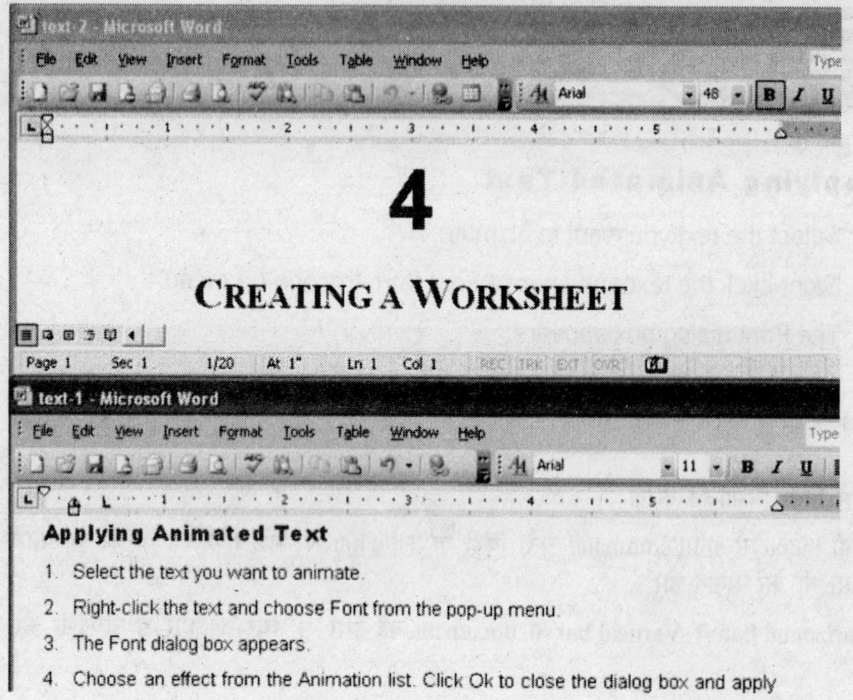

Animated Text बनाना

1. उस text को सेलेक्ट करें जिसे एनीमेट करना है।
2. उस पर माउस का दाहिना बटन दबायें। जो popup menu खुलेगा उसमें से font पर क्लिक करें।
3. Font का डॉयलोग बॉक्स खुलेगा।
4. Effect पैनल पर जाकर एनीमेशन लिस्ट में से कोई भी प्रभाव चुनें। OK करके डॉयलोग बॉक्स को बन्द कर दें। तुम्हारे text पर एनीमेशन का प्रभाव आ जायेगा।

Reveal Formatting (फॉरमेटिंग को प्रकट करना)

वर्ड 2003 का यह नया गुण हैं। जिसे आप select करोगे यह task pave पर इसकी फॉरमेटिंग प्रकट कर देगा।

रीवील फॉरमेटिंग करना

1. उस text को select करें जिसकी फॉरमेटिंग देखनी है।

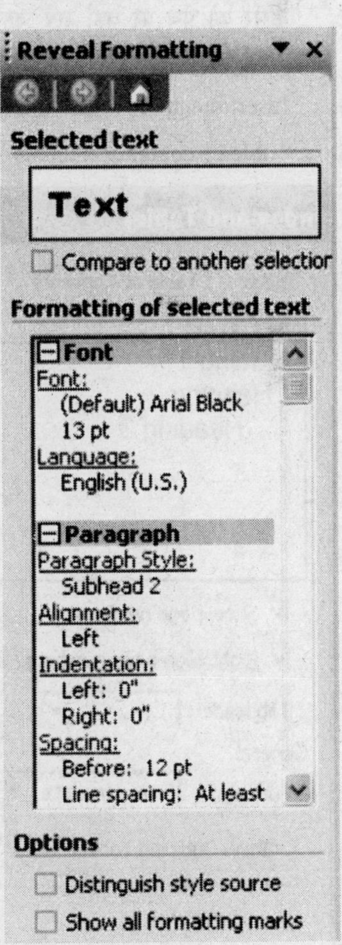

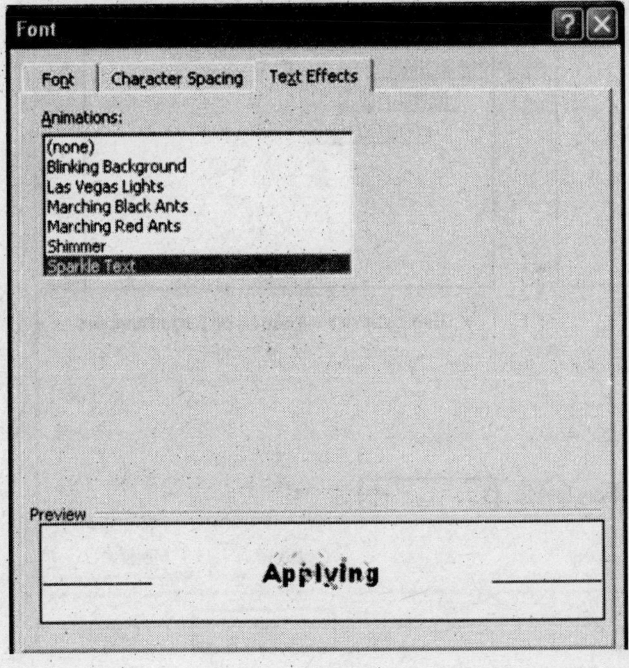

2. फॉरमेट menu से Reveal formatting पर क्लिक करें।
3. Task pane पर सारी फॉरमेटिंग दिख जायेगी।
4. जैसे General manager पर जो-जो फॉरमेटिंग की थी वह सब डिस्प्ले कर देगा।

Table के Contents बनाना

सभी किताबों के शुरु में तुमने Table of contents देखें होंगे। यह तुम्हारे document में सभी main topics की लिस्ट है साथ ही साथ किस पेज पर वह है यह भी दिखाता है। वर्ड स्वत: ही तुम्हारे document के लिए table of contents को बनाने में सहायता करता है। जैसे आपके document में पाँच पेज हैं और उनमें नौ Heading है। तुम Table of contents में इन्हें डालना चाहते हो, वह ऐसे होगा–

Table बनाना

1. Document की सभी हैडिंग को built-in heading स्टाइल दें।
2. कर्सर को पेज पर वहाँ रखे जहाँ आप Table of contents देखना चाहते हो। तुम पेज को एक title जैसे Table contents भी दे सकते हो।
3. Insert menu में से Index any tables को चुनें। इसका डॉयलोग बॉक्स खुल जायेगा।
4. Table of contents पैनल पर जायें Tab key की सहायता से।

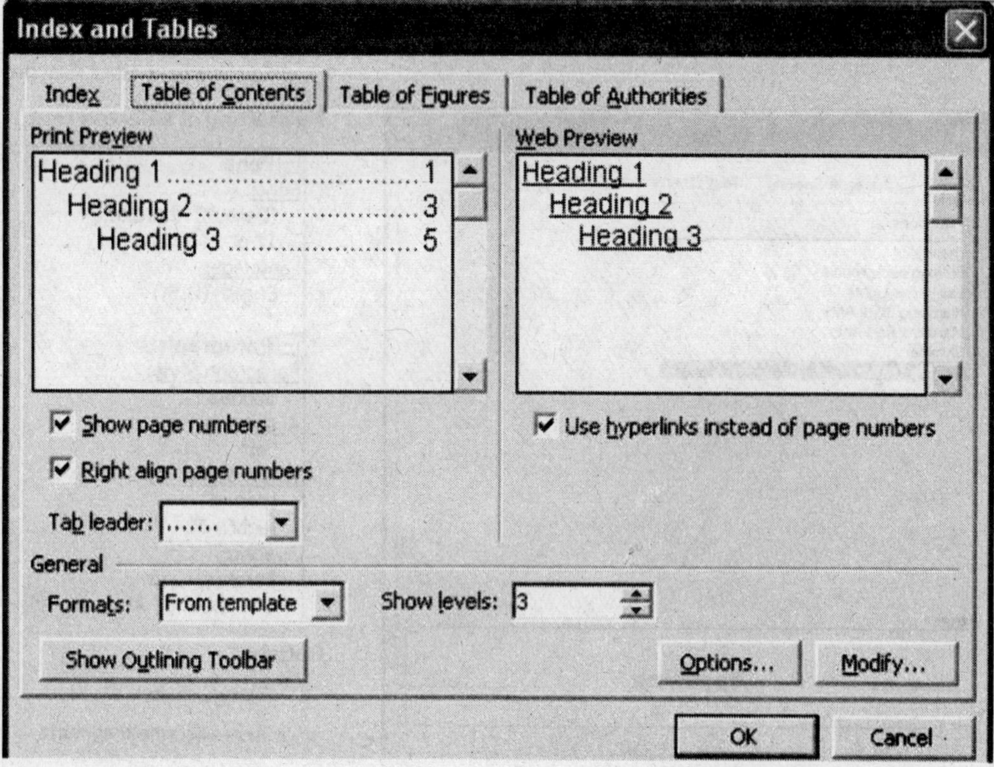

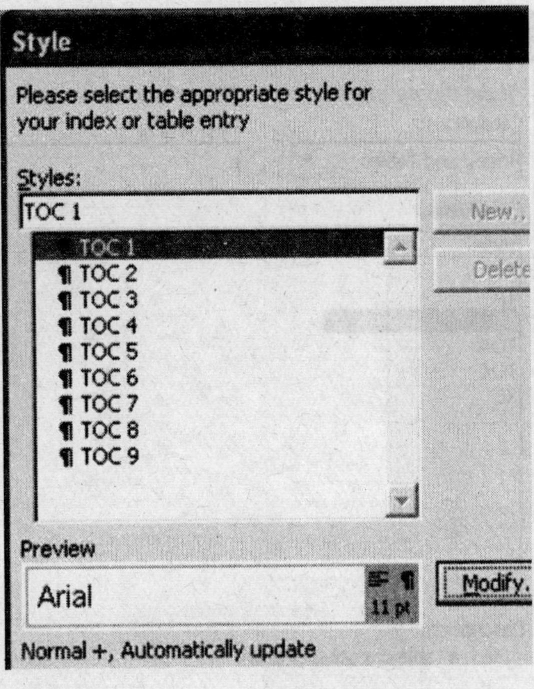

5. फॉरमेट के drop down लिस्ट बॉक्स में से जो फॉरमेट हैडिंग को देना चाहते हो उन्हें चुन लें। जैसे ही आप फॉरमेट पर क्लिक करेंगे–प्रिन्ट प्रीव्यू विंडों में आपको स्टाइल दिखाई दे जायेगा।
6. यदि तुम हम हैडिंग पर पेज नम्बर देखना चाहते हो तो Show page number option को क्लिक कर दें। यदि पेज नम्बरों को दाहिनी तरफ सीधे देखना चाहते हो तो right align number पर क्लिक करो।
7. Show level box में जितनी हैडिंग लेवल हों उन्हें लिख दें या ऊपर वाले व नीचे वाले arrow को दबाकर select कर लें।
8. Tab leader बॉक्स में हैडिंग और पेज नम्बर के बीच में जैसे लाइन–चाहते हो चुन लें। जैसे डॉटस (...) या dash(---) या under scroes (_ _ _)। यदि नहीं चाहते हो तो None पर क्लिक करें।
9. यदि फॉरमेट बदलना चाहते हो तो Modify पर क्लिक करके style box खोल लें। हैडिंग का लेवल यहाँ से बदल सकते हो, फिर modify पर क्लिक करें। इससे modify डॉयलोग बॉक्स खुलेगा।

   फॉरमेट बदलने के लिए फॉरमेट पर क्लिक करें। जो Options चाहते हो उन्हें बदल दें। OK पर क्लिक करें style dialog box पर आ जायेंगे फिर Apply पर क्लिक करें।
10. OK पर क्लिक करें, तुम्हारे documents पर table of content बन जायेंगे।

Table of Contents के लिए Text मार्क करना

हर हैडिंग को आप table के contents के लिए मार्क कर सकते हो। उसके लिए निम्नलिखित तरीका है।

1. जिस हैडिंग को content बनाना है उसके शुरु में कर्सर क्लिक करो।
2. Insert menu से field को select करो। डॉयलोग बॉक्स खुलेगा।
3. Categories की लिस्ट में से Index and tables को चुनें।
4. Field name की लिस्ट में से TC को चुनें।
5. Text Entry box में उस text को टाइप करें जिसे table के contents में डालना है। text को double quoles अर्थात् " में डालना चाहिए।
6. OK पर क्लिक करें। Field code document में आता है लेकिन छुपा हुआ होगा। स्टैण्डर्ड टूल बार से show/hide को code देखने के लिए चुनें।

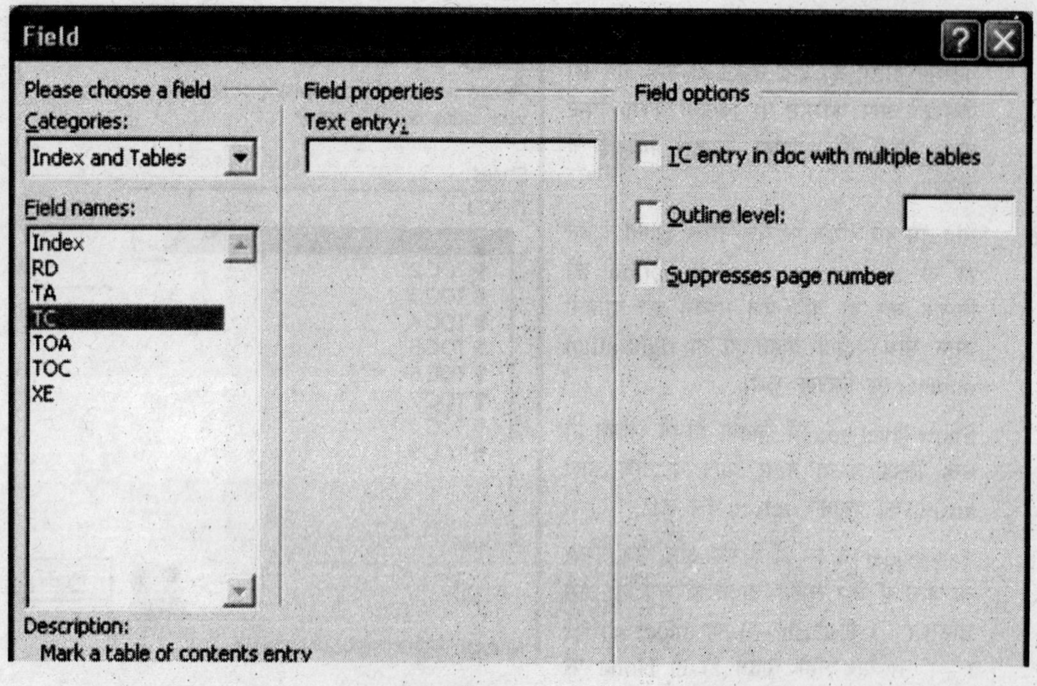

मार्क Entries से Table के Contents बनाना

1. जहाँ table के contents देखना चाहते हैं वहाँ पर क्लिक करें।
2. Insert menu से Index & tables को select करें। डॉयलोग बॉक्स खुलेगा।

Table of Contents Options
Build table of contents from:
Styles
Available styles:
TOC level:
Body text
Caption
Footer
hang
Header
✓ Heading 1 1
Outline levels
Table entry fields
Reset
OK
Cancel

3. Table content के पैनल पर जायें।
4. Option बटन पर क्लिक करें। डॉयलोग बॉक्स खुलेगा।
5. Table entry fielosQ पर क्लिक करें। OK पर क्लिक करके Index & Table के बॉक्स पर आ जायें।
6. OK पर क्लिक करें table of contents बन जायेंगे।

Index बनाना

Index ज्यादातर किताब के अन्त में होती हैं। इसमें पूरी किताब के Refereces होते हैं साथ में पेज नम्बर भी होते हैं। इसमें एक साथ बहुत-सी entries कर सकते हैं जैसे एक शब्द documents के विभिन्न पेजों पर अलग-अलग जगह पर आ सकता है।

Index में topic और पेज Reference बनाने के लिए तुम्हें उन शब्दों को Mark करना चाहिए जिन्हें Index में देखना चाहते हो। इसके लिए निम्नलिखित तरीका है–

Index की Entry बनाना

1. उस text को select करें।
2. Insert menu में से Index and tables पर क्लिक करें डॉयलोग बॉक्स खुलेगा।
3. Index पैनल खोलें।

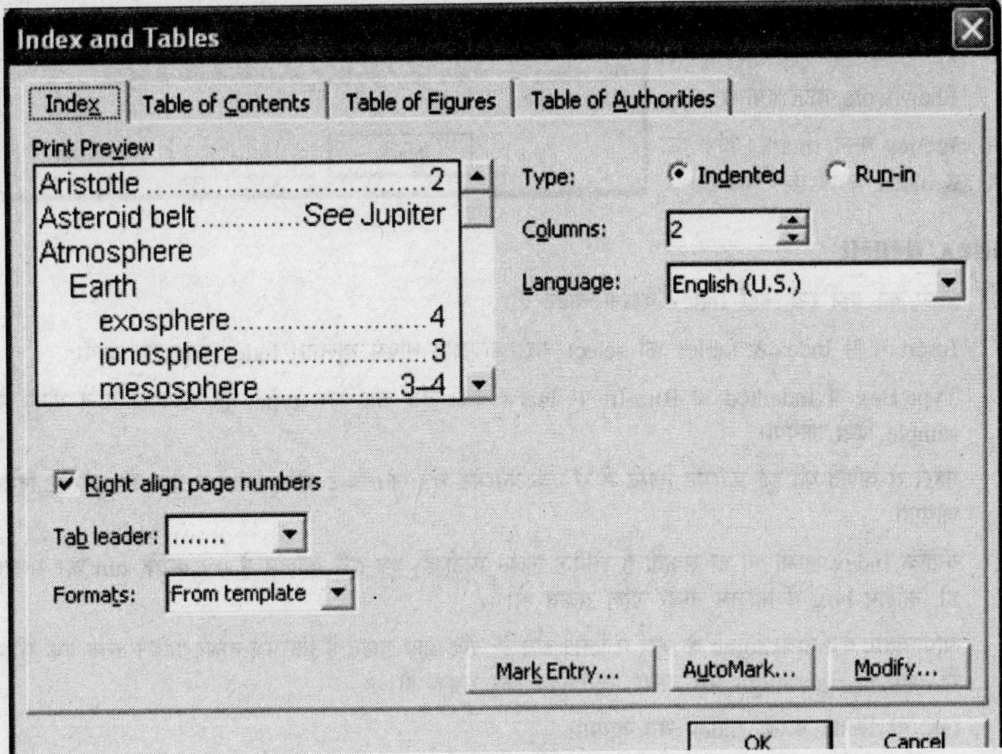

4. Mark Entry पर क्लिक करें, उसका डॉयलोग बॉक्स खुलेगा।
5. Main Entry box में सेलेक्ट किया हुआ text आ जायेगा। कुछ नया डालना चाहें तो लिख सकते हैं।
6. Option में से current page को चुनें। यदि कुछ फॉरमेट देना चाहे तो Bold, Italic कर सकते हैं।
7. Mark पर क्लिक करें, Mark entry बनाने के लिए। हर Paragraph की पहले शब्द को मार्क करने के लिए Mark all पर क्लिक करें।
8. डॉयलोग बॉक्स खुला रहेगा ताकि आप ओर entries कर सकें। दूसरी mark entry डालने के लिए document पर से शब्द select कर लें या mark entry बॉक्स में टाइप कर दें। और 5 to 7 steps को दोहरायें।
9. हर Index Entry के लिए atep 7 को दाहरायें। Mark entry डॉयलोग बॉक्स को बन्द करने के लिए close पर क्लिक करें। वर्ड हर Index entry को मार्क कर देगा। यदि field दिखाई ना दे रहा हो तो स्टैण्डर्ड टूल बार पर से Show/wole बटन दबायें।

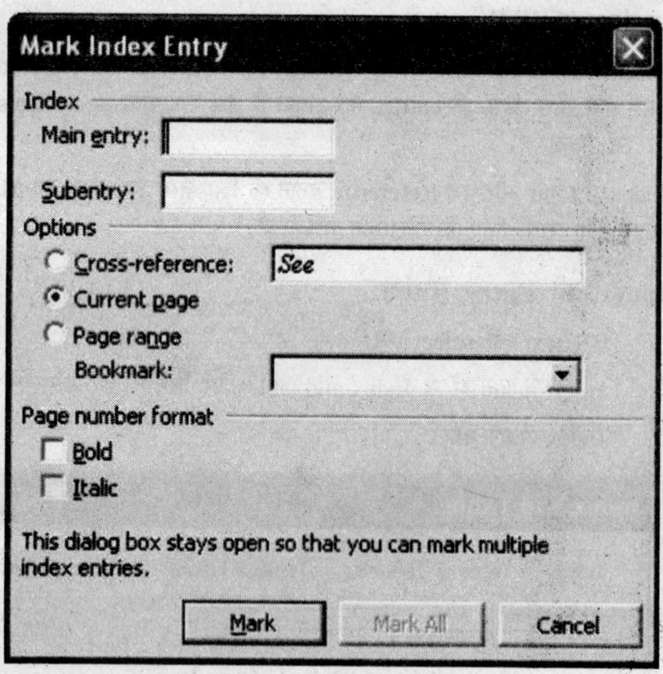

सभी enteries बनने (mark) होने के बाद तुम Index बनाने के तैयार हो।

Index बनाना

1. कर्सर को वहाँ रखें जहाँ Index देखना चाहते हो।
2. Insert में से Index & tables को select करें। डॉयलोग बॉक्स खुलेगा। Index पैनल पर जायें।
3. Type Box में Indented या Run-In पर क्लिक करें। जब कोई एक type चुन लोगे तो प्रिन्ट प्रीव्यू में sample दिख जायेगा।
4. पहले से वर्णित की हुई फॉरमेट लिस्ट में से एक फॉरमेट चुन लो। प्रिन्ट प्रीव्यू विंडों ये वैसा ही फॉरमेट दिख जायेगा।
5. क्योंकि Index लम्बी भी हो सकती है लेकिन लाइने छोटी हैं, तुम इन्हें कॉलम में set करके run कर सकते हो, कॉलम box में कॉलम नम्बर डाल सकते हो।
6. सामान्यतया पेज नम्बर topic के बाद में लिखे होते हैं, यदि आप चाहते हैं कि पेज नम्बर दाहिने तरफ एक सीध में आये तो, right align पेज नम्बर पर क्लिक कर सकते हो।
7. OK पर क्लिक करके Index बन जायेगी।

Book Mark का प्रयोग करना

बुकमार्क document में वह location है जिसे आप किसी विशेष कार्य के लिए नाम देते हैं।

बुकमार्क लगाने के बाद आप बार-बार उसी location पर वापिस आ सकते हैं जब आप वर्ड का goto feature प्रयोग करें। (Ctrl + G या F5) दबाकर।

बुकमार्क का विशेष प्रयोग तब होता है जब आप किसी बड़े document को edit कर रहे होते हैं। बुकमार्क लगाने के बाद जब आप document बन्द कर देते हैं। तब दोबारा खोलने पर आप वापिस वहीं से काम शुरु कर सकते हैं।

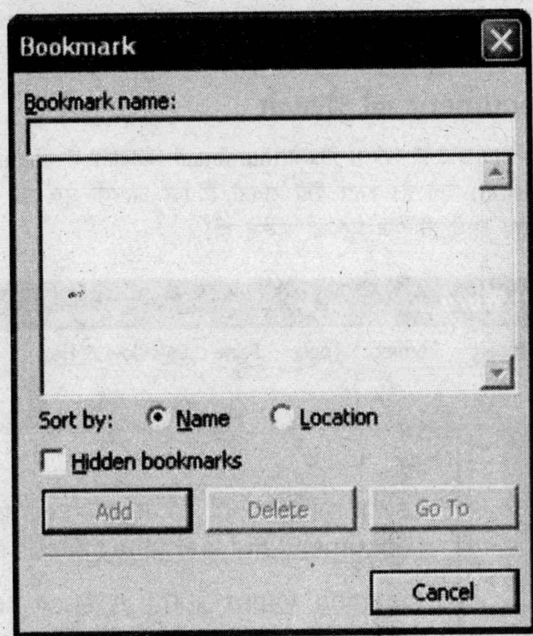

बुकमार्क लगाना

1. कर्सर वहाँ रखें जहाँ बुकमार्क लगाना है।
2. Insert menu में Book mark पर क्लिक करके, डॉयलोग बॉक्स खोलें।
3. Book mark name बॉक्स में कोई नाम टाइप करें। या फिर लिस्ट में से select करें। तब कर्स की current पॉजिशन पर बुकमार्क लग जायेगा।
4. Add बटन पर क्लिक करें।

बुकमार्क हटाना

1. Insert menu से Book mark select करो।
2. उस नाम को select करो जिसका Bookmark हटाना है।
3. Delete पर क्लिक करें।
4. Close पर क्लिक करें।

बुकमार्क देखना

बुकमार्क document में दर्शनीय (visible) नहीं होते। वह चौकोर ब्रेकेट ([ ]) का चिन्ह दिखाते हैं। निम्नलिखित प्रक्रिया के द्वारा बुकमार्क देख सकते हैं–

1. Tools menu में से option को select करें।
2. View tab को select करें।
3. Show में बुकमार्क पर क्लिक करें।
4. OK पर क्लिक करें।

Thumbnail में Document को देखना

अपने document के हर पेज को छोटे से रूप में देखना thumbnail कहलाता है। thumbnail हर पेज के contents का प्रभाव (visual impression) देता है। आप देख सकते हैं कि आपके पेज पर कौन-सी चीज कहाँ पर है। Thumnail की इमेज से आप सीधे ही पेज पर जा सकते हो।

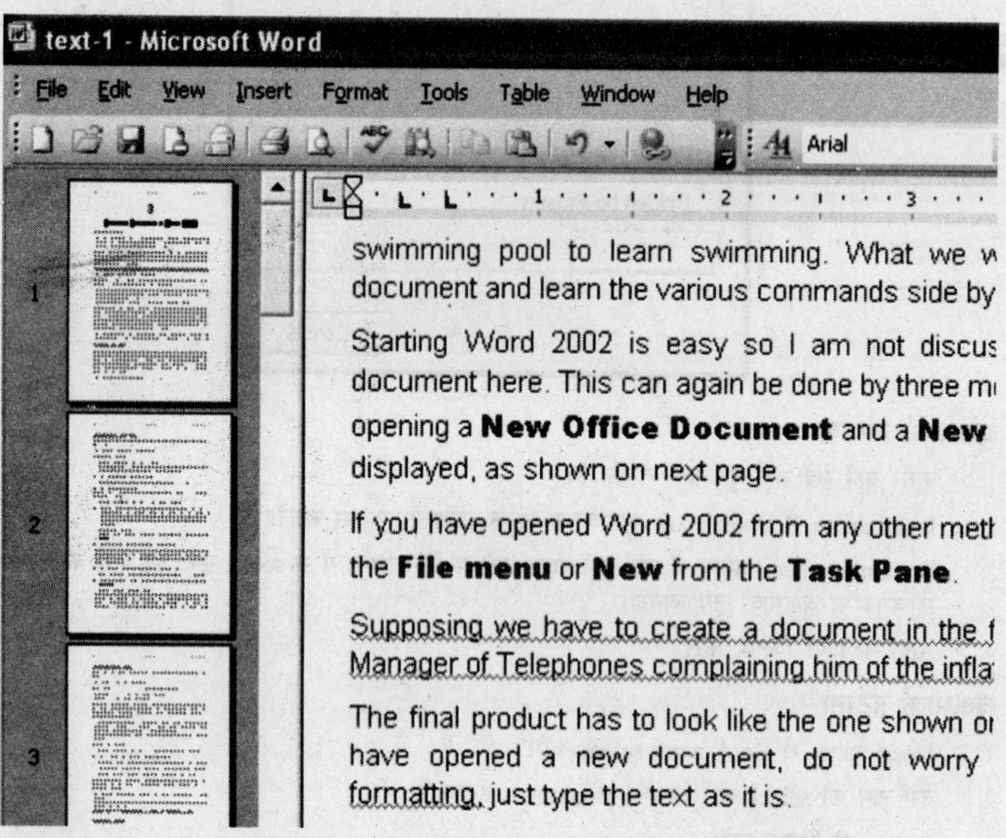

Thumbnail नॉर्मल व्यू, प्रिंट लेआउट व्यू, आउटलाइन व्यू व रीडिंग लेआउट व्यू में उपलब्ध है।

वर्ड 2003 में मेल–मर्ज (Mail-Merge)

किसी भी वर्ड प्रोसेसिंग सॉफ्टवेयर में मेल-मर्ज एक बहुत आवश्यक application है। वर्ड ने इसे operate करना आसान बना दिया है। मेल-मर्ज में डाटा source से variable डाटा आता है जो data base फाइल, स्प्रेड-शीट भी हो सकता है। जैसे आपको एक letter सौ से ज्यादा लोगो को भेजने हैं तो आप सबके लिए तो अलग-अलग टाइप नहीं कर सकते। ऐसे में विभिन्न Address फाइल तैयार कर ली जाती है और एक source फाइल तैयार हो जाती है और उस source फाइल को एक-एक Address फाइल के साथ merge (जोड़) कर दिया जाता है।

Mail Merge

Select document type

What type of document are you working on?

- ◉ Letters
- ○ E-mail messages
- ○ Envelopes
- ○ Labels
- ○ Directory

Letters

Send letters to a group of people. You can personalize the letter that each person receives.

Click Next to continue.

Step 1 of 6

➡ Next: Starting document

अच्छा, वैसे तो Mail-merge के बहुत सारे उपयोग हैं। लेकिन मुख्य उपयोग इसका बहुत-सी Parties को एक-सा लेटर भेजने का है। बहुत से creditors को पेमेंट भेजने का reminder देना है। Board meeting के लिए सभी directors को मैसेज भेजना। इन सभी केसों में text तो कम या ज्यादा हो सकता है। लेकिन प्राप्त करने वालो का नाम पता बदलेगा। तुम saluation भी बदल सकते हैं जैसे Deal, Mr, Mrs, और भी बहुत से।

वर्ड में Mail-merge कुछ चरणों में होता है। document बनाना, date source बनाना, फिर merge करना, फिर प्रिटिंग लेना। चलो देखते हैं केसे होता है–

आपकी जानकारी के लिए हम यहाँ एक जीतने वाली Indian cricket team के सभी नौजवानों को बधई पत्र भेज रहे हैं। चलो शुरु करते हैं–

1. वर्ड को खोला।
2. Tool menu में से letters and mailing में mail merge को क्लिक किया। यह 6 steps का विजार्ड है। यह 6 में से पहला step का डॉयलाग बॉक्स है।

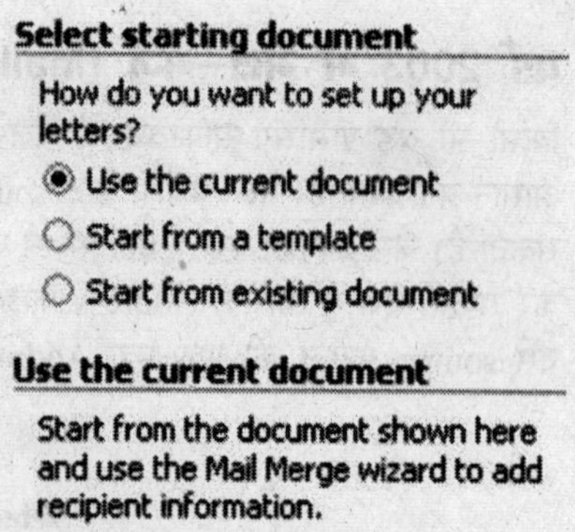

3. इस बॉक्स में से letters पर क्लिक करें और फिर next पर क्लिक करें। Step 2 का डॉयलोग बॉक्स खुलेगा।

4. बॉक्स में से Use the current documen toption पर क्लिक कर दें। तब Next पर क्लिक करें Step 3 का डॉयलोग बॉक्स खुलेगा।

5. इस टॉस्क पेन में टाइन न्यू लिस्ट पर क्लिक करें ताकि receipients की नयी लिस्ट बनाई जा सकें। Create पर क्लिक करके नयी address का dialog box खुलेगा जैसा कि चित्र 4.11 में दिखाया गया है।

जैसे First name = Saurave

Last name = Gantualy

Title = Mr.

Company name = Intia Cricket Team

Address = LorosQ Colony, Delhi

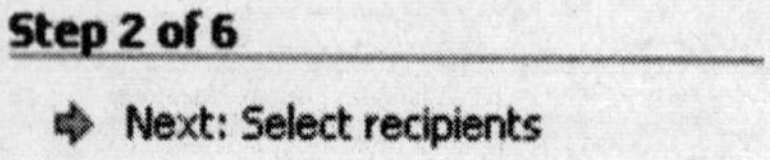

6. यहाँ अपनी पूरी वर्णन के साथ entry डाल दें। आप field को खाली भी छोड़ सकते हो, यदि जरुरत ना हो तो। एक Entry डालने के बाद New Entry पर क्लिक कर दें ताकि Blank (खाली) जगह अगली Entry के लिए आ जाये। एक बार लिस्ट तैयार हो जाये तो close पर क्लिक करें ताकि आपकी यह file save हो जाये।

7. यहाँ आप देख सकते हैं उस डाटा को जो आपने enter किया है। यदि आप कुछ बदलना चाहे तो जरुरत वाले field पर जाकर बदल दें।

8. OK पर क्लिक करने के बाद आप Mail-merge के Step no. 4 पर लौट आयेंगे।

9. इस step में आप अपने document पर टाइप कर सकते हैं। जैसा कि पहले भी बताया जा चुका है कि Indian क्रिकेट टीम के सभी मेम्बर्स को बधई पत्र लिखेंगे।

10. यह letter भी अगले पेज पर दिखाई देगा। (चित्र 4.44)

11. पहली line में तुम्हें टीम के मेम्बर का नाम व पता लिखना है जिसे letter भेजना है।

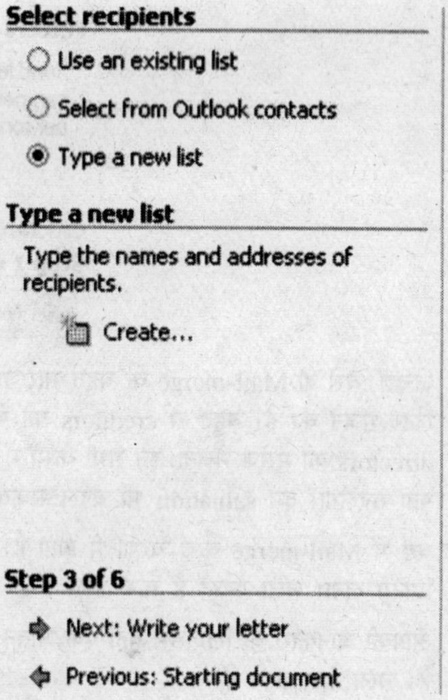

Select starting document

How do you want to set up your letters?

◉ Use the current document

○ Start from a template

○ Start from existing document

Use the current document

Start from the document shown here and use the Mail Merge wizard to add recipient information.

Step 2 of 6

➜ Next: Select recipients

Select recipients

○ Use an existing list

○ Select from Outlook contacts

◉ Type a new list

Type a new list

Type the names and addresses of recipients.

Create...

Step 3 of 6

➜ Next: Write your letter

← Previous: Starting document

12. इसके लिए टॉस्क पेन पर से Address Block व name block पर क्लिक करें।

13. इसमें एक डॉयलोग बॉक्स खुलेगा, जो तुम्हें name, address company name आदि को लिखने का option देगा।

Mr Saurav Gangualy

Lord Colony

New Delhi

Dear Mr. Saurave Gangualy

This is to congratulate you and other members of the team on the excellent performance during the team's visit to England.

I sincerly hope that you will keep the same tempo goint for ICC trophy too.

Best of Luck

Your pruly

Abhistick

14. जो भी तुम select करोग वह तुम्हें डॉयलोग बॉक्स में नीचे sample के तौर पर दिखाई देगा।

15. यहाँ आप देख सकते हो कि हमने सिर्फ नाम व पता ही select किया है।

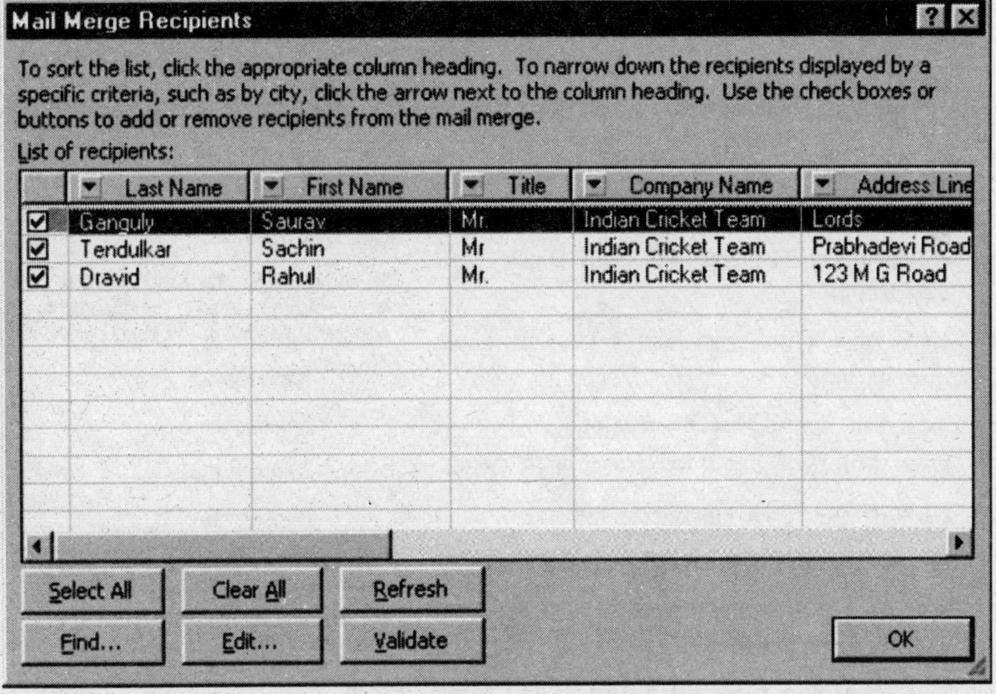

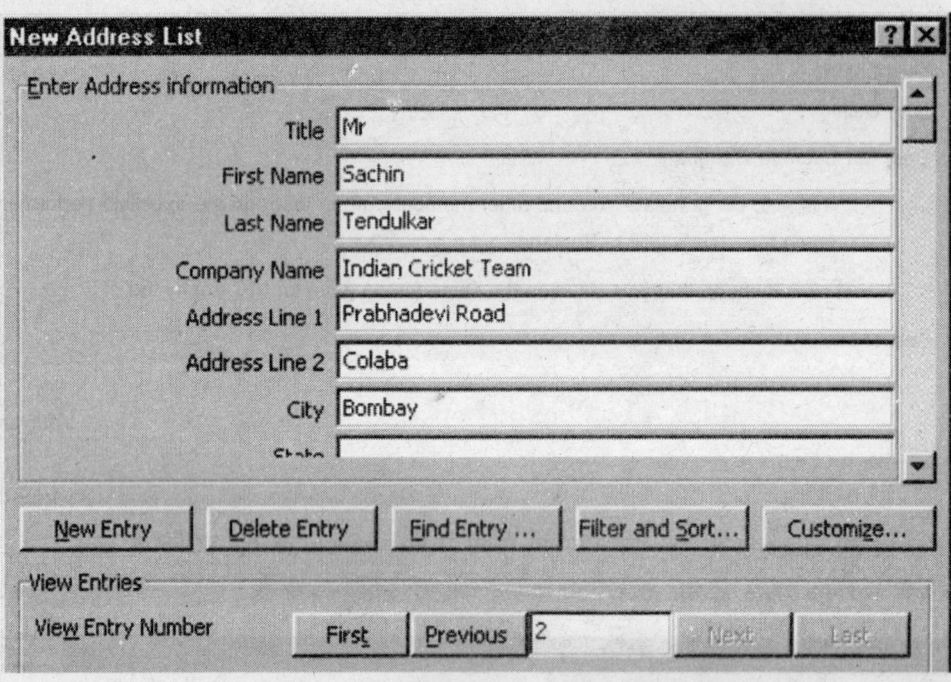

16. एक बाद select करने के बाद OK पर क्लिक करो।
17. यह इस पॉजिशन में Address देगा।

<<<<Address Block>>>>

18. जब document को merge करेंगे तो यह Block पल में बदल जायेगा।
19. अगली लाइन में हमने टाइप किया है Dear उसके बाद मेम्बर का नाम।
20. उसके लिए फिर से टॉस्क पेन में Address Block पर क्लिक करेंगे। जिससे फिर से वही डॉयलोग बॉक्स खुलेगा।
21. इस समय हमने केवल नाम select किया है।
22. एक बार यह हो जाय तो हम पूरा letter टाइप कर देंगे।
23. अब step 4 का मैटर पूरा हो चुका है। टॉस्क पेन पर से next पर क्लिक करेंगे।
24. Step 5 का बॉक्स में वह आपसे प्रीव्यू के लिए पूछेगा। जिसे वर्ड तुम्हारे source dates को पहले से ही merge कर चुकेगा।

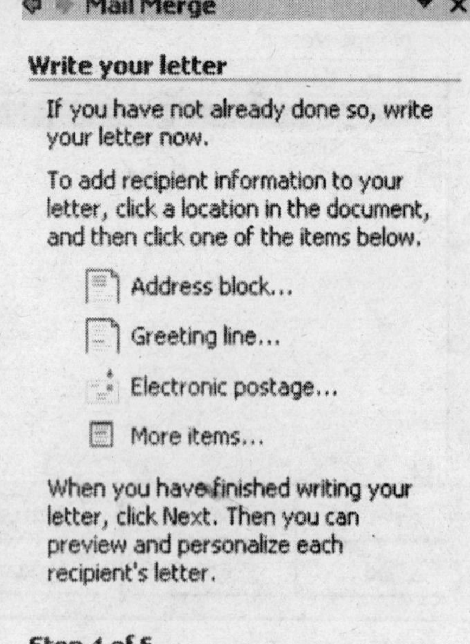

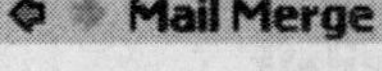

Preview your letters

One of the merged letters is previewed here. To preview another letter, click one of the following:

Recipient: 1

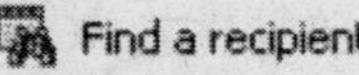

Make changes

You can also change your recipient list:

Edit recipient list...

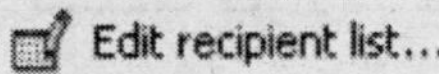

When you have finished previewing your letters, click Next. Then you can print the merged letters or edit individual letters to add personal comments.

Step 5 of 6

25. अब तुम्हारे document में उतने letters होंगे जितने लोगों को letter भेजना है।
26. यदि आपको लगता है कि कुछ गलती है तो तुम Step by step पीछे जाकर कुछ बदल सकते हो।
27. Merged letter एक के बाद एक दिखाई देंगे।
28. यदि आपको लगता है कि letter ok है तो Next पर क्लिक करो। अगला step खुलेगा।
29. Step 6 में आपको यह पता चलेगा कि वर्ड Merging के लिए तैयार है।
30. अब आपके पास option है कि या तो प्रिन्टिग करो या अलग-अलग letter को edit करो।
31. तुम सारे recorosQ को भी merge कर सकते हो या कुछ चुने हुए recorosQ को भी।
32. याद रखो, यह नई फाइल save नहीं है, इसलिए इसे save कर लेनी चाहिए ताकि भविष्य में इस्तेमाल की जा से।

Mail Merge

Complete the merge

Mail Merge is ready to produce your letters.

To personalize your letters, click "Edit Individual Letters." This will open a new document with your merged letters. To make changes to all the letters, switch back to the original document.

Merge

Print...

Edit individual letters...

Step 6 of 6

Previous: Preview your letters

Wizard का प्रयोग करके Documents बनाना

किसी सॉफ्टवेयर का प्रयोग करके यदि को docuemnt को बना रहे हैं तो Wizard हमें guide करके हमारी सहायता करते हैं। यह एक fast ford की तरह हैं अच्छी तरह बैठकर Dinner करने के बजाय। यहाँ बिजार्ड में सब कुछ तैयार होता है। आपको सिर्फ डाटा fill करना होता है और document तैयार हो जाता है। हम Fax wizard से शुरु करेंगे।

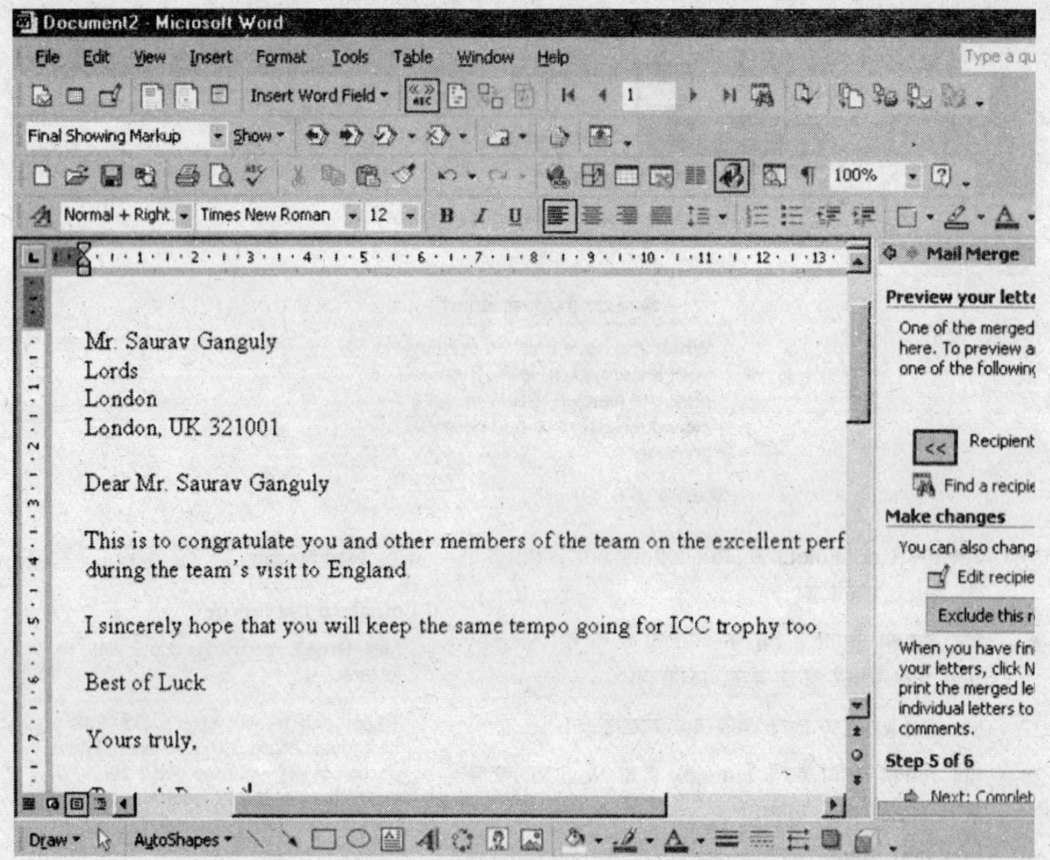

Fax Wizard को प्रयोग करना

फैक्स विजार्ड फैक्स में विभिन्न नामों को merge करने में और इलेक्ट्रॉनिक फैक्स भेजन में सहायता करता है। इसके लिए भी कुछ चरण हैं जो इस प्रकार हैं–

1. उस document को खोलो जिसे फैक्स के लिए चाहते हो। फाइल मेन्यू में New को select करो।
2. New डॉयलोग बॉक्स खुलेगा उसमें letters and faxes पैनल को चुनें।
3. फैक्स विजार्ड ऑइकन पर क्लिक करें और OK पर क्लिक करें।
4. फैक्स विजार्ड का डॉयलोग बॉक्स खुल जायेगा। बॉक्स के बायीं तरफ Progress chart होगा। जैसा चित्र 4.46 में दिखाया गया है।

5. Next को चुनें। फैक्स विजार्ड आपसे पूछेगा कि ''कौन-सा document भेजना चाहते हो''। जो खुला हुआ document है उसका नाम स्वत: ही लिस्ट में आ जायेगा। जिसका हैडिंग "The following document" होगा।

6. Current document भेजने के लिए following document में जो नाम है उसे ऐसे ही छोड़ दें। छोटा-सा Massage भेजने के लिए तुम (कवर) cover sheet पर टाइप कर सकते हो। ऐसा करने के लिए Just cover sheet पर क्लिक करो।

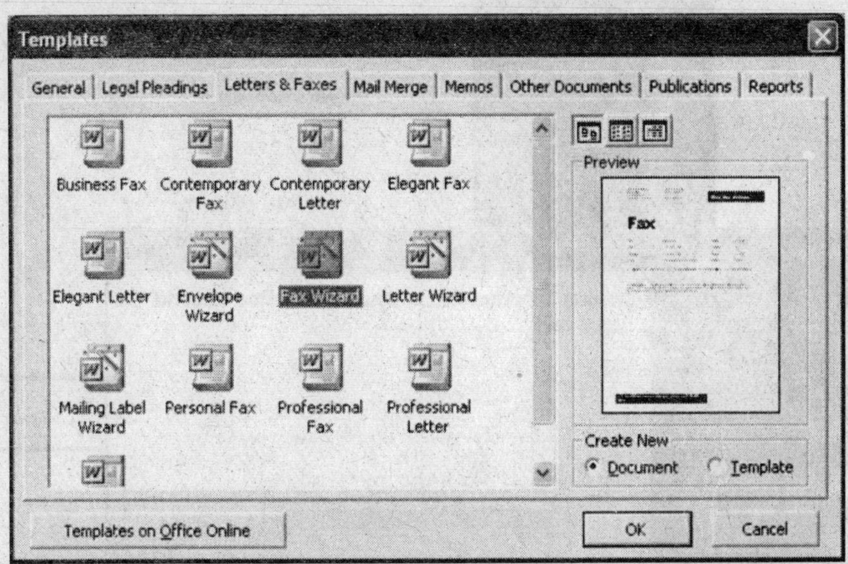

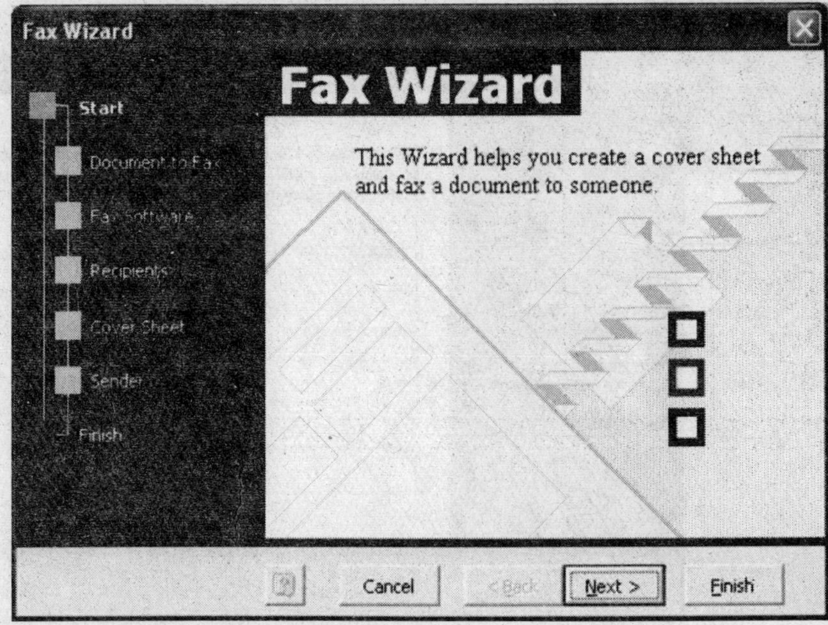

7. यदि आप cover sheet के साथ document भेज रहे हो तो with a cover sheet पर क्लिक करो वरना without cover sheet पर क्लिक करो।

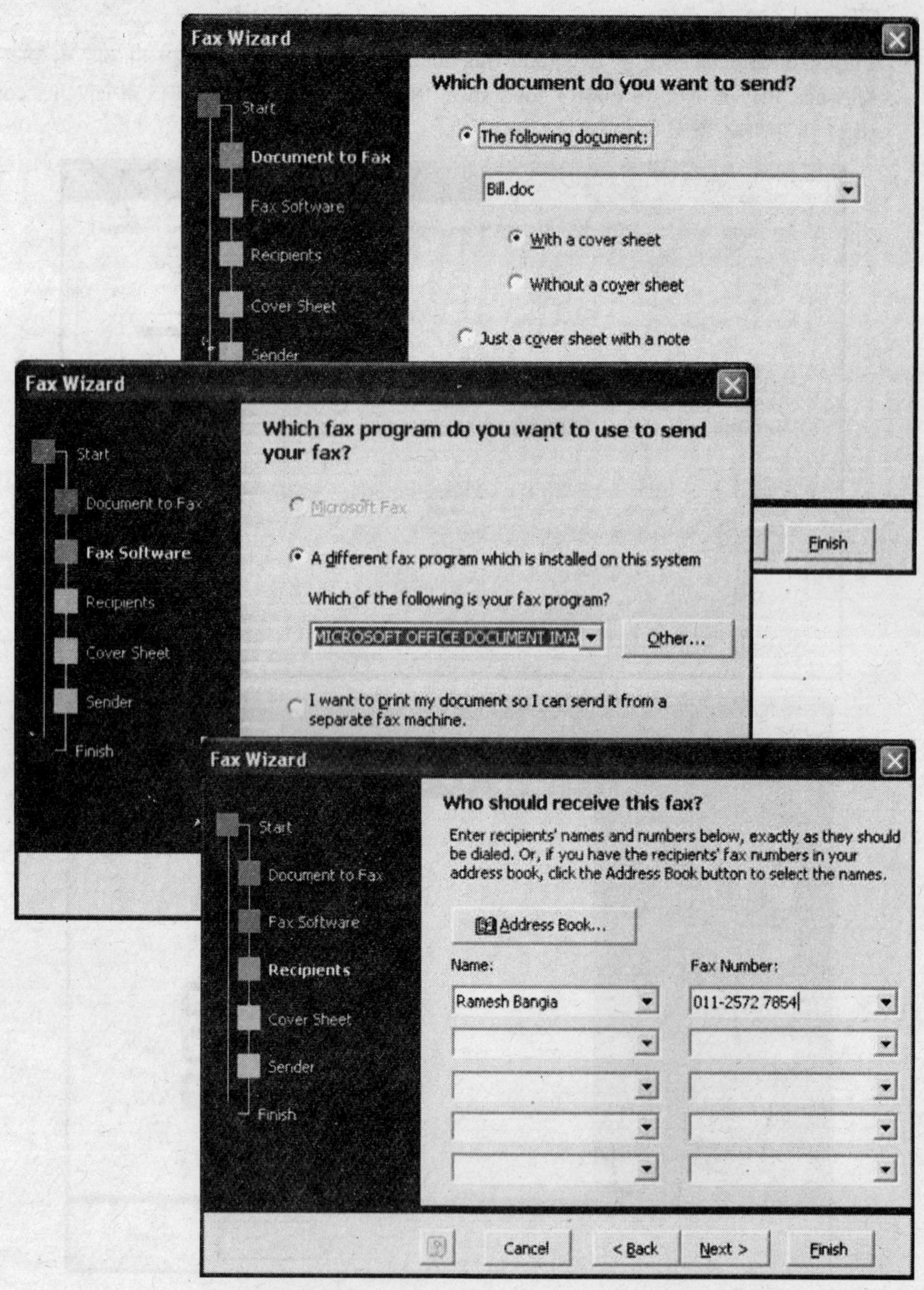

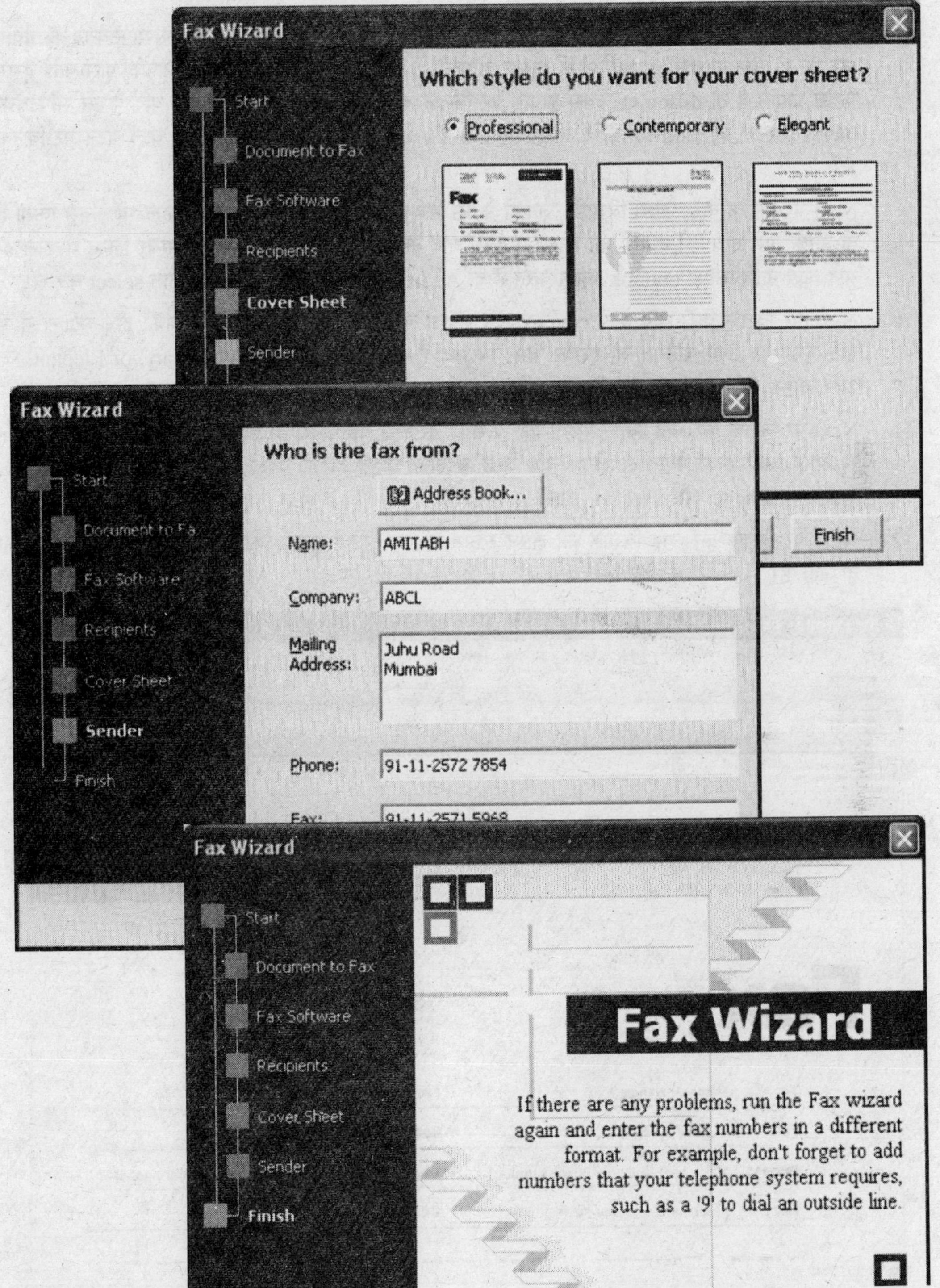
Fax Wizard
Which style do you want for your cover sheet?
Professional
Contemporary
Elegant
Start
Document to Fax
Fax Software
Recipients
Cover Sheet
Sender
Finish
Fax Wizard
Who is the fax from?
Address Book...
Name: AMITABH
Company: ABCL
Mailing Address: Juhu Road Mumbai
Phone: 91-11-2572 7854
Fax Wizard
Fax Wizard
If there are any problems, run the Fax wizard again and enter the fax numbers in a different format. For example, don't forget to add numbers that your telephone system requires, such as a '9' to dial an outside line.

8. Next पर क्लिक करें। फैक्स विजार्ड आपको पूछेगा कि आप फैक्स के लिए जिस फैक्स सॉफ्टवेयर का प्रयोग कर रहे हो उसे पहचानों। माइक्रोसॉफ्ट फैक्स आपकी choice में से एक होगा। यदि आपके पास कोई दूसरा फैक्स प्रोग्राम है तो different फैक्स प्रोग्राम पर क्लिक करें और उसका path बता दें। यदि फैक्स सॉफ्टवेयर आपके सिस्टम पर load नहीं है तो तीसरे option 'I want to print my document" वाले बटन पर क्लिक करें।

9. Next पर क्लिक करें। फैक्स विजार्ड, जिनको फैक्स भेजना है उनके नाम पूछेगा। यदि पहले भी फैक्स किया है तो उनके नाम नीचे बने बॉक्सो की लिस्ट में होंगे। यदि नहीं तो उनके नाम और फैक्स नम्बर लिस्ट में डाल दें। यदि आप माइक्रोसॉफ्ट outlook प्रयोग करते हैं तो Address Book चुने और उसमें से नाम select कर लें।

10. Next पर क्लिक करें। यदि आप cover sheet बनाना चाहते हैं तो फैक्स विजार्ड आपको तीन स्टाइल में से एक चुनने के लिए कहेगा। जो इसके पास उपलब्ध है–Professional, contemposary, or Elegant. जो आप चाहते हैं उस स्टाइल पर क्लिक करें।

11. Next पर क्लिक करें। यह स्क्रीन पूछेगी कि किसकी तरफ से यह फैक्स है। फैक्स विजार्ड user information से अपने आप इन्फॉरमेशन ले लेगा। यदि कुछ बदलना चाहते हो तो बदल लो। इसमें name, company, Address, Phone और Fax no. आदि option हैं।

12. Next पर क्लिक करें। यह विजार्ड की लास्ट स्क्रीन है। यह आपसे पूछेगा कि पीछे कोई इनफॉरमेशन बदलनी तो नहीं है।

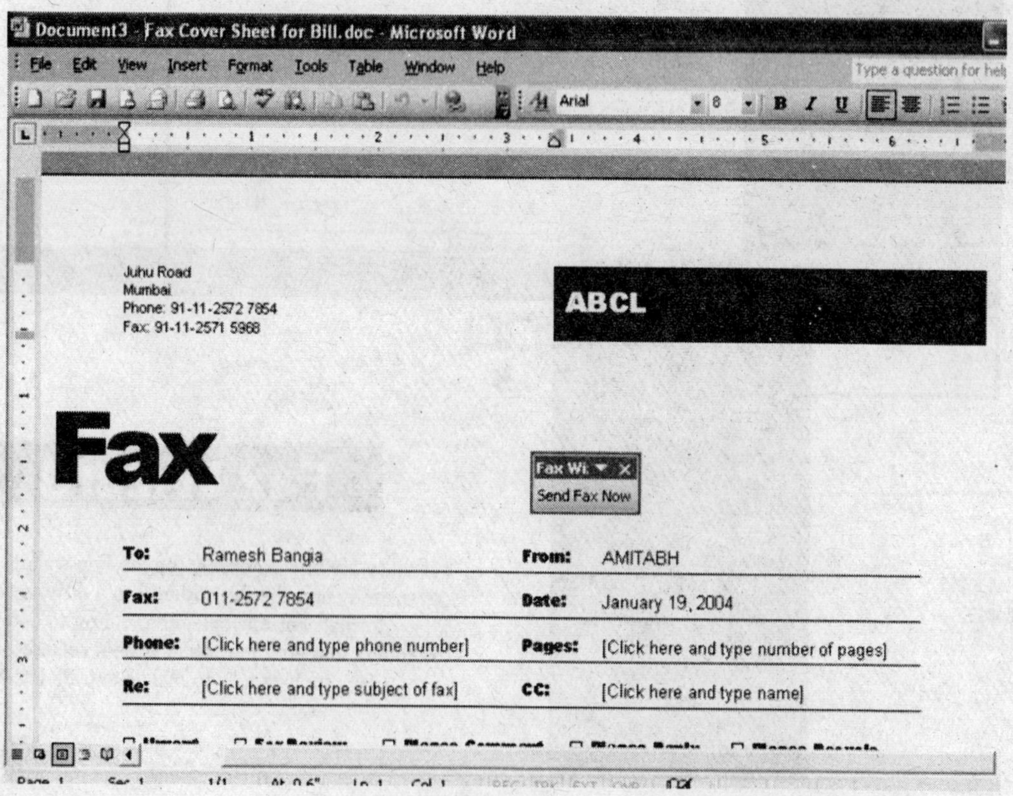

13. Finish पर क्लिक करें। फैक्स cover sheet का document खुलेगा। यहाँ क्लिक करें और टाइप करें का field दिखाई देगा। कर्सर वहाँ क्लिक करके टाइप कर लें।

    जो fields नहीं चाहते हैं तो उन्हें delete कर दें। यदि कुछ बदलना है तो बदल लें।

14. Send fax now को क्लिक करें। यदि आप send only a cover sheet with a note, उस field पर क्लिक करें जहाँ लिखा है। "Click here and type any comments" और नोट टाइप करें।

उसके बाद send fax now पर क्लिक करें। आप आप किसी दूसरी फैक्स मशीन के लिए प्रिन्ट कर रहे तो। आप फैक्स विजार्ड टूलबार नहीं देख सकते हो। एक rceipient को भेजने के लिए document को प्रिन्ट करें। बहुत सारे recipients को भेजने के लिए mail merge टूल बार से merge to printer पर क्लिक करें।

यहाँ आप स्क्रीन पर फैक्स करने का पेपर देख सकते हैं।

Resume Wizard

यदि आप Job ढूँढ रहे हो तो सबसे पहले आपको resume की जरुरत पड़ेगी। संसार में इसे Bio data भी कहा जाता है। वर्ड 2003 प्रोफेशनल दिखने वाला, साफ सुथरा और अरेंज्ड resume कम समय में तैयार करने में सहायता करता है। विजार्ड के द्वारा resume बनाने में निम्नलिखित चरण हैं–

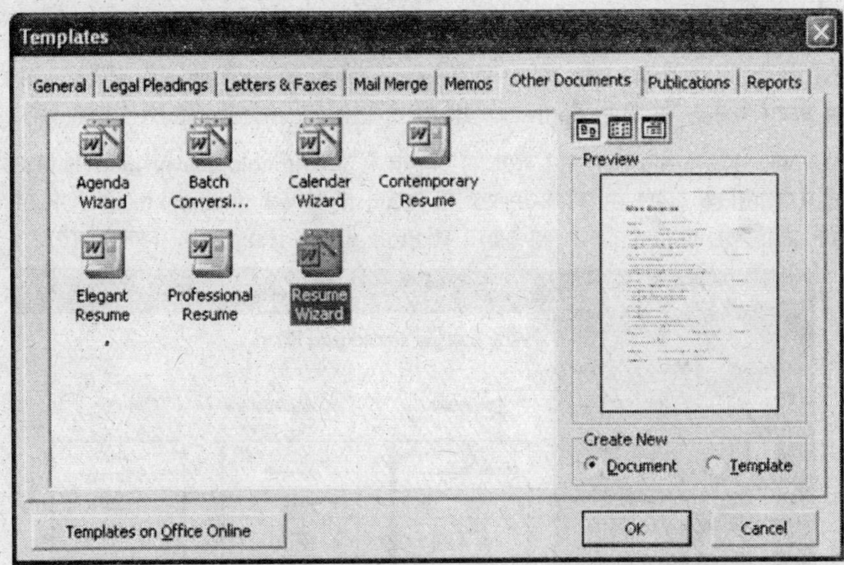

1. फाइल मेन्यू में New पर select करो।
2. New के डॉयलोग बॉक्स में other document पर क्लिक करें।
3. Resume wizard ऑइकन पर क्लिक करो। OK पर क्लिक करो। Resum wizard का dialogbox खुलेगा। चित्र 4.56।
4. Next पर click करें। विजार्ड आपको 3 स्टाइल के resume दिखायेगा–Professional, contemporary, or elegant हर स्टाइल का प्रीव्यू नीचे दिखाया गया है। किसी भी एक स्टाइल को चुनें।

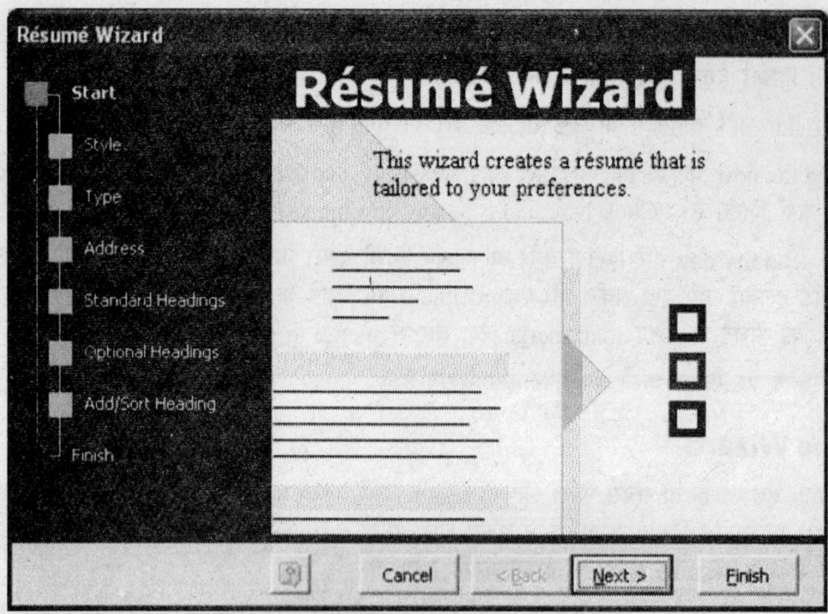

5. Next पर क्लिक करो। अब किस प्रकार का Resume आपको बनाना है यह चुनें। यदि आप कम अनुभव के साथ बाजार में Job के लिए Apply कर रहे हों तो Enter level resume पर क्लिक करें।

   यदि आपको कुछ कम्पनियों में काम करने का अनुभव है तो Chronological resume पर क्लिक करो। कुछ क्षेत्रों में प्रशासनिक लेवल पर अपने अनुभव को दिखाने के लिए Functional resume पर क्लिक करो या अपनी पढ़ाई की तकनीकी शिक्षा का आधर पर Professional resume को क्लिक करो।

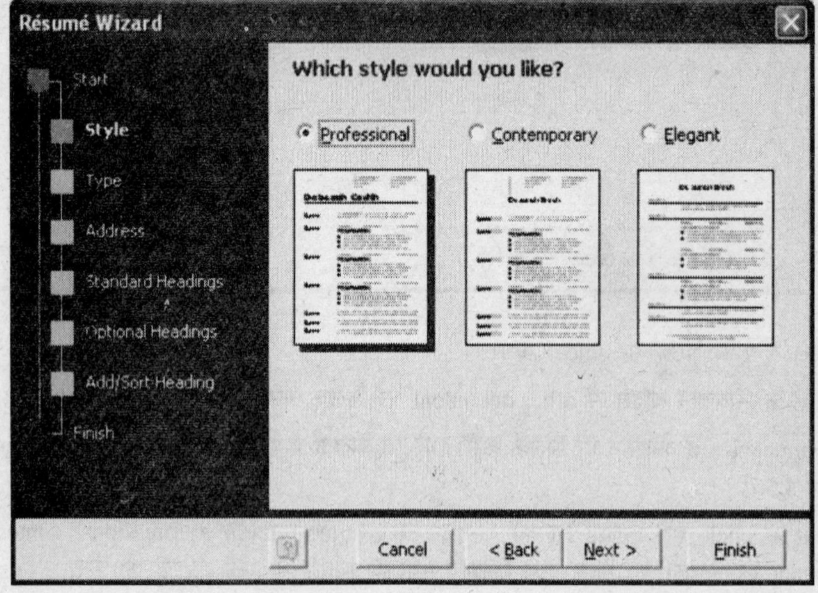

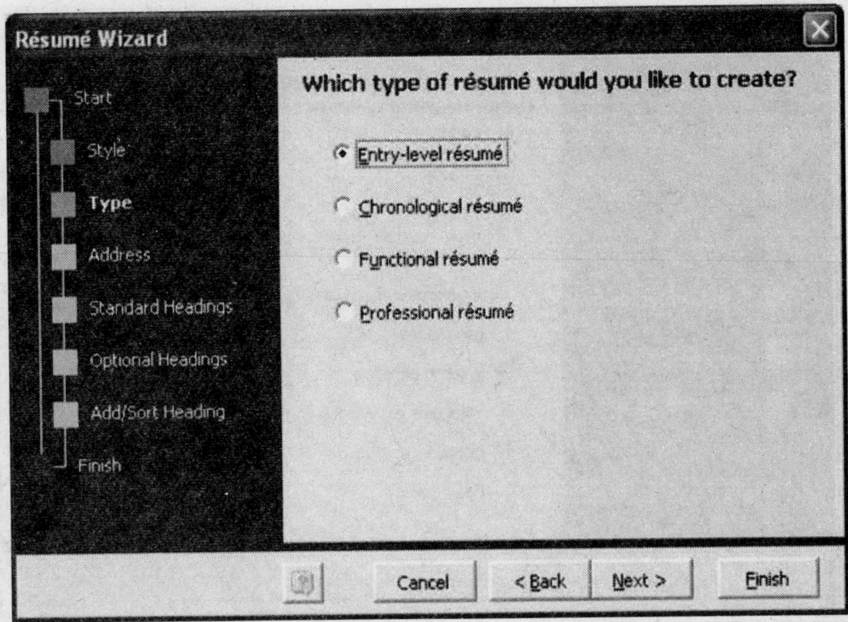

6. Next पर क्लिक करो। स्क्रीन पर अपनी contact फैक्स नम्बर और ई-मेल आदि भरो। फोन नम्बर के code को एक बार confirm (निश्चित) जरुर कर लो।
7. Next को चुनें। resume विजार्ड हैडिंग की एक लिस्ट देगा, जो-जो option चाहिए वह चुन लें। जो नहीं चाहिए उन पर से tick मार्क हटा दें।

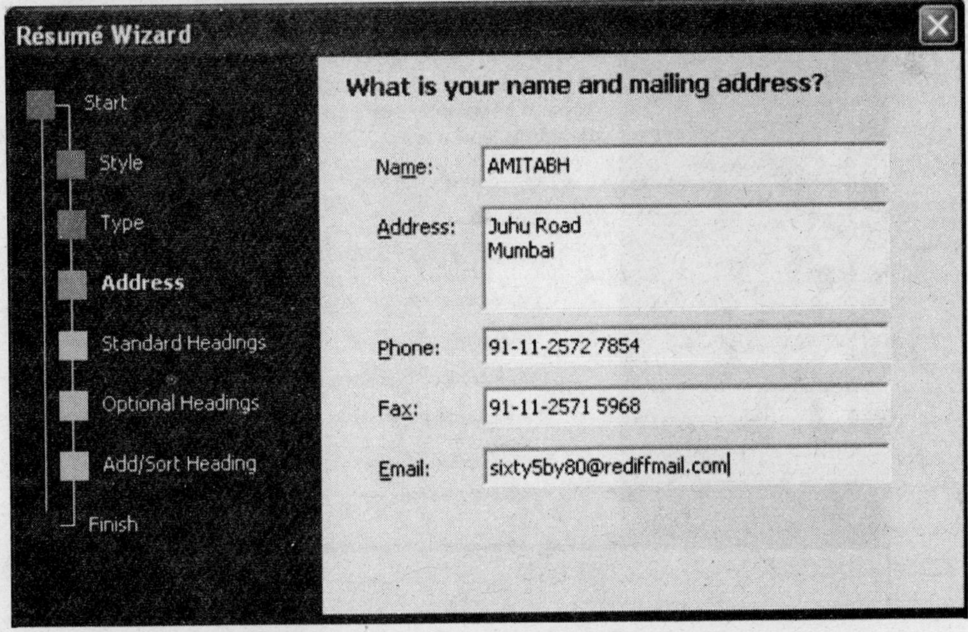

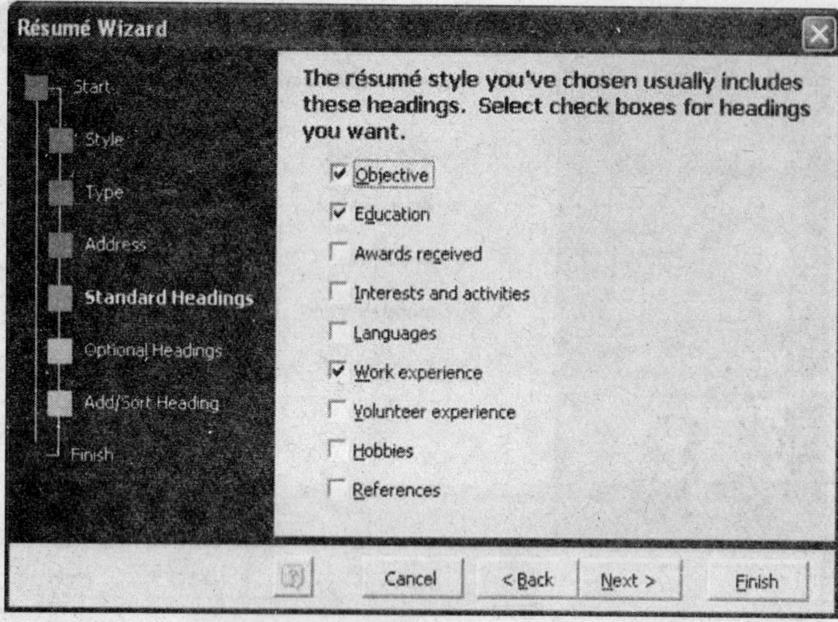

8. Next को चुनें। हैडिंग का दूसरा set सामने दिखाई देगा। इनमें से भी जो हैडिंग चाहिए वह tick कर दें। बाकि पर से tick मार्क हटा दें।
9. Next को चुने। Resume के लिए जो हैडिंग तुमने चुनी है वह स्क्रीन पर दिखाई देंगी। यदि किसी दूसरी हैडिंग को जोड़ना है तो टाइप करें और Add पर क्लिक कर दें। सेलेक्ट की हुई हैडिंग का order (क्रम) बदलना हो

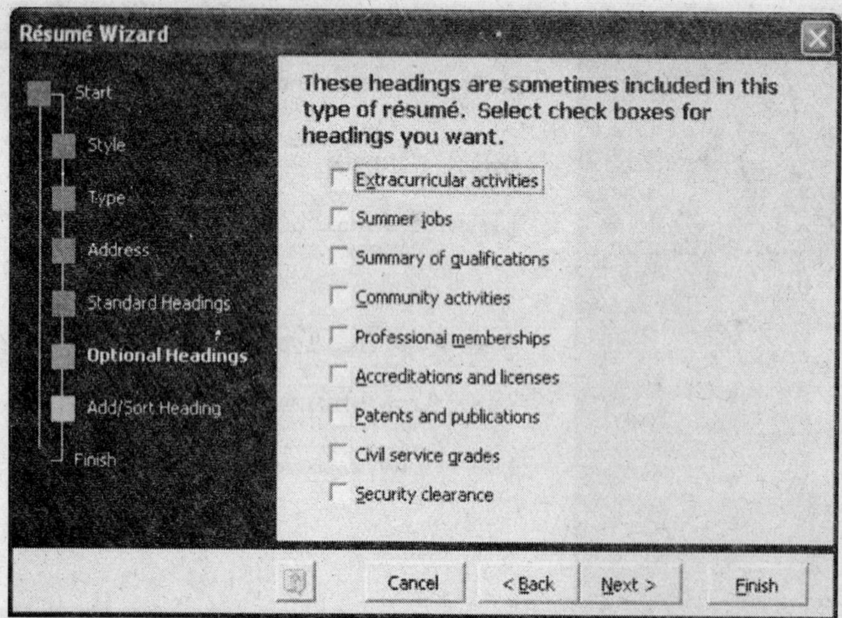

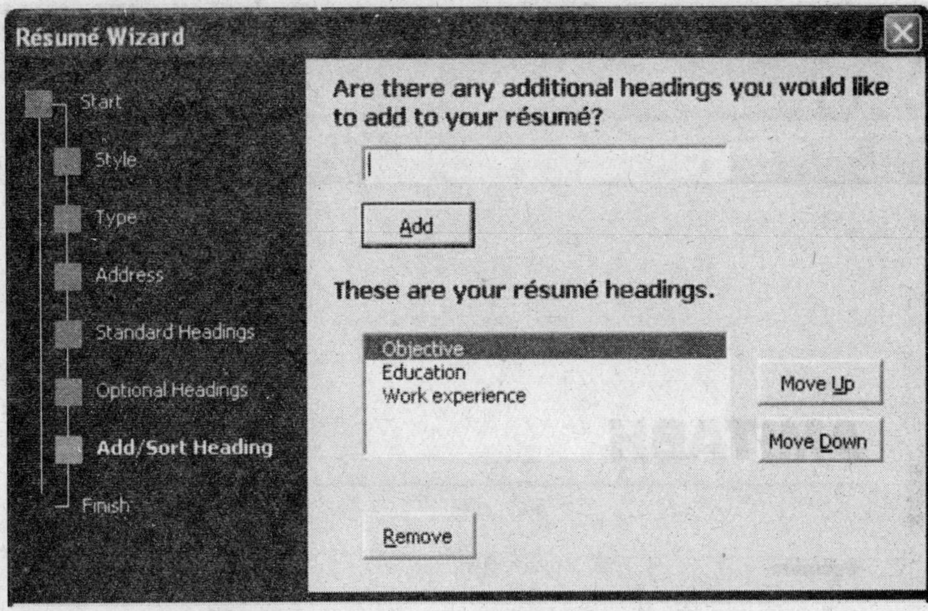

तो सेलेक्ट करके More up or move down पर क्लिक करें। हैडिंग ऊपर नीचे shift हो जायेंगी। किसी हैडिंग को हटाने के लिए उसे select करो और remove पर क्लिक कर दो।

10. Next पर क्लिक करो। resume के लिए जिस इन्फॉरमेशन की जरुरत है वह सब आपने भर ली है अब data document पर फीड करेंगे। इसलिए finish पर क्लिक कर दें।

जब resyne वाला document खुलेगा, यह सभी fielosQ को gray (ग्रे) रंग में [ ] ब्रेकट में बन्द किया हुआ देगा। यहाँ पर आप अपनी जरुरत की इन्फॉरमेशन दे सकते हैं और अपने document को पूरा कर सकते हैं। अब आप save करके अपने resume का प्रिन्ट ले सकते हैं।

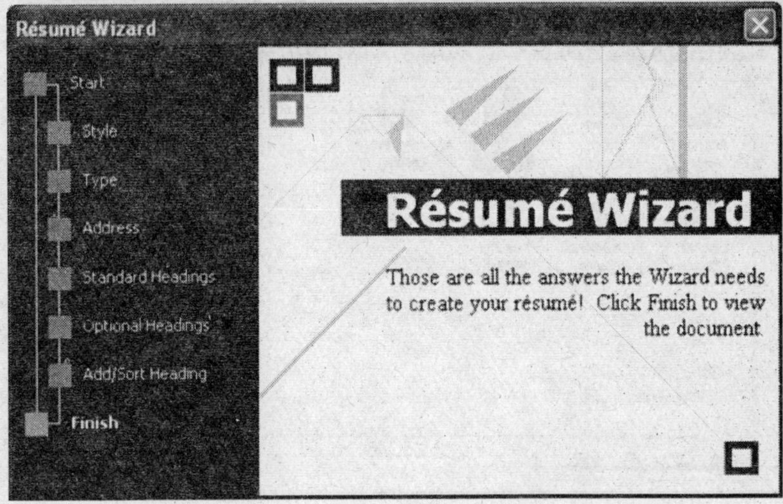

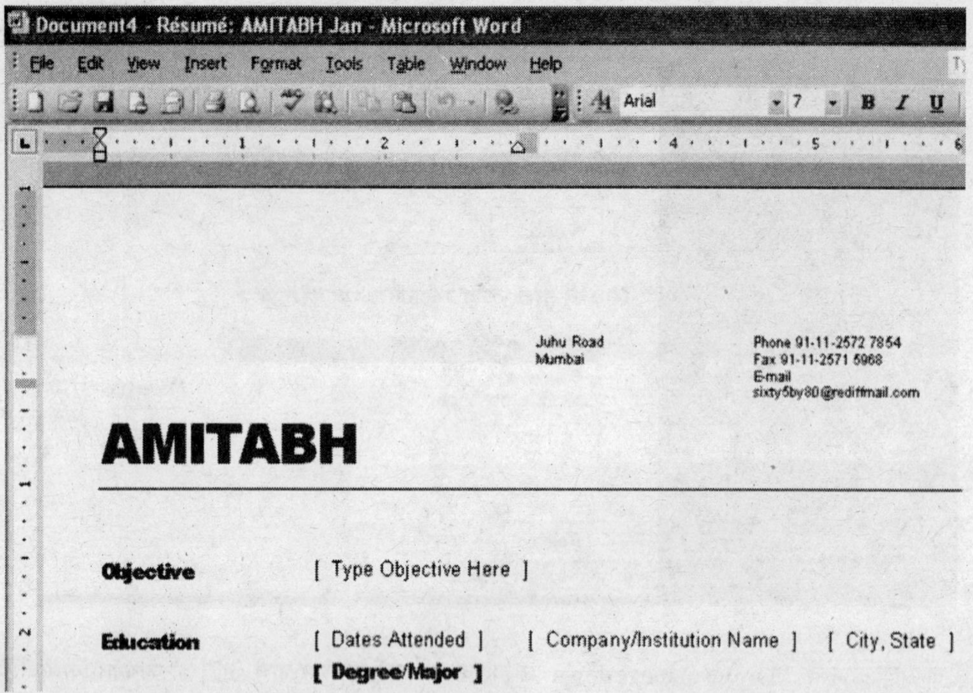

Calender Wizard (केलेन्डर विजार्ड)

यह विजार्ड महीने का केलेन्डर बनाने में तुम्हारी सहायता करता है। विजार्ड को प्रयोग करके केलेन्डर बनाने में कुछ चरण हैं जो इस प्रकार हैं–

1. फाइल मेन्यू में new को select करो।

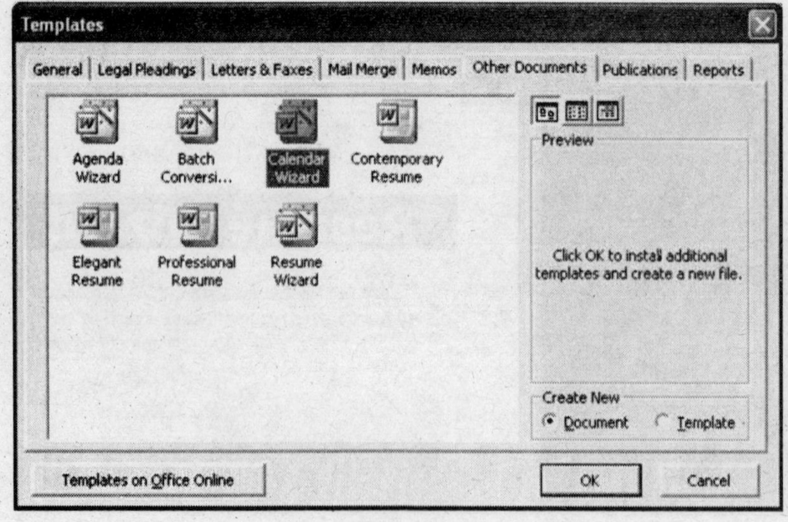

2. New में से other documents पर क्लिक करो।

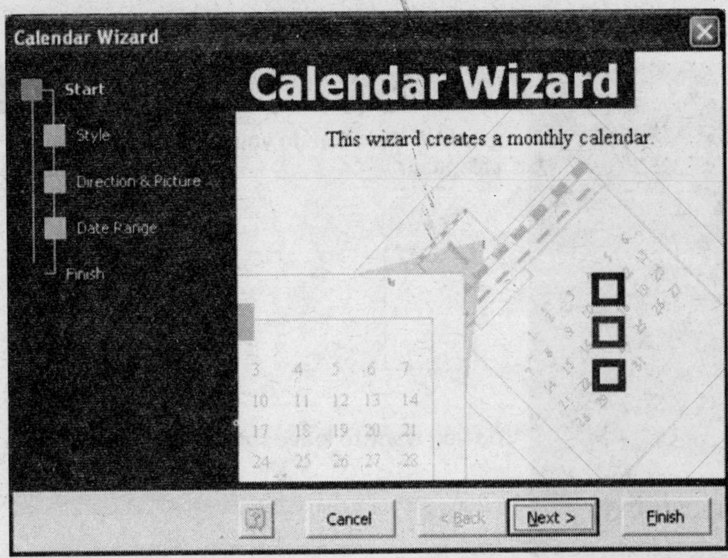

3. Calender wizard ऑइकन पर क्लिक करो और OK दबायें। केलेन्डर विजार्ड का डॉयलोग बॉक्स खुलेगा।
4. Next पर क्लिक करो। विजार्ड केलेन्डर बनाने के 3 स्टाइल दिखायेगा–Boxes and Borders, Banner, Jazzy। तीनों का प्रीव्यू भी सामने दिखायी देगा। किसी भी एक स्टाइल को चुन लें।
5. Next पर क्लिक करो। केलेन्डर विजार्ड दिशा के बारे में पूछेगा, जिस दिशा में आपको बनाना है वह चुन लें। ये दो हैं–

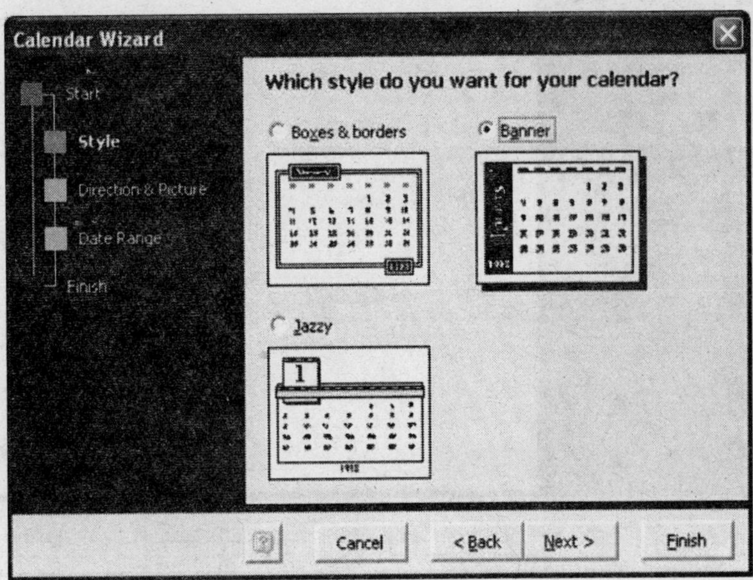

Portrait (Vertical) खड़ी दिशा में

Landscape (Horizontal) लेटी दिशा में

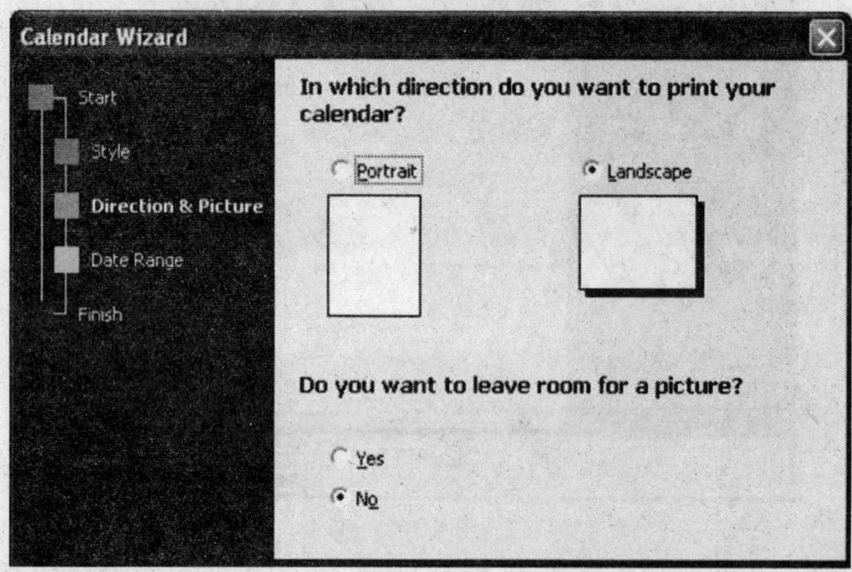

6. Next को चुनें। स्क्रीन पर महीने और साल दिखायी देंगे। आपको शुरु करने वाला महीना और साल देना है और अन्त करने वाला महीना और साल देना है।

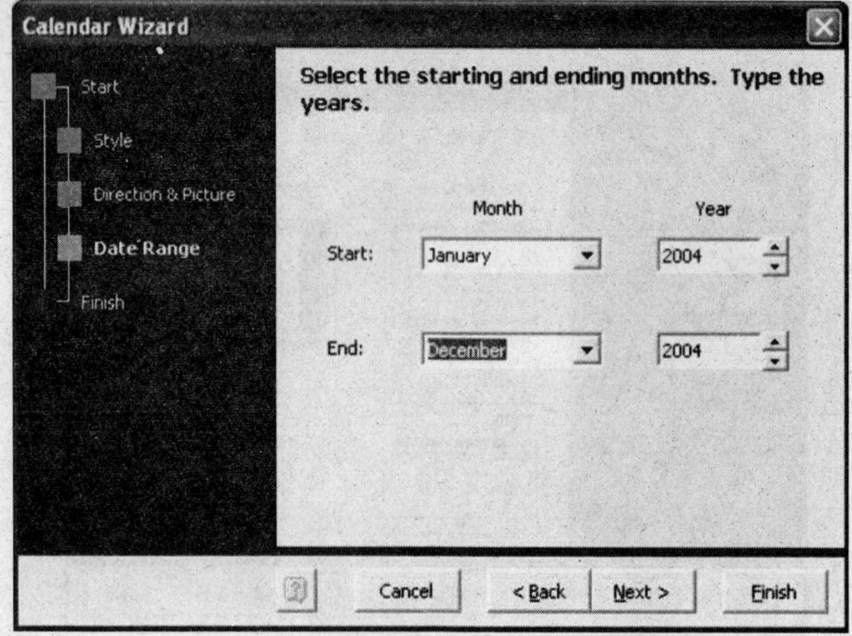

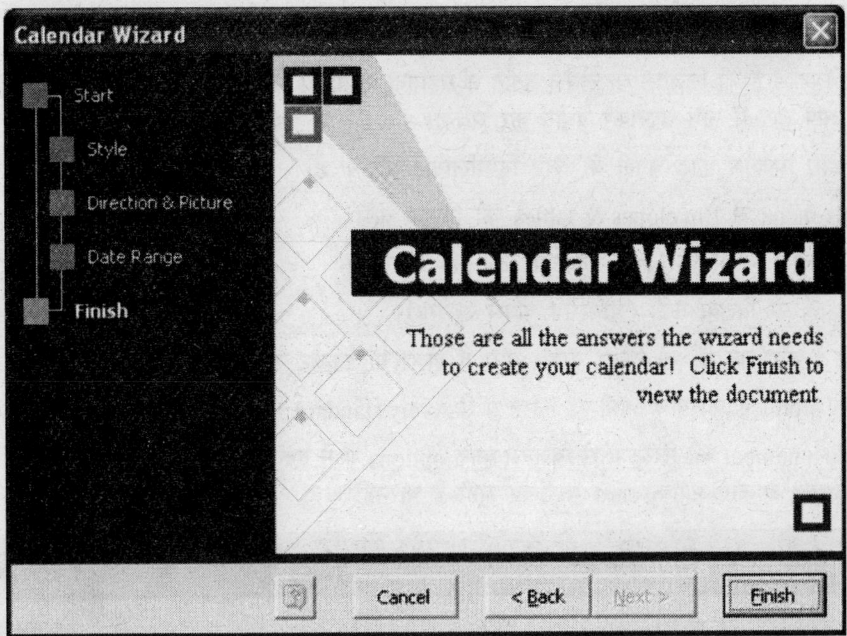

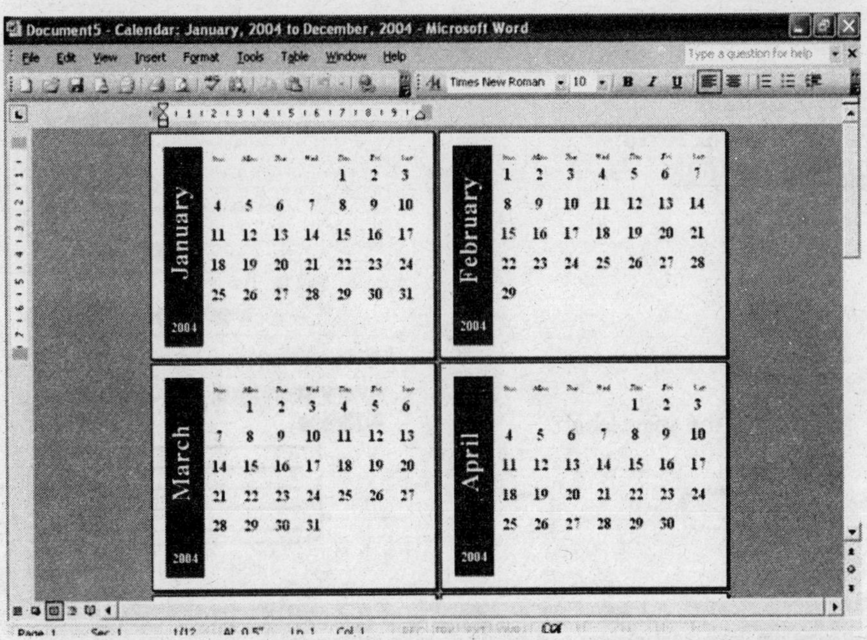

7. Next पर क्लिक करें। आपने केलेन्डर की जरुरत की इन्फॉरमेशन भर दी है। अब finish पर क्लिक करें। अब उस महीने और साल का केलेन्डर दिखाई देगा जो आपने भरा है।

बिजनेस के लेबल बनाना

यह भी एक विजार्ड है जो बिजनेस के लेबल बनाने में सहायता करता है। इसके लिए आपको एक tamplate बनाना होगा जिसे आप बाद में नाम बदलकर प्रयोग कर सकेंगे।

विजार्ड के द्वारा बिजनेस कार्ड बनाने के लिए निम्नलिखित प्रक्रिया है।

1. Tools menu से Envelopes & lables को क्लिक करें।
2. इस डॉयलोग बॉक्स के label पैनल पर टैब key से जायें।
3. Options पर क्लिक करें। (डॉयलोग बॉक्स खुलेगा)।
4. प्रिन्टर इन्फॉरमेशन में, जो प्रिन्टर तुम्हारे पास है लेजर या इंकजेट उन्हें select करें।
5. Label products की नीचे आयी हुई लिस्ट में से Avery standard या Avery A4 और A5 size को चुनें।
6. Product number की लिस्ट में से बिजनेस कार्ड options में से एक को चुनें। लेबल इन्फॉरमेशन को जाँच लें कि उसका आकार आपके card के लिए सही है या नहीं।

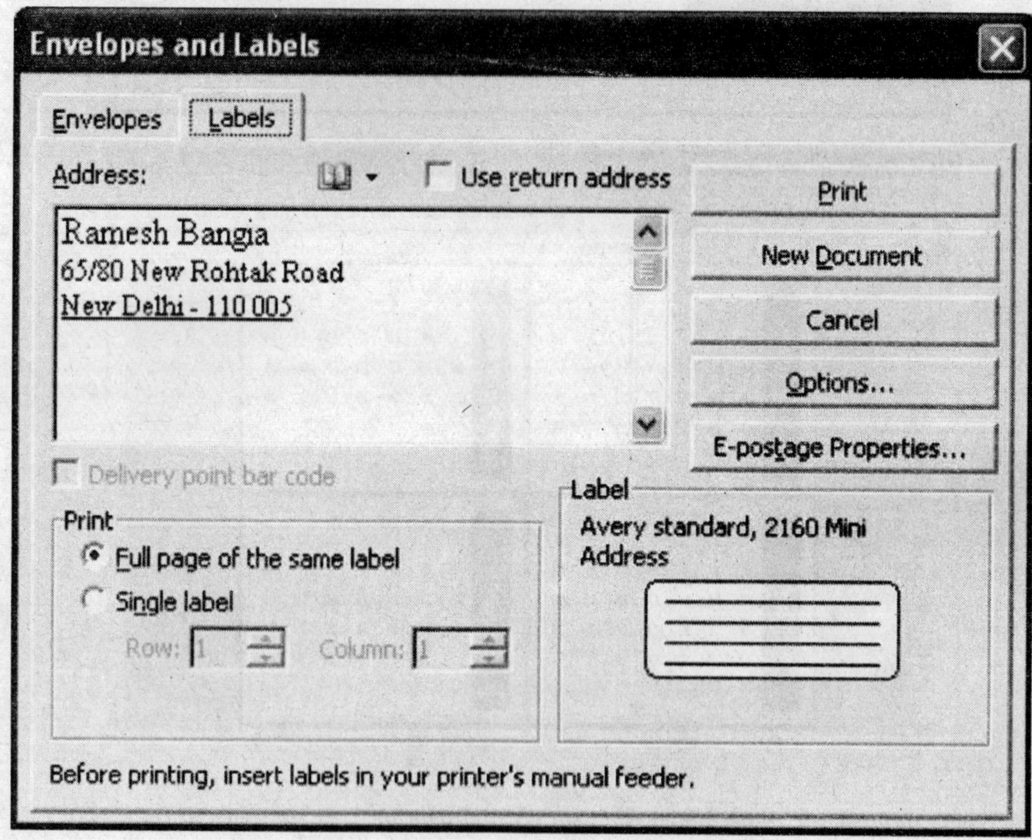

7. OK पर क्लिक करें।

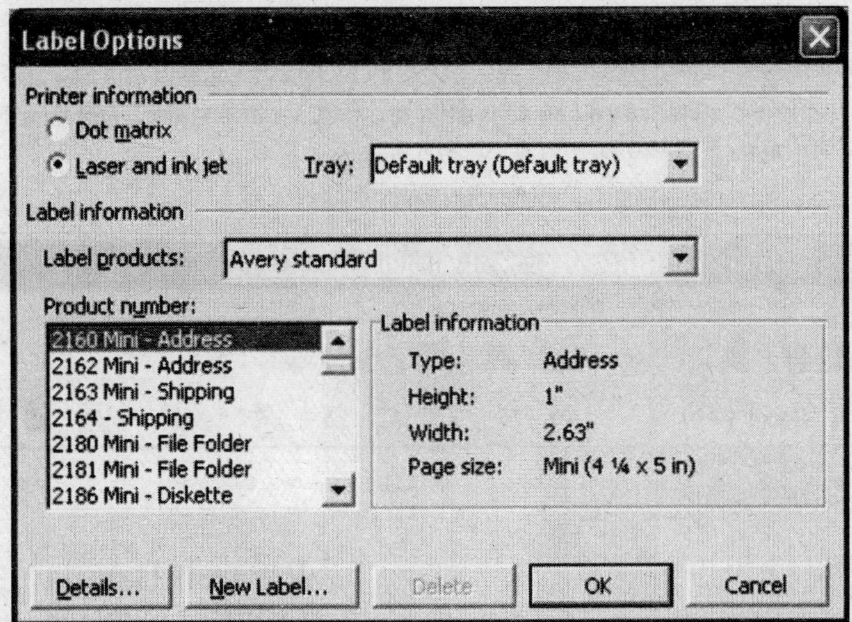

8. Address area में वही address टाइप करें जिसका बिजनेस कार्ड बनाना है। यह label के हिसाब से पूरे पेज पर अपने आप copy कर देगा।
9. Full page of the same label पर क्लिक करो।
10. Options में से नये document को चुनें।
11. Table menu से ग्रिडलाइन को select कर ले जिससे हर label के बीच में लाइन दिखाई देगी।
12. Text का फॉरमेट और alignment जाँच लें।

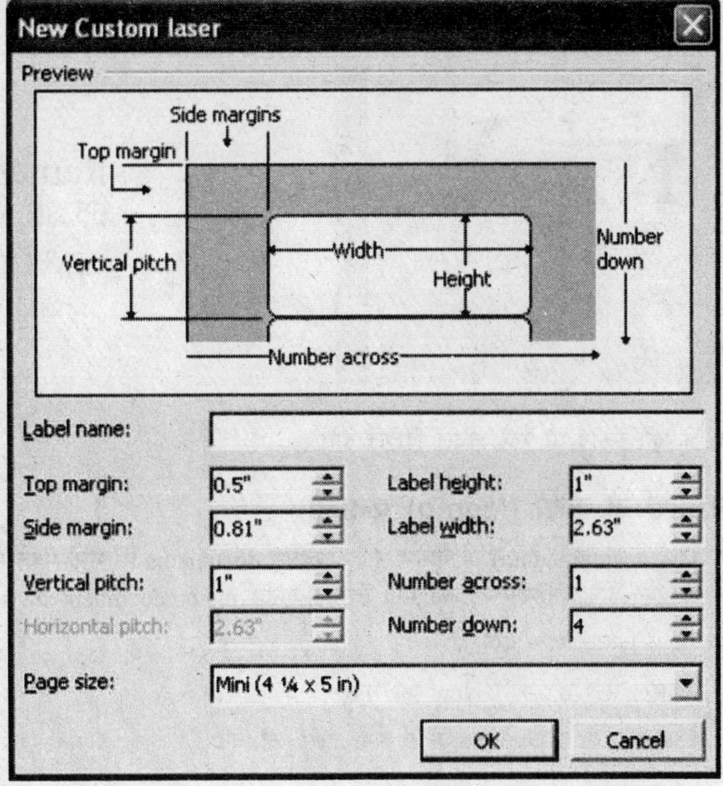

13. बिजनेस कार्ड पर ग्राफिक डालने के लिए या कोई पिक्चर इन्सर्ट करने के लिए Insert picture में जायें। बिजनेस कार्ड में पिक्चर का size छोटा कर लें। पेज पर हर कार्ड में उसे copy कर दें।
14. टेस्ट के लिए एक पेज को प्रिन्ट कर लें। और देखें कि यदि तुम्हारा पेज बिजनेस कार्ड template पर फिट है या नहीं। यदि जरुरत है तो बीच के स्पेस को एडजेस्ट कर लें।
15. Save करें और अपने document को प्रिन्ट कर लें।

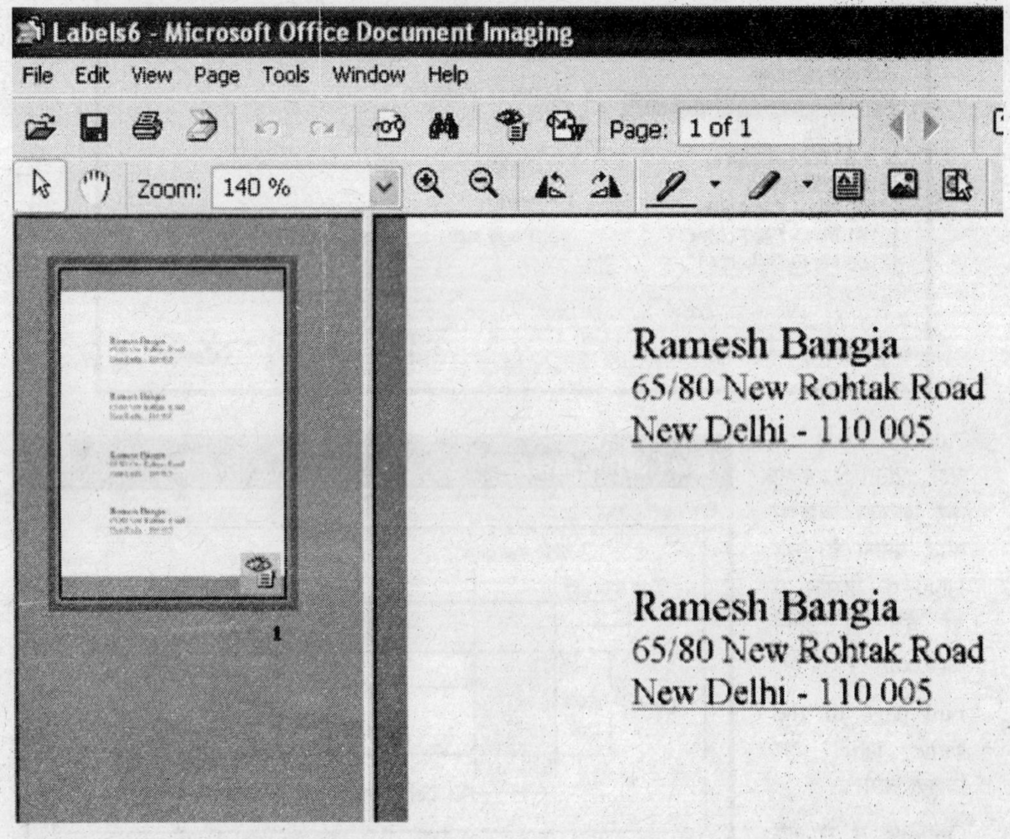

अब आपकी स्क्रीन पर सारे लेबल दिखाई देंगे।

Wizard से मेमो (Memo) बनाना

मेमोरेण्डम (memorandum) या मेमोस मुख्य बिजनेस documents है। मेमो पढ़ने में आसान, छोटे आकार का और अर्थ से युक्त होने चाहिए। वर्ड का मेमो विजार्ड तुम्हारे memo document को set करने में सहायता करता है। इसके लिए निम्नलिखित चरण हैं–

1. फाइल मेन्यू में जाकर New को चुनें।
2. New के डॉयलोग बॉक्स में से मेमो पैनल को चुनें।

3. मेमो विजार्ड ऑइकन को चुनें और OK पर क्लिक करें।
4. मेमो विजार्ड डॉयलोग बॉक्स खुलेगा।
5. Next पर क्लिक करें। जिस स्टाइल का मेमो बनाना चाहते हो वह चुनें। यह तीन प्रकार के हैं–Professional, Elegant or Contemporary। फिर Next पर क्लिक करें।
6. यदि Menu document में सबसे ऊपर tittle देना चाहते हो तो text box में टाइटल टाइप करो।

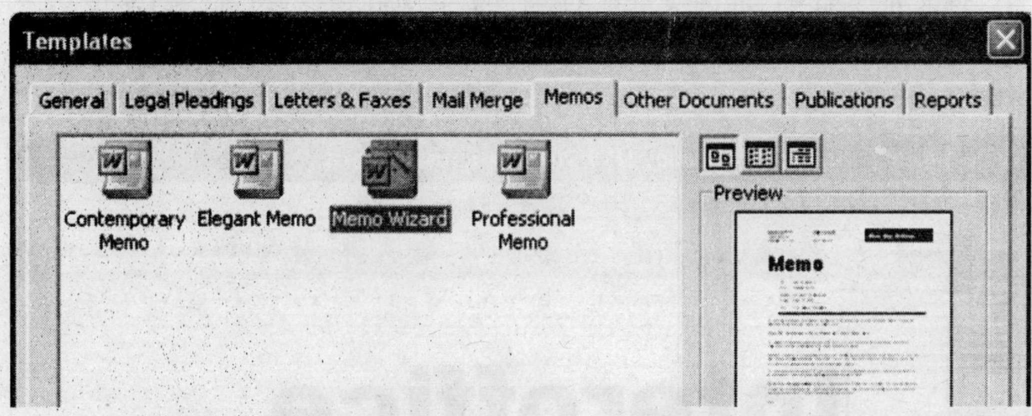

7. यदि नहीं तो नहीं। Next पर क्लिक करो।
8. मेमो के Header में जो Item देना चाहते हो वे चुनो।

   जैसे Data, From, Subject आदि। और इनके आगे text box में क्या टाइप करना है यह दें। Next पर क्लिक करें।
9. To or Cc में जिसको memo दे रहे हों बताओ। और उसके बाद उपयुक्त बॉक्सों में recipients का नाम टाइप करो।
10. या उपयुक्त बॉक्स में क्लिक करके Address book से भीनाम select कर सकते हैं।
11. यदि आपकी मेमो देने वाली लिस्ट लम्बी है और तुम receipients के नामों की लिस्ट एक अलग से cover page पर देना चाहते हो तो yes पर क्लिक करो।
12. यदि नहीं तो No पर क्लिक करो। फिर Next करो।
13. जिन item से मेमो को finish करना चाहते हो जैसे–लिखने वाले के नाम के शुरु के अक्षर (initials), टाइपिस्ट के initials, enclosures (साथ में जो पेज लगाने हैं)। उपयुक्त खानों में इन्हें टाइप करो।
14. Next पर क्लिक करो।
15. यदि मेमो एक पेज से ज्यादा का है तो header and footer पर जो topic देना चाहते हो वह दें। जैसे Data, time, page number, confidential आदि।
16. यदि आप कोई topics चुनते हो तो उसके लिए text भी टाइप करना चाहिए। Next पर क्लिक करो।
17. Finish पर क्लिक करो।

18. Office assistance box दिचाई देगा। यदि Header or footer या menu के स्टाइल, या किसी ओर को memo भी भेजना हो तो, इस box की सहायता से बदल सकते हो।
19. यदि सहायता की जरुरत नहीं है तो office assistance को बन्द कर दो।
20. Click here पर क्लिक करके आपका text टाइप करो फिर memo की body टाइप करो। files [ ] चौकोर bracket में दिखाई देंगे।
21. किसी ओर field को edit करना हो तो उपयुक्त जगह पर जाकर क्लिक करो और टाइप करो।
22. अपने memo को save करो और प्रिन्ट कर लो।

आपका memo तैयार है।

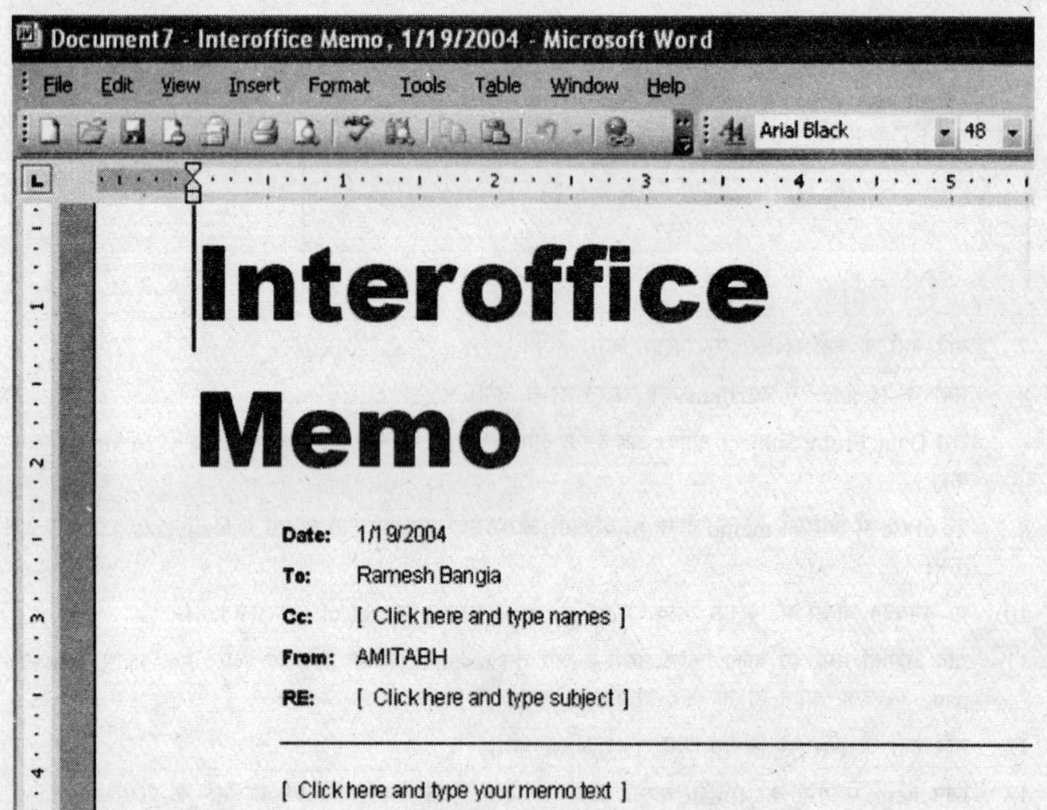

माइक्रोसॉफ्ट एक्सेल 2003
(Microsoft Excel 2003)

स्प्रेडशीट का आधार

एक्सेल 2003 की विभिन्न commands को समझने से पहले, स्प्रेडशीट की कार्यप्रणाली समझ लेते हैं। एक स्प्रेडशीट जैसा कि इसके नाम से पता लगता है कि यह एक शीट है जो इस तरह से फैली हुई है कि यह अपने आपको विभिन्न हॉरिजोन्टल और वर्टिकल लाइनों में विभाजित करती है। यह लाइन और कॉलम में विभाजित है। लाइन एक सक शुरु है और कॉलम A से शुरु है। ग्रॉफिकली में चित्र 5.1 की तरह दिखती है।

जब हम इसे कम्प्यूटर पर इलैक्ट्रॉनिकली सॉफ्टवेयर के द्वारा देखते हैं तब यह इलैक्ट्रॉनिक स्प्रेडशीट कहलाती है इसे वर्कशीट भी कहते हैं। इसलिए वर्कशीट के मुख्य features हैं–

Row (लाइनें)	ये हॉरिजोन्टल cells हैं जो इन्फॉरमेशन रख सकते हैं। कुल 65536 row एक शीट में हैं।
Column (कॉलम)	ये वर्टिकल cells हैं जो इन्फॉरमेशन रखते हैं। कुल एक शीअ में 256 कॉलम हैं।
Cells	यह row और कॉलम को भेदने वाला पवाइन्ट है। हर cell अपनी पॉजिशन से जाना जाता है। मतलब हर cell का अपना address होता है।

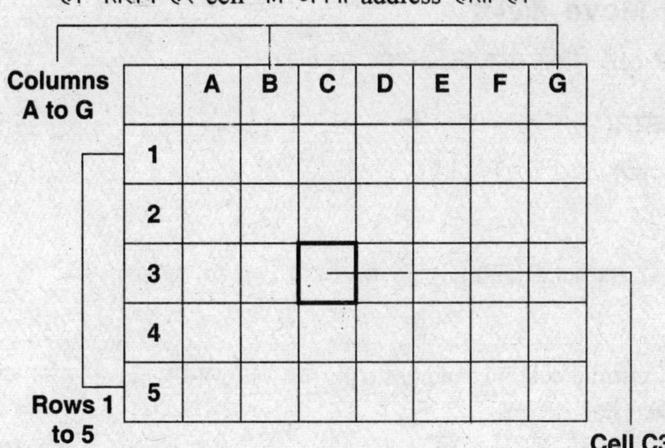

सेल को नाम देने का तरीका

यह नहीं है कि हमने अपने आप rows 1 से शुरु की और कॉलम A से। बल्कि यह सॉफ्टवेयर ने अपने आप नम्बरिंग की है। यह rows और कॉलम को बताने का स्टैण्डर्ड तरीका है। जिस row पर और जिस कॉलम पर सेल Highlight होता है उसी से उसका नाम बनता है। जैसे चित्र 5.1 में कॉलम B है और लाइन (row) का नम्बर 2 है। इसलिए cell का address B2 है। यदि बहुत सारे cell या कॉलम या row एक साथ select की जाये तो उनका address शुरु के सेल से लेकर अन्तिम सेल तक होता है। जैसे चित्र 5.2 में B1 से लेकर D4 तक cell सेलेक्ट किये हुए हैं तो उनका

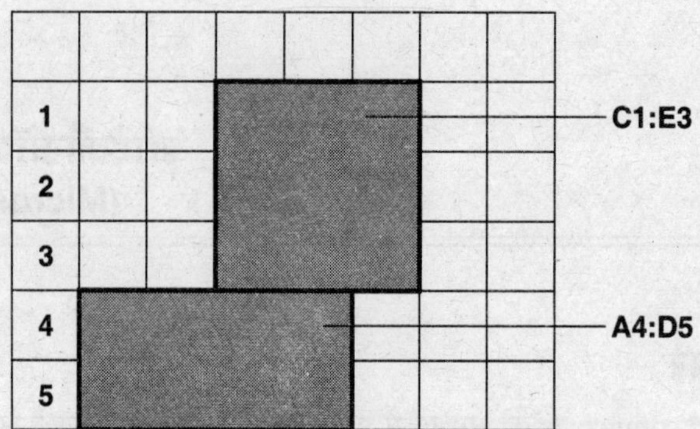

Address शुरु के सेल से लेकर अन्तिम सेल तक होता है। जैसे चित्र 5.2 में B1 से लेकर D4 तक cell सेलेक्ट किये हुए हैं तो उनके cell address के बीच में coln (:) जैसे B1 : D4।

Sheets (शीट)

ये एक किताब के पेजों की तरह हैं। एक फाइल में 16 sheets होती हैं। लेकिन आप ओर शीट भी जोड़ सकते हो। हालांकि 6 sheet ताक स्क्रीन पर दिखाई हैं। ये sheets vyx&vyx gksrh gSa ysfdu rqe ,d 'khV ls nwljh 'khV ij MkVk copy dj ldrs gks। ये शीट बहुत सहायक होती हैं। उदाहरण के तौर पर salary की sheet बनाई है। एक पेज एक महीने से सम्बन्धित होगा और पूरे साल के लिए भी sheet बनाई जा सकती है।

Sheet में डाटा Move करना

तुम एक cell से दूसरे cell में भी डाटा move कर सकते हो।

सेल को Move करना–

1. cell में क्लिक करो

   या

   arrow keys की सहायता से cell pointer को किसी cell पर पहुँचाओ।

   या

   Name box में current cell का Address type करो और जिसमें move करना चाहते हो उसे cell का Address से बदल दो।

याद रखो–

1. जो cell, cell pointer से घिरा हुआ है उसे Active cell कहते हैं।
2. बिना active cell को बदले हुए जो scroll bar की सहायता से पूरे document में कहीं भी जा सकते हो।
3. वर्कशीट पर move करने के लिए, तु keyboard के short cuts का प्रयोग कर सकते हो। कुछ नीचे दिये जा रहे हैं–

Arrow key : उपुयक्त cell में जाने के लिए (ऊपर, नीचे, दांए, बांए)

Ctrol Arrow key :	एक किनारे से दूसरे किनारे पर जाने के लिए जैसे आप B1 में हो। Ctrl + → आपने बाया तो आप पहली row के आखिरी cell में होंगे।
Tab :	एक cell आगे जाने के लिए
Shift + Tab :	एक cell पीछे आने के लिए
Enter :	एक cell नीचे जाने के लिए
Shift + Enter :	एक cell नीचे जाने के लिए
Shift + Enter :	एक cell ऊपर जाने के लिए
Home :	row के पहले cell में जाने के लिए
Ctrl + Home :	Al cell में पहुँचने के लिए।
Ctrl + End :	आखिरी row के आखिरी cell में जाने के लिए
Page Down :	एक स्क्रीन नीचे जाने के लिए
Page up :	एक स्क्रीन ऊपर आने के लिए
Alt + page down :	एक स्क्रीन दाहिने तरफ (आगे) जाने के लिए
Alt + page up :	एक स्क्रीन पीछे (बांयी तरफ) आने के लिए
Ctrl + page down :	वर्कबुक की अगली शीट पर जाने के लिए
Ctrl + page up :	वर्कबुक की पिछली शीट पर आने के लिए

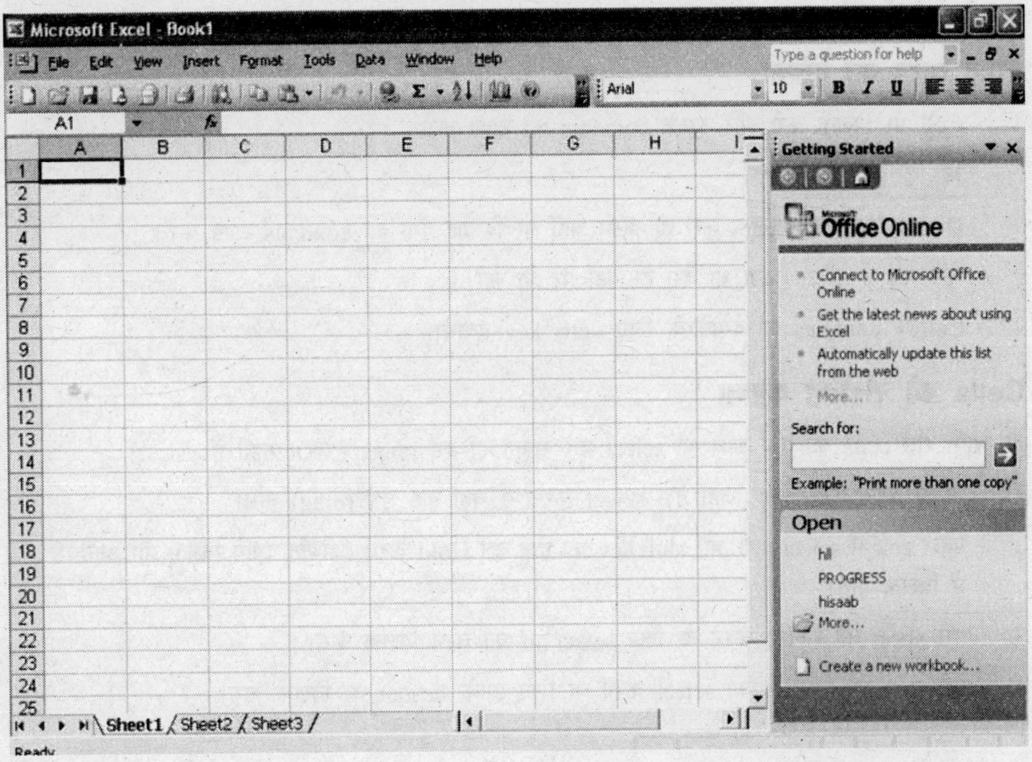

Data Enter करना

तुम वर्कशीट के हर cell में text, नम्बर या कोई फॉरमूला enter कर सकते हो।

1. Cell को select कर सकते हो।
2. text टाइप करो। जो कुछ भी तुम टाइप कर रहे हो तो वहाँ तुम्हें Blank करता हुआ कर्सर दिखाई देगा। तुम नोटिक करोगे कि, तुम जो कुछ भी टाइप कर रहे हो वह तो active cell के साथ-साथ फॉरमूला बार पर भी दिखाई देगा।
3 Enter key दबाओ अगले cell में जाने के लिए। अब cell pointer नये active cell में होगा।

याद रखें–

1. एक cell के contents टाइप करने के बाद अगले cell में जाने के लिए Enter key ना दबायें बल्कि ritht arro (→) दबायें।
2. एक्सेल में नम्बर right align होते हैं और text left align होते हैं।

Data को एडिट करना

सेल में text या नम्बर को बदलने का आसान तरीका है कि उस सेल पर क्लिक करो और उसके ऊपर टाइप करना शुरु कर दो। यदि उस सेल में कोई फॉरमूला या उपयोगी text है तो पूरी entry पर दोबारा टाइप नहीं करना चाहि। जहाँ बदलना है वहाँ कर्सर करके टाइप करो।

एडिट करने का तरीका

1. Cell पर क्लिक करो और उसके contents को टाइप करो।

   या

   Double (डबल) क्लिक करो तो कर्सर वहाँ पर दिखाई देगा तब contents टाइप करो।
2. जेसे वर्ड मे एडिट किया था वैसे ही यहाँ पर भी करें।
3. Cell के contents को देखने के लिए entry key दबायें।

Cells को सेलेक्ट करना

तुम बहुत सारे cells को एक साथ भी select कर सकते हो इसे range (रेंज) कहते हैं।

1. माउस बटन दबाओ और जहाँ तक select करना है वहाँ तक ड्रेग (drag) करो।
2. पहले cell में select करो और shift key को दबा कर Hold करो। (अर्थात् दबाये रखो) और आखिरी cell में क्लिक करो।
3. पूरी sheet को सेलेक्ट करने के लिए select all का बटन क्लिक करो।
4. पूरी row या column को select करने के लिए इनके header पर क्लिक करो।

Microsoft Excel - Finance

File Edit View Insert Format Tools Data Window Help

Arial

A1 | Year

	A	B	C	D	E	F	G
1	Year	Total Income	Interest Paid	Profit	Tax	Profit After Tax	
2	1992	4500	675	3825	459	3,366.00	
3	1993	5500	825	4675	561	4,114.00	
4	1994	7000	1050	5950	714	5,236.00	
5	1995	8000	1200	6800	816	5,984.00	
6	1996	9200	1380	7820	938.4	6,881.60	

Microsoft Excel - Finance

File Edit View Insert Format Tools Data Window Help

Arial

A2 | 1992

	A	B	C	D	E	F	G
1	Year	Total Income	Interest Paid	Profit	Tax	Profit After Tax	
2	1992	4500	675	3825	459	3,366.00	
3	1993	5500	825	4675	561	4,114.00	
4	1994	7000	1050	5950	714	5,236.00	
5	1995	8000	1200	6800	816	5,984.00	
6	1996	9200	1380	7820	938.4	6,881.60	

डाटा को कॉपी करना

कॉपी करना मतलब नई दिशा या जगह पर डाटा को पहुँचाना। कॉपी किया हुआ डाटा उस जगह पर भी रहता है और नई जगह पर भी आ जाता है। Cut किया हुआ डाटा नहीं जगह पर तो आ जाता है पर पुरानी जगह से चला जाता है।

1. range of cell को सेलेक्ट करो। वे cell हाईलाइट हो जायेंगे।
2. copy बटन पर क्लिक करो।
3. Marquee (चलते हुए dashes) आपके selected डाटा के चारों आर आ जायेंगे।
4. जहाँ पर कॉपी करना चाहते हो वहाँ पर क्लिक करो।
5. पेस्ट (Paste) बटन पर क्लिक करो।
6. Selected range वास्तविक जगह पर और नई जगह पर दोनों दिखाई देगी।

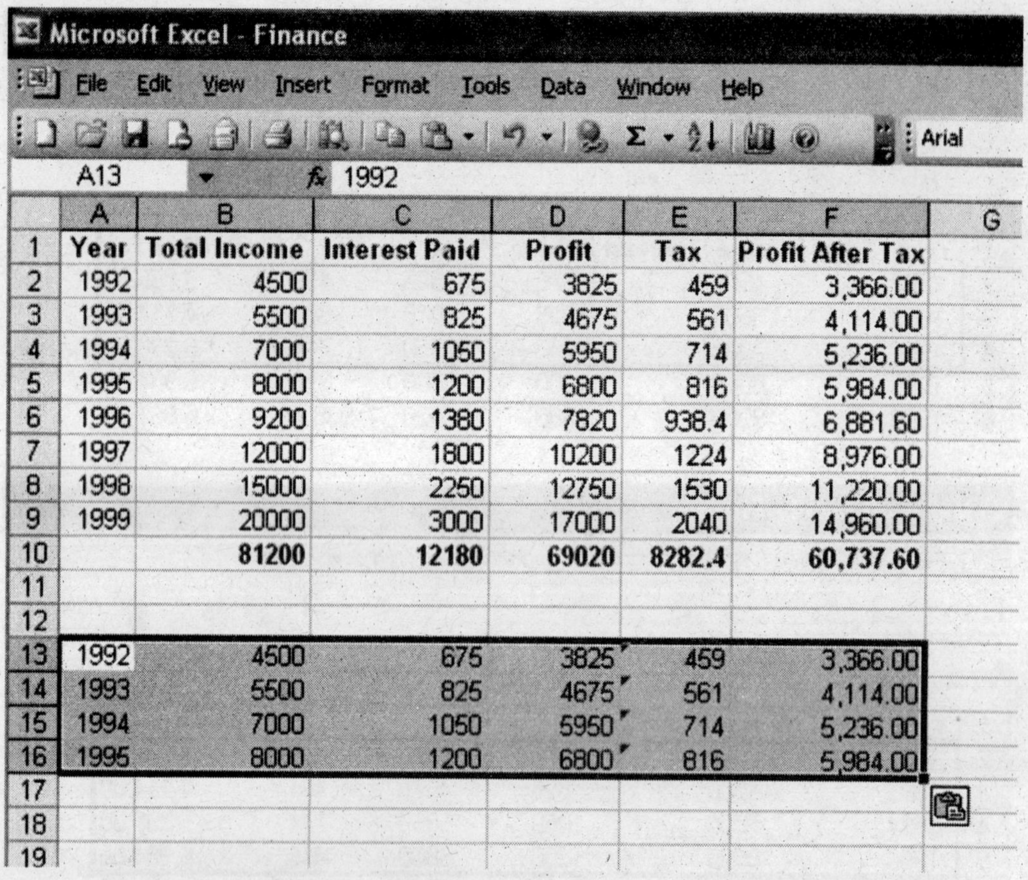

Microsoft Excel - Finance

File Edit View Insert Format Tools Data Window Help

Arial

A13 fx 1992

	A	B	C	D	E	F	G
1	Year	Total Income	Interest Paid	Profit	Tax	Profit After Tax	
2	1992	4500	675	3825	459	3,366.00	
3	1993	5500	825	4675	561	4,114.00	
4	1994	7000	1050	5950	714	5,236.00	
5	1995	8000	1200	6800	816	5,984.00	
6	1996	9200	1380	7820	938.4	6,881.60	
7	1997	12000	1800	10200	1224	8,976.00	
8	1998	15000	2250	12750	1530	11,220.00	
9	1999	20000	3000	17000	2040	14,960.00	
10		**81200**	**12180**	**69020**	**8282.4**	**60,737.60**	
11							
12							
13	1992	4500	675	3825	459	3,366.00	
14	1993	5500	825	4675	561	4,114.00	
15	1994	7000	1050	5950	714	5,236.00	
16	1995	8000	1200	6800	816	5,984.00	
17							
18							
19							

Draw and Drop Method

यह ड्रेग एण्ड ड्रॉप method माउस से अच्छी तरह से होता है। माउस से यह कम समय में हो जाता है।

1. उन cell range को सेलेक्ट करो जिसे मूव (move) करना है।
2. यदि कॉपी करना चाहते हो तो ctrl key दबायें। यदि डाटा इधर से उधर बस shift करना है तो ctrl key को दबायें।
3. Selected क्षेत्र के बॉर्डर पर माउस का प्वाइन्टर ले जायें।
4. माउस बटन दबाओ और Hold करो व नई जगह पर ड्रेग करके ले जायें।
5. माउस बटन को ड्रॉप करें अर्थात् छोड़ दें।
6. Selected cells नयी जगह पर आ जायेंगे। यह माउस बटन का प्रयोग करने पर menu का प्रयोग करने के अपेक्षा बहुत जल्दी होगा।

Row and Column को इन्सर्ट करना (Insert Row and Column)

किसी भी जगह पर नयी row या कॉलम को किसी भी समय insert कर सकते हो। एकसेल sheet अपने फॉरमूला को उनके अनुसार Adjust कर लेता है। यदि कोई row insert करते हो तो वह selected cell के ऊपर insert होगी। और यदि कोई कॉलम insert करते हो तो वह selected cell के बायीं तरफ होगा।

Row या कॉलम को Insert करने के लिए–

1. जिस जगह पर नयी row या कॉलम को insert करना है वहाँ किसी भी cell में क्लिक करें।

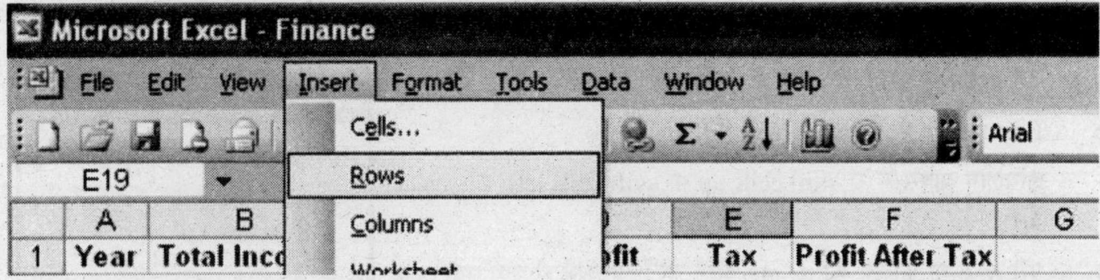

2. Insert menu rows पर क्लिक करें यदि कॉलम करना है तो columns पर क्लिक करें। row या कॉलम insert हो जायेगा।

Microsoft Excel - Finance

File Edit View Insert Format Tools Data Window Help

A4

	A	B	C	D	E	F	G
1	Year	Total Income	Interest Paid	Profit	Tax	Profit After Tax	
2	1992	4500	675	3825	459	3,366.00	
3	1993	5500	825	4675	561	4,114.00	
4							
5	1994	7000	1050	5950	714	5,236.00	
6	1995	8000	1200	6800	816	5,984.00	
7	1996	9200	1380	7820	938.4	6,881.60	
8	1997	12000	1800	10200	1224	8,976.00	
9	1998	15000	2250	12750	1530	11,220.00	

Cell को Insert करना और Delete करना

यदि तुम एक्सेल को cell insert करने या delete करने के लिए कहोगा तो वह आपसे पूछेगा कि उपयुक्त cell का डाटा कहाँ move करना है। तुम अपनी इच्छा इसके डॉयलोग बॅक्स में लिख सकते हो।

Cell Insert करना

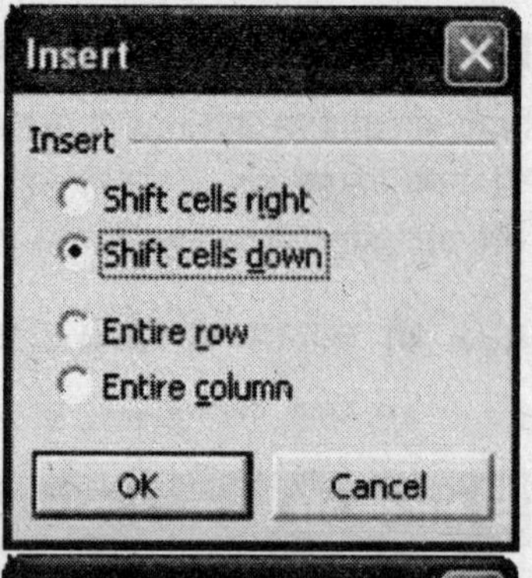

1. जहाँ नया और खाली cell चाहिए वहाँ क्लिक करें।
2. Insert menu से cells को चुनें।
3. डॉयलोग बॉक्स खुलेगा। Shift cell right या shift cells down को select करे।।
4. इस जगह matter को shift करके नये cell आ जायेंगे।

Cell को Delete करना

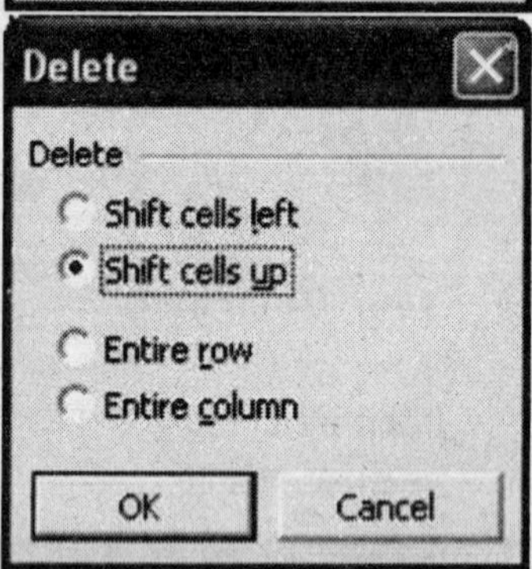

1. उन cells को चुनें जो delete करने हैं।
2. Edit menu में से delete को चुनें।
3. डॉयलाग बॉक्स में से shift cells up या shift cells left को select करें।
4. पूरी row या कॉलम को delete करने के लिए कम से कम एक cell को select करना जरुरी है। और डायलोग बॉक्स में से Entire row या Entre column से select करो।

कॉलम की चौड़ाई बदलना

1. जिस कॉलम की चौड़ाई बदलनी है उसके header को select करो। जहाँ पर कॉलम का नाम जैसे A, B, C, D लिखें हैं।
2. तब माउस का प्वाइन्टर डबल arrow में बदल जायेगा अर्थात् आप उसे दांयी व बायी दोनों तरफ drag कर सकते हो। जब तुम drag कर रहे होंगे तब तुम देखोगे कि एक नई with कॉलम के टॉप पर pixels में दिखाई देने लगेगीं।

3. तुम format menu से column को चुन कर उसमें से width पर क्लिक करोगे तो डॉयलोग बॉक्स दिखाई देगें। चित्र 5.81 इसमें तुम जितनी चौड़ाई चाहों फिक्स करके लिख सकते हो।

लाइन की लम्बाई बदलना

1. माउस प्वाइन्टर को लाइन के header के नीचे वाले किनारे पर रखकर माउस बटन दबाकर drag करने पर लाइन की लम्बाई बढ़ा सकते हो।
2. जब माउस प्वाइन्टर डबल arrow में बदल जाये तब drag ऊपर या नीचे कर सकते हो।
3. फॉरमेट menu से row को select करके उसके submenu से लम्बाई (Height) बदल सकते हो।

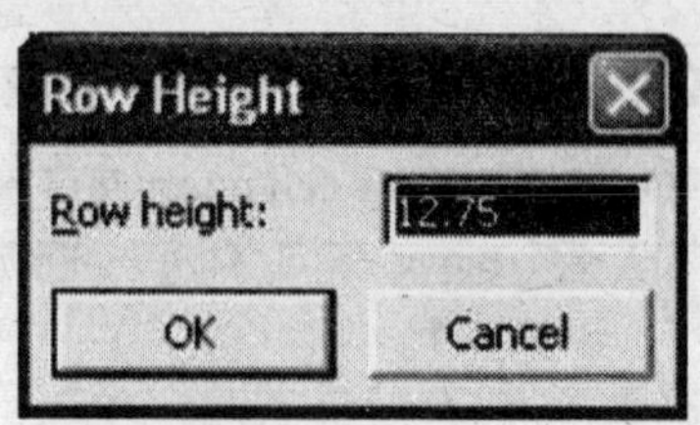

Text की फॉरमेटिंग करना

तुम फॉरमेटिंगे के द्वारा अपने वर्कशीट के प्रस्तुम करने के तरीके को सुधर सकते हो। और जो इन्फॉरमेशन तुम्हें चाहिए उसे आसानी से ढूँढ सकते हो।

फॉरमेट करना

1. उस cell या cells को सेलेक्ट करो जिन्हें फॉरमेट करना है।
2. फॉरमेट menu से cells को चुनें।

   या

   right click करके format cells को shortcut menu से चुनें।
3. Format cells डॉयलोग बॉक्स खुलेगा। उसमें text की Alignment, font, बॉर्डर, पैटर्न आदि से फॉरमेटिंग बदलें।

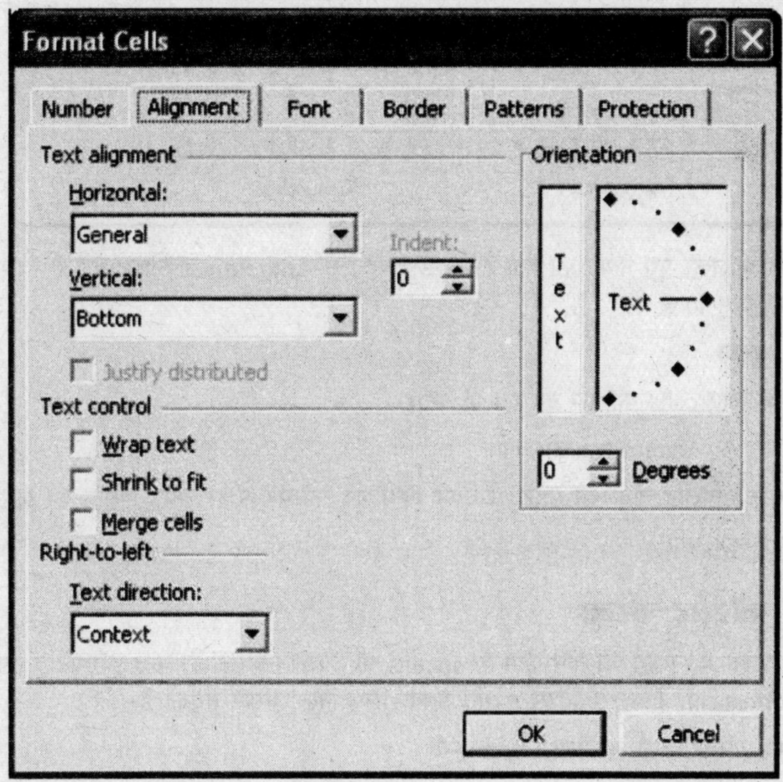

Autoformat (तैयार फॉरमेट Apply करना)

Autoformat option से वर्कशीट का प्रदर्शन बहुत तेजी और बहुत आसानी से बदला जा सकता है। Auto format range of data के लिए फोन्ट, टेक्क्स्ट alighment, नम्बर फॉरमेटिंग, बॉर्डर, पैटर्न, रंग, कॉलम की चौड़ाई व row

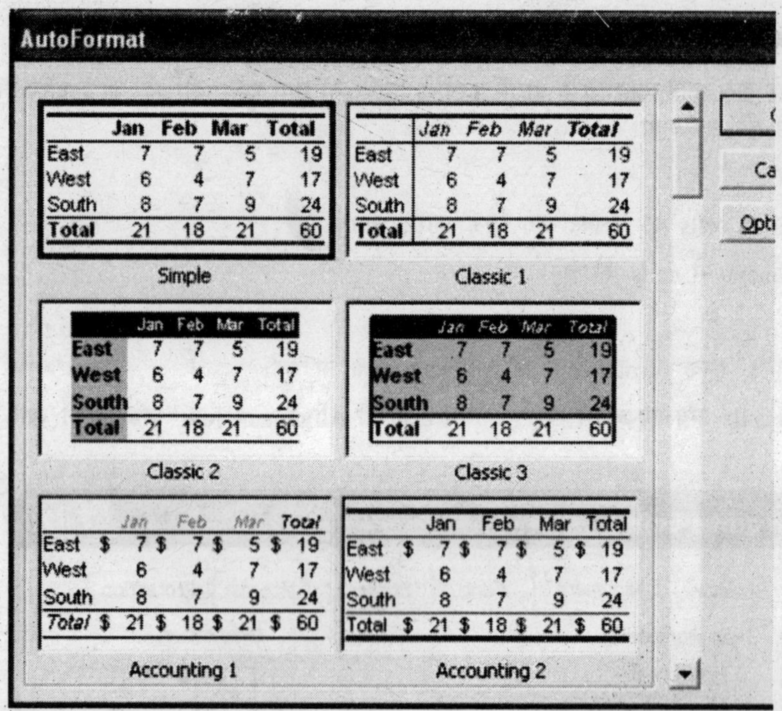

की लम्बाई आदि बदलकर पूरा नया lool देता है। एक्सेल बहुत से Auto format स्टाइल देता है जिसमें हर किसी फॉरमेट का एक खास look है।

Autoformat चुनना

1. फॉरमेट के लिए cells की रेन्ज को select करो।
2. फॉरमेट मेन्यू से Autoformat को चुनो।
3. ऑटोफॉरमेट डॉयलोग बॉक्स से पहले से तैयार किये गये फॉरमेट में से अपनी पसन्द का फॉरमेट चुनो।।
4. OK पर क्लिक करो।

नम्बरों को फॉरमेट करना

एक्सेल विभिन्न प्रकार के नम्बरों की फॉरमेटिंग के options भी उपलब्ध कराता है। कुछ फॉरमेटिाग टूल बार पर भी हैं और कुछ format cell डॉयलोग बॉक्स में भी। इसके लिए निम्नलिखित तरीका है–

1. नम्बरों को फॉरमेट करने के लिए select करो।
2. फॉरमेटिंग टूल बार से नम्बर फॉरमेटिंग बटन पर क्लिक करो।

   या

   फॉरमेट मेन्यू से cells पर क्लिक करो।

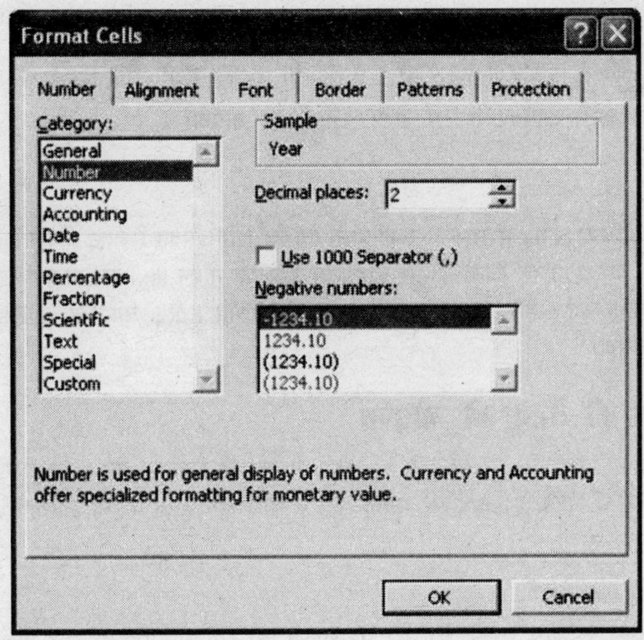

3. नम्बर पैनल पर जाकर category और दूसरे options अपनी पसन्द के अनुसार चुनो।
4. OK पर क्लिक करो।

रेन्ज को बॉर्डर देना

सेल की रेन्ज के चारों ओर लाइन का आना बार्डर कहलाता है। अपनी इन्फॉरमेशन के मुताबिक शीट पर बॉर्डर apply कर सकते हैं। बॉर्डर स्क्रीन पर दिखाई देगा और जब प्रिन्ट करोगे तो पेज पर भी आयेगा।

याद रखें–

आप सोच रहे होंगे कि शीट पर तो लाइन और कॉलम को विभाजित करते हैं अलग-अलग cell का बॉर्डर तो है ही। लेकिन यह बॉर्डर नहीं है। यह तो केवल ग्रिडलाइनें हैं तो आपकी सहायता के लिए है। प्रिन्टर पर ये लाइनें प्रिन्ट नहीं होती।

1. रेन्ज को select करो जहाँ पर बॉर्डर देना है।

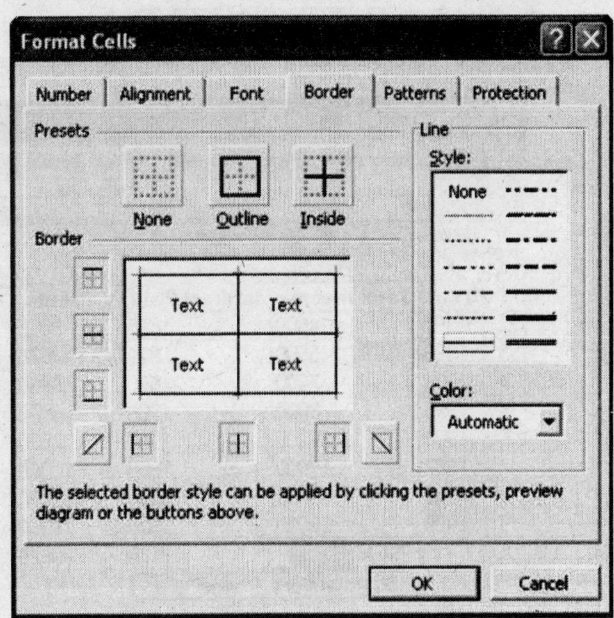

2. Format में cells में जाकर बॉर्डर पैनल पर जाओ।
3. इसमें से बॉर्डर को चुनें। लाइनों का स्टाइल व रंग भी अलग-अलग चुन सकते हो।
4. OK पर क्लिक करो। आपकी रेन्ट में बॉर्डर Apply हो जायेगा।

फॉरमूला

फॉरमूला दो या दो से अधिक cells में सम्बन्ध स्थापित करता है। और उसका रिजल्ट अगले cell में देता है। फॉरमूला हमेशा = (equals to (बराबर)) के चिन्ह से शुरु होगा। अन्यथा वह नार्म्ल text बन जायेगा। जैसे आप C6 और C7 cell की वेल्यू को जोड़ना चाहते हैं तो C8 में = C6 + C7 लिखें और Enter की दबा दें। C8 में उन दोनों cell की वेल्यू का जोड़ आ जायेगा।

Row या कॉलम की वेल्यू को जोड़ना

1. मान लीजिये आपकी वर्कशीट पर एक व्यक्ति की 6 महीने की अलग-अलग आय लिखी हुई है। आपको उसे जोड़ना है। कॉलम में आखिरी entry के अगले cell में जोड़े और row के भी आखिरी cell के अगले cell में जोड़े।
2. इसके लिए तीन option हैं
   (a) सारी entries के साथ अगले cell को भी select कर लो। और स्टैण्डर्ड टूल बार से Autosum (Σ) के बटन पर क्लिक करें। सबका जोड़ अगले खाली cell में आ जायेगा।
   (b) या फिर अगले खाली cell में = का चिन्ह लगाकर सभी entries को अलग-अलग + (plus) के चिनह लगाकर जोड़ें। जैसे = C3 + C4 + C5 + C6।
   (c) या फिर अगले खाली cell में = sum (C3 : C8) यह फॉरमूला लगा दें। गोल ब्रेकेट में उस cell की रेन्ट को select करें जिसका sum करना है।
3. Enter key दबायें उत्तर अपने आप ही अगले cell में लिखा आ जायेगा।

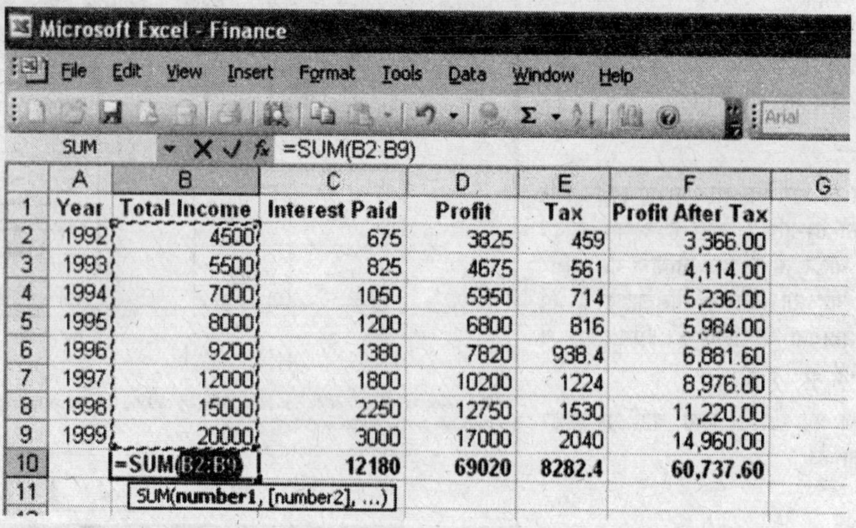

Microsoft Excel - Finance

File Edit View Insert Format Tools Data Window Help

SUM =SUM(B2:B9)

	A	B	C	D	E	F	G
1	Year	Total Income	Interest Paid	Profit	Tax	Profit After Tax	
2	1992	4500	675	3825	459	3,366.00	
3	1993	5500	825	4675	561	4,114.00	
4	1994	7000	1050	5950	714	5,236.00	
5	1995	8000	1200	6800	816	5,984.00	
6	1996	9200	1380	7820	938.4	6,881.60	
7	1997	12000	1800	10200	1224	8,976.00	
8	1998	15000	2250	12750	1530	11,220.00	
9	1999	20000	3000	17000	2040	14,960.00	
10		=SUM(B2:B9)	12180	69020	8282.4	60,737.60	
11		SUM(number1, [number2], ...)					

याद रखें–

1. एक्सेल sum करने के लिए ऊपर select किये हुए cell की रेन्ज को देखता है। अगर selection सही नहीं है तो sum भी सही नहीं आयेगा।
2. यदि रेन्ज में खाली cell भी होगा तो एक्सेल उसे skip नहीं करेगा।
3. तेजी से प्रश्न का उत्तर लेने के लिए खाली cell जरुर select करें।

Sum Function

एक्सले के फंक्शनों में sum सबसे ज्यादा प्रयोग में आने वाला function है। एक्सेल में ओर बहुत से function हैं, जैसे–गएिरतीय फंक्शन, फाइनेन्शलख्ण तारीख के, समय के और बहुत सी कल्कूलेशन वाले function हैं।

1. फॉरमूला के लिए निश्चित cell चुनें और वहाँ क्लिक करें।
2. फॉरमूला शुरु करने के लिए= (बराबर) का चिन्ह लगायें और उसके बाद sum टाइप करें बायां paranthesis (left bracket ( ) का चिन्ह लगाकर cell नम्बर टाइप करें।
3. जिनका sum करना है उस रेन्ज को माउस से drag करें। या शुरु वाला cell number और आखिरी वाला cell नम्बर बीच में colon (:) चिन्ह लगाकर टाइप कर दें और bracket ( )) बन्द कर दें।
4. Enter key दबायें। जोड़ आपके सामने होगा।

याद रखें–

1. यदि आपके right paranthesis टाइप नहीं किया है तो कोई बात नहीं। Enter करने पर वह अपने आप आ जायेगा।
2. Acclosum के जाये इस तकनीक से sum करना बेहतर है।
3. टाइप करो Cl में ब्याज पर (interest paid), di से लाभ (Profit) E1 में टैक्स (Tax), F1 टैक्स के बाद लाभ (Profit after tax) टाइप करे।। यदि कोई text cell की चौड़ाई से ज्यादा है तो cell की चौड़ाई बढ़ा लें।

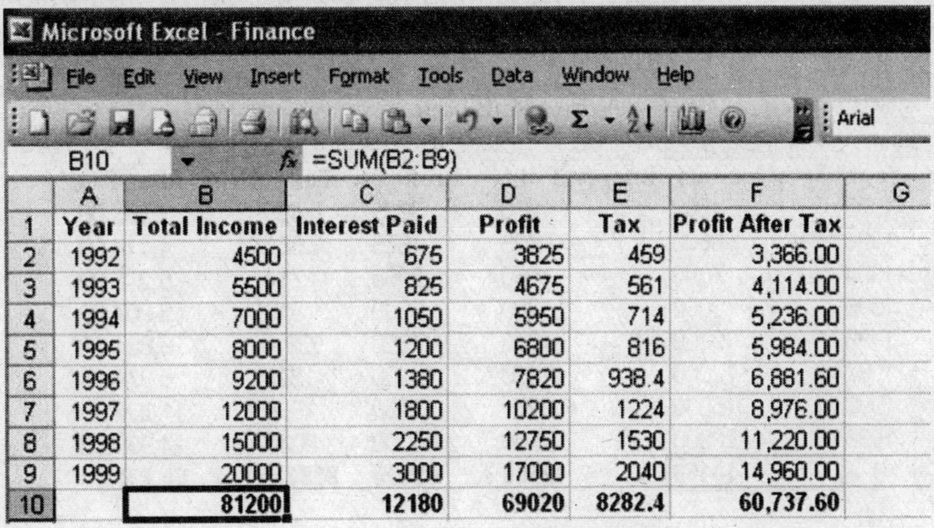

Microsoft Excel - Finance

File Edit View Insert Format Tools Data Window Help

B10 =SUM(B2:B9)

	A	B	C	D	E	F	G
1	Year	Total Income	Interest Paid	Profit	Tax	Profit After Tax	
2	1992	4500	675	3825	459	3,366.00	
3	1993	5500	825	4675	561	4,114.00	
4	1994	7000	1050	5950	714	5,236.00	
5	1995	8000	1200	6800	816	5,984.00	
6	1996	9200	1380	7820	938.4	6,881.60	
7	1997	12000	1800	10200	1224	8,976.00	
8	1998	15000	2250	12750	1530	11,220.00	
9	1999	20000	3000	17000	2040	14,960.00	
10		81200	12180	69020	8282.4	60,737.60	

हम इन headings पर फॉरमेटिंग भी कर सकते हैं जैसे Bold, center alignment आदि। इससे वे अलग हटकर दिखाई देंगी।

अब नम्बर डाटा टाइप करते हैं। सबसे पहले सालों (years) को टाइप करते हैं। अब AZ cell में 1992 टाइप करो और enter key दबाओ। Enter करते ही cell selectror तो A3 में आ जायेगा और डाटा दाहिनी तरफ हो जायेगा, क्योंकि एक्सेल में by default (अपने आप) ही नम्बर right align (दाहिनी तरफ) सेल होते हैं। ऐसे ही 1993 व 1999 तक टाइप कर लें।

इसी तरह पूरी आय (Total income) हैडिंग के नीचे B2 cell में 4,222 आदि लाइन टाइप करें। देखें चित्र 5.18।

अब B9 तक के cell पर डाटा है। अगला हैडिंग ब्याज दर (interest paid) है। हाँ, अपनी फाइल को save करना ना भूलें। क्योंकि अचानक से बिजली चली गई।

मान लीजिये हमारे पास किसी company का फाइनेनशियल चार्ट हैं जैसा नीचे दिया गया है–

जैसा तुम देख रहे हो कि कुछ क्षेत्र ऐसे हैं जो अभी गणना किये जाने शेष हैं। यह तुम्हारे लिए बहुत अच्छा पाठ है।

चलो शुरु से स्टार्ट करते हैं जैसे माइक्रोसॉफ्ट एक्सेल 2003 start करते हैं। एक खाली वर्कशीट तुम्हारे सामने आयेगी।

सबसे पहले तुम्हे Al cell में साल टाइप करना है फिर Enter key दबाओ। यही शब्द तुम्हें formula bar पर भी दिखाई देगा। फिर B1 में आय (Total income)।

Average Function

Cell की वेल्यू को औसत को केल्कूलेट (गणना) करने के लिए Average function का प्रयोग करते हैं।

1. उस cell पर क्लिक करो जहाँ फॉरमूला देना है।
2. equal to (=) का चिन्ह टाइप करो और Average टाइप करो और बांयी तरफ का ब्रेकेट चिन्ह (left paranthesis) लगाओ।

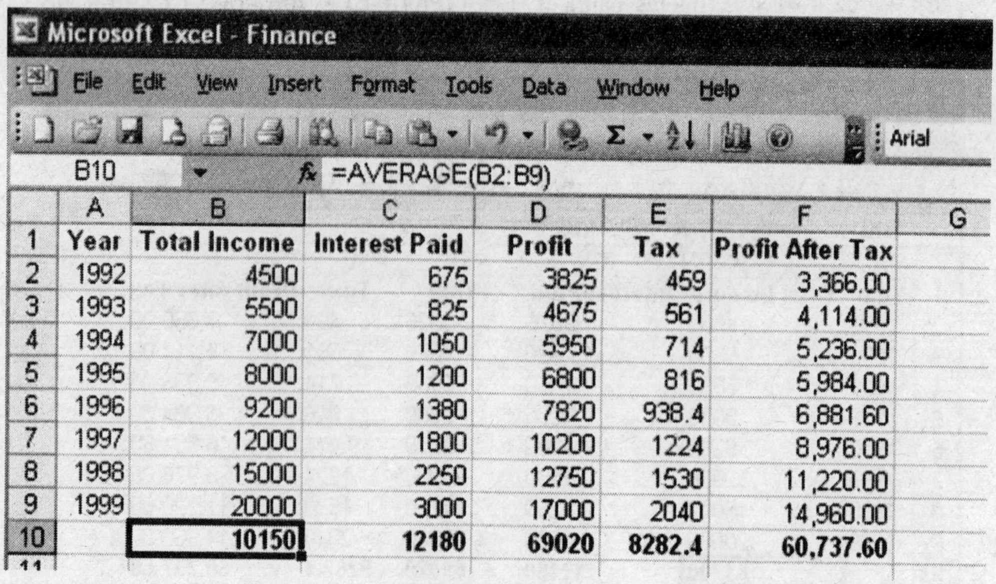

Microsoft Excel - Finance

File Edit View Insert Format Tools Data Window Help

Arial

B10 =AVERAGE(B2:B9)

	A	B	C	D	E	F	G
1	Year	Total Income	Interest Paid	Profit	Tax	Profit After Tax	
2	1992	4500	675	3825	459	3,366.00	
3	1993	5500	825	4675	561	4,114.00	
4	1994	7000	1050	5950	714	5,236.00	
5	1995	8000	1200	6800	816	5,984.00	
6	1996	9200	1380	7820	938.4	6,881.60	
7	1997	12000	1800	10200	1224	8,976.00	
8	1998	15000	2250	12750	1530	11,220.00	
9	1999	20000	3000	17000	2040	14,960.00	
10		**10150**	**12180**	**69020**	**8282.4**	**60,737.60**	
11							

3. उन cell को drag करो जिनका Average लेना है।
4. Enter key दबाओ।

याद रखें–

1. खाली cell average में नहीं गिने जाते हैं।

Function विजार्ड का प्रयोग

Sum और Average तो केवल 3 ही function है जो ज्यादातर प्रयोग होते हैं जबकि एक्सेल 2003 बहुत सारे functions है। इच्छानुसार रिजल्ट पाने के लिए किसी भी फंक्शन को प्रयोग किया जा सकता है। जहाँ फॉरमूला लेना है उसे क्लिक करके, विजार्ड में से फंक्शन को चुन कर select करके स्टैण्डर्ड टूल बार पर से पेस्ट फंक्शन बटन पर क्लिक करें। पेस्ट फंक्शन विजार्ड कुछ चरणों के द्वारा फॉरमूला तैयार करता है।

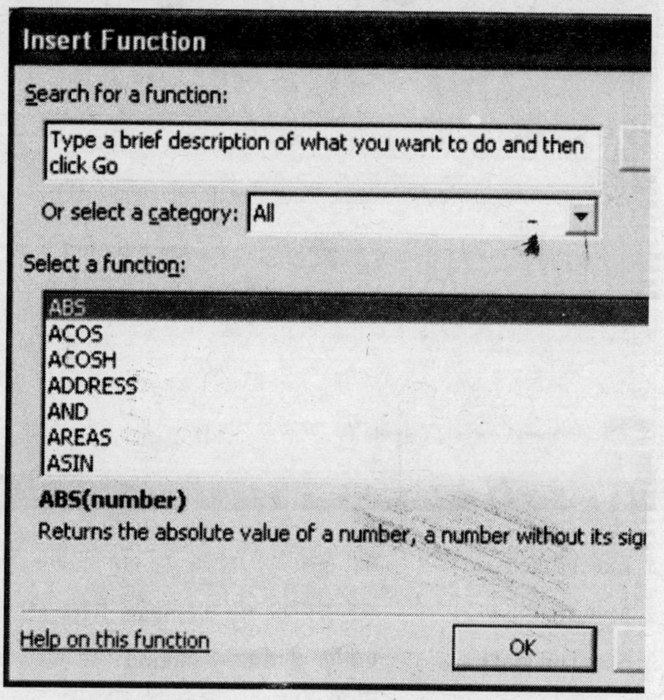

1. फॉमूले के लिए उचित जगह पर क्लिक करें।
2. स्टैण्डर्ड टूल बार पर से पेस्ट फंक्शन विजार्ड पर क्लिक करें।
3. पेस्ट फंक्शन का डॉयलोग बॉक्स खुलेगा। उसमें से category सेलेक्ट करें फिर फंक्शन सेलेक्ट करें।
4. OK पर क्लिक करें।
5. फंक्शन आपके cell में होगा।

माइक्रोसॉफ्ट ऑफिस एक्सेल 2003 को समझना

हम माइक्रोसॉफ्ट एक्सेल तीन तरीकों से शुरु कर सकते हैं–

1. स्टार्ट (start) बटन से
2. माइक्रोसॉफ्ट ऑफिस एक्सेल 2003 के ऑइकन से
3. विंडोज एक्सप्लोरर (Explorer) से

तीनों case में एक खाली वर्कशीट हमारे सामने आ जाएगी।

वर्कशीट पर बहुत से options हैं जो चित्र 5.15 में हैं। ये सभी टूल सॉफ्टवेयर के साथ काम करने में काफी सहायक हैं–

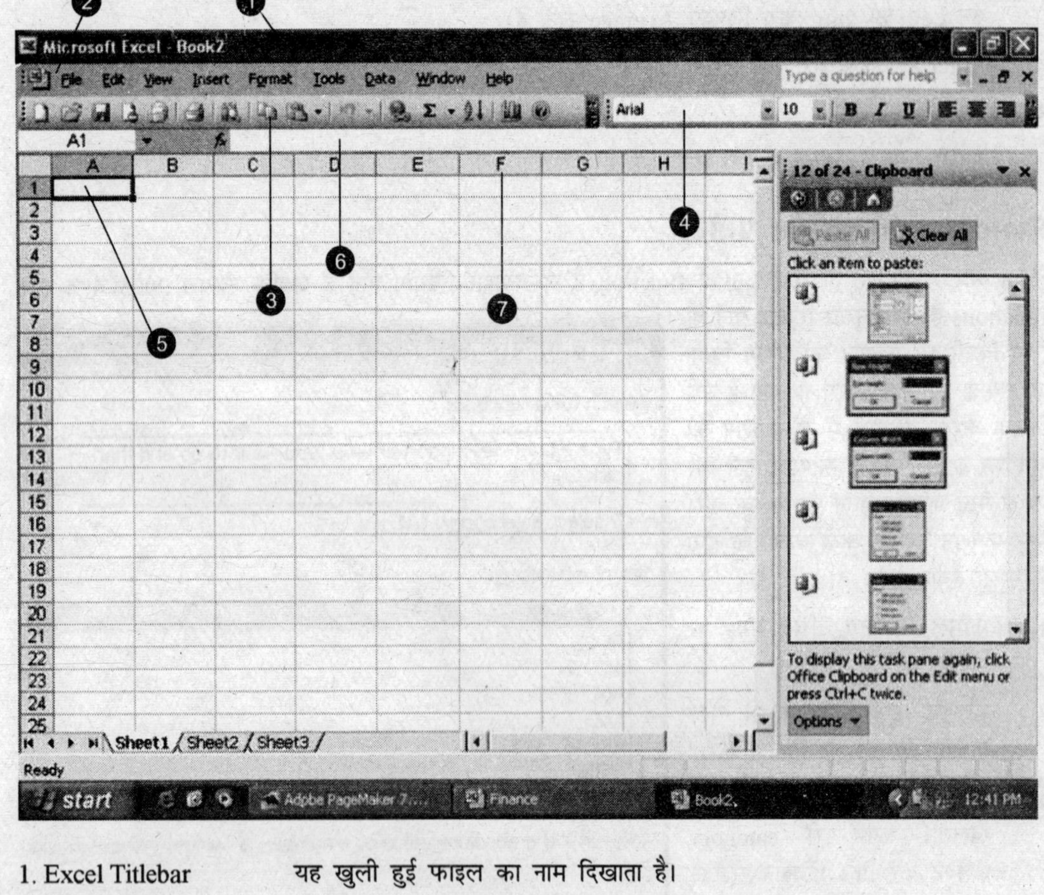

1. Excel Titlebar — यह खुली हुई फाइल का नाम दिखाता है।
2. Menu bar — इस टूल बार पर सारे menu लिखे हैं।
3. Standard tool bar — एक्सेल के विभिन्न options को करने के लिए विभिन्न टूल का shortcut यहाँ मौजूद है।
4. Formatting tool bar — यह current cell का font दिखाता है और फॉरमेट करने के लिए विभिन्न options देता है।
5. Selected cell — जिस cell पर आप काम कर रहे हो या जो current cell हैं उसे दिखाता है।
6. Formula Bar — जो matter आप cell में टाइप कर रहे हो यह उसे दिखाता है।
7. Column's header — यह कॉलम का header है जो पूरे कॉलम को indicate करता है।
8. Rows — यह लाइन है यह दिखाता है।
9. Scroll buttons — यह वर्कशीट पर move करने के लिए है।
10. Sheet selector — तुम यहाँ से विभिन्न शीट को select कर सकते हो।

कुछ ओर options भी शीट पर हैं जैसे–

1. Close button	:	सॉफ्टवेयर को close करने के लिए
2. Toggle button	:	यह बटन शीट को minimize (छोटा करने) और maximize (बड़ा करना) करने के लिए होता है। मतलब यह दोतरफा काम करता है।
3. Minimize button	:	यह शीट को task bar पर ऑइकन की तरह रखने के लिए होता है।

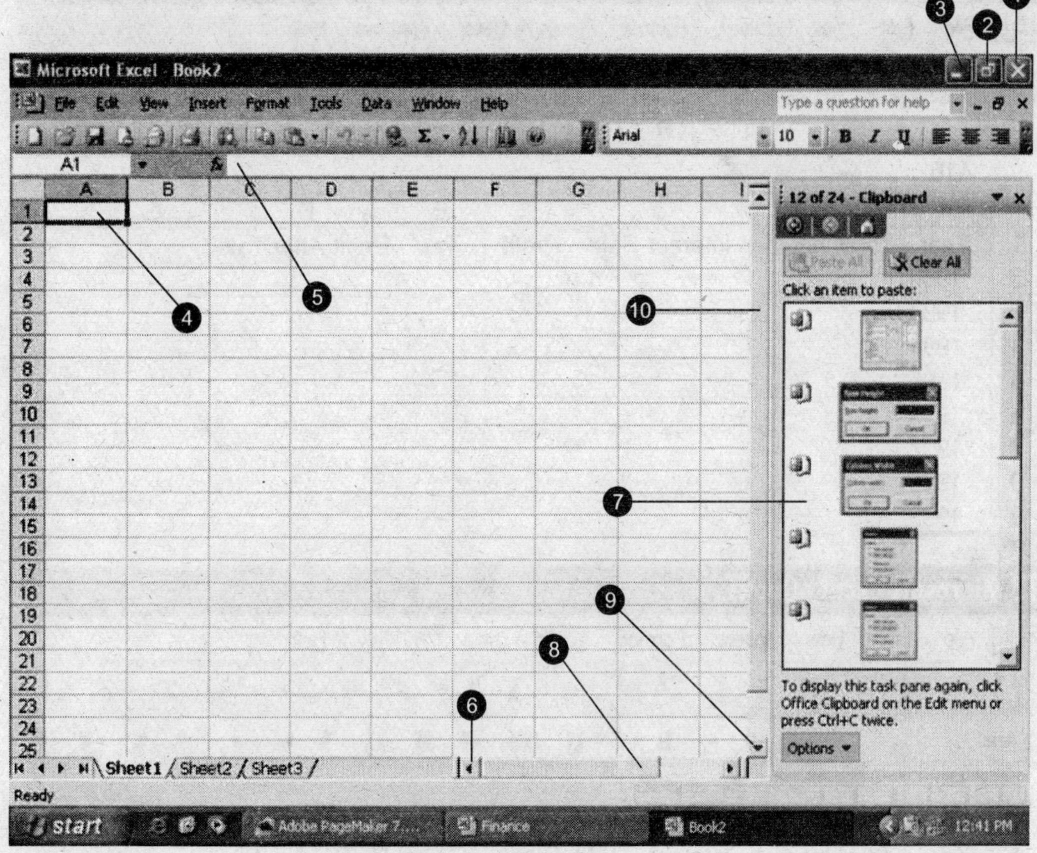

4. Cell block	:	यह block हमेशा दिखाई देगा। यह उस cell को बताता है जिसमें आप काम कर रहे हो।
5. Horizontal scroll bar	:	यह शीट को बांए से दांए करने में मदद् करता है।
6. Vertical scroll bar	:	यह शीट को ऊपर से नीचे move करने के लिए सहायता करता है।
7. Office assistant	:	सहायता लेने के लिए इस पर क्लिक करें।

एक्सेल 2003 में वर्कशीट तैयार करना

हमने कुछ commands सीखी हैं जो वर्कशीट में प्रयोग होती हैं। चलो तो अब एक वर्कशीट बनाते हैं और इन commands को साथ ही साथ प्रयुक्त करके देखते हैं कि ये किस तरह का काम करती हैं। तो आपकी फाइल बेकार हो जायेगी। इसलिए Crtl + S दबायें और पुाइल को नाम देकर save करें। माना कि आपने फाइल को save करने के लिए finance नाम दिया। तो आपकी फाइल finance XLS के नाम से save हो जायेगी।

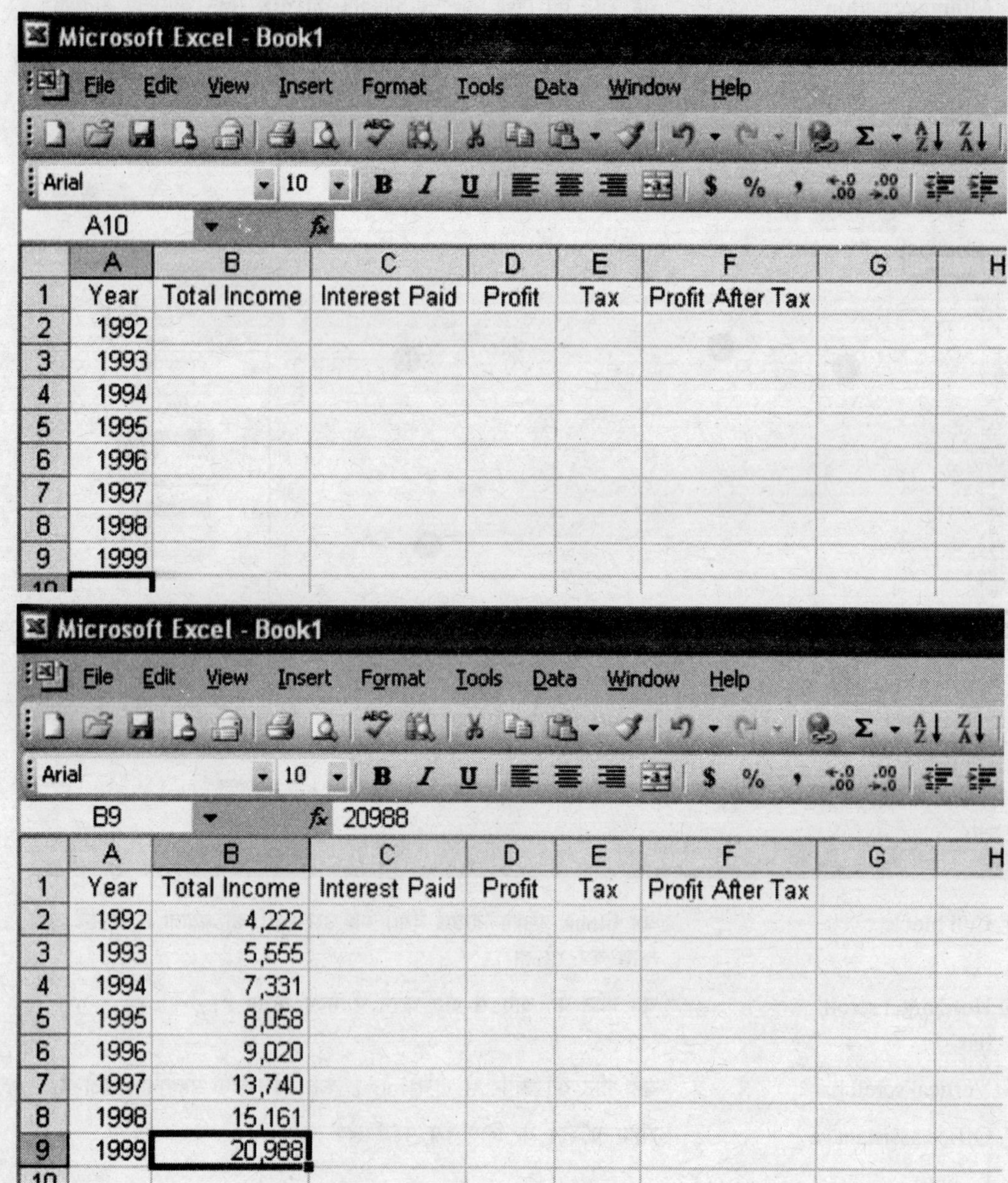

	A	B	C	D	E	F	G	H
1	Year	Total Income	Interest Paid	Profit	Tax	Profit After Tax		
2	1992							
3	1993							
4	1994							
5	1995							
6	1996							
7	1997							
8	1998							
9	1999							

	A	B	C	D	E	F	G	H
1	Year	Total Income	Interest Paid	Profit	Tax	Profit After Tax		
2	1992	4,222						
3	1993	5,555						
4	1994	7,331						
5	1995	8,058						
6	1996	9,020						
7	1997	13,740						
8	1998	15,161						
9	1999	20,988						

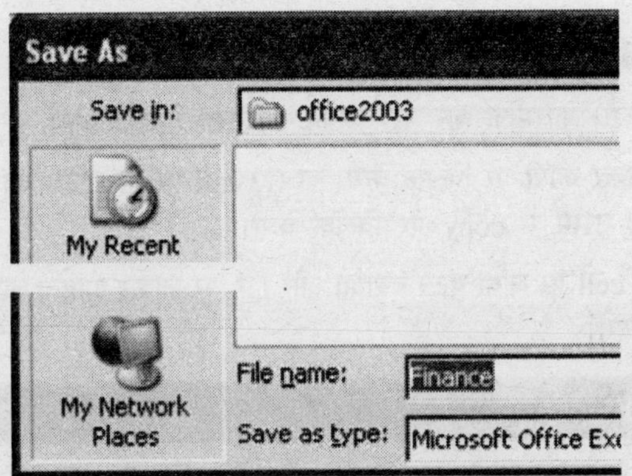

चलो अब कुछ मजेदार काम पर चलते हैं। अब तक तो तुमने वही टाइप किया जो उपलब्ध था। लेकिन अब figures को केल्कूलेट (गणना) करनी होगी। कॉलम C ब्याज (interest paid) है जो इस फॉरमूले से केलकूलेट होगा–

$$\text{Interest paid} = \frac{\text{Total income} \times 20}{100}$$

कम्पयूटरी भाषा में ट्रान्सलेट करें तो

C2 = sum (B2 * 20/100)

= (eqlal to) का चिन्ह लगाकर C2 cell में टाइप करो और Enter key दबाकर रिजल्ट देखो। उत्तर आया है 844.40। इसे manually गणना करके देखते हैं कि रिजल्ट सही है या नहीं।

$$\text{ब्याज} = \text{आय} \times 22/100$$

$$= \frac{4{,}222 \times 20}{100} = \frac{84440}{100} = 844.40$$

उत्तर विकल्प सही है। अब यही फॉरमूला C9 तक कॉपी करना है।

क्या हम हर cell में बार-बार यही फॉरमूला लिखेंगे नहीं इसके लिए एक्सेल में अलग तरीका है। देखिये केसे–

Microsoft Excel - Finance

File Edit View Insert Format Tools Data Window Help

Arial 10

C2 =SUM(B2*20/100)

	A	B	C	D	E	F	G	H
1	Year	Total Income	Interest Paid	Profit	Tax	Profit After Tax		
2	1992	4,222	844.4					
3	1993	5,555						
4	1994	7,331						
5	1995	8,058						

फॉरमूला कॉपी करना

1. C2 cell पर क्लिक करो। फॉरमूला बार पर उसका फॉरमूला दिखाई देगा।
2. अब Edit menu से जाकर कॉपी पर क्लिक करो। या C2 cell पर ही माउस का दाहिना बटन दबाओ तो एक popup menu खुलेगा। उसमें से copy पर क्लिक करो।
3. कॉपी करने के बाद C3 cell पर बांया बटन दबाओ और C3 पर जाकर दाहिना बटन दबाकर डॉयलोग बॉक्स में से paste पर क्लिक करो।

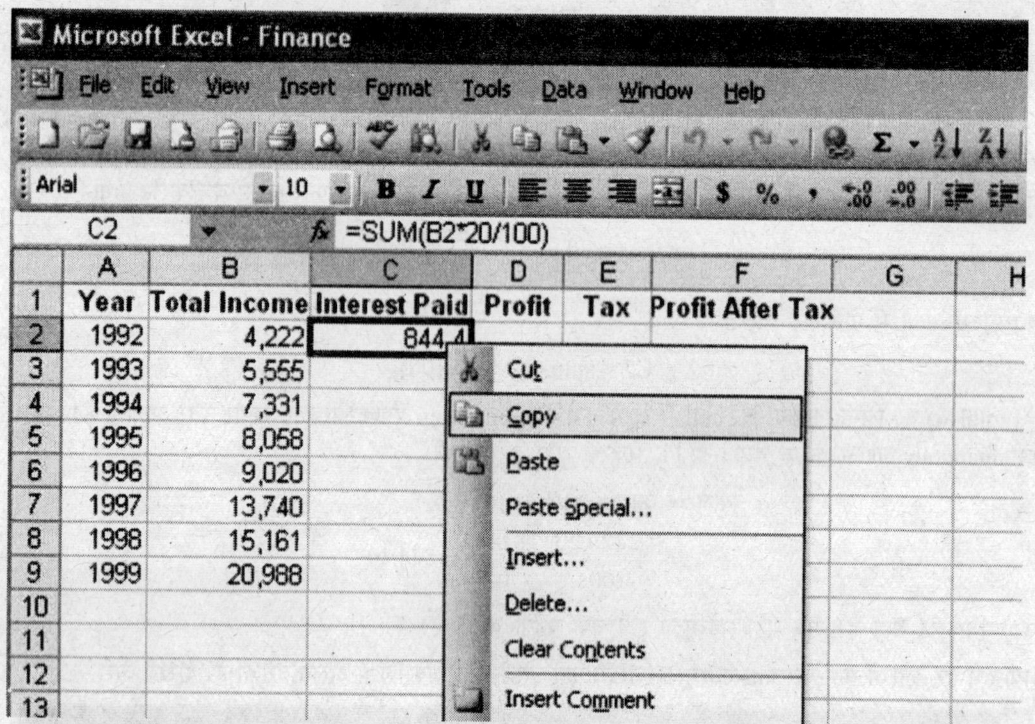

4. तुरन्त ही फॉरमूला आपके अगले cell में कॉपी को जायेगा।

   आप देखोगे कि फॉरमूले में B2 की जगह 33 हो गया है। क्यों, है ना अछा? क्योंकि अब हमें अगले साल की आय पर 20% गणना करता था, एक्सेल ने अपने आप ही cell का Address फॉरमूले में बदल दिया। इसे relative referencing कहते हैं और यह एक्सेल का लाभदायक feature (गुण) है।
5. इसी तरह से C4 से C9 तक फॉरमूले को कॉपी करें।
6. फिर स्क्रीन पर इस तरह से दिखाई देगा।

याद रखें–

1. स्क्रीन पर कॉपी के बाद डॉटेड लाइन (Dotted blinking line) C2 के चारों ओर दिखाई देंगी उसे आप ESc key को दबाकर हटा सकते हो।

Microsoft Excel - Finance

File Edit View Insert Format Tools Data Window Help

Arial 10

C3 =SUM(B3*20/100)

	A	B	C	D	E	F	G	H
1	Year	Total Income	Interest Paid	Profit	Tax	Profit After Tax		
2	1992	4,222	844.4					
3	1993	5,555	1111					
4	1994	7,331						
5	1995	8,058						
6	1996	9,020						
7	1997	13,740						
8	1998	15,161						
9	1999	20,988						

Cut
Copy
Paste
Paste Special...
Insert...

Microsoft Excel - Finance

File Edit View Insert Format Tools Data Window Help

Arial 10

C9 =SUM(B9*20/100)

	A	B	C	D	E	F	G	H
1	Year	Total Income	Interest Paid	Profit	Tax	Profit After Tax		
2	1992	4,222	844.4					
3	1993	5,555	1111					
4	1994	7,331	1466.2					
5	1995	8,058	1611.6					
6	1996	9,020	1804					
7	1997	13,740	2748					
8	1998	15,161	3032.2					
9	1999	20,988	4197.6					
10								

तुम नोटिस करोगे कि कुछ figures पर डेसीमल प्वाइन्ट है कुछ पर नहीं यह देखने में अच्छा नहीं है। उसके लिए निम्नलिखित प्रक्रिया है–

1. C2 से लेकर C9 तक के cells को सेलेक्ट करो।
2. Format menu में जाकर cells पर क्लिक करो। खुले हुए डॉयलोग बॉक्स में से नम्बर पैनल पर जाओ।

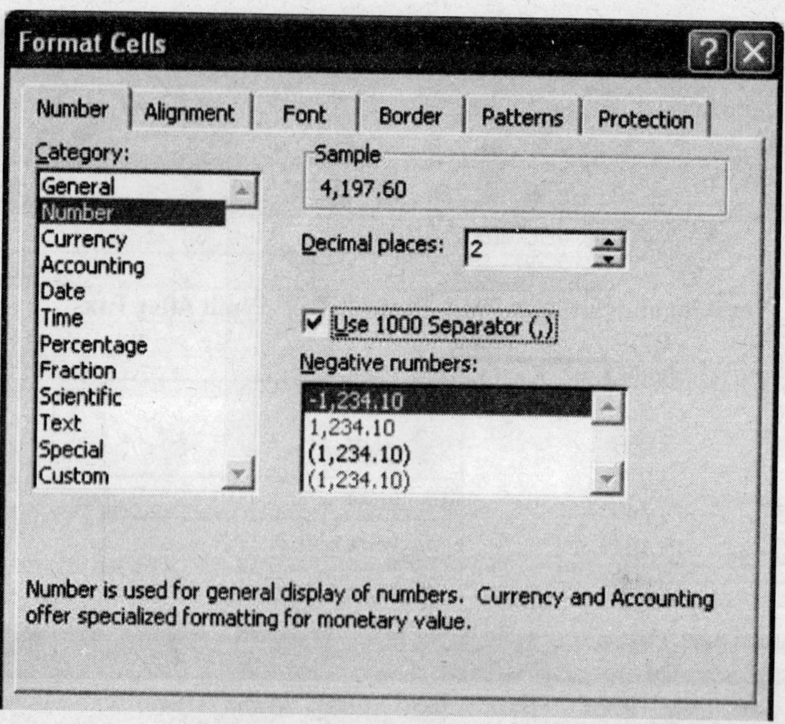

3. वहाँ पर Decimal place में 3 और use 1000 separator (,) को टिक (Tick) करो। और OK पर क्लिक करो।

4. सभी cells में 2 स्थान तक डेसीमल आ जायेंगी। देखें (चित्र 5.23)

Microsoft Excel - Finance

File Edit View Insert Format Tools Data Window Help

Arial 10

C9 =SUM(B9*20/100)

	A	B	C	D	E	F	G	H
1	Year	Total Income	Interest Paid	Profit	Tax	Profit After Tax		
2	1992	4,222	844.40					
3	1993	5,555	1,111.00					
4	1994	7,331	1,466.20					
5	1995	8,058	1,611.60					
6	1996	9,020	1,804.00					
7	1997	13,740	2,748.00					
8	1998	15,161	3,032.20					
9	1999	20,988	4,197.60					

चलो अब अगले कॉलम पर चलते हैं। अगला कॉलम है लाभ (Profit). जिसमें कुछ खास नहीं बस आय (income) में से ब्याज (interest) घटा देंगे। जैसे–

Profit = Income – Interest

Microsoft Excel - Finance

File Edit View Insert Format Tools Data Window Help

Arial 10

D2 =SUM(B2-C2)

	A	B	C	D	E	F	G
1	Year	Total Income	Interest Paid	Profit	Tax	Profit After Tax	
2	1992	4,222	844.40	3,377.6			
3	1993	5,555	1,111.00				
4	1994	7,331	1,466.20				
5	1995	8,058	1,611.60				

कॉम्प्यूटरी भाषा में

D2 = B2 – C3

तो, D2 में यह फॉरमूला लिखें = sum (B2 – C2) और Enters की दबायें। manually भी गणना करके देखो कि उत्तर सही है या नहीं। 4222 – 844.40 = 3,377.6। उत्तर सही है। अब D3 से D9 तक फॉरमूले को कॉपी व पेस्ट (Paste) करें। देखें चित्र 5.24।

Microsoft Excel - Finance

File Edit View Insert Format Tools Data Window Help

Arial 10

D3 =SUM(B3-C3)

	A	B	C	D	E	F	G	H
1	Year	Total Income	Interest Paid	Profit	Tax	Profit After Tax		
2	1992	4,222	844.40	3,377.6				
3	1993	5,555	1,111.00	4,444.0				
4	1994	7,331	1,466.20	5,864.8				
5	1995	8,058	1,611.60	6,446.4				
6	1996	9,020	1,804.00	7,216.0				
7	1997	13,740	2,748.00	10,992.0				
8	1998	15,161	3,032.20	12,128.8				
9	1999	20,988	4,197.60	16,790.4				

Microsoft Excel - Finance

File Edit View Insert Format Tools Data Window Help

Arial 10

E2 =SUM(D2*10/100)

	A	B	C	D	E	F	G
1	Year	Total Income	Interest Paid	Profit	Tax	Profit After Tax	
2	1992	4,222	844.40	3,377.6	337.8		
3	1993	5,555	1,111.00	4,444.0			
4	1994	7,331	1,466.20	5,864.8			
5	1995	8,058	1,611.60	6,446.4			
6	1996	9,020	1,804.00	7,216.0			
7	1997	13,740	2,748.00	10,992.0			

पहले की तरह ही इसे भी 2 स्थान डेसीमल प्वाइन्ट वाली फॉरमेटिंग कर दें।

अगला कॉलम है टैक्स। इसकी गणना के लिए लाभ का 10% निकालना है।

टैक्स (Tax) = लाभ (Profit) × 10/100

कम्पयूटरी भाषा में

E2 = sum (D2 * 10/100)

Microsoft Excel - Finance

File Edit View Insert Format Tools Data Window Help

Arial 10

E2 =SUM(D2*10/100)

	A	B	C	D	E	F	G
1	Year	Total Income	Interest Paid	Profit	Tax	Profit After Tax	
2	1992	4,222	844.40	3,377.6	337.76		
3	1993	5,555	1,111.00	4,444.0	444.40		
4	1994	7,331	1,466.20	5,864.8	586.48		
5	1995	8,058	1,611.60	6,446.4	644.64		
6	1996	9,020	1,804.00	7,216.0	721.60		
7	1997	13,740	2,748.00	10,992.0	1,099.20		
8	1998	15,161	3,032.20	12,128.8	1,212.88		
9	1999	20,988	4,197.60	16,790.4	1,679.04		

Microsoft Excel - Finance

File Edit View Insert Format Tools Data Window Help

F9 =SUM(D9-E9)

	A	B	C	D	E	F	G	H
1	Year	Total Income	Interest Paid	Profit	Tax	Profit After Tax		
2	1992	4,222	844.40	3,377.6	337.76	3,039.84		
3	1993	5,555	1,111.00	4,444.0	444.40	3,999.60		
4	1994	7,331	1,466.20	5,864.8	586.48	5,278.32		
5	1995	8,058	1,611.60	6,446.4	644.64	5,801.76		
6	1996	9,020	1,804.00	7,216.0	721.60	6,494.40		
7	1997	13,740	2,748.00	10,992.0	1,099.20	9,892.80		
8	1998	15,161	3,032.20	12,128.8	1,212.88	10,915.92		
9	1999	20,988	4,197.60	16,790.4	1,679.04	15,111.36		
10								
11								
12								

इस फॉरमूले को E2 cell में = (equal to) का चिन्ह लगाकर टाइप करो। Enter key दबाओ और रिजल्ट देखो। इस फॉरमूले को E9 तक कॉपी न Paste करो।

अगा कॉलम है टैक्स के बाद लाभ (Profit after tax) इसके लिए लाभ (Profit) में से टैक्स को घटा कर जो value आयेगी वह हमारा है पूरा लाभ। इसके लिए F2 में = (equal to) का चिन्ह लगाकर = sum (D2 – E2) टाइप करें। फॉरमूले को F9 तक कॉपी व Paste करें। देखें चित्र 5.26।

लेकिन अभी sheet पूरी नहीं हुई है। अभी हमे सबका जोड़ भी करना है। उसके लिए निम्नलिखित प्रक्रिया है–

1. B2 से B10 तक सेलेक्ट करें।
2. स्टैण्डर्ड टूल बार पर से Σ ऑटोसम बटन पर क्लिक करें।
3. यह B10 नाम के cell में B2 में B9 तक का जोड़ आ जायेगा।
4. Enter पर क्लिक करें।

इसी तरह से C2 से C9 तक का जोड़ C10 में, D2 से D9 तक का सम (sum) D10 में, E2 से E9 तक का जोड़ E10 में, F2 से F9 तक का जोड़ F10 में करें।

अब हम कह सकते हैं हमारी शीट पूरी हो गई है। लेकिन यदि तुम कुछ बदलना चाहते हो तो वह भी तुम कर सकते हो। यदि एक्सेल का मुख्य लाभ है। मान लीजिये, कि आपको 1996 की income 9,020 की जगह 9,200 करना है जो गलती से आपने गलत टाइप कर दिया है। बदलकर देखो और रिजल्ट देखो। है ना आश्यचर्यजनक।

आप सोच रहे थे कि अब सारी गणना भी दोबारा करनी पड़ेगी। नहीं, आय के बदलते ही सारी गणनाएं भी अपने आप बदल गई। क्योंकि यह इलैक्ट्रॉनिक स्प्रेडशीट है।

Microsoft Excel - Finance

File Edit View Insert Format Tools Data Window Help

Arial 10 B I U $ % ,

B10 =SUM(B2:B9)

	A	B	C	D	E	F	G
1	Year	Total Income	Interest Paid	Profit	Tax	Profit After Tax	
2	1992	4,222	844.40	3,377.6	337.76	3,039.84	
3	1993	5,555	1,111.00	4,444.0	444.40	3,999.60	
4	1994	7,331	1,466.20	5,864.8	586.48	5,278.32	
5	1995	8,058	1,611.60	6,446.4	644.64	5,801.76	
6	1996	9,020	1,804.00	7,216.0	721.60	6,494.40	
7	1997	13,740	2,748.00	10,992.0	1,099.20	9,892.80	
8	1998	15,161	3,032.20	12,128.8	1,212.88	10,915.92	
9	1999	20,988	4,197.60	16,790.4	1,679.04	15,111.36	
10		84,075					
11							
12							

यही केलकूलेशन यदि एक केशियर को manually करनी पड़ती तो इस Balance sheet को बनाने में उसे कितना समय लग जाता। लेकिन यही काम स्प्रेडशीट पर पलक झपकते ही हो गया।

Microsoft Excel - Finance

File Edit View Insert Format Tools Data Window Help

Arial 10 B I U $ % ,

F10 =SUM(D10-E10)

	A	B	C	D	E	F	G
1	Year	Total Income	Interest Paid	Profit	Tax	Profit After Tax	
2	1992	4,222	844.40	3,377.6	337.76	3,039.84	
3	1993	5,555	1,111.00	4,444.0	444.40	3,999.60	
4	1994	7,331	1,466.20	5,864.8	586.48	5,278.32	
5	1995	8,058	1,611.60	6,446.4	644.64	5,801.76	
6	1996	9,020	1,804.00	7,216.0	721.60	6,494.40	
7	1997	13,740	2,748.00	10,992.0	1,099.20	9,892.80	
8	1998	15,161	3,032.20	12,128.8	1,212.88	10,915.92	
9	1999	20,988	4,197.60	16,790.4	1,679.04	15,111.36	
10		84,075	16,815.00	67,260.0	6,726.00	60,534.00	
11							

Microsoft Excel - Finance

File Edit View Insert Format Tools Data Window Help

Arial 10

B6 fx 9200

	A	B	C	D	E	F	G	H
1	Year	Total Income	Interest Paid	Profit	Tax	Profit After Tax		
2	1992	4,222	844.40	3,377.6	337.76	3,039.84		
3	1993	5,555	1,111.00	4,444.0	444.40	3,999.60		
4	1994	7,331	1,466.20	5,864.8	586.48	5,278.32		
5	1995	8,058	1,611.60	6,446.4	644.64	5,801.76		
6	1996	9,200	1,840.00	7,360.0	736.00	6,624.00		
7	1997	13,740	2,748.00	10,992.0	1,099.20	9,892.80		
8	1998	15,161	3,032.20	12,128.8	1,212.88	10,915.92		
9	1999	20,988	4,197.60	16,790.4	1,679.04	15,111.36		
10		84,255	16,851.00	67,404.0	6,740.40	60,663.60		

चलो अपनी वर्कशीट पर वापिस आते हैं। अभी कुछ काम और बाकी है। सबसे पहले इसे decorate यानि इसकी साज-सज्जा करते हैं। यह काम Auto format command से होगा। उसके बाद इसका प्रीव्यू देखेंगे और प्रिन्ट command देंगे।

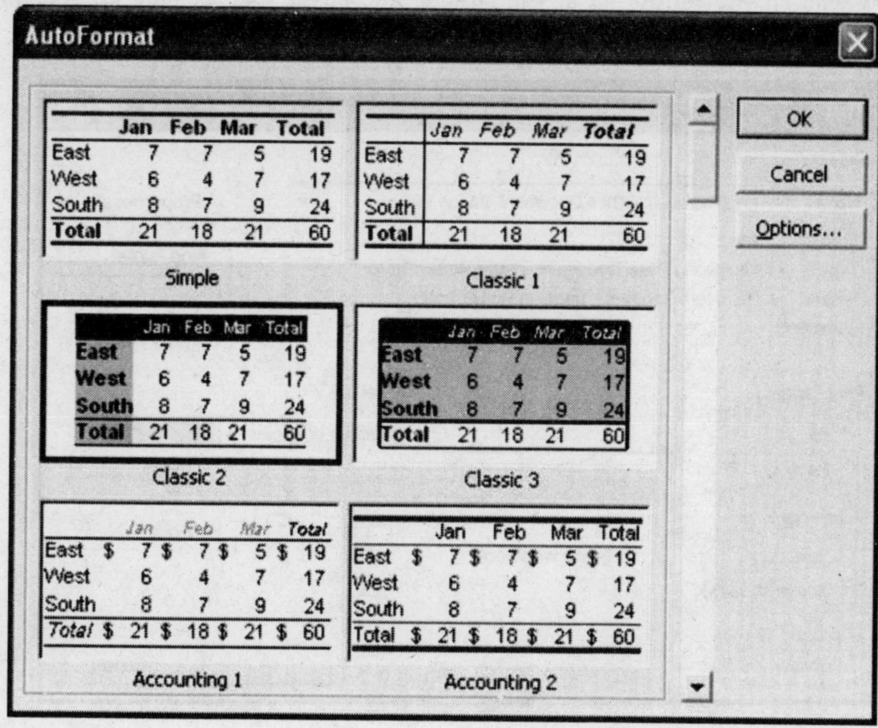

Microsoft Excel - Finance

File Edit View Insert Format Tools Data Window Help

Arial 10 B I U $ %

F10 fx =SUM(D10-E10)

	A	B	C	D	E	F	G
1	Year	Total Income	Interest Paid	Profit	Tax	Profit After Tax	
2	1992	4,222	844.40	3,377.6	337.76	3,039.84	
3	1993	5,555	1,111.00	4,444.0	444.40	3,999.60	
4	1994	7,331	1,466.20	5,864.8	586.48	5,278.32	
5	1995	8,058	1,611.60	6,446.4	644.64	5,801.76	
6	1996	9,200	1,840.00	7,360.0	736.00	6,624.00	
7	1997	13,740	2,748.00	10,992.0	1,099.20	9,892.80	
8	1998	15,161	3,032.20	12,128.8	1,212.88	10,915.92	
9	1999	20,988	4,197.60	16,790.4	1,679.04	15,111.36	
10		84,255	16,851.00	67,404.0	6,740.40	60,663.60	
11							
12							

अब मैं पूरी तरह निश्चित हूँ कि अब आपके अन्दर इतना विश्वास आ चुका है कि आप इसी तरह की बैलेंस शीट खुद भी तैयार कर सकते हो। अरे! इसी तरह की ही क्यों, किसी भी तरह की शीट तैयार कर सकते हो। अपने आप इसे कीजिये और सॉफ्टवेयर के अपने ज्ञान को बढ़ाइये।

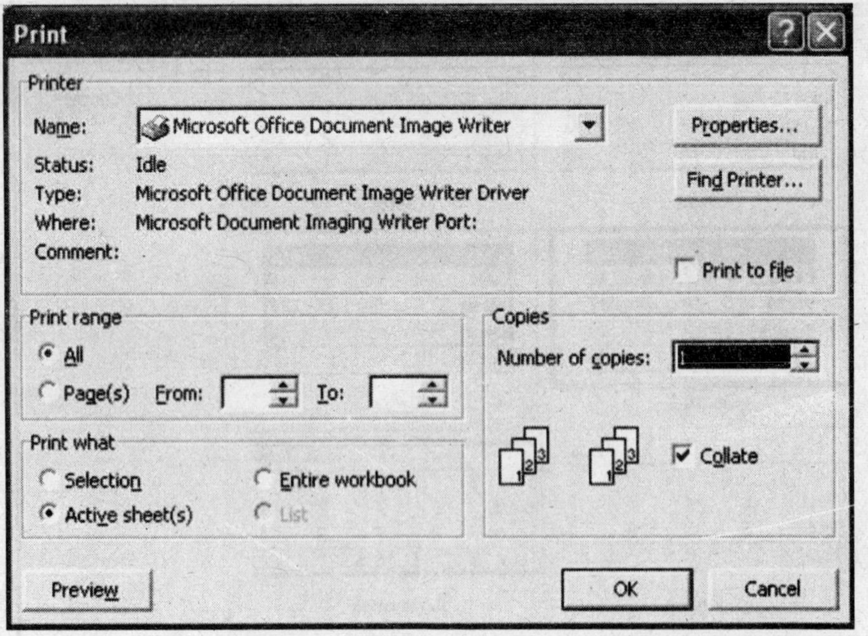

एक्सेल 2003 की एडवांस तकनीक

अब मैं आपको एक्सेल की विभिन्न ओर कमान्ड की तरफ ले चलती हूँ जो एक्सेल के लिए नयी नहीं है लेकिन सॉफ्टवेयर की बढ़िया प्रयोग के लिए जरुरी है।

ऑडिटिंग करना (चेकिंग करना)

गलत फॉरमूले की वजह से बोगस रिजल्ट से बचने के लिए तुम चेक कर सकते हो कि एक फॉरमूले में डाटा काँ से आया है।

फॉरमूले की ट्रेसिंग करने के लिए

1. उन cell को select करो जिसमें फॉरमूला है।
2. Tools menu से फॉरमूला ऑडिटिंग को चुनें। उसमें से ट्रेस प्रीसिटेंट्स (Trace precedents) को चुनें।
3. फॉरमूले के सभी Precedents (यानि फॉरमूले में कौन-कौन सी figure प्रयोग हुई है) हाईलाइट हो जायेंगे। देखें चित्र 5.30.

Microsoft Excel - Finance

File Edit View Insert Format Tools Data Window Help

Arial 10 B I U $ %

F10 =SUM(D10-E10)

	A	B	C	D	E	F	G
1	Year	Total Income	Interest Paid	Profit	Tax	Profit After Tax	
2	1992	4,222	844.40	3,377.6	337.76	3,039.84	
3	1993	5,555	1,111.00	4,444.0	444.40	3,999.60	
4	1994	7,331	1,466.20	5,864.8	586.48	5,278.32	
5	1995	8,058	1,611.60	6,446.4	644.64	5,801.76	
6	1996	9,200	1,840.00	7,360.0	736.00	6,624.00	
7	1997	13,740	2,748.00	10,992.0	1,099.20	9,892.80	
8	1998	15,161	3,032.20	12,128.8	1,212.88	10,915.92	
9	1999	20,988	4,197.60	16,790.4	1,679.04	15,111.36	
10		84,255	16,851.00	67,404.0	6,740.40	60,663.60	

याद रखें–

1. फॉरमूले के डाटा को दिखाने के लिए जो arrow दिखाई देंगे उन्हें Auditing के menu में remove all arrow से हटायें।
2. ऑडिटिंग टूल बार से ट्रेस प्रीसिडेन्टस और remove all arrow दो बटन होते हैं। ऑडिटिंग टूल बार देखने के लिए ऑडिटिंग के menu में से show aditing tool bar पर क्लिक करें।

कमेंट इन्सर्ट करना

कमेंट वह छोटी-सा नोट होता है जो किसी cell को इन्फॉरमेंशन देने के लिए होता है। यह कुछ व्यक्तियों को वर्कशीट के बारे में कुद याद दिखाने के भी योग्य है।

कमेंट डालने के लिए

1. उस cell को सेलेक्ट करो जिसे कमेंट देना है।
2. Insert menu से कमेंट (comment) को चुनें।
3. पीले रंग का छोटा-सा बॉक्स उस cell के किनारे पर खुलेगा और उसमतें तुम्हारा नाम भी दिखाई देगा। उसमें कमेंट देने के लिए text टाइप करो।
4. उस बॉक्स को बन्द करने के लिए किसी दूसरे cell पर क्लिक करो।

याद रखें–

1. जिस cell पर कमेंट दिया है उस cell के किनारे पर एक लाल रंग का तिकोना-सा मार्क दिखाई देगा। कमेंट देखने के लिए माउस के प्वाइंटर को उसके ऊपर घुमायें।
2. कमेंट को हटाने के लिए cell पर माउस का दाहिना क्लिक करें और Delete comment को चुनें।

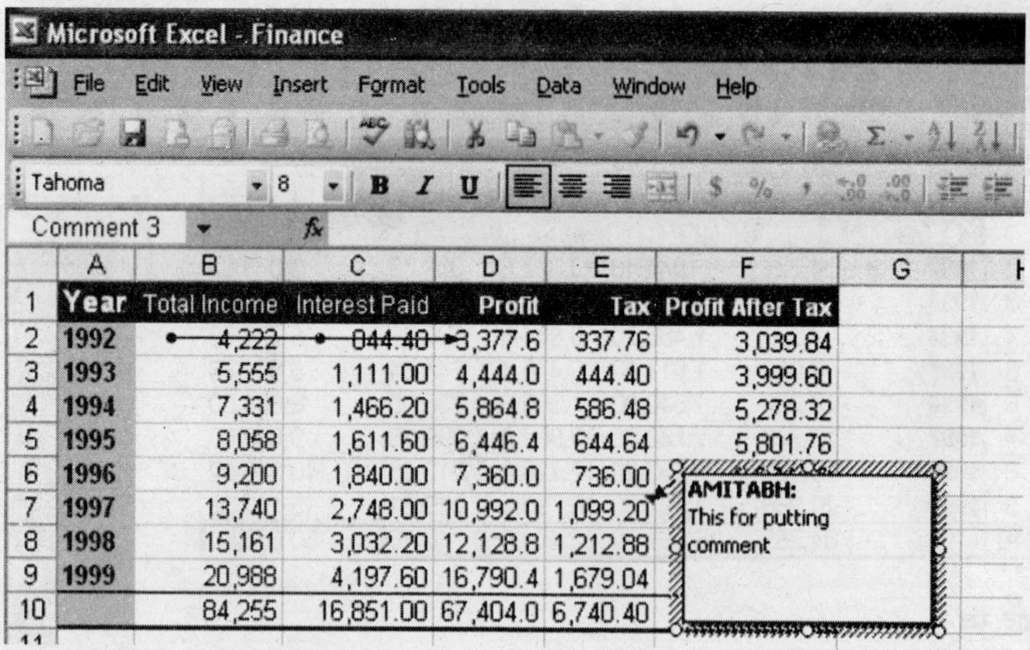

	A	B	C	D	E	F	G
1	Year	Total Income	Interest Paid	Profit	Tax	Profit After Tax	
2	1992	4,222	844.40	3,377.6	337.76	3,039.84	
3	1993	5,555	1,111.00	4,444.0	444.40	3,999.60	
4	1994	7,331	1,466.20	5,864.8	586.48	5,278.32	
5	1995	8,058	1,611.60	6,446.4	644.64	5,801.76	
6	1996	9,200	1,840.00	7,360.0	736.00		
7	1997	13,740	2,748.00	10,992.0	1,099.20		
8	1998	15,161	3,032.20	12,128.8	1,212.88		
9	1999	20,988	4,197.60	16,790.4	1,679.04		
10		84,255	16,851.00	67,404.0	6,740.40		

फॉरमूला जो निर्णय लेते हैं

कुछ परिस्थितियाँ ऐसी होती हैं जहाँ पर चाहते हैं कि ये part है तो फॉरमूल Apply हो जाये और यदि ये part नहीं है तो फॉरमूला apply ना हो।

यदि तुम किसी प्रोग्रामिंग language से परिचित हो तो उसमें तुमने IF, WHEN or IF, THEN आदि फंक्शन देखे होंगे। एक्सेल में भी तुम इस जैसा ही IF फंक्शन देखोगे।

IF फंक्शन कैसे काम करता है

आसान तरीके में IF फंक्शन cell की value को टेस्ट करता है कि या तो टेस्ट positive (true, सत्य) है या negative (false, गलत) है। इसके लिए तीन arguments होते हैं–एक तो टेस्ट डाटा (यानि जिस पर टेस्ट करना है), एक वह action जो बताये कि टेस्ट true है, एक वह action जो बताये कि टेस्ट false है। हमें ये तीनों arguments एक के बाद एक, फंक्शन में parenthesis (()) के अन्दर, बिना किसी space के और , (comma) से अलग-अलग करते हुए देना है। और वह text जो आपको दिखाना है कि वह true है या false उसे " " (quotes) के अन्दर देना है) और जिस cell का reference देना है उसे ऐसा ही छोड़ देना है।

इस फंक्शन को apply करें और रिजल्ट देखें–

1. आपको एक क्लॉस के दस बच्चों के मार्क enter किये। Total भी किया। अब यह बताना है कि बच्चा pass है या fail.

A	B	C	D	E	F	G
1. Name	MATHS	SCIENCE	HINDI	ENGLISH	TOTAL	RESULT
2. Abhi	98	75	50	60	283	PASS
3. Babita	38	332	15	10	96	FAIL
4. Meenat	48	50	35	50	183	PASS

2. G2 को सेलेक्ट करो और फॉरमूला लगाओ

= IF (F2 > 100, "PASS", "FAIL")

और Enter करो। cell G2 में PASS लिखा आयेगा क्योंकि Abhi का total 100 से ज्यादा है।

Microsoft Excel - Finance

File Edit View Insert Format Tools Data Window Help

Arial 10

C6 =IF(B2=0, TRUE,FALSE)

	A	B	C	D	E	F	G
1	Year	Total Income	Interest Paid	Profit	Tax	Profit After Tax	
2	1992	4,222	844.40	3,377.6	337.76	3,039.84	
3	1993	5,555	1,111.00	4,444.0	444.40	3,999.60	
4	1994	7,331	1,466.20	5,864.8	586.48	5,278.32	
5	1995	8,058	1,611.60	6,446.4	644.64	5,801.76	
6	1996	9,200	FALSE	9,200.0	920.00	8,280.00	
7	1997	13,740	2,748.00	10,992.0	1,099.20	9,892.80	
8	1998	15,161	3,032.20	12,128.8	1,212.88	10,915.92	
9	1999	20,988	4,197.60	16,790.4	1,679.04	15,111.36	
10		84,255	15,011.00	69,244.0	6,924.40	62,319.60	

Microsoft Excel - Finance

File Edit View Insert Format Tools Data Window Help

Arial 10 B I U $ % ,

C6 f_x =IF(B2>1000, TRUE,FALSE)

	A	B	C	D	E	F	G
1	Year	Total Income	Interest Paid	Profit	Tax	Profit After Tax	
2	1992	4,222	844.40	3,377.6	337.76	3,039.84	
3	1993	5,555	1,111.00	4,444.0	444.40	3,999.60	
4	1994	7,331	1,466.20	5,864.8	586.48	5,278.32	
5	1995	8,058	1,611.60	6,446.4	644.64	5,801.76	
6	1996	9,200	TRUE	9,199.0	919.90	8,279.10	
7	1997	13,740	2,748.00	10,992.0	1,099.20	9,892.80	
8	1998	15,161	3,032.20	12,128.8	1,212.88	10,915.92	
9	1999	20,988	4,197.60	16,790.4	1,679.04	15,111.36	
10		84,255	15,011.00	69,243.0	6,924.30	62,318.70	

यह बहुत आसान प्रक्रिया है। IF के बाद टेस्ट डाटा है कि यदि total 100 से ज्यादा है तो PASS कहे अन्यथा Fail कहें। इन तीनों arguments को, (comma) से अलग-अलग किया है।

1. सबसे पहले मार्कशीट बनायी।
2. फिर B2 से F2 तक सेलेक्ट किया और स्टैण्डर्ड टूल बार से Σ (ऑटोसम) पर क्लिक किया।

Microsoft Excel - Finance

File Edit View Insert Format Tools Data Window Help

Arial 10 B I U $ % ,

G11 f_x

	A	B	C	D	E	F	G
1	Year	Total Income	Interest Paid	Profit	Tax	Profit After Tax	
2	1992	4,222	844.40	3,377.6	337.76	1,000.00	
3	1993	5,555	1,111.00	4,444.0	444.40	3,999.60	
4	1994	7,331	1,466.20	5,864.8	586.48	5,278.32	
5	1995	8,058	1,611.60	6,446.4	644.64	5,801.76	
6	1996	9,200	TRUE	9,199.0	919.90	1,000.00	
7	1997	13,740	2,748.00	10,992.0	1,099.20	9,892.80	
8	1998	15,161	3,032.20	12,128.8	1,212.88	10,915.92	
9	1999	20,988	4,197.60	16,790.4	1,679.04	15,111.36	
10		84,255	15,011.00	69,243.0	6,924.30	62,318.70	

3. यदि फॉरमूला F3 और F4 में भी कॉपी और Paste किया।
4. फिर G2 में IF फॉरमूला लगाया और Enter किया। रिजल्ट आ गया कि वह पास है।
5. यही फॉरमूला G3 और G4 में कॉपी और Paste किया।

हैडर एवं फुटर (Header and Footer)

प्रिन्टआउट के हर पेज पर ऊपर और नीचे प्रिन्ट इन्फॉरमेशन देने के लिए एक्सेल हैडर और फुटर का option देता है। इन्फॉरमेशन में कुछ text भी हो सकता है, पेज नम्बर, दिनाँक व समय, वर्कबुक की फाइल का नाम आदि कुछ भी हो सकता है।

जो फॉरमेटिंग हैडर और फुटर की एक्सेल देता है आप वही फॉरमेटिंग भी रख सकते हो या विशेष commanosQ से कुछ भी बदल सकते हो। उदाहरण के तौर पर हैडर व फुट के text को Bold, Italic या underline भी कर सकते हो, left align या right align भी कर सकते हो।

हैडर व फुटर के लिए निम्नलिखित प्रक्रिया हैं–

1. View menu से Header and footer को चुनें। Page set up का डॉयलोग बॉक्स खुल जायेगा।
2. हैडर सेलेक्ट करने के लिए नीचे लाने वाले arrow पर क्लिक करो। एक्सेल हैडर की इन्फॉरमेशन को देने के लिए एक लिस्ट display करेगा। Scroll bar से ऊपर-नीचे देखकर जो हैडर तुम्हें चाहिए वह select कर लो। Sample के तौर पर हैडर बॉक्स में दिखाई देगा।
3. बिल्कुल ऐसे ही फुटर में होगा। drop down arrow पर क्लिक करने से लिस्ट दिखाई देगी। Scroll bar की सहायता से जो फुटर पर आपको चाहिए वह चुन लें। Sample फुटर बॉक्स में दिखाई देगा।

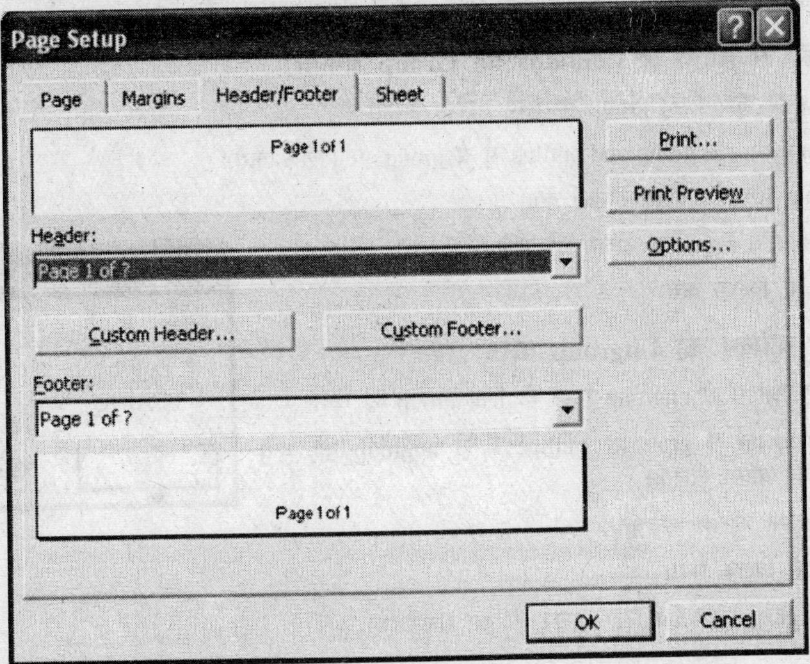

4. OK पर क्लिक करके Page set up डॉयलोग बॉक्स को बन्द करें और वर्कशीट पर वापिस आ जायें। या फिर Print बटन पर क्लिक करें और डॉयलोग बॉक्स की सहायता से वर्कशीट को प्रिन्ट करे।।

वर्कबुकों को जोड़ना (Merge करना)

शेयर करके (बांट करके) काम करने से वककर्बुल की बहुत-सी कॉपियाँ तैयार की जा सकती हैं। एक ही समय में सबसे बदलाव भी किए जा सकते हैं। अन्त में अलग-अलग जगह की वर्कशीट को merge (जोड़) भी सकते हैं।

वर्कबुक को Merge करने के लिए

1. Tools menu से merge workbooks को चुनें।
2. उन वर्कबुकों को चुने जिन्हें एक करना है।
3. OK पर क्लिक करो।

आउटलाइन (Outline)

1. एक cell को select करो या फिर पूरी वर्कशीट को select करो।
2. Cell की रेन्ज को सेलेक्ट करो जिन्हें outline करना है।
3. Data menu से group and outline command में से ऑटो आउटलाइन पर क्लिक करें। Cell रेन्ज पर एक आउटलाइन बन जायेगी।

पूरी आउटलाइन को हटाना

1. आउटलाइन में से किसी भी एक सेल (cell) को सेलेक्ट करो।
2. Data menu से group and outline command से clear outline को क्लिक करो।

आउटलाइन में Rows or Columns का Group बनाना

1. rows या कॉलम को group के लिए सेलेक्ट करना।
2. Data menu से group and outline में से group पर क्लिक करो।
3. Group डॉयलोग बॉक्स दिखाई देगा।
1. बॉक्स में से rows या कॉलम को चुनें।
2. OK पर क्लिक करो।

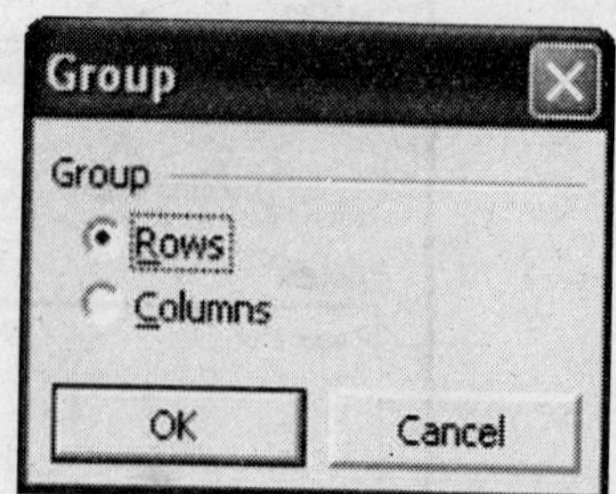

Rows या कॉलम को Ungroup करना

1. आउटलाइन में से ungroup करने के लिए group को चुनें।
2. Data menu से group & outline में से ungroup को चुनें। डॉयलोग बॉक्स खुलेगा।
3. Rows या कॉलम को चुनें।
4. OK पर क्लिक करो।

इसी तरह से group को remove (हटा) भी कर सकते हो।

हर पेज पर Row & Column लेबल प्रिन्ट करना

एक्सेल की वर्कशीट इतनी बड़ी है कि एक पेज पर पूरी शीट को प्रिन्ट नहीं किया जा सकता है। तो एक वर्क शीअ के हर पेज के ऊपरी किनारे पर और बायीं तरफ लेबलस और टाइटिल को सेलेक्ट करने के लिए एक्सेल एक तरीका बताता है और उन्हें प्रिन्टआउट के हर पेज पर प्रिन्ट करता है।

यह option बड़ी वर्कशीट होने पर बहुत लाभदायक है। यदि इस option का तुम प्रयोग नहीं करोगे तो फालतू Row and कॉलम दूसरे पेज पर प्रिन्ट तो होंगे लेकिन बिना किए लेबल का वर्णन किए हुए और पेज पर margin भी नहीं होगा।

इसके लिए निम्नलिखित प्रक्रिया है–

1. File menu खोलें और Page setup पर क्लिक करें। डॉयलोग बॉक्स खुलेगा।
2. Sheet पैनल पर जायें।
3. Rows और कॉलम को repeat करने के लिए print title पर क्लिक करें।
4. हर पेज पर जितनी Rows print करानी है उन पर drag करो। सेलेक्टेड क्षेत्र के चारों ओर dash (डेश) लाइनों का बॉर्डर आ जायेगा। और उन cell का Reference Dollar ($) चिन्ह के साथ Rows to repeat at top पर आ जायेगा।

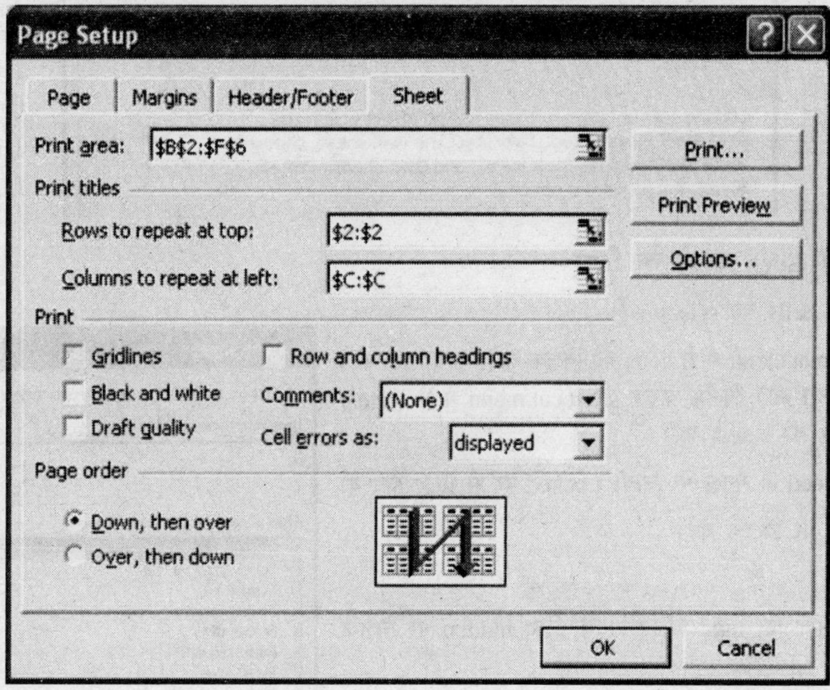

5. कॉलम जितने चाहिए एक पेज पर उसके लिए column to repeat at left Box में क्लिक करके sheet पर drag करें। Page set up पैनल पर आ जायें। एक्सेल वहाँ अपने आप repeat row labels को कम कर देगा। OK पर क्लिक करें।

वर्कबुक की सुरक्षा

तुम दूसरे अन्य लोगों को अपनी वर्कबुल के दूसरे भाग पर या पूरी वर्कबुक पर काम करने की आज्ञा दे सकते हो। लेकिन यह एक अच्छा आइडिया है कि आप अपने काम वाले cells की फॉरमेटिंग की Advance में set कर दें ताकि वे लोग किसी तरह का आपके काम में बदलाव कर सकें।

Cells को Lock करने के लिए

1. सभी cells को select करें।
2. Format menu में cells पर क्लिक करें। डॉयलोग बॉक्स खुलेगा। उसमें protection पैनल पर जायें। और Locked पर tick कर दें।
3. इससे कोई भी आपके cells पर काम नहीं कर सकेगा।

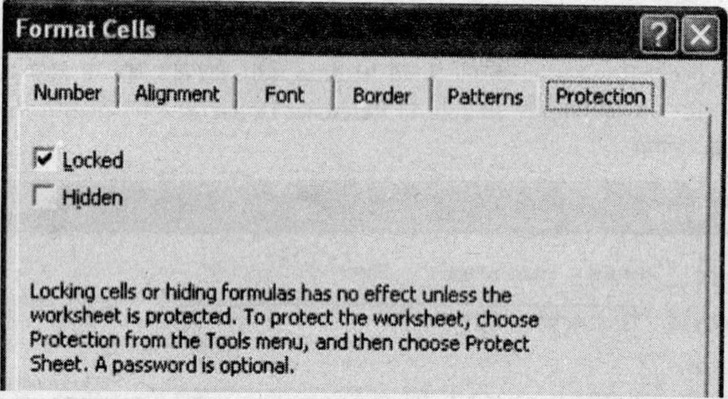

Cells को Lock करने के लिए–

1. सभी cells को select करें।
2. Format menu में से cells को क्लिक करें। या दाहिना बटन (माउस का) क्लिक करके short cut menu में से format cells को select करें।
3. Protection पैनल पर जायें। Locked पर से tick हटा दें।
4. OK पर क्लिक करें।

याद रखें–

1. फॉरमूला को hide (छिपाने) के लिए hidden पर क्लिक करें।

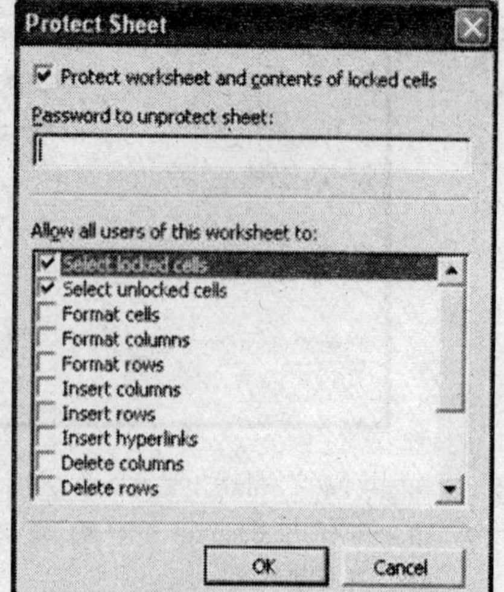

वर्कबुक की सुरक्षा के लिए

1. Tools menu से protection को चुनें। उसमें से protect sheet को चुनें।

2. डॉयलोग बॉक्स दिखाई देगा। तुम इसमें password (पासवर्ड) भी डाल सकते हो, तब तुम अकेले ही व्यक्ति होंगे जो पासवर्ड हटाकर काम कर सकता है, अन्य कोई नहीं।
3. OK पर क्लिक करें।

वर्कबुक को Share (बांटने के लिए)

1. Tools menu में से share workbook पर क्लिक करें।
2. डॉयलोग बॉक्स दिखाई देगा। देखें चित्र 5.38।

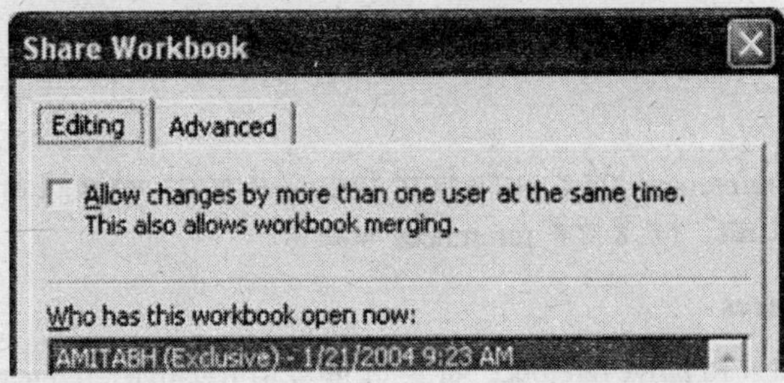

3. Editing पैनल पर जाकर Allow changes by more than are user को enable (tick) कर दें।
4. Advanced panel में what you want the chnages updated को tick कर दें। OK पर क्लिक करें।

याद रखें–

1. Sharing से हटाने के लिए share workbool पर जाकर Allow changes को Clear (हटा) दें।
2. तुम एक चरण में ही अपनी वर्कबुक को protect और share कर सकते हो।

रेन्ज, नाम देना

जब किसी रेन्ज को कोई नाम देते हैं तो वह नाम फॉरमूला के प्रयोग किया जाता है। सिकी डाटा का बताने (refer) करने के लिए और फॉरमूला को आसानी से समझने के लिए रेन्ज के नाम से आसानी हो जाती है।

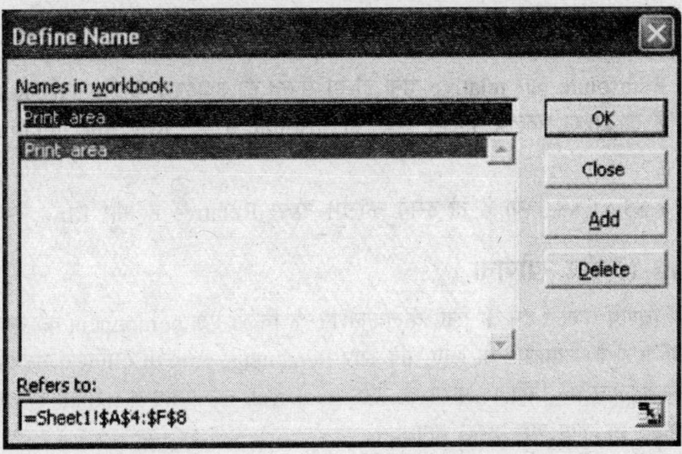

रेन्ज को नाम देने के लिए

1. उस रेन्ज को select करो जिसे नाम देना है।
2. Insert menu से name पर क्लिक करो, फिर Define उसके submenu से चुनो।
3. Define के डॉयलोग बॉक्स में Name डालो।
4. OK पर क्लिक करो।

याद रखो–

1. तुम किसी एक cell को या किसी रेन्ज को name दे सकते हो।

References

एक्सेल में तीन प्रकार के references होते हैं अर्थात् किसी विशेष cell या रेन्ज को बताने के लिए जो नाम दिये जाते हैं कि cell रेन्ज कहाँ से कहाँ तक है उन्हें references कहते हैं।

1. Relative References

स्वत: ही एक्सेल फॉरमूला में Relative reference को प्रयोग करता है। Relative reference उस cell को बताता है जिसने किसी दूसरे cell की value का प्रयोग करते हुए फॉरमूला लिखा जाता है। जैसे A2 से लेकर A5 तक marks लिखे हुए हैं। A6 में सबका total है। तो जब हम A6 से फॉरमूला B6 में कॉपी करेंगे। तो A2 से A5 तक को cell reference अपने आप ही B2 से B5 तक बदल जायेंगे। इसे relative referene करते हैं।

2. Absolute reference

यदि आप relative reference की तरह cell reference नहीं बदलना चाहते हैं तो आपको absolute reference की आवश्यकता है। Absolute reference उन cells को बताता है जो पूरी वर्कशीट में fixed पॉजिशन रखते हैं। Absolute reference बनाने के लिए Row number व Column number दोनों के आगे dollar ($) का चिनह लगाना होगा। उदाहरण के लिए C4 से C9 तक के Reference को C4 : C9 देना होगा। तुम यदि इस reference वाले formula को पूरी वर्कशीट में कहीं पर भी कॉपी करोगे तो इसका Reference C4 से C9 तक ही होगा।

3. Mixed Reference

Mixed Reference में absolute और relative दोनों ही हो सकते हैं। उदाहरण के लिए यदि Reference में $C3 : $C9 तक दिया गया है तो इसका मतलब कॉलम नम्बर तो absolute है और Row नम्बर relative है मतलब बदल सकता है।

यदि Reference में C$3 : C$9 दिया है तो इसने कॉलम नम्बर Relative है और Row नम्बर absolute है।

4. Seeking Goals (लक्ष्य खोजना)

किसी केलकूलेशन में विशेष रिजल्ट देने के लिए केलकूलेशन के किसी एक component को बदलने के लिए goal seek का प्रयोग किया जाता है। उदाहरण के लिए यदि आप Percentage growth (प्रतिशत बढ़त) को जानते हो कि यह कितनी है तो उस बदलाव को निश्चित करने के लिए goal seak का प्रयोग कर सकते हो क्योंकि उस निश्चित रिजल्ट को उत्पन्न करने के लिए यह जरुरी होगा।

Goal को खोजने के लिए

1. Tools menu से Goal seek option को चुनें।
2. Goal seek का डॉयलोग बॉक्स खुलेगा।

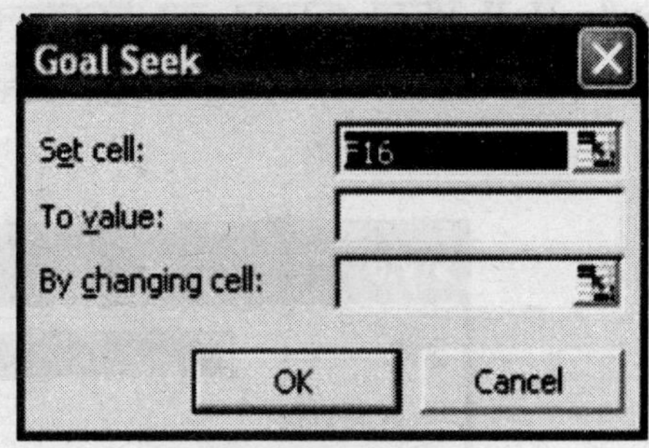

   Set cell में उस cell को बतायें जिसकी value आपको set करनी है। यह वह cell होना चाहिए जिसकी value किसी formula में केलकूलेट हो रही हो।

   To value में उस value को लिखें जो आप बदलना चाहते हो।

   By changing cell में उस cell का reference दें जिसमें आप बदला हुआ रिजल्ट देखना चाहते हैं।

3. OK पर क्लिक करो।
4. यदि वह solution सम्भव होगा तो Goal seak डॉयलोग बॉक्स आपको बता देगा और variable cell में value बदल देगा।
5. यदि बदलना चाहते हो तो स्वीकार (accept) करें, यदि नहीं तो cancel पर क्लिक करके Reject कर दें।

Sheet का नाम बदलना

तुम एक्सेल द्वारा किये गयी sheet का नाम (sheet 1, sheet 2 आदि) बदल कर, अपने काम के अनुसार रख सकते हैं जैसे Finance, Personal, Secretarial आदि।

Sheet को नाम देने के लिए

1. जिस sheet का नाम बदलना है उस sheet के नाम पर डबल क्लिक करो।
2. नया नाम टाइप करो। Enter key दबाओ। Sheet का नाम बदल जायेगा।

याद रखें–

1. तुम format menu से भी sheet option में से rename पर क्लिक करके नाम change कर सकते हो।
2. शीट का नाम 31 अक्षरों तक लम्बा हो सकता है, इसमें space भी आ सकता है।

Style (स्टाइल)

स्टाइल बनाने के लिए

1. उन cell को select करो जिसमें इच्छित format है।

2. Format menu में style को चुनें।
3. Style name बॉक्स में स्टाइल के लिए name टाइप करो। स्टाइल का फॉरमेट स्टाइल include बॉक्स में है।

Style में से किसी फॉरमेट को निकालना

1. स्टाइल include बॉक्स में से, जिस फॉरमेट को निकालना है उसे deselect (Tick मार्क हटा दें) कर दें।
2. OK पर क्लिक करें।

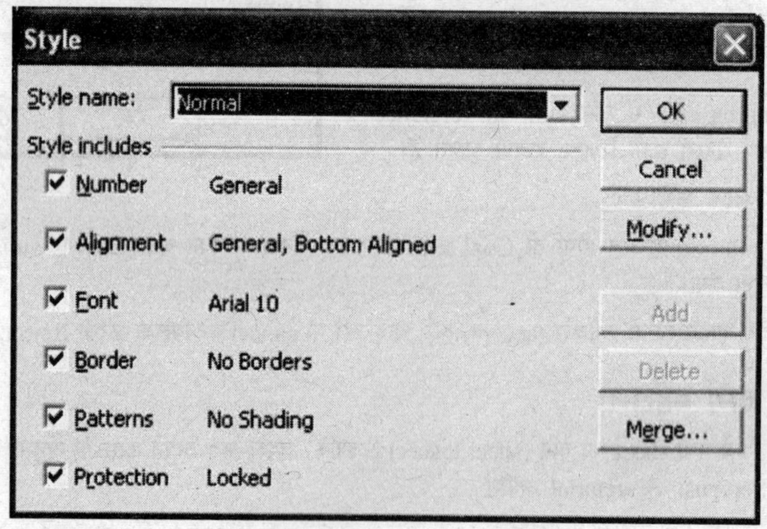

यदि किसी फॉरमेट को बदलना है तो Modify पर क्लिक करें।

दूसरी वर्कबुक से स्टाइल कॉपी करना

1. जिसमें से कॉपी करना है और जिसमें कॉपी करना है दोनों वर्कबुल खोलें।
2. जिसमें copy करना है (destination work book) उसे select करें।
3. Format में style को क्लिक करें।
4. Merge पर क्लिक करें।
5. Merge style from में (Source work book) जिसमें से कॉपी करना है, उसे select करें।
6. OK पर क्लिक करें।

यदि merge style message दिखाई दे तो yes पर क्लिक करें एक-सा name हो तो No पर क्लिक करो। OK पर क्लिक करो।

Workbooks के साथ काम करना

तुम दो वर्कबुल के बीच में डाटा ट्रान्सफर कर सकते हो या एक दूसरी वर्कबुल से इन्फॉरमेशन कॉपी कर सकते हो।

1. इसके लिए Book 1 और Book 2 नाम से दो वर्कबुक खोलें और
2. दोनों वर्कबुक को एक साथ देखने के लिए, विंडों menu से arrange पर क्लिक करें।
3. Tiled option पर क्लिक करो। Book 1 और Book 2 को एक्सेल आधी-आधी स्क्रीन पर अरेंज (arrange) कर देगा।

वर्कबुक के बीच Enteries कॉपी करना

एक वर्कबुल की शीट के बीच कोई इन्फॉरमेशन copy करना जैसा ही है दो वर्कबुक के बीच कॉपी करना। इसके लिए निम्नलिखित प्रक्रिया है–

1. Book 1 के टाइटिल बार क्लिक करके उसे एक्टिवेट (activate) करें।
2. रेंज को select करें और कॉपी बटन पर क्लिक करें।
3. Book 2 के Al cell पर क्लिक करें और Paste बटन पर क्लिक करें। डाटा Book 2 पर पेस्ट हो जायेगा।
4. Al cell पर जाने के लिए Ctrl + Home पर क्लिक करें और रिजल्ट देखें।

वर्कबुल के बीच में शीट का Move करना

एक शीट वर्कबुक में आसानी से move हो जाती है या एक वर्कबुल से दूसरी वर्कबुक में भी। उदाहरण के लिए तुम्हें एक Book से एक शीट Book 2 में move करनी है। उसके लिए निम्नलिखित प्रक्रिया है–

1. Book 1 की विंडों को active करो।
2. Book 2 की विंडों को भी active करो।
3. माउस के प्वाइन्टर को sheet 1 पर रखो और बांया बटन (left mouse button) को पकड़ो (hold) करो।
5. जहाँ sheet के नाम लिखे हैं वहाँ पर लाकर माउस बटन को छोड़ो (drop करो) शीट move हो जायेगी।

Sheet को Delete करना

वर्कबुक की किसी भी शीट को delete करने से पहले उसे जरुर देख लेना चाहिए कि उस पर कुछ काम का डाटा तो नहीं है। यदि नहीं तभी delete करनी चाहिए, क्योंकि एक्सेल शीट को हमेशा (Permanant) के लिए delete कर देता है। इसलिए शीट को check कर लेने में ही समझदारी है।

निम्नलिखित प्रक्रिया करें–

1. Edit menu से delete sheet कमाण्ड पर पर क्लिक करें। एक्सेल चेतावनी देगा कि शीट Permanant delete हो जायेगी।
2. OK पर क्लिक करें। एक्सेल वर्कबुक से शीट को delete कर देगा।

एक पेज पर वर्कशीट को फिट करना

यदि आपकी वर्कशीट प्रिन्ट करने के लिए बड़ी है चाहे आपने उसका orientation या पेज मार्जिन (margin) ही क्यों ना बदल दिया हो, तो उसके लिए fit to option का प्रयोग करें। पेज के हिसाब से शीट को सिकोड़ (shrink) देगा, ताकि वह पेज पर फिंट हो जाये। तुम docoment की लम्बाई व चौड़ाई बता सकते हो।

निर्मलिखित प्रक्रिया से पेज को फिट कर सकते हो–

1. File menu से page setup को चुनें। Page setup का डॉयलोग बॉक्स दिखाई देगा।
2. Page के options के लिए page पैनल पर जायें।
3. Fit to page wide by tall बॉक्स में उतने पेज नम्बर डालें जितने में आप अपने डाटा को डालना चाहते हो।
4. OK पर क्लिक करें और अपनी वर्कशीट पर वापिस आयें। या प्रिन्ट बटन पर क्लिक करें।

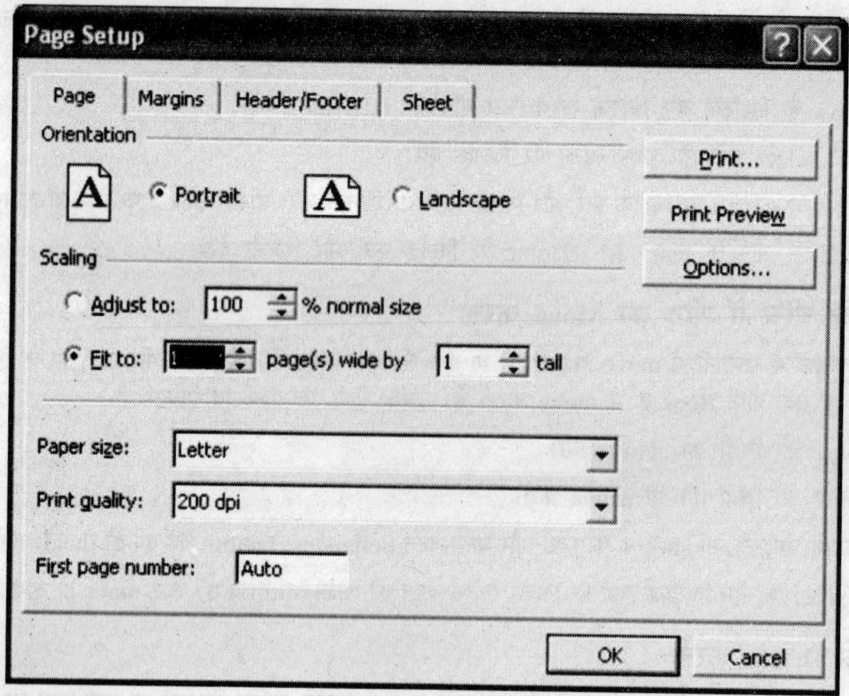

वर्कशीटों को मिलाना (Consolidation of Worksheet)

जैसा कि इसके नाम से पता चलता है Consolidate command का प्रयोग विभिन्न वर्कशीट के डाटा को एक शीट पर मिलाना होता है। विभिन्न वर्कशीट के एक से डाटा को जोड़कर एक वर्कशीट पर लाना, Consolidation के रिजल्ट को दर्शाता है।

Sum, count, std dev, Average, max और min आदि विभिन्न stabistics फंक्शनों की सहायता से consolidation प्रभावित हो सकता है। यह तब ज्यादा लाभदायक होता है जब आपके पास डाटा महीने की फॉरमेट में हो और आपको डाटा को consolidate (जोड़) करके सालाना sheet में बदलना हो।

उदाहरण के लिए हमारे पास सैलरी और कटा हुआ वेतन अप्रैल 2006, मई 2006 और जून 2006 का है। हम इस डाटा को एक शीट पर consolidate करते हैं। देखते हैं कि यह केसे होता है।

1. खाली वर्कशीट खेलो और consolidation के लिए हैडिंग टाइप करो। जैसे–

Consolidation Result of month of April, May, June 2006

2. A4 को एक्टिव cell बनाओ।

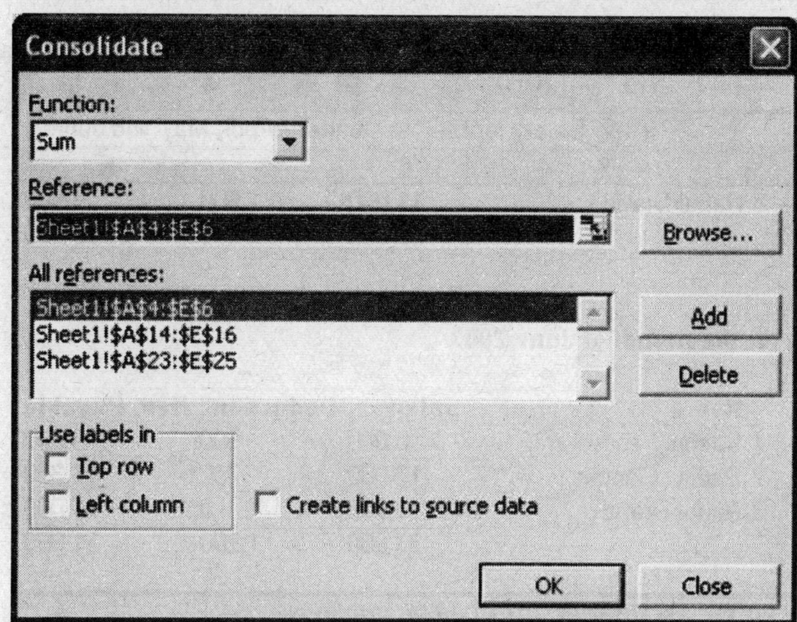

3. Data menu से consilidate कमान्ड पर क्लिक करो।
4. इससे consoliate का डॉयलोग बॉक्स खुलेगा।
5. By default (स्वत:) ही फंक्शन में sum लिखा हुआ होगा। तुम कोई और फंक्शन भी चुन सकते हो।
6. Reference बॉक्स में अप्रैल 06 के salary शीट के डाटा को सेलेक्ट करो और Add पर क्लिक करो।
7. इसी तरह से मई 06 के सैलरी शीट से डाटा को सेलेक्ट करो, Add पर क्लिक करो। सेलेक्ट करने से पहले Reference बॉक्स में कर्सर जरुर क्लिक कर दे वरना रेंज वहाँ नहीं आयेगी।
8. इसी तरह से जून का सैलरी sheet का डाटा Add कर दें।
9. यदि तुम इन सबका लेबल भी देना चाहते हो तो use label in में top row पर क्लिक कर दें।
10. OK पर क्लिक करें वर्कशीट पर डाटा consolidate हो जायेगा।
11. देखें चित्र 5.45 में।

सीनेरियो मैनेजर (Scenerios Manager)

मनुष्य का विभाग में क्या, क्यों, यदि आदि प्रश्न भरे रहते हैं। बिल्कुल इसी तरह से what-if आप अपनी शीट पर भी apply कर सकते हो। यह देखने के लिए कि रिजल्ट अच्छा दिखता है या बुरा। हर बार जब आप value बदलते हो तो पहले वाला डाटा lost (खत्म) हो जाता है। इस काम Scenerio manager हमारी सहायता करता है। इसे apply करने के लिए निम्नलिखित प्रक्रिया है–

Microsoft Excel - Book1

File Edit View Insert Format Tools Data Window Help

Arial 10 B I U $ % ,

A28 fx Salary for the 1st Quarter - April, May and June

	A	B	C	D	E	F
16	3	Rahul Dravid	11,000	1,500	9,500	
17			33,000	4,500	28,500	
18						
19						
20	**Salary for the month of June 2003**					
21						
22	**No.**	**Name**	**Salary**	**Deduction**	**Nett. Payable**	
23	1	Sachin Tendulkar	10,000	500	9,500	
24	2	Saurav Ganuly	12,000	700	11,300	
25	3	Rahul Dravid	11,000	0	11,000	
26			33,000	1,200	31,800	
27						
28	**Salary for the 1st Quarter - April, May and June**					
29						
30	3		30,000	3,500	26,500	
31	6		36,000	3,700	32,300	
32	9		33,000	3,000	30,000	
33						
34						

1. Tools menu से Scenario पर क्लिक करो।
2. Scenario manager का डॉयलोग बॉक्स दिखाई देगा।
3. Scenario बनाने के लिए add पर क्लिक करो।
4. इससे एक नया डॉयलोग बॉक्स खुलेगा जिसे Add scenario करेंगे।
5. इस बॉक्स में सबसे पहले scenario का नाम दो।
6. हमने इसे Good नाम दिया है।
7. तुम यहाँ cell का नाम टाइप कर सकते हो या उन cells पर क्लिक करके चुन सकते हो। हमने यहाँ A3 से F7 cells को चुना है।
8. OK पर क्लिक करो, अपने scenario को scenario manage में Add करने के लिए। अब तुम देखोगे कि scenario values का डॉयलोग बॉक्स खुलता है। लिस्ट में जो values है वह स्वत: ही उनमें भरी हुई है।
9. आप नई वैल्यू को Add या टाइप करो।

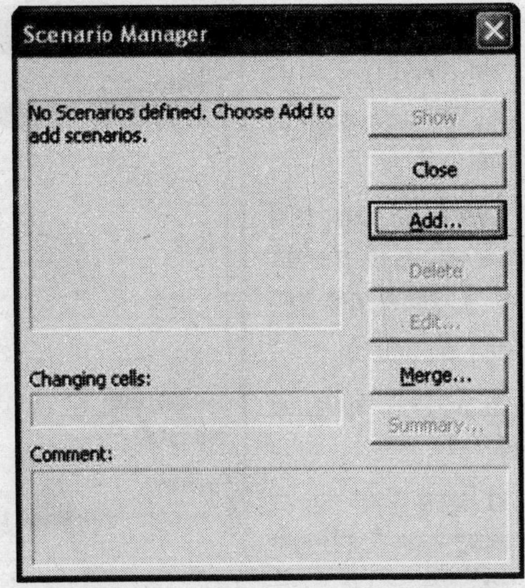

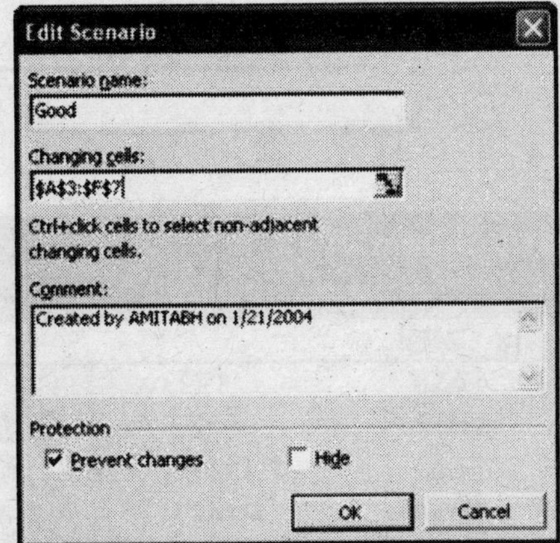

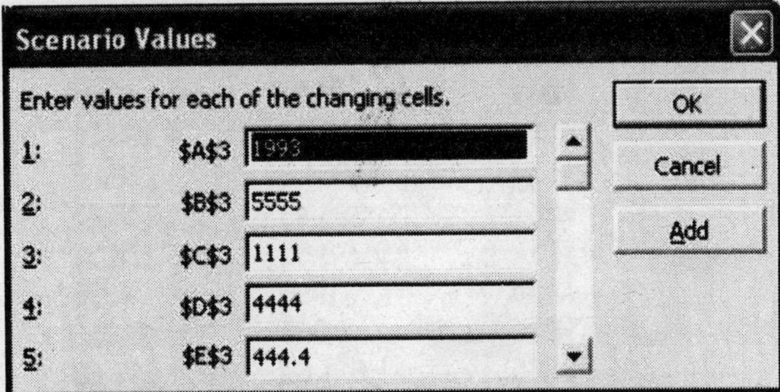

10. दूसरा scenario बनाने के लिए Add पर क्लिक करो। यदि नहीं बनाना चाहते हो तो OK पर क्लिक करो।
11. यह वापिस तुम्हें scenario manager के बॉक्स पर ले आयेगा, लेकिन इसमें तुम्हारी scenario add होगा।

12. तुम यहाँ पर से भी दूसरा scenario Add कर सकते हो जैसा कि यहाँ दिया हुआ है।
13. अब हम देखेंगे कि scenario केसे काम करता है। इसके लिए show पर क्लिक करो।
14. एक्सेल scenario की वैल्यूस को अलग से scenario summary नाम से नई sheet बना कर दिखता है। जैसा चित्र 5.49 में दिखाया गया है।
15. अगला चरण scenario रिपोर्ट के लिए है।
16. उसके लिए scenario manager बॉक्स से summary बटन पर क्लिक करें।
17. इस बॉक्स में रिपोर्ट के दो प्रकार दिये हुए हैं। Scenario summary या पाइवट टेबल रिपोर्ट। दोनों में जो चाहिए उस पर क्लिक करें।

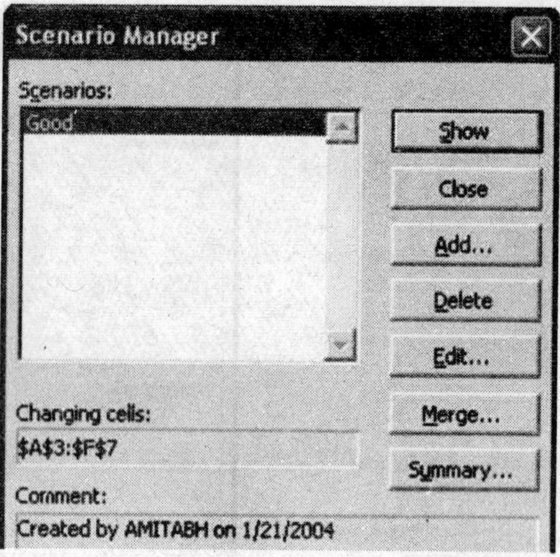

	A	B	C	D	E	F	G
1							
2		Scenario Summary					
3				Current Values:	Good		
5		Changing Cells:					
6			A3	1993	1993		
7			B3	5,555	5,555		
8			C3	1,111.00	1,111.00		
9			D3	4,444.0	4,444.0		
10			E3	444.40	444.40		
11			F3	3,999.60	3,999.60		
12			A4	1994	1994		
13			B4	7,331	7,331		
14			C4	1,466.20	1,466.20		
15			D4	5,864.8	5,864.8		
16			E4	586.48	586.48		
17			F4	5,278.32	5,278.32		
18			A5	1995	1995		
19			B5	8,058	8,058		
20			C5	1,611.60	1,611.60		
21			D5	6,446.4	6,446.4		
22			E5	644.64	644.64		

Scenario Summary / Sheet1 / Sheet2 / Sheet3

कंडीशनल फॉरमेटिंग को डालना, बदलना या हटाना

फॉरमेटिंग जैसे, फोंट का रंग, cell की shadding या नम्बर का फॉरमेट आदि, जिन cell से हटानी है उन cells को चयनित (select) करो।

1. Format मेन्यू से कंडीशनल फॉरमेटिंग पर क्लिक करो।
2. चयनित cells (selected) की वैल्यूस को प्रयुक्त करने के लिए cell value is पर क्लिक करें। फिर समानता करने वाला शब्द दें जैसे between या greaterthan आदि। फिर दोनों खानों में निश्चित value टाइप करें या फॉरमूला टाइप करें। यदि फॉरमूला टाइप करेंगे तो = (eqial to) का चिन्ह जरुर दें।

   जैसे Cell value is between 1000 and 3000

   (cell की वैल्यू) (बीच में हो) 1000 और 3000 के

   तो यह formating हो जायें (जो भी आप देंगे)। जैसे लाल रंग हो जायें।

   OK पर क्लिक करेंगे तो जहाँ-जहाँ वैल्यू 1000 से 3000 के बीच में होगी वहाँ लाल रंग हो जायेगा।

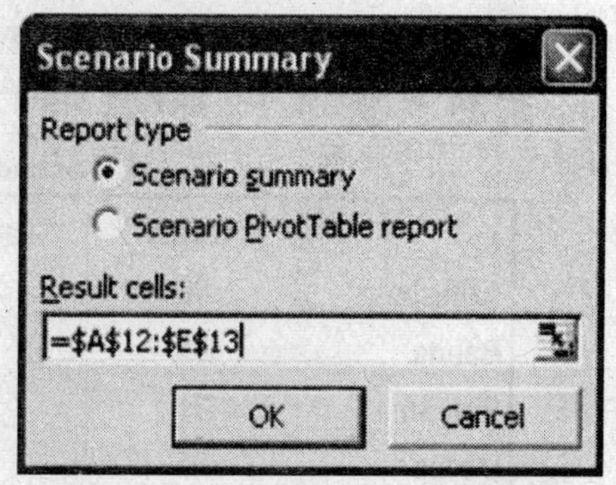

3. यदि फॉरमूला देना है तो Formula is पर क्लिक करें। फॉरमूला एंटर करके और सत्य या असत्य की लॉजिकल वैल्यू का मूल्यांकन करें।
4. Format पर क्लिक करें।
5. जो फॉरमेटिंग चाहते हो वह देकर देखें कि यदि उस फॉरमेट की कंडीशन मिलती है तो सत्य के अन्यथा असत्य।
6. दूसरी कंडीशन देनी है तो Add पर क्लिक करें। और उपयुक्त चरण दोहरायें।
7. तुम तीन कंडीशन तक दे सकते हो। यदि कोई भी कंडीशन सत्य नहीं होगी तो cell से अपनी वैल्यू वैसी ही रहेगी।

दूसरे Cells पर फॉरमेट कॉपी करना

1. उन cells को चयनित करें जिनकी फॉरमेटिंग आपको कॉपी करनी है।
2. फॉरमेटिंग टूल बार पर से फॉरमेट पेन्टर को चुनें, फिर उन cells को चयनित करें, जिन पर फॉरमेटिग कॉपी करनी है।
3. कंडीशनल फॉरमेट को बदल भी सकते हो या हटा भी सकते हो।

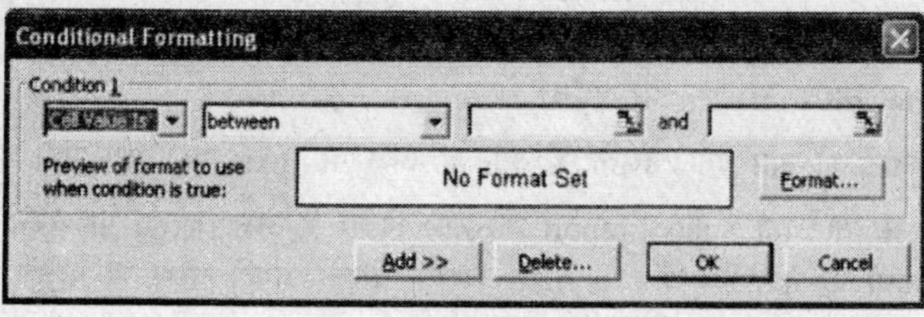

एक्सेल 2003 में चार्टस् के साथ काम करना

इससे पहले हमने वर्कशीट बनाई और उसे सुसज्जित किया format और ऑटोफॉरमेट options के द्वारा। वर्कशीट को दर्शाने का एक अन्य तरीका भी है। वह है अपने काम को ग्राफिक्स में बदलना। विशेष रूप से एक्सेल में यह ग्राफिक्स चार्ट के रूप में है।

चार्ट बनाना

एक्सेल भी चार्ट तैयार करने के लिए एक दूसरा सॉफ्टवेयर प्रयोग करता है जिसका नाम माइक्रोसॉफ्ट ग्राफ है। यदि तुम्हें चार्ट के बारे में कोई ज्ञान नहीं है, तो एक्सेल तुम्हें एक गाइड की तरह कुछ चरणों के माधयम से चार्ट बनाने में सहायता करता है जिसे चार्ट विजार्ड कहते हैं।

इसके लिए निम्नलिखित प्रक्रिया है–

1. वर्कशीट के उस क्षेत्र को चयनित करो जिसका चार्ट बनाना है।

   तुम अपनी finance वाली शीट को भी चयनित करो।

   या तुम नई शीट भी बना सकते हो जैसे स्कूल के नम्बरों की शीट का चार्ट बनाना जैसे–

School Marks Report

	Maths	English	Hindi	Science	Sheet
Abhishak	98	77	85	90	78
Babita	88	85	90	92	75
Simran	75	92	87	89	80
Deepa	95	83	89	85	72
Maina	85	87	77	88	79
Aakriti	80	88	75	82	70
Total					

2. Insert मेन्यू से चार्ट पर क्लिक करो।
3. चरण 1 से 4 तक का चार्ट विजार्ड खुलेगा और उन वैल्यूज को प्रयोग करेगा जो आपने बनाई हैं।

   कोई-सा भी चार्ट का प्रकार चुन लो। हमने column type चुना है। जो पहला ही है। Custom type में उस चार्ट के विभिन्न प्रकार है कोई-सा एक भी चुन लो।

   Next पर क्लिक करके चरण 2 पर पहुँचो।
4. इस बॉक्स तुम अपने डाटा को row के अनुसार या कॉलम के अनुसार जिस तरह दर्शाना चाहते हो, चुन सकते हो। हमने कॉलम चुना है।
5. Next पर क्लिक करके चरण 3 पर पहुँचे।
6. चरण 3 में 1 चार्ट को नाम देना, उसके X और Y अक्ष पर (axis पर) क्या नाम देना है वह आता है।

   हमने वर्कशीट के चार्ट को School report का नाम दिया। X-अक्ष (axis) पर बच्चों के नाम और y-आ (axis) पर विषयों के नाम दिये हैं। Next पर क्लिक करके अगले चरण पर पहुँचे।

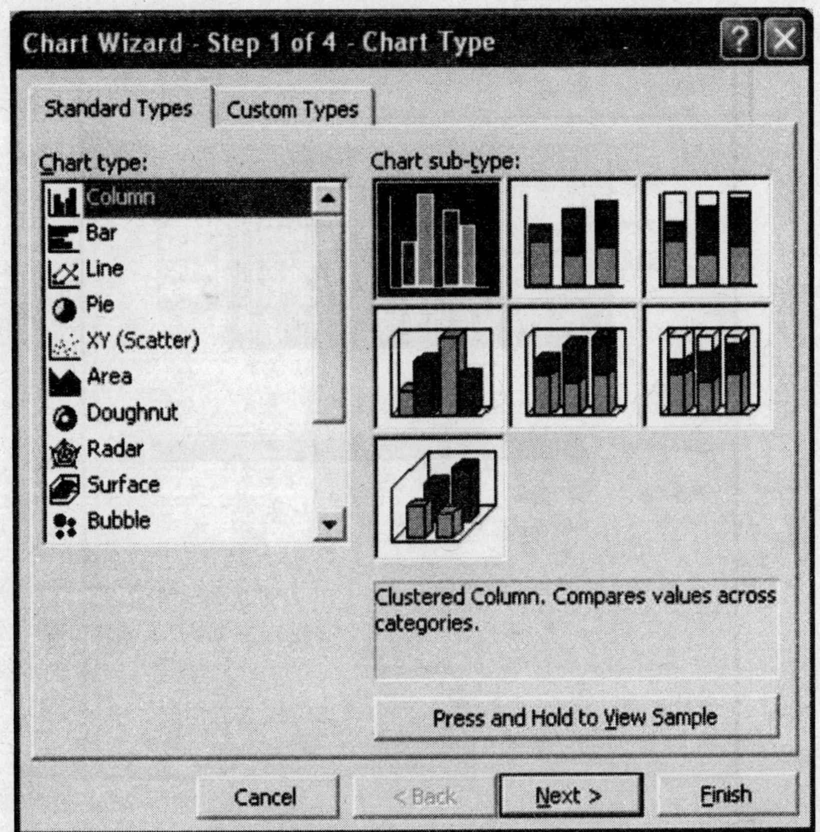

7. चार्ट विजार्ड का चरण 4 तुसे पूछेगा कि चार्ट को यहाँ रखना है उसी शीट पर या नई शीट पर।
8. एक बार यह हो गया तो चार्ट विजार्ड का काम खत्म हो जाता है।
9. एक नया चार्ट आपकी शीट पर आ जायेगा और चार्ट का टूल बार भी आ जायेगा। इस बार की सहायता से चार्ट में कुछ बदलना हो तो वह बदल सकते हैं।
10. फाइल चार्ट अगले पेजों पर दिख रहा है।

चार्ट में बदलाव लाना

यदि आप माउस के प्वाइंटर को धीरे-धीरे चार्ट के ऊपर फिराएंगे (घुमाएंगे) तो चार्ट के हर पार्ट पर टूल टिप्स आएंगे, जिन्हें अलग-अलग फॉरमेट किया जा सकता है।

चार्ट को बदलने के लिए

1. जिस आब्जेक्ट को बदलना है उस पर डबल क्लिक करो। उसका डॉयलोग बॉक्स दिखाई देगा।

   या

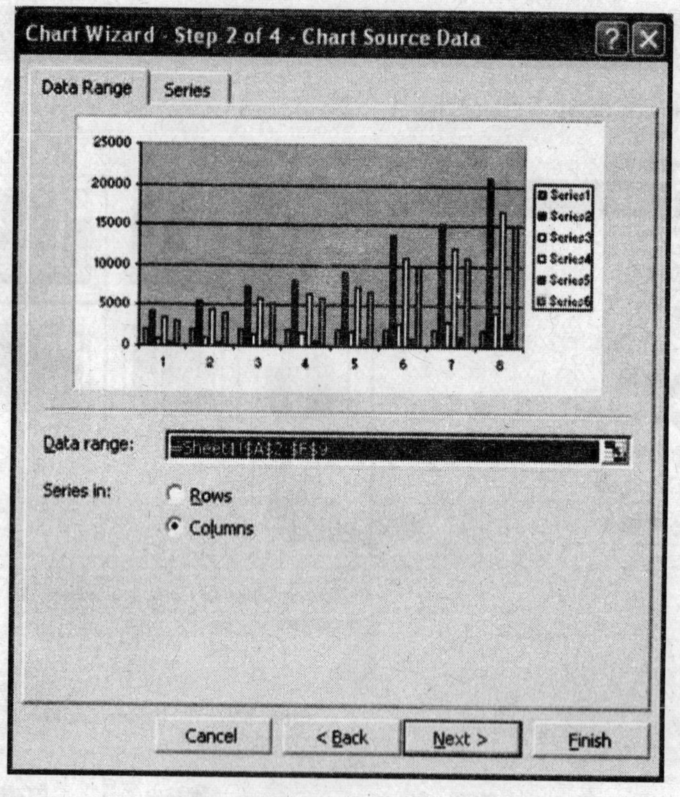
Chart Wizard - Step 2 of 4 - Chart Source Data
Data Range
Series
25000
20000
15000
10000
5000
0
1
2
3
4
5
6
7
8
Series1
Series2
Series3
Series4
Series5
Series6
Data range:
Series in:
Rows
Columns
Cancel
< Back
Next >
Finish

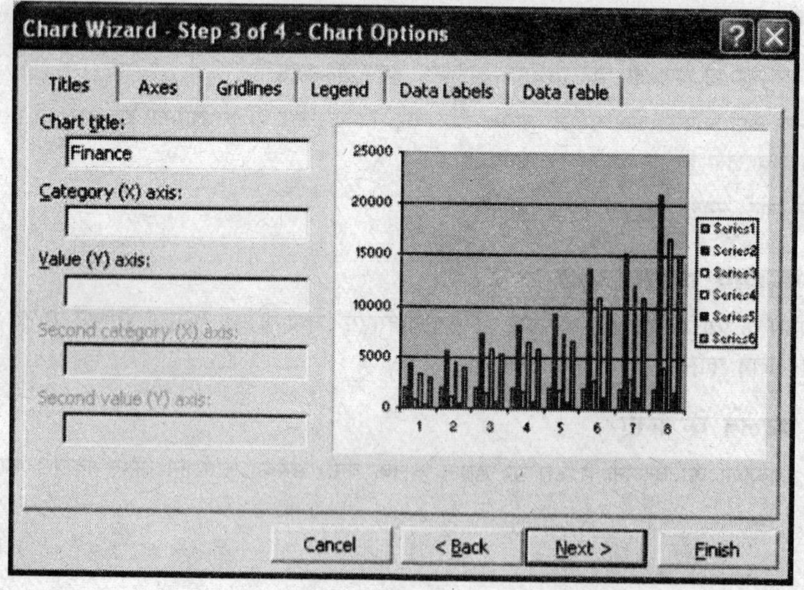
Chart Wizard - Step 3 of 4 - Chart Options
Titles
Axes
Gridlines
Legend
Data Labels
Data Table
Chart title:
Finance
Category (X) axis:
Value (Y) axis:
Second category (X) axis:
Second value (Y) axis:
25000
20000
15000
10000
5000
0
1
2
3
4
5
6
7
8
Series1
Series2
Series3
Series4
Series5
Series6
Cancel
< Back
Next >
Finish

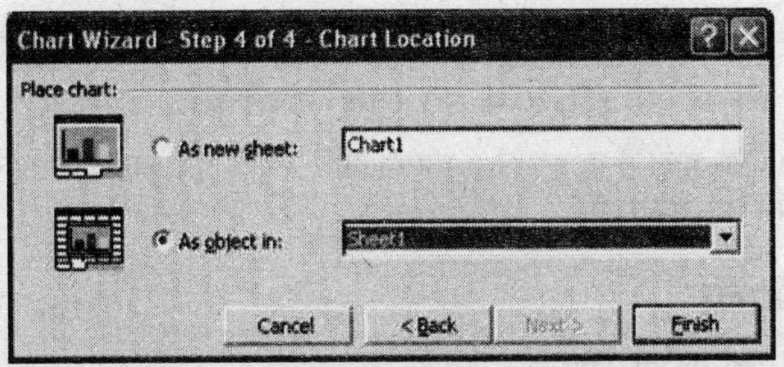

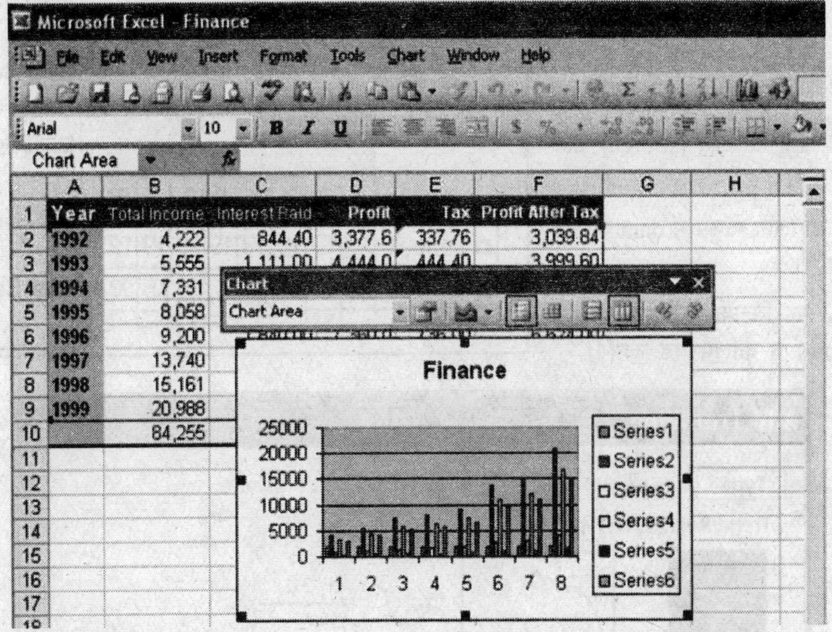

चार्ट के आब्जेक्ट पर माउस का दाहिना क्लिक करो और उसके शार्ट-कट मेन्यू में से उचित आप्शेन (option) पर क्लिक करो।

या

चार्ट पर क्लिक करो तो चार्ट का टूल बार आ जायेगा और टूल बार के फॉरमेट बटन पर क्लिक करो।

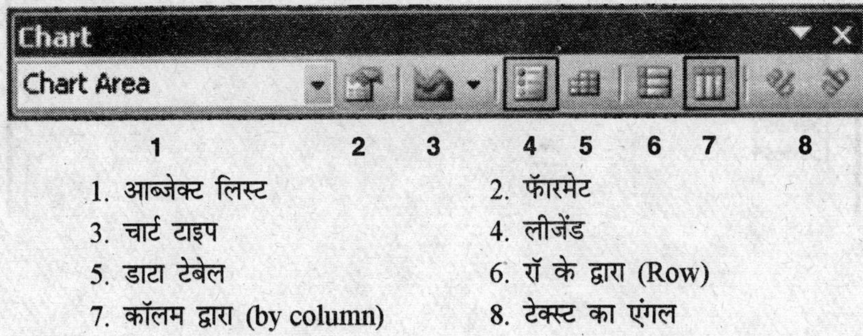

1. आब्जेक्ट लिस्ट
2. फॉरमेट
3. चार्ट टाइप
4. लीजेंड
5. डाटा टेबेल
6. रॉ के द्वारा (Row)
7. कॉलम द्वारा (by column)
8. टेक्स्ट का एंगल

याद रखें–

1. चार्ट को अपनी वर्कशीट पर कहीं पर भी मूल (घुमा) सकते हो।
2. किसी भी option को चुनने में या बदलने में घबरायें नहीं। क्योंकि तुम आसानी से पहले वाली स्थिति में undo कमान्ड से वापिस आ सकते हो।

चार्ट में डाटा जोड़ना

एब आर जब चार्ट बन गया तो तुम उसमें ओर डाटा भी जोड़ सकते हो। देखिये केसे–

1. चार्ट को चयनित (select) करो।
2. चार्ट मेन्यू से सोर्स (source) डाटा को चुनें।
3. इस डॉयलोग बॉक्स में data की रेंज बढ़ा दें।
4. OK पर क्लिक करें। चार्ट में रॉ (Row) व कॉलम बढ़ जायेंगे।

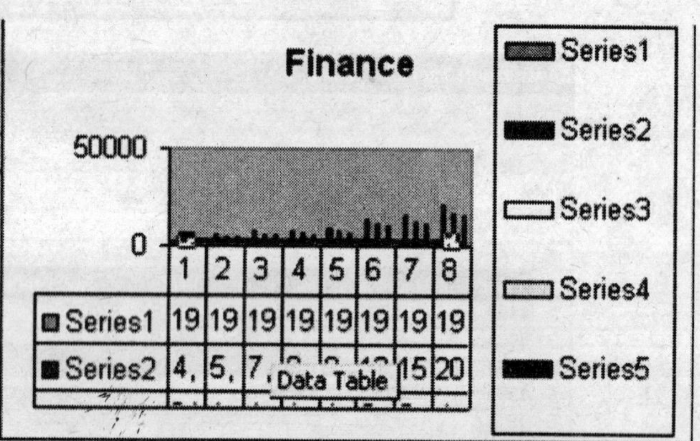

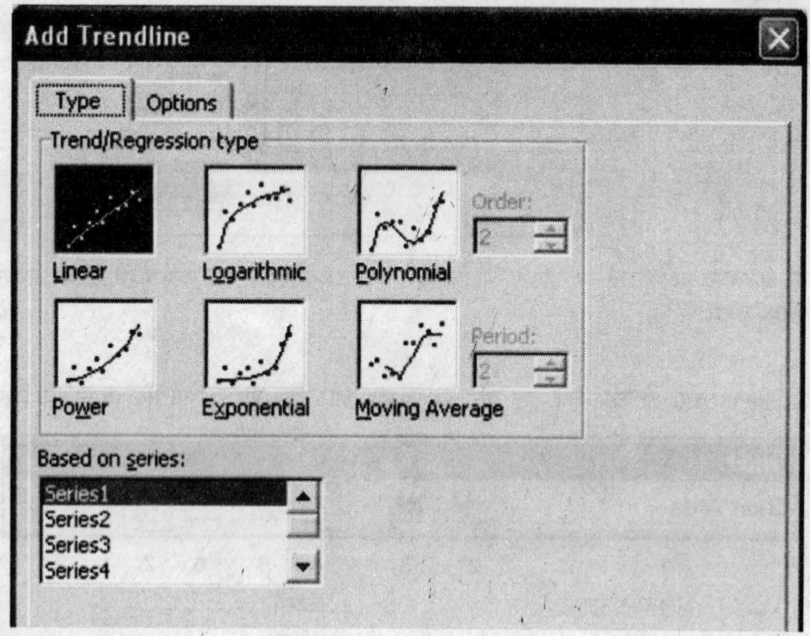

माइक्रोसॉफ्ट एक्सेस 2003
(Microsoft Access 2003)

परिचय

तुममें से कुछ DOS पर आधरित प्रोग्राम में ग्रेजुएट होंगे और डाटाबेस सॉफ्टवेयर जैसे DBASE, Foxpro आदि से परिचित होंगे, वे एक्ससेज 2003 को अपने पुराने ज्ञान से थोड़ा विभिन्न पायेंगे। यह इसलिए क्योंकि यह केवल डाटाबेस ही नहीं है बल्कि यह एक सम्बन्धित डाटाबेस प्राग्राम है क्योंकि इस डाटाबेस में दो field (क्षेत्रों) के बीच में सम्बन्ध होना आवश्यक है। हम कह सकते हैं–

''एक सम्बन्धित डाटाबेस वह डाटाबेस है जो इसके डाटा को ग्रुप में करने की आज्ञा देता है एक या अलग-अलग टेबल में। ताकि वह हर टेबल के कॉमन फील्डस् को प्रयोग करके एक-दूसरे से सम्बन्ध रख सकें। यह सम्बन्ध वर्णन वाली रिपोर्ट तैयार करने में और जटिल खोज करने में प्रयोग हो सकता है।''

एक्सेस 2003 का दूसरा मुख्य फेक्टर इंडेक्सिंग (Indexing) का प्रयोग करना है। जैसे बुक (कितबा) में इंडेक्स का प्रयोग किसी भी टॉपिक को अचानक खोजने में होता है। एक्सेस 2000 में भी इंडेक्स का प्रयोग तेज गति से किसी भी डाटा की लोकेशन का पता लगाने के लिए होता है। इंडेक्स (Index) को कहा जा सकता है–

''एक इंडेक्स डाटा वह क्रम से लगी हुई टेबल है जिसमें एक टेबल में फील्डस् (fields) होते हैं। एक्सेस इंडेक्स को कुछ खोजने या देखने के लिए प्रयोग करती है।''

माइक्रोसॉफ्ट एक्सेस 2003 शुरु करना

तुम माइक्रोसॉफ्ट एक्सेस को निम्नलिखित तरीके से शुरु कर सकते हो–

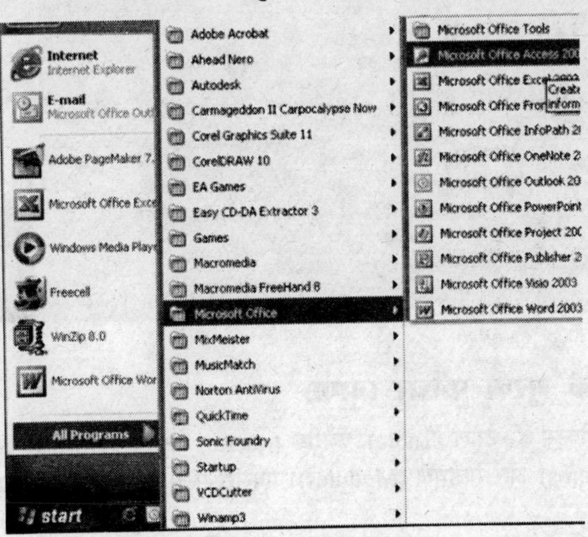

1. Start बटन पर क्लिक करो। मेन्यू दिखाई देगा।
2. प्रेाग्राम पर क्लिक करो।
3. माइक्रोसॉफ्ट ऑफिस पर क्लिक करो और फिर माइक्रोसॉफ्ट ऑफिस एक्सेस 2003 पर क्लिक करो।

या डेस्कटॉप पर shortcut ऑइकन पर डबल क्लिक करके भी खोल सकते हैं।

सबसे पहले खुली हुई स्क्रीन इस तरह होगी।

1. Tittle Bar	यह (data base) डाटाबेस का नाम दिखायेगा।
2. Menubar	इस पर सारे मेन्यू दिखाई देंगे।
3. Standard tool bar	विभिन्न कार्यों को करने के लिए इस बार पर छोटे-छोटे आइकन बने हुए होते हैं।
4. Task pane	इस पेन पर से विभिन्न (option) सीधे ही प्रयोग करसकते हो।
5. Help Window	Access 2003 में किसी भी तरह की सहायता यहाँ से ली जा सकती है।

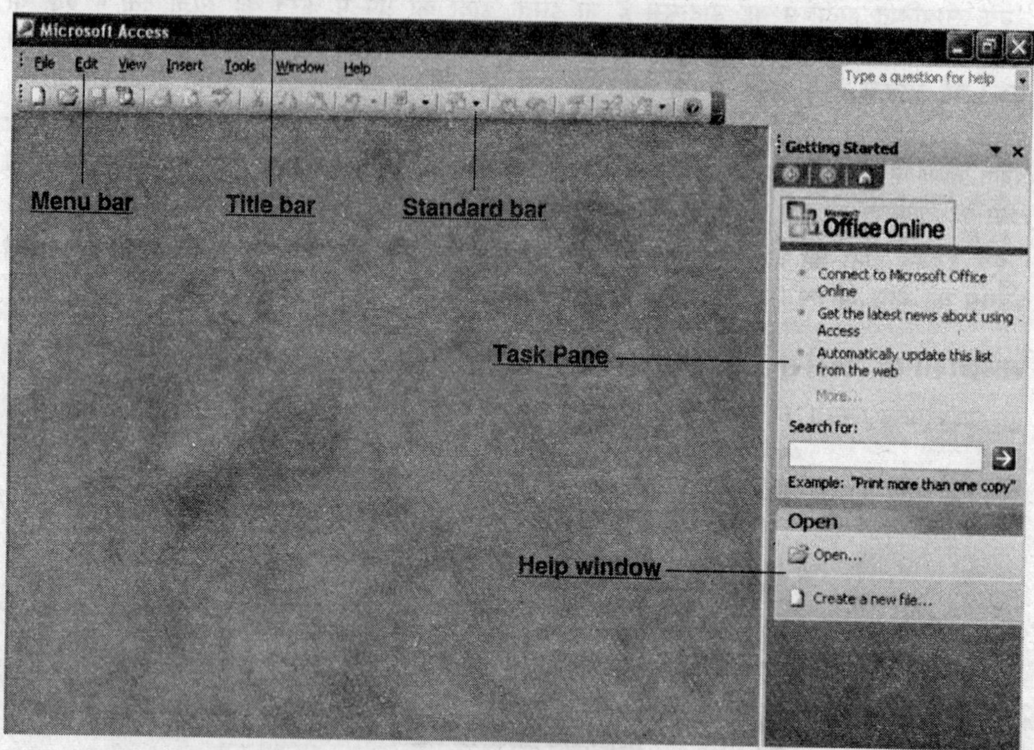

एक्सेस डाटाबेस के मुख्य फीचर (गुण)

एक्सेस में 7 मुख्य आब्जेक्ट्स हैं–टेबल (Table). क्वैरीस (queries), फार्मस् (forms), रिपार्ट्स (Reports). पेजेस (Pages), मेक्रोस, (Macros) और माड्यूल (Modules)। एक्सेस में वे आब्जेक्ट्स जो डाटाबेस रखते हैं उन्हें टेबल

कहते हैं। एक डाटाबेस में विभिन्न आब्जेक्टस हो सकते हैं जैसे कि टेबल, क्वेरीज (queries) और फार्म्स। मनोरंजक बात यह है कि ये सब एक्सेस की एक फाइल में रहते हैं।

फार्मस (Forms) डाटोबेस में डाटा प्रविष्ट करने के लिए फार्मस बना सकते हैं। इसकी सहायता से डाटा एक सही ढंग से एक फॉरमेट में दिखाई देता है और आसानी से डाटा डाल भी सकते हैं।

मैक्रोस (Macros) जैसे दूसरे सॉफ्टवेयर में होता है, वैसे ही मैक्रोस का प्रयोग कमान्डस को दोहराने के लिए होता है। कुछ कमान्ड्स को मैक्रो में स्टोर करके उन्हें एक साथ मैक्रो का प्रयोग करके चलाया जा सकता है।

माड्यूलस् (Modulus) यह विजुअल-बेसिक (Visual basic) का प्रयोग करते हुए यूजर (user) यानि आपके द्वारा बनाये हुए फंक्शन होते हैं।

पेजेस् (Pages) ये HTML डॉक्यूमेन्टस हैं जो एक डाटामेबस में डाटा के लिए सीधे ही प्रयोग हो सकते हैं।

क्वैरीज (queries) टेबल से इन्फॉरमेशन को निकालने के लिए query का प्रयोग होता है डाटाबेस में इसका प्रयोग रिकार्डस् को सेलेक्ट (चयनित) करने मे, बदलने में, जोड़ने में या डिलीट करने में होता है।

रिपोर्ट्स (Reports) रिपोर्ट आपके डाटा को इस प्रकार डिजाइन करता है कि यह आसान बन जाय और सभी विवरण को जल्दी से समझा सकें। दी हुई टेबल के सारे डाटा को दिखाने के लिए रिपोर्ट टेबल पर आधरित हो सकती है।

टेबल (Table) डाटाबेस के अव्यवस्थित (raw data) डाटा को रखने के लिए टेबल का प्रयोग होता है। आपका डाटा टेबल में प्रविष्ट होता है। टेबल में यह rows (लाइन) और कॉलम में व्यवस्थित होता है।

डाटाबेस के Concepts (डाटाबेस में क्या-क्या होता है)

हर ऑफिर में अपने कुछ कर्मचारियों के रिकार्डस को व्यवस्थित (maintain) किया जाता है। उदाहरण के तौर पर

पर्सनल फाइल (कर्मचारी की व्यक्तिगत जानकारी)

एकाउन्ट फाइल (उसके एकान्ट की जानकारी)

छूट्टी की रिकार्ड फाइल (उसकी कितनी छूट्टियाँ हुई हैं।

हर आफिस में काम करने का तरीका अलग-अलग होता है। सभी फाइलों का अलग-अलग वर्णन करने का तरीका होता है। हम एक तरीका यहाँ बता रहे हैं।

पर्सनल फाइल (Personal File)

Name (नाम)

पता (Address)

टेलीफोन नम्बर (Phone no.)

काम शुरु करने की तिथि (Joining data)

पद (Designation)

योग्यतायें (Qualifications)

एकाउन्ट फाइल (Account File)

नाम (Name)

आधरभूत वेतन (Basic Salary)

मकान का किराया (HRA)

दैनिक खर्चा (DA)

इन्कम टैक्स (Income Tax)

प्रोविडेन्ट फान्ड (PF)

छुट्टियों के रिकार्ड की फाइल (leave Record File)

नाम (Name)

आफिस की तरफ से दी जाने वाली छुट्टियाँ (Casual leave)

विशेष अधिकारयुक्त छुट्टियाँ (priviledge leave)

बिमारी की छुट्टियाँ (Sick leave)

बिना बताये छुट्टियाँ (Accumulated leave)

यदि तुम नोटिस करोग कि सभी फाइलों में एक फील्ड कॉमन है (Common है) वो है नाम (name) और यह प्राइमरी की (Primary key) कहलाता है और यह तीनों फाइलों के बीच में सम्बन्ध भी जोड़ता है।

पर्सनल फाइल के फील्डस को देखकर एक आइडिया लग जाता है कि डाटाबेस किस तरह से तैयार करेंगे–

पर्सनल फाइल

नाम (Name)	Alphanumeric
पत (Address)	Alphanumeric
Tel. Ph. No.	Numeric
Joining date	Date
Designlion (पद)	Alphanumeric
Qualifications	Alphanumeric

एक बार यदि ये सारी टेबल बन जाये तो ऑफिस का डाटाबेस तैयार हो जाएगा। डाटाबेस में टेबल्स, होती है। टेबल्स में रिकार्डस होते हैं। यदि हम ये निर्णय ले लें कि कौन-सी टेबल ऑफिस डाटाबेस का पार्ट होनी चाहिए, फिर हम अपने आप से पूछेंगे कि इस डाटाबेस में स्टोर करने के लिए केसी इन्फॉरमेशन की जरुरत है। यदि हम ये निश्चित कर लें तो हम टेबल के फील्डस् भी निश्चित कर सकते हैं।

किसी विशेष विषय को ध्यान में रखते हुए, और जरुरत की सारी इन्फॉरमेशन के संगठन (collection) को डाटाबेस कहते हैं। इसलिए ऑफिस को ध्यान में रखते हुए सारी इन्फॉरमेशन इस डाटाबेस में रखी गई हैं।

जब डाटा स्टोर कर रहे हों तो दो बातें ध्यान में रखनी चाहिए–

1. एक विषय को ध्यान में रखते हुए एक डाटाबेस में डाटा स्टोर किया गया है। जैसे पर्सनल फाइल, एकाउन्ट फाइल।
2. हर डाटाबेस की हर टेबल में वर्णन को ध्यान में रखते हुए फील्ड के विभिन्न ग्रुप होते हैं।

हर केटेगरी का डाटा एक अलग टेबल में होता है। सारी टेबल एक डाटाबेस का पार्ट है। इसलिए इस डाटाबेस में हमारी 3 टेबल हैं–पर्सनल टेबलख एकाउन्ट टेबल और छुट्टियों की रिकार्ड टेबल।

एक प्वाइन्ट यहाँ ध्यान देने योग्य है कि इस डाटाबेस में डाटा टेबल की फार्म में स्टोर है, इसे सम्बन्ध यानि Relation भी कहा जा सकता है।

डाटाबेस में जो रिकार्डस होते हैं उन्हें एक पंक्ति में स्टोर करके रखा जाता है। एक पंक्ति (row) कई fiels\osQ या कॉलम से बनी होती है।

नीचे दिया गया टेबल देखिये–

	कॉलम 1	**कॉलम 2**	**कॉलम 3**	**कॉलम 4**
	Field 1	**Field 2**	**Field 3**	**Field 4**
	Person Name	Salareा	Income Tax	OF
रो 1	Abhishek	5000	400	200
रो 2	Abhinandan	10000	500	500
रो 3	Aekriti	9000	450	300

पहला रिकार्ड

दूसरा रिकार्ड

तीसरा रिकार्ड

हर व्यक्ति का डाटा आप अलग पंक्ति में देख सकते हैं। डाटाबेस में कॉलम को fielosQ भी कहा जाता है। इसलिए हम कह सकते हैं कि डाटाबेस में टेबल होती है। टेबल में रिकार्डस होते हैं। रिकार्डस में fielosQ होते हैं। इस व्यवस्था द्वारा ही डाटाबेस में डाटा को व्यवस्थित करके रखा जाता है। ऊपर दिये गये टेबल ने तीन रिकार्ड दिखाए गएक हैं। लेकिन कम्प्यूटर डाटाबेस` हम अनगिनत रिकार्डस रख सकते हैं। कम्प्यूटर डाटाबेस को electronic डाटाबेस कहा जाता है।

RDBMS को समझना

RDBMS की full form है–Relation Data base Management System मतलब एक दूसरे से सम्बन्धित डाटाबेस को व्यवस्थित करने का जो सिस्टम है उसे RDBMS कहते हैं।

यह निश्चित रूप से व्यक्तियों के लिए चीजों को आसान बना देती है। यह सॉफ्टवेयर लोगो को डाटाबेस बनाकर उसे maintain रखने के लिए बताता है।

डाटाबेस को Maintain करने के लिए टेबल पर विभिन्न ऑपरेशन करने पड़ते हैं।

ये ऑपरेशन हैं–

रिकाई्स डालना

क्वैरी करना (querying)

रिकार्डस में कुछ बदलना

रिकार्डस को डिलीट करना

ये ऑपरेशन डाटाबेस में डाटा को स्टोर करने, वापिस लाने और अपडेट करने के लिए यूजर (user) को योग्य बनाते हैं। ये सिस्टम विभिन्न टेबल के बीच सम्बन्ध बनाने में यूजर की सहायता करता है। जो सिस्टम ये सब सुविधएं प्रदान करता है उसे RDBMS कहते हैं।

Relaitonal Database Management System के उदाहरण हैं–

1. माइक्रोसॉफ्ट एक्सेसे
2. ऑरिकल (orcale)
3. सी-बेस (Sybase)

लेकिन एक्सेस बहुत ज्यादा प्रचलित है क्योंकि यह पर्सनल कम्प्यूटर (PCs) और मेनफ्रेम कम्प्यूटर्स पर एक-सा काम करता है। जबकि ओरेकल, जहाँ एक से ज्यादा कम्प्यूटर्स का नेटवक्र वहाँ प्रचलित है।

Relational Database डिजाइन की एक विशेषता यह भी है कि आप इसमें फील्ड को विभिन्न डाटाबेसों से इकट्ठा कर सकते हैं और उनको स्क्रीन पर एक ही समय पर देख सकते हैं जो इसकी जटिलता को कम करता है।

डाटाबेस ऑब्जेक्ट्स

माइक्रोसॉफ्ट एक्सेस RDBMS पर आधरित है। एक्सेस में काम करने के तौर-तरीके को अच्दी तरह समझने के लिए RDBMS के चार बुनियादी आब्जेक्टस (objects) के बारे में पहले जान लेना चाहिए। ये objects हैं–

RDBMS

Table | Queries | Forms | Reports

Tables

टेबल के केस में निम्नलिखित कार्य आते हैं–

टेबल बनाना

कौन-कौन से फील्ड चाहिए यह बताना

फील्ड का डाटा किस टाइप का है यह बताना

फील्ड का size (आकार) बताना

उस फील्ड को बताना जिसकी unique वैल्यू होगी

टेबल में रिकार्ड्स डालना

टेबल के डाटा में कुछ बदलनाव लाना

टेबल से रिकार्ड्स, डिलीट करना

टेबल्स के बीच में सम्बन्ध (relation) बनाना

इन सभी कार्यों को करने के लिए RDBMS सुविध प्रदान करता है। उदाहरण के लिए RDBMS का प्रयोग करके ऑफिस का डाटाबेस बना सकते हैं। हम पहले बताई हुई 3 टेबल्स बना सकते हैं और उन टेबल्स के बीच में सम्बन्ध भी बना सकते हैं।

Queries

Queries के केस में निम्नलिखित काम आते हैं–

इन्फॉमेशन निकालने के लिए Query बनाना-किसी कंडीशन पर एक या ज्यादा टेबल से डाटा को लाना। मतलब जैसे कि आप C से शुरु होने वाले नाम की सारी इन्फॉरमेशन देखना चाहते हैं। तो वैसे तो यह बहुत समय लेने वाली क्रिया है पर Query द्वारा आप अपने समय को बचा सकते हैं।

डाटा को अपडेट करने के लिए Query बनाना।

उन कंडीशन को बताना जिसके रिकार्डस अपडेट हुए हो।

डाटा को डिलीट करने के लिए Query बनाना।

उन कंडीशन को बताना जिसके रिकार्डस डिलीट हुए हैं

उदाहरण के लिए RDBMS हमें आज्ञा देती है कि ऑफिस में काम करने वाले सभी कर्मचारियों के नाम व पद (Designation) निकालने के लिए Query बनाओ। हम उन सभी रिकार्डस को एक नाम के अनुसार बढ़ते क्रम में (A to z) भी लगा सकते हैं।

एक से ज्यादा टेबल्स के बीच में डाटा लाने के लिए Query बनाने को हम सम्बन्ध का प्रयोग भी कर सकते हैं।

Reports

रिपोर्ट के केस में निम्नलिखित कार्य आते हैं–

रिपोर्ट बनाना

उस टेबल या Query को बताना जिसमें से रिपोर्ट बनाई गई है।

उन फील्ड्स को बताना जो रिपोर्ट में हैं।

डाटा की फॉमेटिंग करना।

उदाहरण के लिए RDBMS के द्वारा दी गई सुविधओं का प्रयोग करते हुए, हम उन कर्मचारियों के रिकार्ड्स को हाईलाइट कर सकते हैं जिनका वेतन 10,000 रुपये से ज्यादा है। इन रिर्कोड्स पर Bold आदि फॉरमेटिंग भी कर सकते हैं।

Forms

फॉर्मस् को समझने का आसान तरीका यह है कि उन्हें कागज के फॉर्म की तरह समणें। केवल यहि एक अन्तर है कि ये फॉर्मस् कागज पर नहीं बल्कि कम्प्यूटर पर उपलब्ध हैं। यह टेबल में डाटा को प्रविष्ट कराने के लिए और डाटा को देखने के लिए होते हैं। यह फॉर्म रिपोर्ट को प्रिन्ट कराने के लिए भी प्रयुक्त होते हैं।

फॉर्मस के केस में निम्नलिखित कार्य आते हैं–

फॉर्मस् बनाना

उस टेबल या Query को बताना जिसें से फॉर्म बने हैं।

उस फील्ड्स को बतना जो फॉर्म में दिखाये गये हैं।

फॉर्म की फॉरमेटिंग करना।

उदाहरण के लिए, RDBMS की सुविधओं को प्रयोग करते हुएख ऊपर बतायी हुई तीनों टेबल्स में डाटा प्रविष्ट कराने के लिए फॉर्म बना सकते हैं।

परिचय

आइये, अब क्रम से माइक्रोसॉफ्ट एक्सेस शुरु करते हैं।

1. Start पर क्लिक करके All programs पर क्लिक करें। माइक्रोसॉफ्ट ऑफिस में से माइक्रोसॉफ्ट एक्ससे 2003 पर क्लिक करें।

   या

2. Task pane पर से templetes पर क्लिक करें। डॉयलोग बॉक्स खुलेगा। उसमें Database पैनल पर जायें। फिर Inventory control पर जायें।

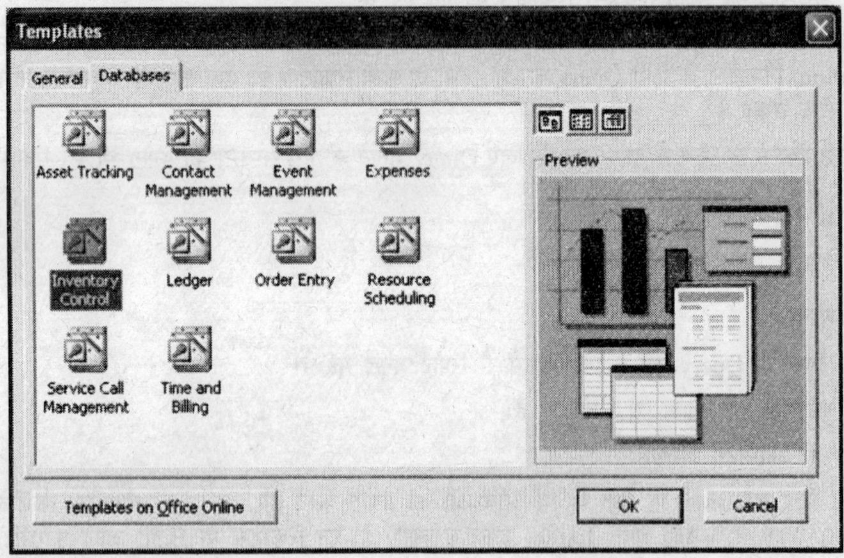

3. नया डॉयलोग बॉक्स के लिए OK पर क्लिक, जो आपसे डाटाबेस का नाम और वह जगह पूछेगा जहाँ आपको save करना है। देखे चित्र 6.4

4. फिर डाटाबेस विजार्ड के बहुत से बॉक्सों में से पहला डॉयलोग बॉक्स खुलेगा जहाँ आप अपने selections करके अपना डाटाबेस बना सकते हैं।

5. पहले विजार्ड डॉयलोग बॉक्स में, Inventory data base में स्टोर करने के लिए विभिन्न इन्फॉरमेशन दिखायेगा। यदि आप कोई ओर database चुनोगे तो स्क्रीन हमारी दिखायी हुई स्क्रीन से बदल जायेगी। देखें चित्र 6.5

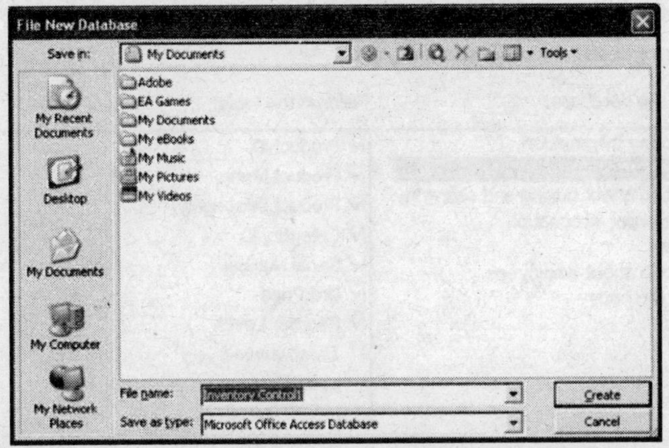

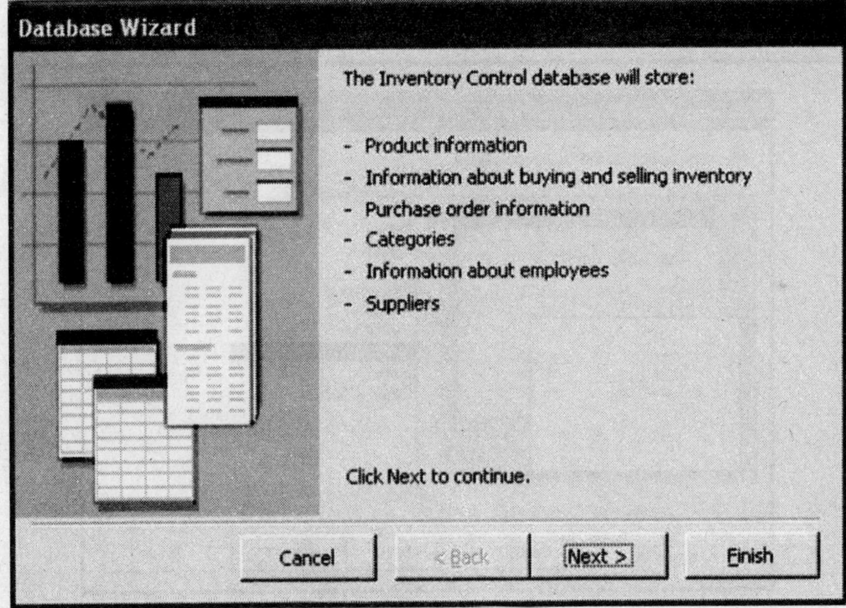

6. पर यहाँ पर कोई इन्फॉरमेशन नहीं भरनी है। Next पर क्लिक करो।

7. अलग डॉयलोग बॉक्स में बहुत सारे प्रकार की inventory tables दिखाई देंगी, जिन्हें आप बना सकते हो, और बहुत से फील्ड होंगे जिनमें से चयनित करके अपनी टेबल में जोड़ (attach) कर सकते हो।

8. चुन कर Next पर क्लिक कर दें।

9. अलगा डॉयलोग बॉक्स आपसे पूछेगा कि तुम अपने डाटा-बेस के लिए किस टाइप की स्क्रीन देखना चाहते हो। उनमें से एक चुनों और Next पर क्लिक कर दो।

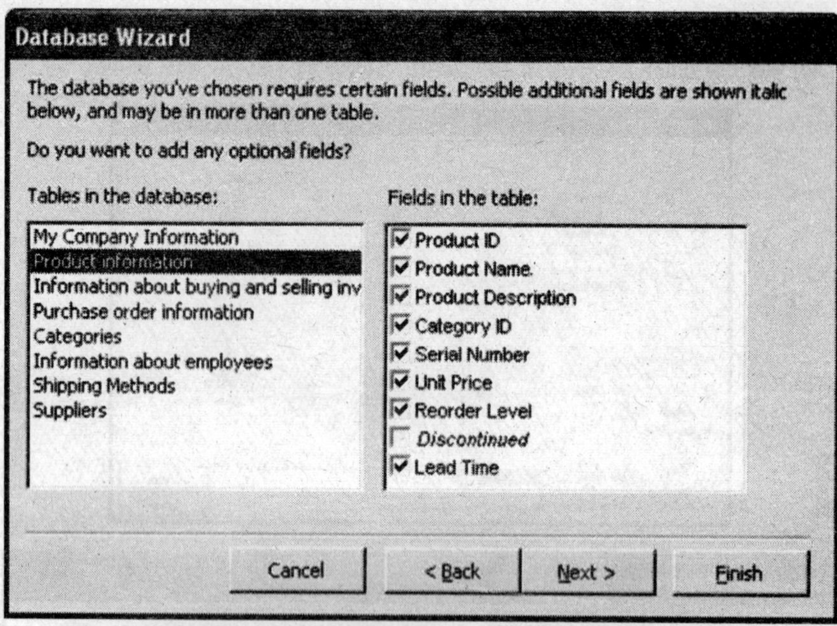

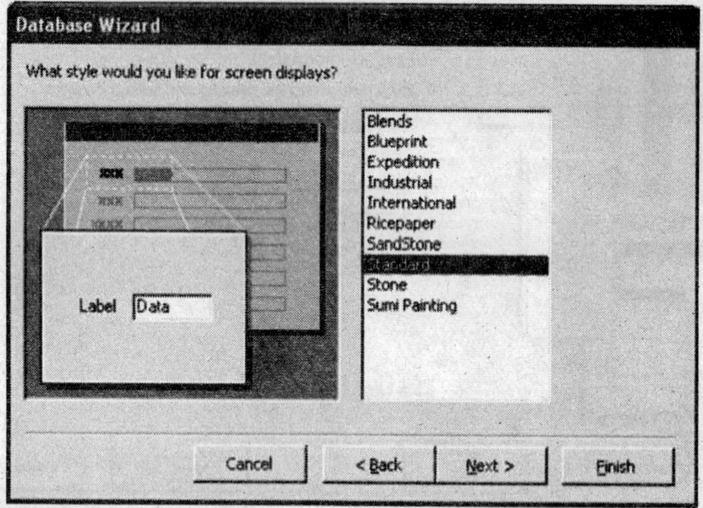

10. अगला डॉयलोग बॉक्स आपसे पूछेगा कि अपनी रिपोर्ट के लिए किस प्रकार का आउटपुट (प्रिन्टआउट) चाहते हो।
11. अलग डॉयलोग बॉक्स आपसे डाटाबेस के लिए पूछेगा जो आप अपने डाटाबेस के top में रखना चाहते हो। यदि आप कोई पिक्चर भी रखना चाहते हो तो वह भी चुन सकते हो। आगे बढ़ने के लिए Next पर क्लिक करें।
12. अलग डॉयलोग बॉक्स आपसे कहेगा कि विजार्ड का काम पूरा हो गया है अब आप डाटाबेस बनाने के लिए finish पर क्लिक करें। यदि आप सीधे यहीं से काम शुरु करना चाहते हैं तो Yes, start the database पर click tick करें।

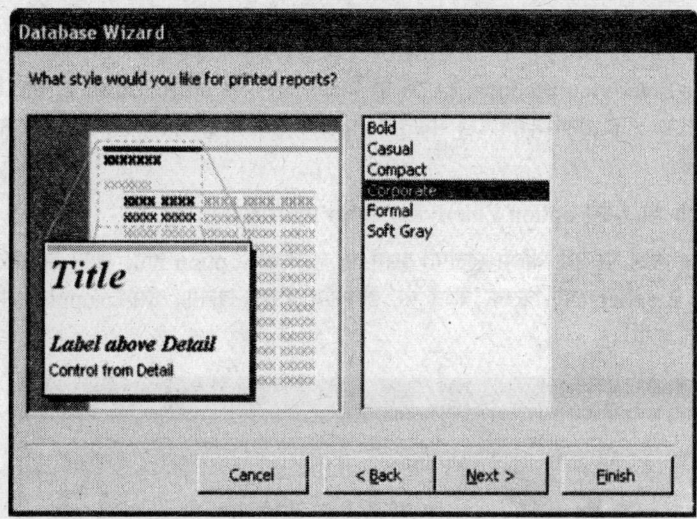

13. इस स्थिति में एक्सेस अभी तक दी हुई इन्फॉरमेशन के मुताबिक डाटाबेस बनाने की प्रक्रिया शुरु कर देगी।

14. इस प्रक्रिया में थोड़ा समय लगता है। यहाँ एक्सेस विभिन्न प्रक्रियायें करता हुआ दिखाई देगा लेकिन इसमें आपके करने के लिए कुछ नहीं है। मतलब एक्सेस के इस काम में आपको कोई दखल नहीं देना है।

15. इसी बीच एक्सेस आपसे Inventory control डाटाबेस बनाने के लिए कम्पनी की कुछ details (वर्णन) भरने के लिए डॉयलोग बॉक्स में कुछ option देगा।

16. अपने तरीके से इन्फॉरमेशन को भरो और डॉयलोग बॉक्स को clsoe कर दें।

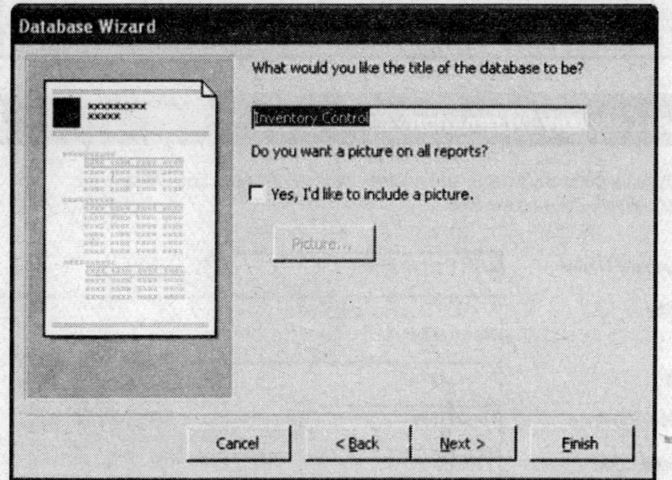

17. अगला जो डॉयलोग बॉक्स सामने आयेगा वह तुम्हारे डाटाबेस का मुख्य बॉक्स होगा। एक्सेसे इसे Main switchboard कहता है। यह इसलिए क्योंकि यहाँ पर बहुत सारी इन्फॉरमेशन के लिए switches (स्विचिस) होंगे।

18. अब हम विभिन्न options पर एक के बाद एक जायेंगे।

19. पहला option Enter/view products है। इस पर क्लिक करने पर डॉयलोग बॉक्स खुलेगा, जिसमें आप अपने product (उत्पाद) की इन्फॅरमेशन देख सकते हैं, कुछ बदलना हो तो बदल सकते हैं और नई इन्फॉरमेशन भी डाल सकते हैं।

20. अलग switch या दूसरा option Enter/view other information है।

21. इस पर क्लिक करने पर नया बॉक्स खुलेगा। इसमें भी बहुत सारे option होंगे। अपने अनुसार इन्फॉरमेशन भरें। Enter/view suppliers पर क्लिक करने पर डॉयलोग बॉक्स खुलेगा, उसमें supplier से सम्बन्धित सारी जानकारी देनी होगी।

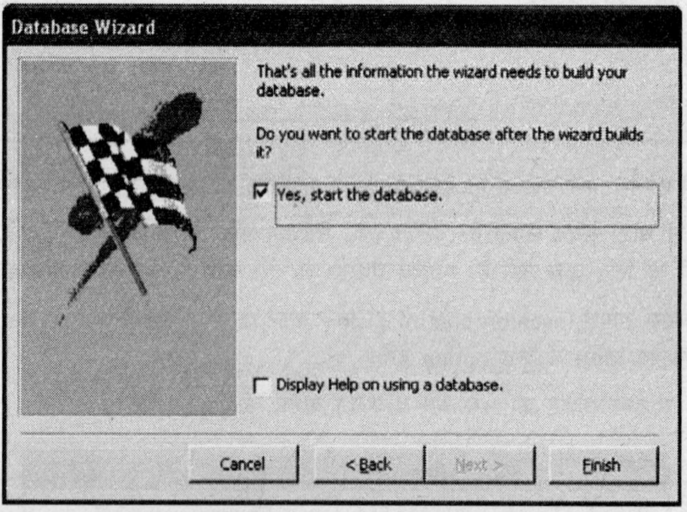

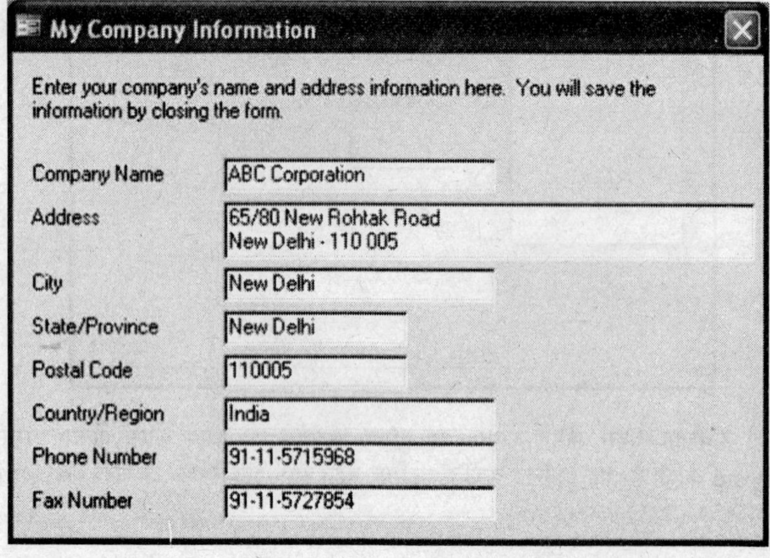

22. Return to main switch board पर क्लिक करके वापिस main बॉक्स पर आकर अगले switch पर क्लिक करें।

23. अलगा switch या तीसरा option Preview Reports है।

24. इसमें भी बहुत से option है। उनमें से एक को चुनें। उदाहरण के लिए Preview the product summary पर क्लिक करें। Product summary Report का View दिखाई देगा। देखें चित्र 6.16।

25. यदि आप main switchboard के विभिन्न options को बदलना चाहते हो तो change switchboard item पर क्लिक करें। बॉक्स खुलने पर option बदलें।

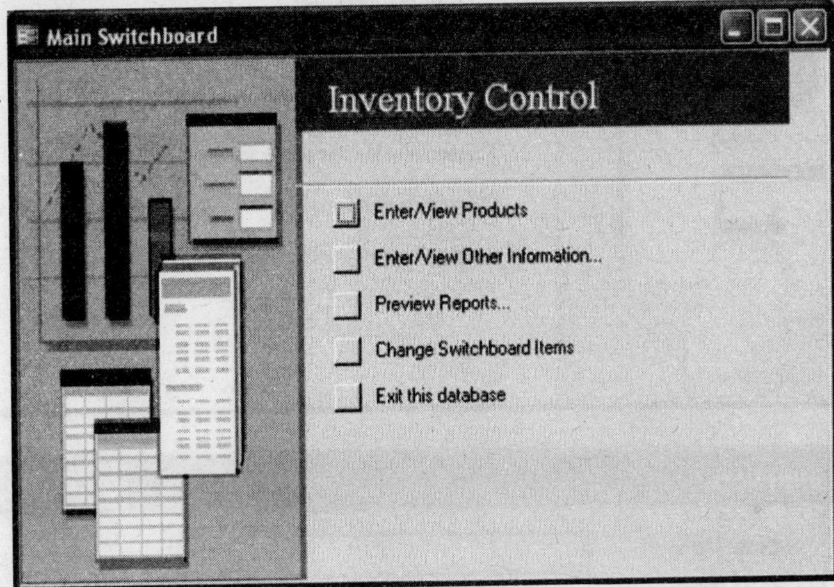

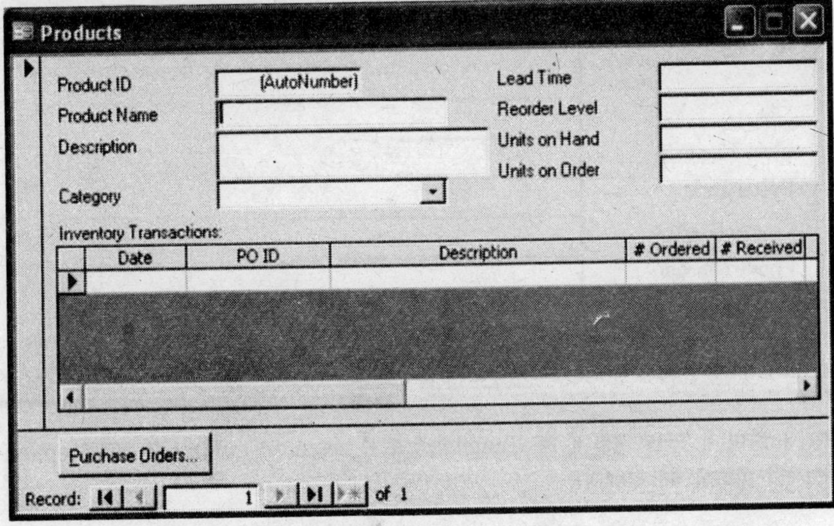

26. अब आपका डाटाबेस तैयार है। इस पर काम करना शुरु कर सकते हो। जो डाटा आपके पास उपलब्ध है उसे भर कर इस प्रक्रिया का मजा उठा सकते हैं।

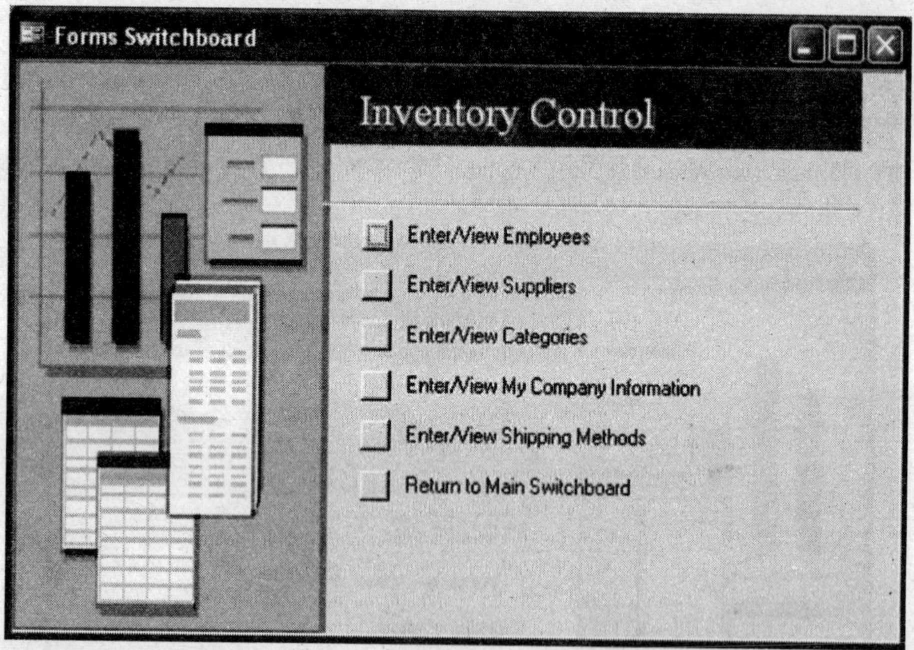

Suppliers

Supplier Name
Contact Name
Contact Title
Address
City
State/Province
Postal Code
Country/Region
Phone Number
Fax Number

Record: 1 of 1

अपनी प्रैक्टिस के लिए मैं सलाह दूती हूँ कि Templates में से inventory control के बजाय option चुनें और डाटाबेस बनाने की प्रक्रियां को दोहरायें।

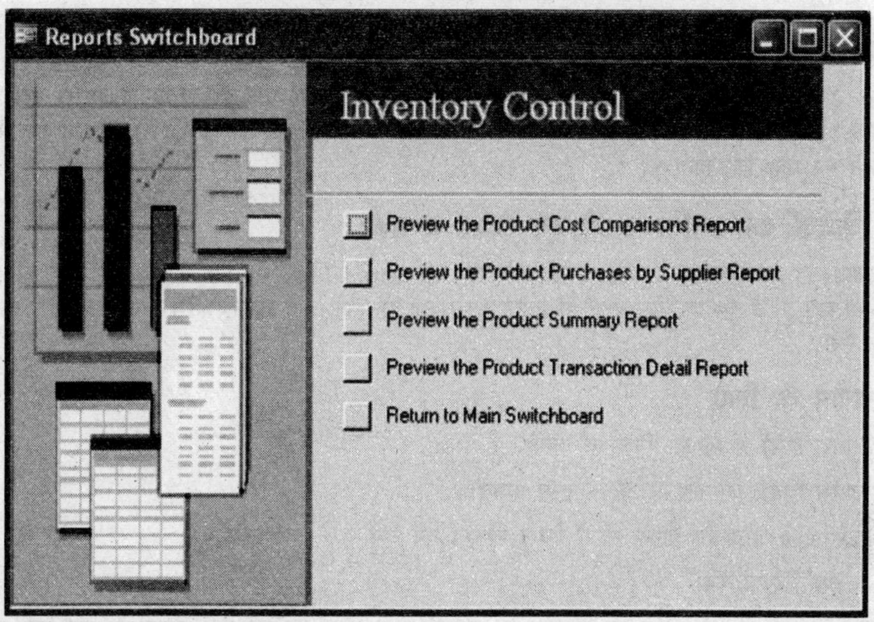
Reports Switchboard
Inventory Control
Preview the Product Cost Comparisons Report
Preview the Product Purchases by Supplier Report
Preview the Product Summary Report
Preview the Product Transaction Detail Report
Return to Main Switchboard

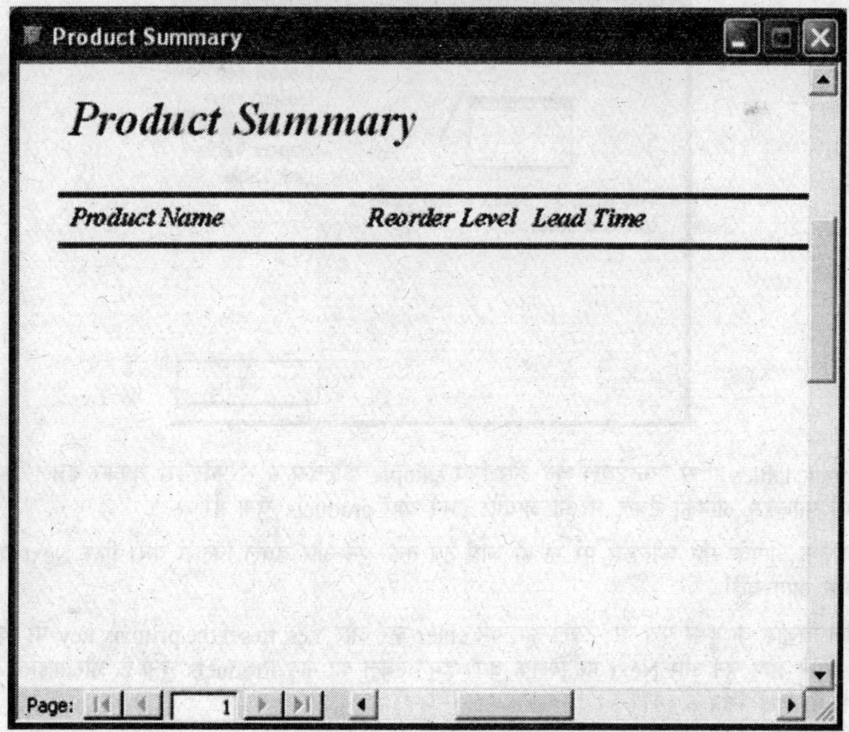
Product Summary
Product Summary
Product Name
Reorder Level
Lead Time
Page:
1

एक्सेस 2003 में टेबल्स के साथ काम करना

एक टेबल डाटा का कम्पलीट संग्रह है जो लाइनें और कॉलम में दिखाई देता है। प्रत्येक लाइन में एक की पूरी इन्फॉरमेशन होती है जिसे एक रिकार्ड कहा जाता है। एक लाइन का हर कॉलम एक फील्ड होता है। जो कि रिकार्ड में इन्फॉरमेशन का एक पार्ट होता है।

टेबल विजार्ड का प्रयोग करते हुए टेबल बनाना

टेबल विजार्ड नई टेबल बनाने में और उसके फील्डस् सेट (set) करने में सहायक हैं। विजार्ड बहुत से sample फील्डस् भी देता है जो तुम डाटाबेस बनाने में प्रयोग कर सकते हो। दोनो चाहे वह बिजनेस के उद्देश्य से हो या पर्सनल प्रयोग के लिए

टेबल बनाने के लिए

1. डाटाबेस विंडों में table पैनल पर जायें।
2. डाटाबेस विंडों टूल बार से New बटन दबायें।
3. New table डॉयलॉग बॉक्स में से टेबल विजार्ड को चुनें।
4. OK पर क्लिक करें।
5. टेबल विजार्ड के पहले पेज पर बिजनेस या पर्सनल जिस टाइप का डाटाबेस बनाना है। उसे चुनें। मैने यहाँ बिजनेस चुना है। देखें चित्र 6.18।

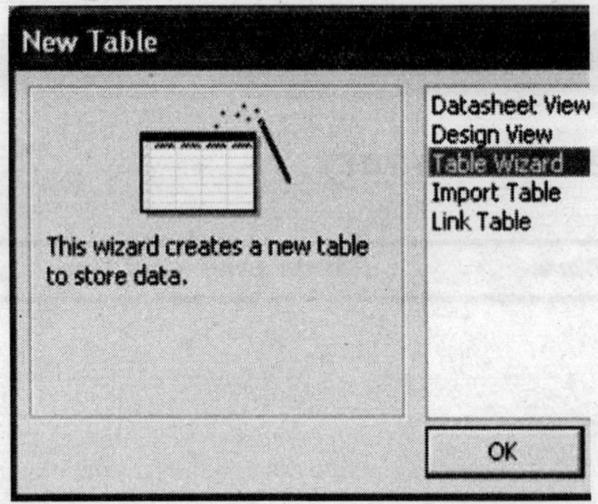

6. Sample tables में से एक टेबल चुनें और फिर sample फील्डस् में से फील्डस चुनकर डबल क्लिक करें, इससे फील्डस् आपकी टेबल में आ जायेंगे। हमने यहाँ products चुना है।
7. जब तक आपके सारे फील्डस् पूरे ना हो जायें तब तक चुनें और डबल क्लिक करें। फिर Next पर क्लिक करके आगे बढ़े।
8. टेबल विजार्ड के दूसरे पेज पर, टेबल का नाम enter करें और Yes, to set the primary key पर क्लिक करें या अपने आप चुनें और Next पर क्लिक करें। हमने टेबल का नाम Products चुना है और प्राइमरी Key भी चुनी है। देखें चित्र 6.191।

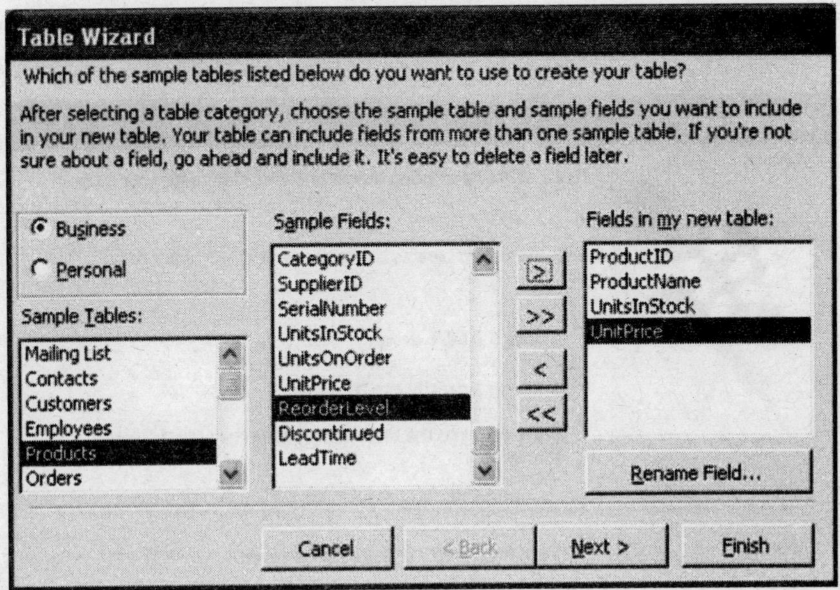

9. टेबल विजार्ड के अगले पेज पर नई टेबल से सम्बन्ध (relate) करने के लिए one of existing table (पहले से बनी हुई table) को चुनें और Next पर क्लिक करें। देखें चित्र 6.20। यदि आप नयी सम्बन्धित टेबल (new relationship) बनाना चाहते हो या पहले से बनी हुई टेबल बदलना चाहते हो, तो Relationship डॉयलोग बॉक्स में तीन option में से एक चुनें, दो टेबल के बीच में relationship बताने के लिए Ok पर click करें।

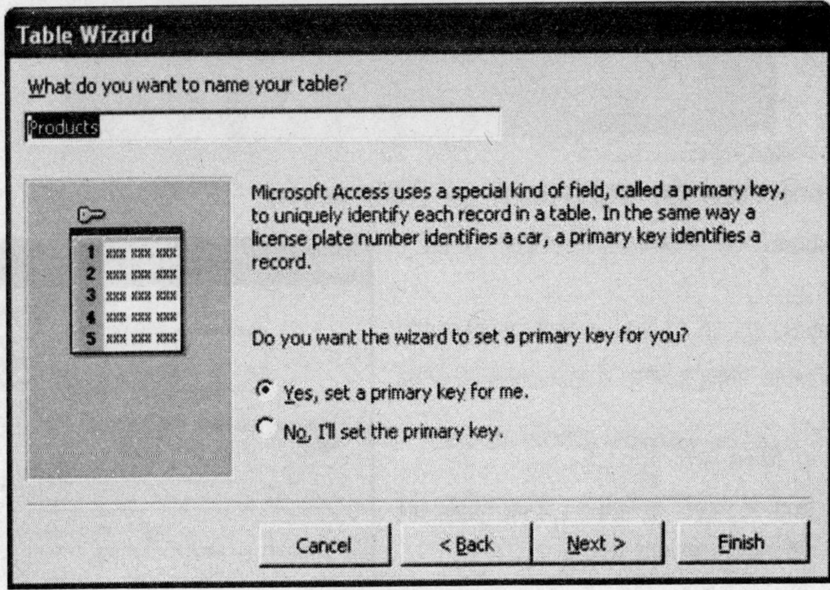

10. टेबल विजार्ड के अन्तिम पेज पर तीन option में से एक चुनें। और डाटा प्रविष्ट करायें। Finish पर क्लिक करें।

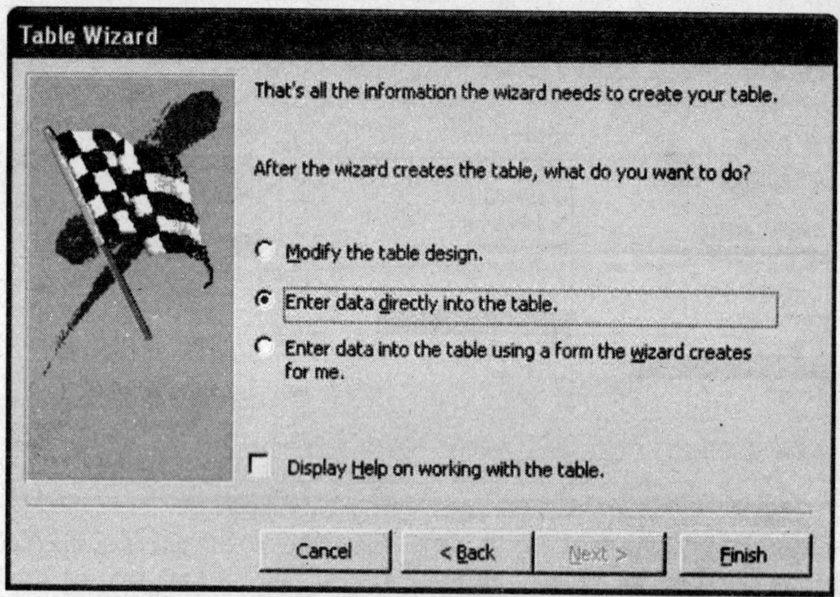

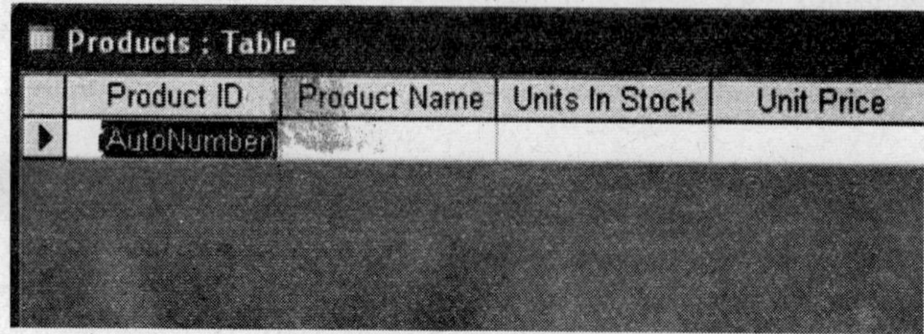

Datesheet View का प्रयोग करते हुए टेबल बनाना

1. Database विंडों में जाकर Table पैनल पर क्लिक करे।।
2. Database टूल बार पर से New बटन पर क्लिक करें।
3. New table डॉयलोग बॉक्स में Datasheet view को चुनें।
4. OK पर क्लिक करें।

New टेबल विंडों में फिल्ड के नाम पर डबल क्लिक करें और इसका नाम बदले (rename it)।

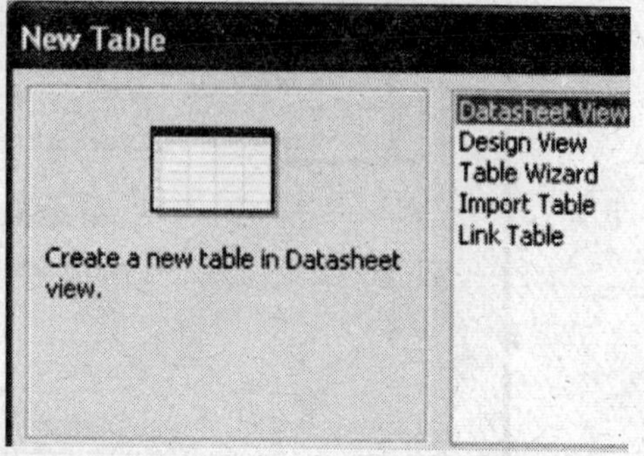

Design View का प्रयोग करते हुए टेबल बनाना

1. डाटाबेस विंडों में टेबल पैनल पर जायें।
2. डाटाबेस टूल बार से नयी टेबल के बटन पर क्लिक करें।
3. New table बॉक्स में से डिजाइन व्यू (Design view) को चुन कर Ok पर क्लिक करें।
4. फील्ड का नाम डालकर data type (फील्ड किस प्रकार का है) चुनें।
5. यदि कोई वर्णन देना चाहते हैं तो डाल दें (Add करें)

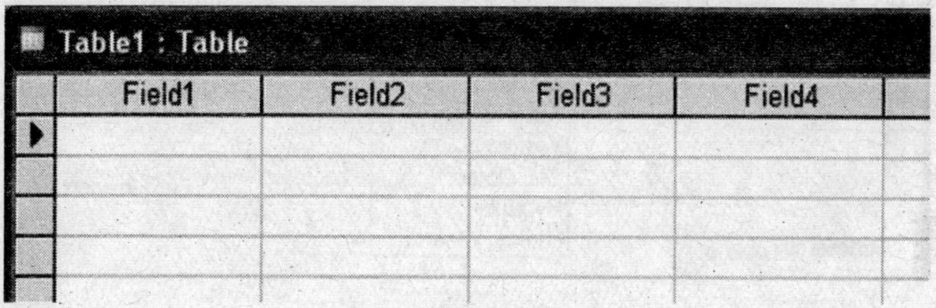

Table1 : Table

	Field1	Field2	Field3	Field4
▶				

6. ऊपर दिये गये चित्र को देखकर कम्प्यूटर में फील्ड का नाम टाइप करें। फिर Tab key दबाकर अगले कॉलम में आकर dropdown list box (नीचे आये हुए बॉक्स) में से data type चुनें। Tab key से अगले कॉलम में आ जायें। और कुछ description (फिल्ड के बारे में कुछ बताना चाहे तो) अगले कॉलम में दें।
7. Save करें।

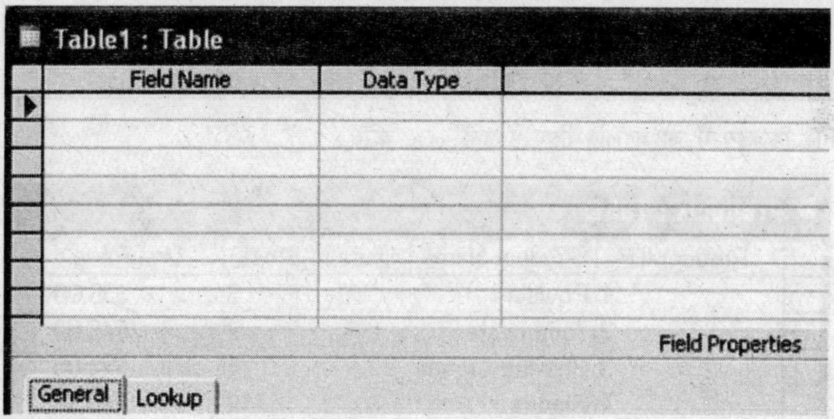

Table1 : Table

	Field Name	Data Type	
▶			

Field Properties

General | Lookup

फील्ड का आकार (Size) और फॉरमेट

यदि फील्ड का data type टेक्स्ट (Text) है तो आप उसमें कितने अक्षर चाहते हैं और कुछ फॉरमेटिंग के नियम set कर सकते हो। यदि फील्ड का data type नम्बर है तो कितने नम्बर तक स्वीकार किये जा सकते हैं आप यह नम्बर की रेन्ज निश्चित कर सकते हैं और कितने दशमलव के बाद अंक आने चाहिए यह भी स्टोर कर सकते हैं।

1. डाटाबेस विंडो के टेबल्स पैनल पर table पर क्लिक करके डिजाइन (Design) बटन पर क्लिक करें।

2. टेबल विंडों में name फील्ड पर फॉरमेट करने के लिए क्लिक करें।
3. Field size बॉक्स पर क्लिक करें, फिर एक नम्बर टाइप करो, जितने अक्षर तक का नाम आप प्रवेश करना चाहते हो।

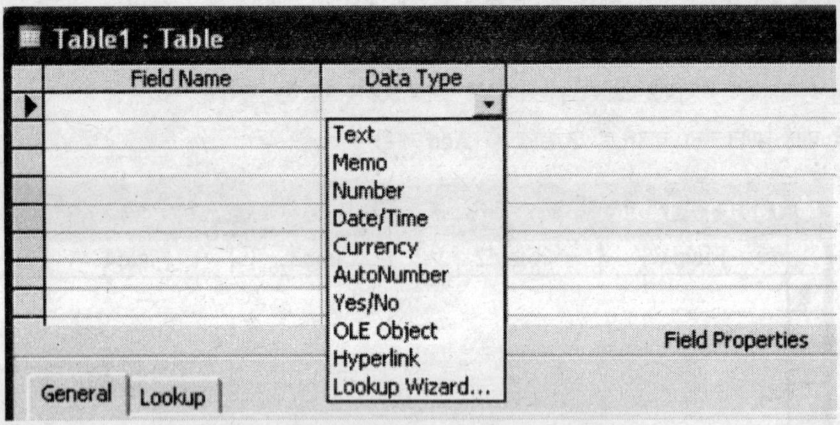

Table1 : Table

Field Name	Data Type
	Text Memo Number Date/Time Currency AutoNumber Yes/No OLE Object Hyperlink Lookup Wizard...

Field Properties

General | Lookup

4. फॉरमेट बॉक्स पर क्लिक करे, यदि वह फील्ड text है तो इनमें से एक चिन्ह (symbol) प्रवेश करें।

चिन्ह (Symbol)	परिणाम (Result)
@	इस फील्ड में टेक्स्ट अक्षर ही आ सकता है चाहे वह space ही क्यों ना हो।
&	टेक्स्ट अक्षर की जरुरत नहीं है।
<	सभी अक्षर डाले जा सकते हैं लेकिन सब छोटे (lowercase) हो।
>	सभी बड़े (uppercase) अक्षर आ सकते हैं।

5. Table डिजाइन में जो बदलाव किए हैं उन्हें save करो।

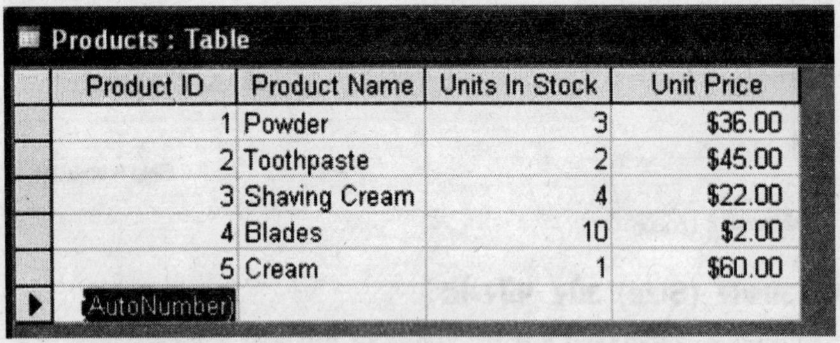

Products : Table

Product ID	Product Name	Units In Stock	Unit Price
1	Powder	3	$36.00
2	Toothpaste	2	$45.00
3	Shaving Cream	4	$22.00
4	Blades	10	$2.00
5	Cream	1	$60.00
(AutoNumber)			

6. टेक्स्ट (Text) फील्ड के लिए 0 से 255 के बीच कोई सा भी फील्ड size डाल सकते हो। स्वत: (by default) इसमें 50 होता है।

7. जब तुम नम्बर फील्ड के लिए फील्ड size set कर रहे हो तो कम से कम नम्बर की byles को चुनों लेकिन वह तुम्हारे डाटा के लिए उपयुक्त होनी चाहिए।

टेबल में डाटा प्रवेश (Enter) कराना

टेबल में डाटा प्रविष्ट कराने के लिए एक-एक रिकार्ड के अनुसार डाटा प्रवेश कराओ। एक रिकार्ड को पूरा करने के लिए, रिकार्ड के सभी फील्डस् में इन्फॉरमेशन भरो।

टेबल में डाटा प्रविष्ट कराने के लिए शायद आप कोई फॉर्म प्रयोग करोगे लेकिन आप सीधे ही टेबल के Rows और कॉलम में डाटा प्रविष्ट कर सकते हो।

1. डाटाबेस विंडों में टेबल Tab पर क्लिक करो।
2. टेबल के नाम पर डबल क्लिक करो।

   या

   टेबल चयनित (select) करके open पर क्लिक करो।
3. नया रिकार्ड डालने के लिए एक्ससे टूल बार पर New Record बटन पर क्लिक करो।
4. पहले फील्ड में डाटा प्रविष्ट करो और अगले फील्ड पर जाने के लिए Tab key दबाओ।
5. यदि फील्ड arrow बटन दिखायें तो तुम बटन पर क्लिक करके, लिस्ट में से कोई भी entry select (चयनित) करो।
6. आखिरी फील्ड के बाद Tab key दबाओ, जिससे नया रिकार्ड शुरु हो जायेगा। जो रिकार्ड पूरा हो गया है वह अपने आप (automatically) save हो जायेगा।
7. तुम्हें हर नये रिकार्ड को save करने के लिए कुछ विशेष नहीं करना है। जब अगले रिकार्ड पर आयेंगे तो पहला अपने आप save हो जायेगा।

टेबल के डाटा में कुछ बदलाव लाना

तुम किसी भी रिकार्ड के किसी भी फील्ड में आसानी से बदलाव ला सकते हो।

1. जिस फील्ड पर कुछ बदलाव लाना है उसे select करके कर्सर क्लिक करें या डबल क्लिक करें।
2. जैसे वर्ड में कुछ टेक्स्ट edit करते हो वैसे ही edit करें या बदले।
3. किसी दूसरे रिकार्ड पर क्लिक करें जिससे जो बदला है वह save हो जाये।
4. पूरे फील्ड को select करने के लिए फील्ड पर कहीं भी क्लिक करें व F2 दबायें।
5. गलती ठीक करने के लिए पहले फील्ड पर वापिस जाने के लिए shift + Tab key दबायें।
6. जब आप कोई फील्ड edit कर रहे हो तो pencil का चिन्ह रिकार्ड के बांयी तरफ दिखाई देगा जो यह निर्देश देगा (indicate करेगा) कि तुम्हारे द्वारा किया गया बदलाव अभी save नहीं है।

टेबल को Save करना

केवल बनाने के बाद तुम्हें इसे Save करना चाहिए।

1. File मेन्यू से save option को चुनें।

   या

   Ctrl + S दबायें

   या

   एक्सेसे टूल बार पर से save बटन पर क्लिक करें।

2. Save As डॉयलोग बॉक्स में नयी टेबल के लिए नाम दें।
3. OK पर क्लिक करें। डाटाबेस विंडों में टेबल्स की लिस्ट में नयी टेबल जुड़ जायेंगी।
4. एक टेबल को फॉर्म की तरह save करने के लिए ताकि आप उसे डाटा डालने के लिए प्रयोग कर सकें या फिर एक रिपोर्ट प्रिन्ट करा सकें, टेबल select करके फाइल मेन्सू में से Save As पर क्लिक करें।

फील्ड की इंडेक्सिंग करना (Indexing a Field)

Indexing के लिए फील्ड विशेष रूप से तैयार किये जाते हैं ताकि इसकी सहायता से डाटाबेस में से इन्फॉरमेशन तेजी से खोजी (search) की जा सकें।

1. डाटाबेस विंडो में टेबल Tab पर जाकर टेबल को चुनें और डिजाइन पर क्लिक करें।

   या

   यदि टेबल पहले से खुली हुई है तो Design View बटन पर क्लिक करें।

2. टेबल विंडों में उस फील्ड के नाम पर क्लिक करें जिसकी Indexing करनी है।
3. Drop down list box (नीचे गिरे हुए लिस्ट बॉक्स) से yes या No को चुनें।
4. Indexed बॉक्स पर क्लिक करें और drop down list बॉक्स से एक option चुनें। Option है–

Option	**Result**
No	: यह फील्ड indexed नहीं है।
Yes (Duplicate Ok)	: यह फील्ड indexed है। और इसके duplicates allowed है
Yes (No Duplicate)	: यह फील्ड indexes है। और हर entry unique (खास) है।

5. दिये गये बदलाव को save करने के लिए एक्सेस टूल बार पर से save को क्लिक करें। या फाइल मेन्यू से save करें।
6. प्राइमरी कि (primary key) वाले फील्डस् अपने आप indexes हो जाते हैं।
7. उन फील्डस् की लिस्ट देखने के लिए जो indexed है एक्सेसे टूल बार पर से indexes बटन पर क्लिक करें जब टेबल डिजाइन view में दिखाई दे।

Products : Table

	Field Name	Data Type
🔑	ProductID	AutoNumber
▶	ProductName	Text
	UnitsInStock	Number
	UnitPrice	Currency

Field Properties

General | Lookup

Field Size	50
Format	
Input Mask	
Caption	Product Name
Default Value	
Validation Rule	
Validation Text	
Required	No
Allow Zero Length	No
Indexed	Yes (Duplicates OK)
Unicode Compression	No
IME Mode	No Control
IME Sentence Mode	None
Smart Tags	

Data Type के प्रकार

Text यह अक्षरें की लाइन होती है। जिसमें alpha numeric (alphabets और numbers) डाटा स्टोर होता है। एक टेक्स्ट फील्ड में ज्यादा से ज्यादा 255 तक के अक्षर स्टोर कर सकते हैं।

Memo यह फील्ड लम्बे टेक्स्ट (Text) को स्टोर करने के लिए होता है। एक्सेस में 64,000 अक्षरों तक इस फील्ड में स्टोर कर सकते हैं। Notes फील्ड ही memo field होता है।

Number यह नम्बर वाला डाटा स्टोर करने के लिए होता है।

Data/Time तारीख व समय स्टोर करने के लिए है।

Currency यह एक विशेष प्रकार का नम्बर वाला डाटा टाइप है क्योंकि यह केल्कूलेशन (गणना) के समय round off गलतियों को रोकता है।

Auto number यह भी एक विशेष प्रकार का नम्बर वाला data type ळै जो प्राइमरी key के लिए प्रयोग होता है। इस data type के फील्ड हमेशा read only होते हैं। क्योंकि जब डाटा recorosQ बनाया जाता है तो एक्सेस अपने आप ही इनको एक के बाद एक समानता से लगा देता है।

Yes/No	यह बूलियन डाटा को स्टोर करता है। जिसमें केवल एक या दो ही वैल्यू होती हैं। जैसे कि On/off या yes/No या True/False
OLE Object	एक विशेष प्रकार का आब्जेक्ट या Component होता है जो विंडोज OLE server के द्वारा दिया जाता है।
Hyerlink	Hyperlink वाले टेक्स्ट को स्टोर करने के लिए होता है। एक्सेस वेब डॉक्यूमेन्ट्स, नेटवर्क फाइलस् और लोकर फाइल्स के Address को स्टोर करने में सहायता करता है।

एक्सेस 2003 में रिपोर्ट्स के साथ काम करना

तुम्हारे कम्प्यूटर पर जो प्रिन्टर जुड़ा हुआ है इसका प्रयोग करते हुए एक रिपोर्ट तुम्हारे डाटा बेस को इस तरह से प्रिन्ट करेगी जो पेपर पर बहुत अच्छी दिखे। तुम एक रिपोर्ट को मॉनीटर पर भी देख सकते हो। टेबल्स में उपलब्ध इन्फॉरमेशन को प्रयोग करके Query के द्वारा रिपोर्ट्स बनाई जाती है। एक्सेस विजार्ड के रूप में एक आसान तरीका प्रदान करता है जिसे रिपोर्ट विजार्ड कहते हैं।

रिपोर्ट विजार्ड का प्रयोग करके रिपोर्ट बनाना

तुम रिपोर्ट विजार्ड का प्रयोग करके रिपोर्ट बना सकते हो और उसमें जरुरत पड़ने पर बदलाव भी कर सकते हो।

1. डाटा बेस विंडो के रिपोर्ट पैनल पर जाकर New बटन पर क्लिक करो।
2. न्यू रिपोर्ट डॉयलोग बॉक्स में रिपोर्ट विजार्ड को सेलेक्ट करो।
3. OK पर क्लिक करो।

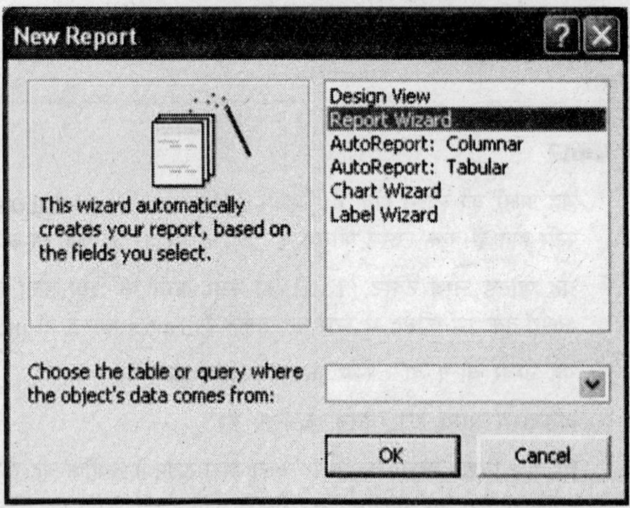

4. रिपोर्ट विजार्ड के पहले पेज पर टेबल या Query को select करो जिस पर रिपोर्ट आधरित है। फिर डिस्प्ले के लिए फील्ड् चयनित (select) करो। चित्र 6.24। Next पर क्लिक करके अगला बॉक्स खुलेगा।
5. यहाँ पर grouping level बनाने के लिए फील्ड्स को select करो। Next पर क्लिक करो (6.25 चित्र को देखें)

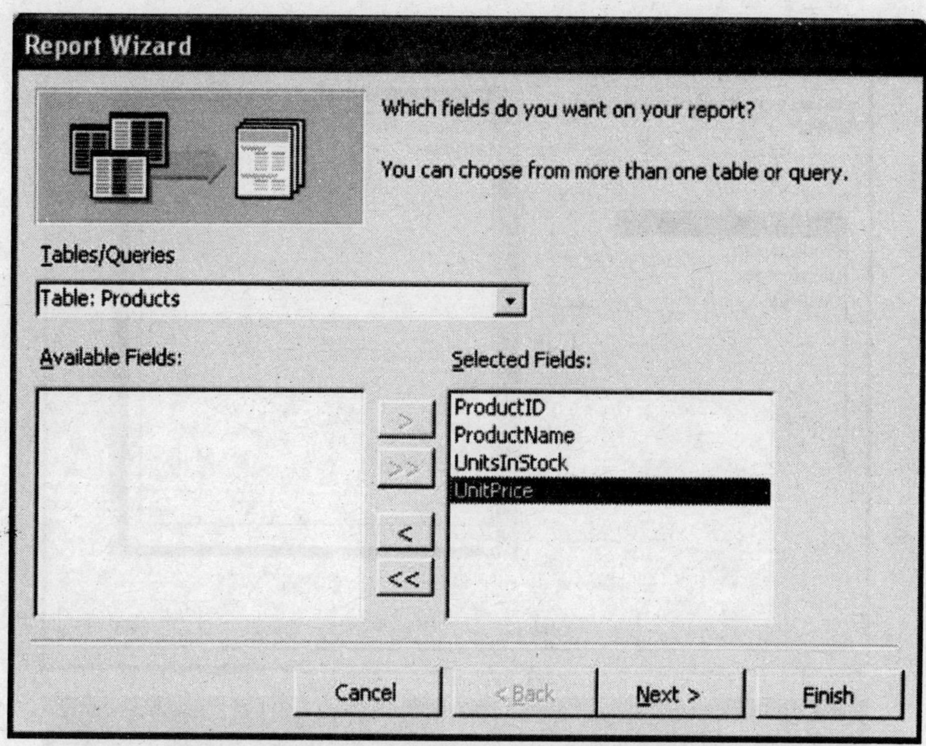

6. चित्र 6.20 के विजार्ड के तीसरे पेज पर फील्डस sorting (क्रम के लिए) के लिए चुनो। Next पर क्लिक करो।
7. चहाँ इस पेज पर प्रिन्टिंग के लिए लेआउट (layout) चुनें। और Next पर क्लिक करें। चित्र 6.27।
8. विजार्ड के इस पेज पर प्रिन्टिंग के लिए जो स्टाइल चाहते हो वह चुनों। Next पर क्लिक करके अन्तिम पेज पर आओ।
9. रिपोर्ट का प्रीव्यू (Preview) देखना चाहते हो तो option चुनें और finish पर क्लिक करें।
10. स्क्रीन पर टेबल का प्रीव्यू देखें चित्र 6.30।

Auto Report का प्रयोग करके टेबल बनाना

इसमें कोई सन्देह नहीं है कि यह रिपोर्ट बनाने का सबसे तेज तरीका है।

Columnar Report (कॉलम फॉरमेट में रिपोर्ट)

1. डाटाबेस विंडों के Report tab पर जाकर New बटन पर क्लिक करें।
2. New Report डॉयलोग बॉक्स में (चित्र 6.23) Auto Report columnar पर क्लिक करें। और वह टेबल (Product) या Query को सेलेक्ट (चयनित) करें, जिस पर रिपोर्ट आधरित हो।

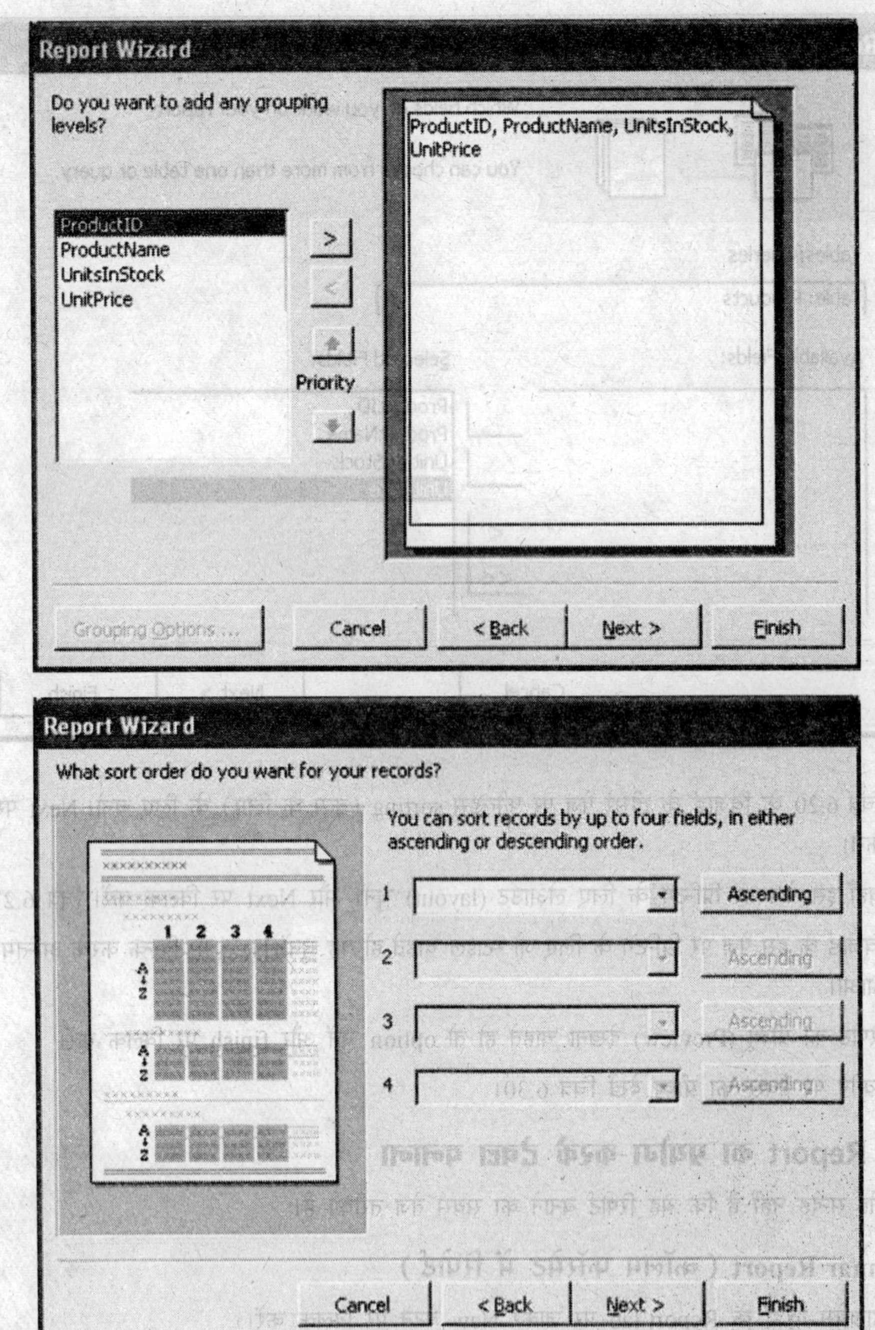

3. OK पर क्लिक करो।
4. Print Preview में रिपोर्ट दिखाई देगी।

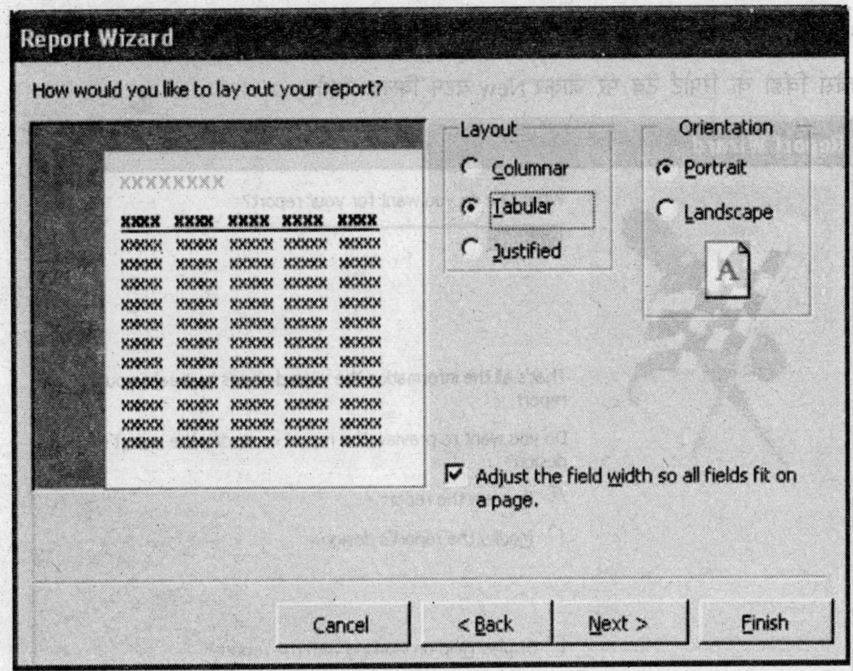
Report Wizard
How would you like to lay out your report?
Layout
Columnar
Tabular
Justified
Orientation
Portrait
Landscape
Adjust the field width so all fields fit on a page.
Cancel
< Back
Next >
Finish

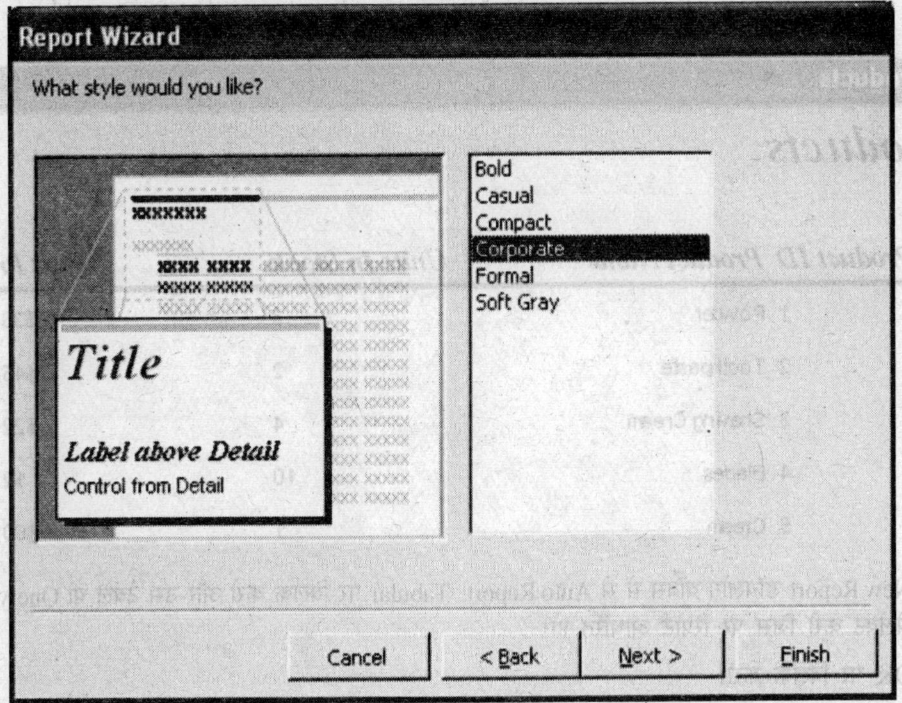
Report Wizard
What style would you like?
Title
Label above Detail
Control from Detail
Bold
Casual
Compact
Corporate
Formal
Soft Gray
Cancel
< Back
Next >
Finish

Tabular Report (टेबल फॉरमेट में रिपोर्ट)

1. डाटाबेस विंडो के रिपोर्ट टैब पर जाकर New बटन क्लिक करो।

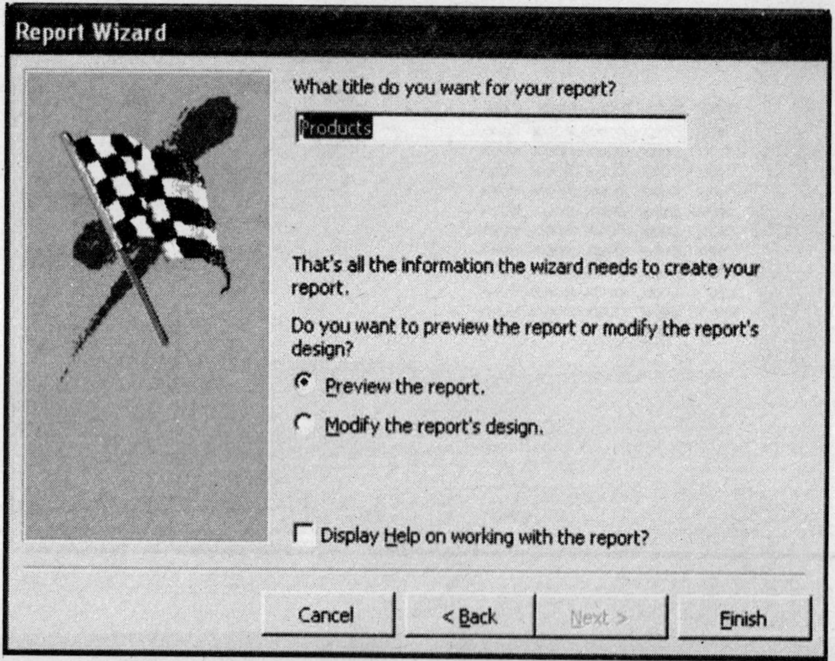

Products

Products

Product ID	Product Name	Units In Stock	Unit Price
1	Powder	3	$36.00
2	Toothpaste	2	$45.00
3	Shaving Cream	4	$22.00
4	Blades	10	$2.00
5	Cream	1	$60.00

2. New Report डॉयलोग बॉक्स में से Auto Report : Tabular पर क्लिक करो और उस टेबल या Query को सेलेक्ट करो जिस पर रिपोर्ट आधरित हो।

3. OK पर क्लिक करो।

4. Print Preview में रिपोर्ट को देखें।

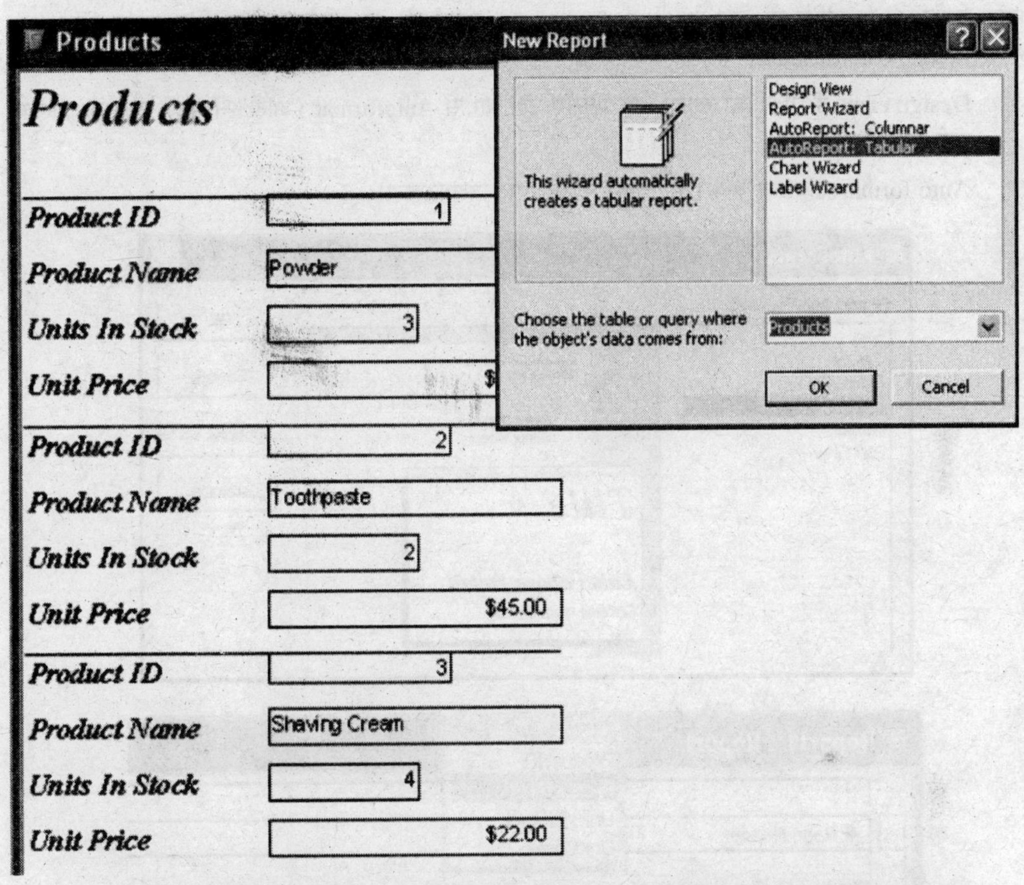

Products

Products

Product ID	Product Name	Units In Stock	Unit Price
1	Powder	3	$36.00
2	Toothpaste	2	$45.00
3	Shaving Cream	4	$22.00
4	Blades	10	$2.00
5	Cream	1	$60.00

रिपोर्ट के लिए Auto Format

अपनी रिपोर्ट की फॉरमेटिंग के लिए तुम Auto formed चुन सकते हो। इस तरीके से बिना ज्यादा प्रयास किये एक अच्छी दिखने वाली रिपोर्ट तैयार की जा सकती है।

1. Design view में रिपोर्ट को खोलों और एक्सेस टूल बार से Autoformat (ऑटो फॉरमेट) बटन पर क्लिक करो देखो चित्र 6.33।
2. Auto format डॉयलोग बॉक्स में New फॉरमेट पर क्लिक करो।

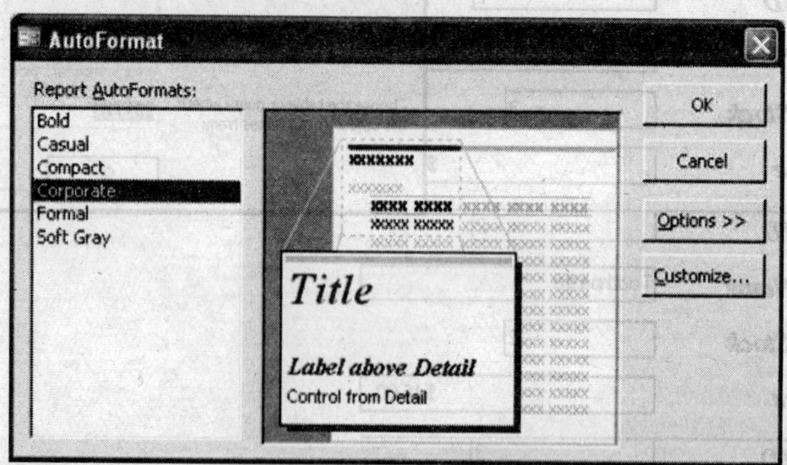

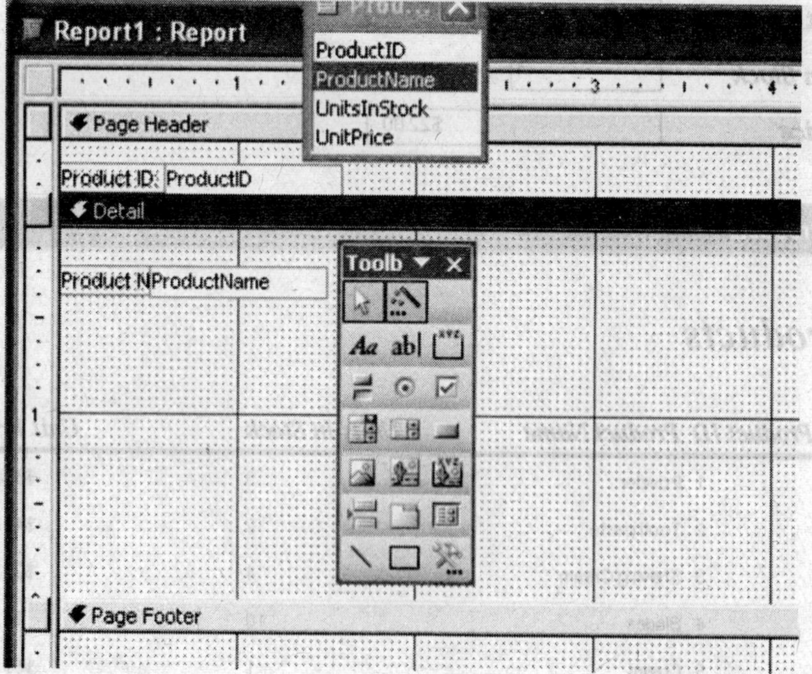

3. तुम सारे या कुछ attributes apply कर सकते हो।
4. OK पर क्लिक करो।
5. तुम उस Autoformat पर कुछ बदलाव कर सकते हो या अपना नया फॉरमेट भी बना सकते हो, Customized option के द्वारा।
6. Report बदलने के बाद save करना ना भूलें।

रिपोर्ट को देखना

जिस टेबल या Query पर रिपोर्ट आधरित है हर बार जब आप रिपोर्ट को दखने के लिए खोलते हो तो उसमें कुछ बदलाव दिखाई देते हैं।

1. डाटाबेस विंडो में रिपोर्ट tab पर क्लिक करें।
2. रिपोर्ट चयनित करके Preview पर क्लिक करें तो रिपोर्ट का Preview दिखाई देगा।
3. प्रीन्ट प्रीव्यू विंडो के नीचे पेज बटन पर क्लिक करके रिपोर्ट के अलग-अलग पेज देख सकते हो।
4. रिपोर्ट को close करने के लिए एक्सेसे टूल बार पर से close बटन पर क्लिक करो।

रिपोर्ट को प्रिन्ट करना

1. रिपोर्ट के प्रिन्ट प्रीव्यू में खुलने पर एक्सेस टूल बार से प्रिन्ट बटन पर क्लिक करो।

   या

   Ctrl + P दबाओ

   या

   फाइल मेन्यू से प्रिन्ट को चुनो।
2. प्रिन्ट करने से पहले यह निश्चित कर लें कि प्रिन्टर ON है या नहीं।

रिपोर्ट में रिकार्ड्स को क्रमानुसार व ग्रुप में करना

एक रिपोर्ट एक से रिकार्ड का ग्रुप बना सकती है। और वह प्रविष्टियों (entries) को ग्रुप में भी क्रमानुसार (sort) कर सकती है।

1. डिजाइन व्यू (Design view) में रिपोर्ट को खोलकर एक्सेस टूल बार पर से sorting व Grouping बटन पर क्लिक करें।
2. Sorting and grouping डॉयलोग बॉक्स में नीचे किये हुए arrow पर क्लिक करके एक फील्ड select करो जिसे group करना है।

   या

   फील्उ की लिस्ट में से एक फील्ड को drag करो।

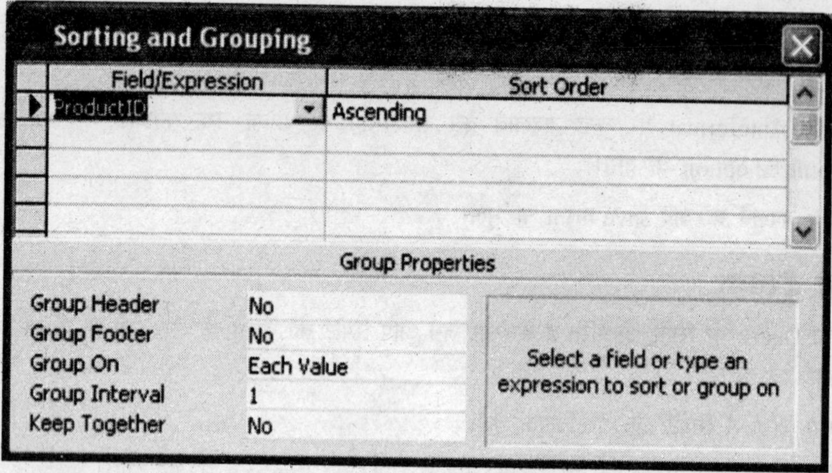

3. Grouping के लिए sorting का तरीको चुनो जैसे Ascending या descending।
4. यदि चाहते हो तो दसूरे फील्ड को भी select करो।
5. किसी नई Row पर क्लिक करो save करने के लिए।
6. डॉयलोग बॉक्स को close करो।

चार्ट्स बनाना

तुम बपनी रिपोर्ट को चार्ट के फॉरमेट में भी तैयार कर सकते हो। जो नम्बर वाले इन्फॉरमेशन को ग्राफिकली दर्शायेगा।

1. डाटाबेस विंडो से रिपोर्ट tab पर जाकर new बटन पर क्लिक करो।
2. New report डॉयलोग बॉक्स में से चार्ट विजार्ड को select करो और किसी टेबल या Query को भी select कर लो, जिसकी रिपोर्ट बनानी है।

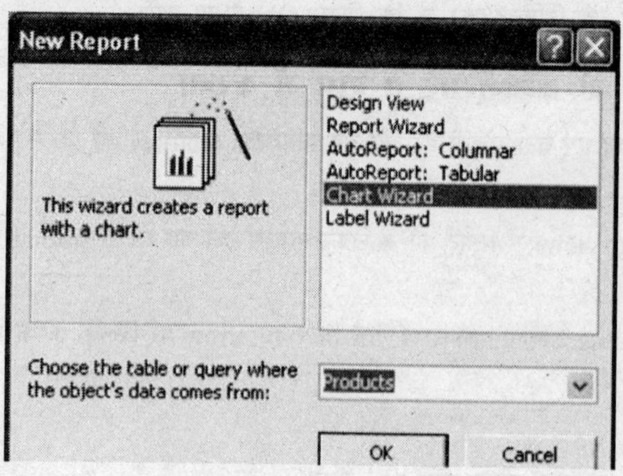

3. OK पर क्लिक करो।

4. चार्ट विजार्ड के पहले चरण में उन फील्डस् को चयनित करो जिन्हें चार्ट में दिखाना है देखें चित्र 6.36।

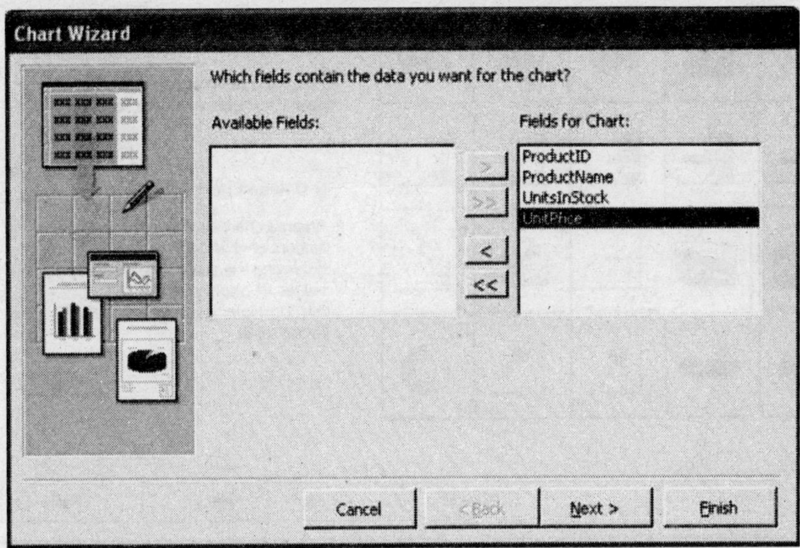

5. Next पर क्लिक करके चार्ट विजार्ड के नये चरण पर पहुँचे।
6. यहाँ आप चार्ट का प्रकार चुन सकते हो जिसे आप अपने Pressentation में प्रयोग करना चाहते हैं। यहाँ हम 3D Area चार्ट चुना है। देखें चित्र 6.37।
7. Next पर क्लिक करो।
8. जो चार्ट आप बनाने जा रहे हैं यहाँ आप उसका preview देख सकते हैं। यहाँ आप चार्ट का layout भी चुन सकते हो (देखो चित्र 6.38)।

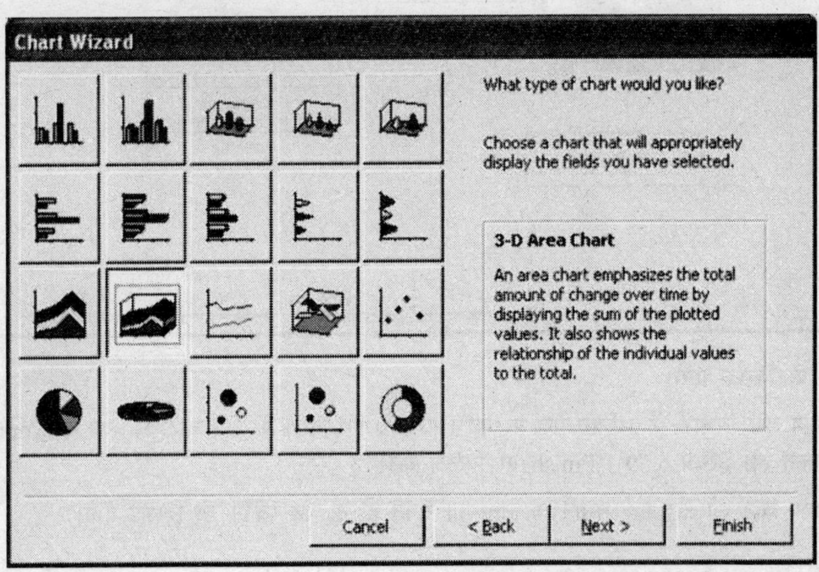

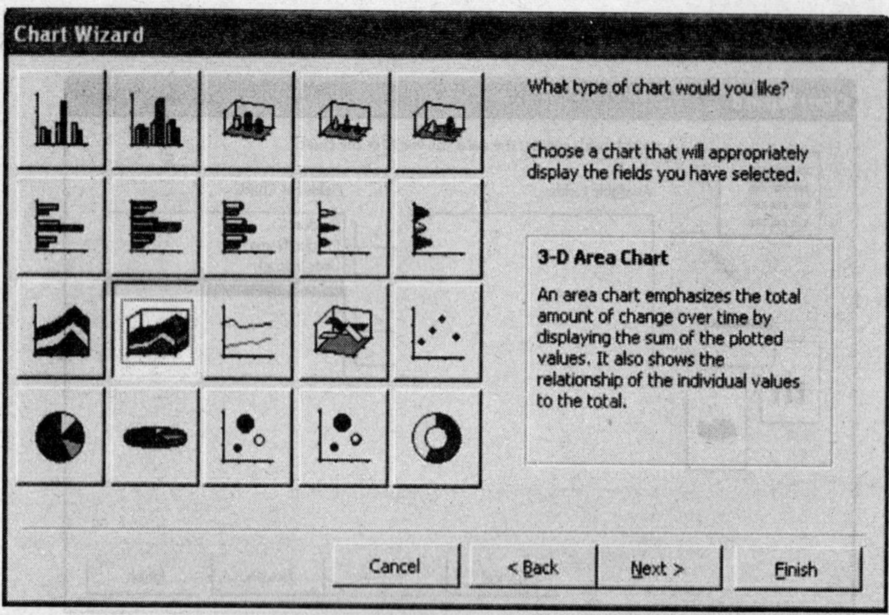

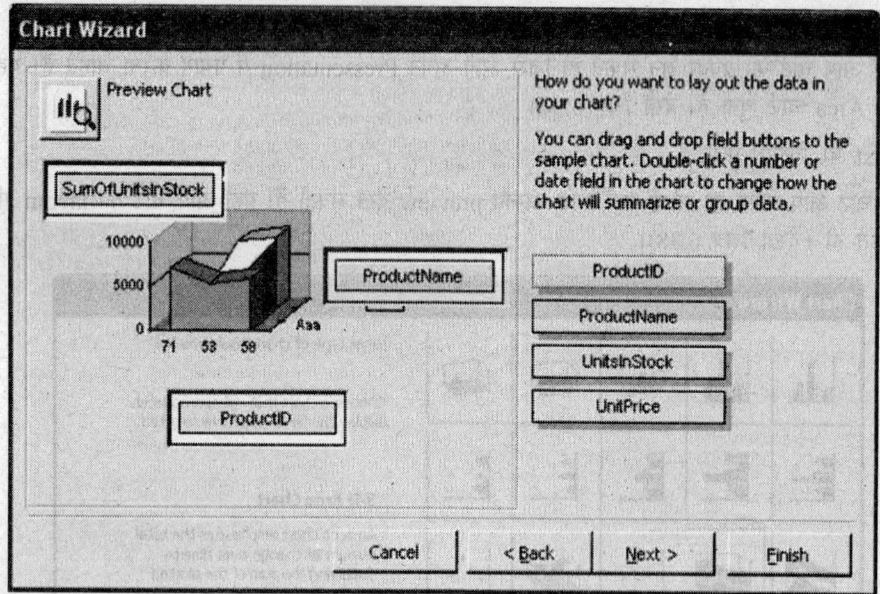

9. Next पर क्लिक करो।
10. अब आप चार्ट विजार्ड के अन्तिम पेज पर पहुँच गये हो। इस चरण में आप चार्ट के लिए कुछ options भी चुन सकते हो। (चित्र 6.39)। Finish पर क्लिक करें।
11. यदि आप चार्ट को display कराने का option चुनते हो तो यह स्क्रीन पर दिखाई देगा।

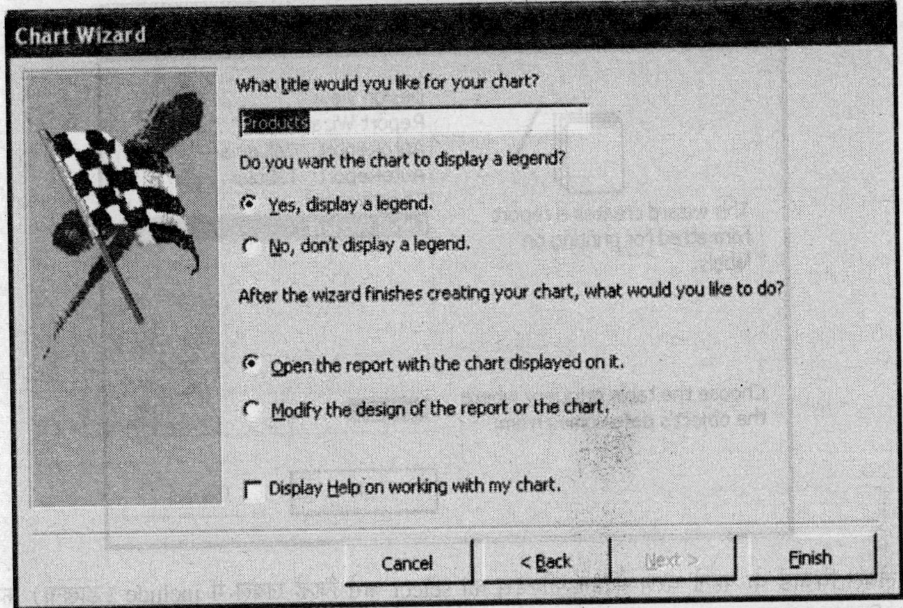

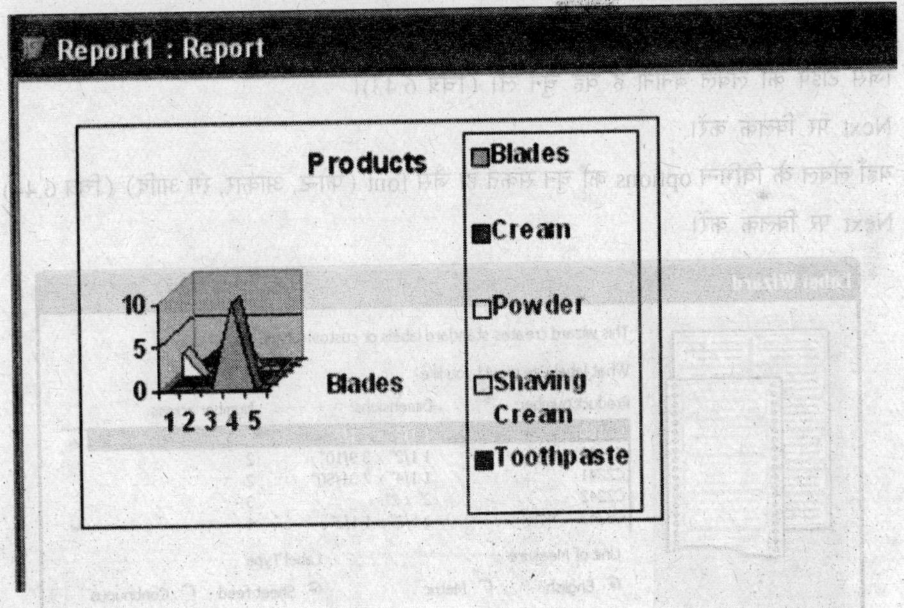

लेबल बनाना

1. तुम यहाँ पर label भी बना सकते हो जिसे mail भेजने के लिए प्रयोग कर सकते हो।
2. New Report डॉयलोग बॉक्स में से Label wizard को चुनकर, कोई टेबल या Query भी चुनें।
3. OK पर क्लिक करो।

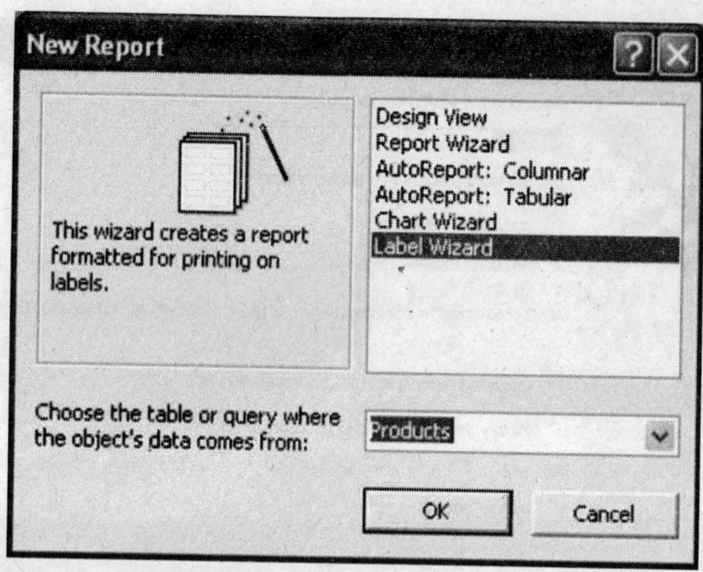

4. लेबल विजार्ड के पहले चरण में उन फील्डस् को select करो जिन्हें लेबल में include (डालना) करना है। (चित्र 6.42)।
5. Next पर क्लिक करें नया बॉक्स खुलेगा।
6. जिस टाइप का लेबल बनाना है वह चुन लें। (चित्र 6.43)।
7. Next पर क्लिक करें।
8. यहाँ लेबल के विभिन्न options को चुन सकते हो जैसे font (फोन्ट, आकार, रंग आदि) (चित्र 6.44)।
9. Next पर क्लिक करें।

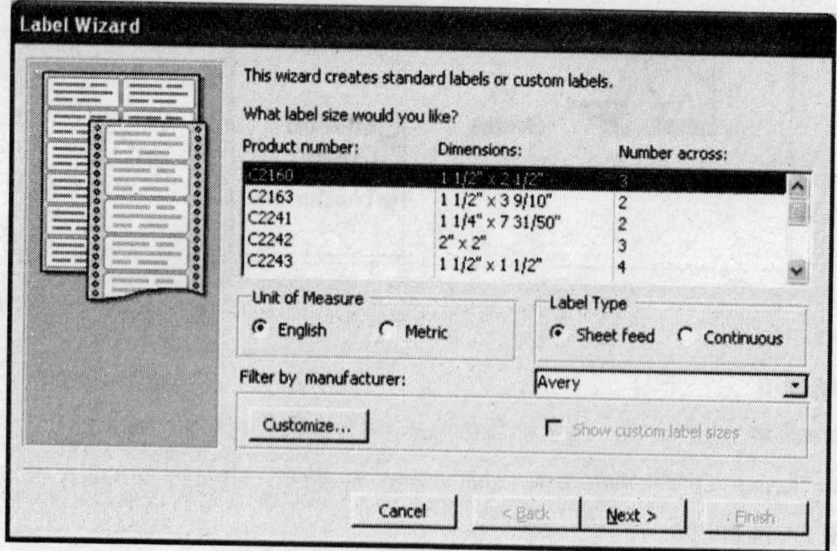

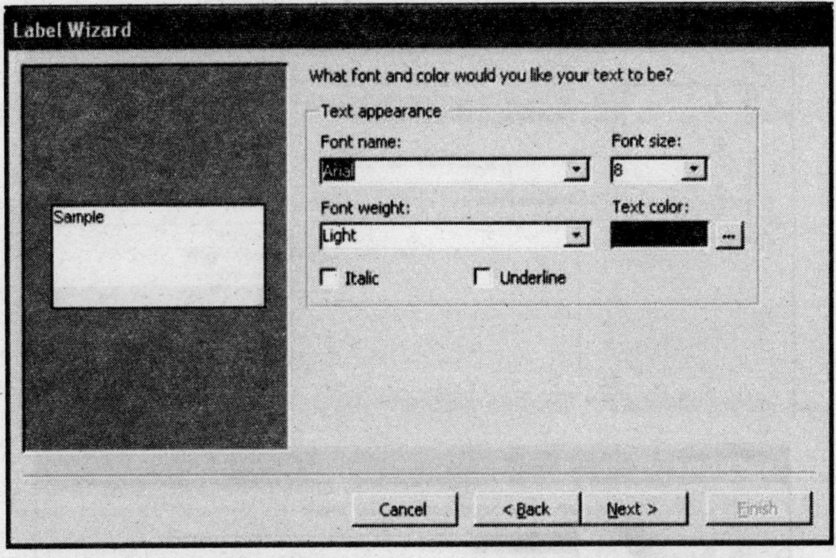

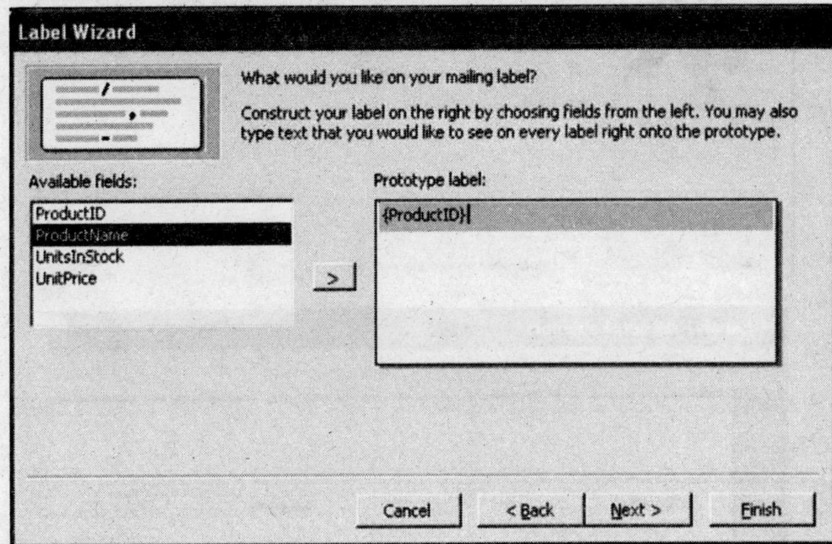

10. यहाँ पर आप विभिन्न फील्डस् को स्क्रीन पर केसे देखना चाहते हो Select कर सकते हो। (चित्र 6.45)।
11. अलगी स्क्रीन पर उस फील्ड को select करो जिस पर आप अपने लेबल्स को sort करना चाहते हो। (चित्र 6.46)।
12. अगली स्क्रीन पर आप अपने लेबल वाली रिपोर्ट को क्या नाम देना चाहते हो वह देकर see the labels option पर क्लिक करो। Finish पर क्लिक करें।
13. अगले पेज पर आप विभिन्न labels को देखेंगे।

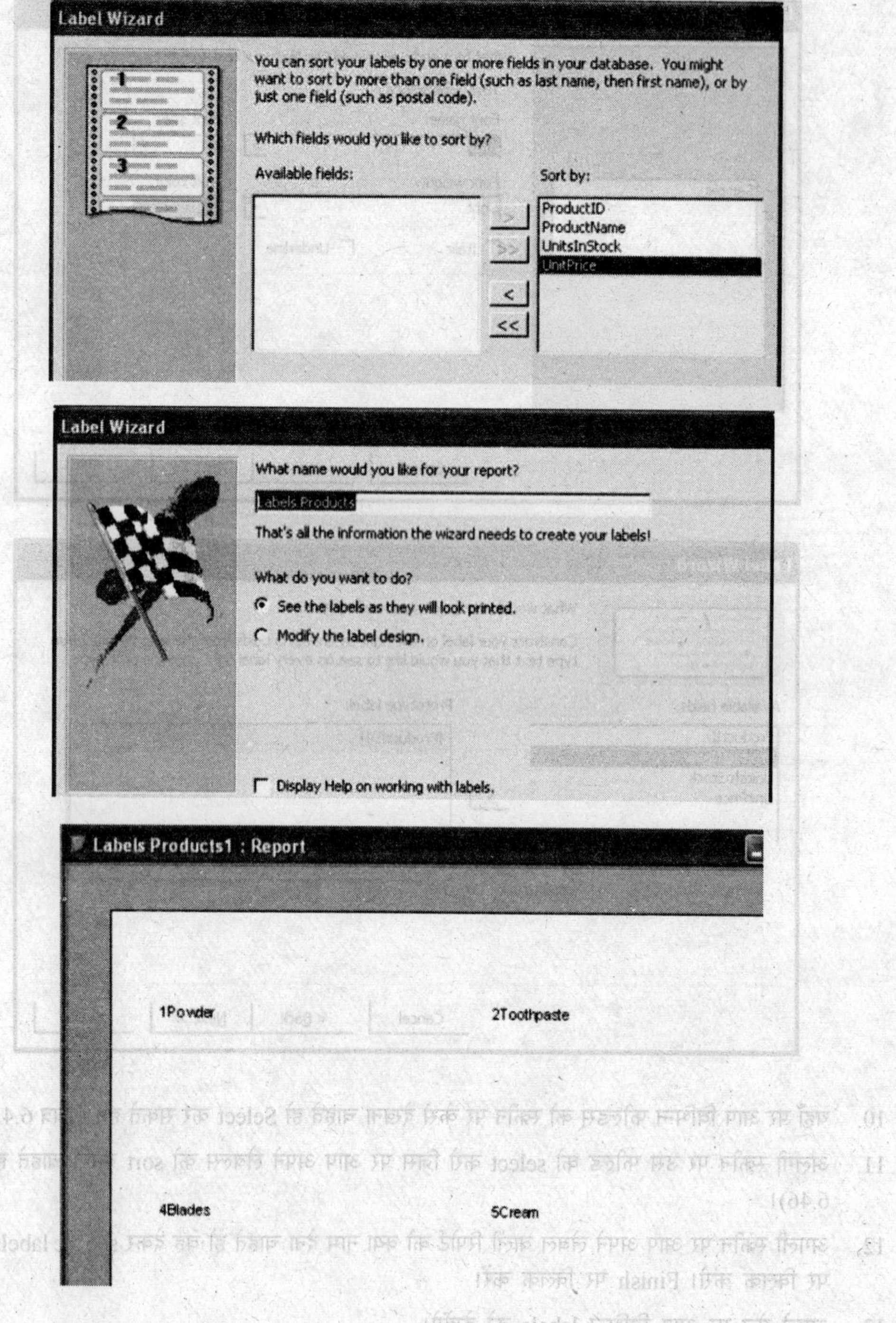
Label Wizard
You can sort your labels by one or more fields in your database. You might want to sort by more than one field (such as last name, then first name), or by just one field (such as postal code).
Which fields would you like to sort by?
Available fields:
Sort by:
ProductID
ProductName
UnitsInStock
UnitPrice
Label Wizard
What name would you like for your report?
Labels Products
That's all the information the wizard needs to create your labels!
What do you want to do?
See the labels as they will look printed.
Modify the label design.
Display Help on working with labels.
Labels Products1 : Report
1Powder
2Toothpaste
4Blades
5Cream

माइक्रोसॉफ्ट पावर प्वाइंट 2003
(Microsoft PowerPoint 2003)

परिचय

माइक्रोसॉफ्ट ऑफिस 2003 के पैक में माइक्रोसॉफ्ट ऑफिस पावर प्वाइन्ट 2003 प्रदर्शन करने का ग्राफिकल तरीका है। इसकी सहायता से तुम चार्ट्स, ग्रॉफस, स्लाइड्स, हैंडआउट्स और दूसरे प्रदर्शन के मैटिरीयल बना सकते हो। इससे स्लाइड शो भी बना सकते हो जो इलैक्ट्रिक प्रदर्शन (Presentation) है जिसे तुम अपनी कम्प्यूटर स्क्रीन पर या ऑडियन्स (दर्शकों) के सामने प्रोजेक्टर्स पर दिखा सकते हो। ज्यादा क्या तुम इन स्लाइड शो को वेब पर पब्लिश भी कर सकते हो, पावर प्वाइन्ट 2003 में बहुत सारे प्राफेशनली डिजाइन किये हुए टेम्पलेटस् (Templates) होते हैं जो तुम्हारे Presentation की सुन्दरता (look) को बढ़ाते हैं ताकि आप अपने मैसेज (जो आप Presentation के द्वारा देते हो) को फोकर (ध्यान) दे सकें। यहाँ तक कि इसमें कुछ Sample के Presentation भी दिये हुए होते हैं ताकि आप अपने Presentation के लिए शुरुआत करने का तरीका चुन सके।

कुछ आवश्यक बातें (Terms)

सॉफ्टवेयर में गहराई में जाने से पहले यह आवश्यक है कि कुछ बातें जान ली जायें, जो पावन प्वाइन्ट के लिए खास है और इस किताब में प्रयोग की गई हैं। इसलिए यह आवश्यक है कि इन्हें पहले ही जान लिया जाये।

1. दर्शकों के हैंडआउट्स (Audience Handouts)

यह आपके Presentation की छपी हुई प्रतियाँ होती हैं तुम एक पेज पर दो, तीन या छः स्लाइडस् भी ले सकते हो। तुम इसमें अलग से कुछ तत्व या elements भी जोड़ सकते हो। जैसा कि टेक्स्ट, ग्राफिक्स। उदाहरण के तौर पर तुम चाहते हो कि हर हैंडआडट पर तुम्हारी कम्पनी का लोगो (logo) हो तो वह आ सकता है।

2. खुले हाथ से ड्राइंग (Freehand Drawings)

जैसा कि तुम अपनी कम्प्यूटर स्क्रीन पर इलैक्ट्रॉनिक Presentation देते हो तो तुम अपनी स्लाइडस् में कुछ temporary annotations देना चाहते हो तो freehand Drawing tool का प्रयोग कर सकते हो। यदि तुम इसमें अच्छे हो तो स्वयं भी ड्राइंग कर सकते हो।

3. आब्जेक्ट्स (Objects)

ये अलग-अलग elements होते हैं जो आपके Presentatiuon में सहातया करते हैं। टेक्स्ट elements जैसे कि टाइटल, बुलेटेड लिस्ट, ग्रॉफिक्स और (charts) चार्ट्स ये अलग-अलग element हैं जिन्हें घुमा सकते हैं, इधर से उधर शिफ्ट कर सकते हैं और आकार में भी छोटा बड़ा कर सकते हैं।

4. आउटलाइन (Outlines)

ये आपके स्लाइड presentation के टेक्स्ट को रखती है। तुम अपनी स्लाइड के लिए टेक्स्ट को सीधे ही स्लाइड पर डाल सकते हो या इन आउटलाइन में भी रख सकते हो।

5. जगह को रखने वाले (Place holders)

स्लाइड के किसी भी Portion में कुछ भी element रखना हो तो ये तेजी से आपको element रखने के लिए जगह देते हैं। जब आप presentation के लिए कोई लेआउट (layout) उठाते हैं तो टेक्स्ट, ग्राफिक्स और चार्ट्स आदि को डालने के लिए Place holders होते हैं।

6. स्लाइड्स (Slides)

ये किसी भी Presentation के लिए दिल (heart) का काम करती है जो आप पावर प्वाइंट में बनाते हो। स्लाइडस्, टेक्स्ट, ग्राफिक्स, चार्ट्स और यहाँ तक कि आवाज (sound), विडियो आदि भी रख सकती हैं।

7. स्पीकर के नोट्स (Speaker's Notes)

ये प्रदर्शन करने वाले को एक प्रज प्रदान करते हैं जो हर स्लाइड पर होते हैं और नोट्स के एक पेज के साथ एक छोटी-सी इमेज (चित्र स्लाइड का भी रखते हैं।

माइक्रोसॉफ्ट ऑफिस पावर प्वाइंट 2003 की शुरुआत

निम्नलिखित में से किसी एक तरीके से पावर प्वाइन्ट शुरु कर सकते हो–

स्टार्ट (Start) मेन्यू प्रयोग करके

1. Start बटन पर क्लिक करें। मेन्यू खुल जायेगा।
2. Programs पर क्लिक करें।
3. माइक्रोसॉफ्ट ऑफिस पर क्लिक करके, माइक्रोसॉफ्ट पावर प्वाइंट पर क्लिक करें।

Short cut प्रयोग करके

डेस्कटॉप पर बने हुए माइक्रोसॉफ्ट ऑफिस के आइकन पर क्लिक करके भी इस सॉफ्टवेयर को खोजा जा सकता है।

इनमें से किसी भी option पर क्लिक करके पावर प्वाइन्ट की जो पहली स्क्रीन खुलेगी वह चित्र 7.2 में देखें।

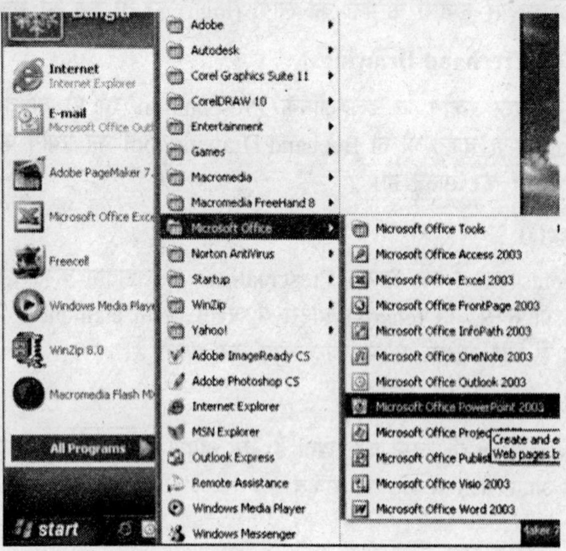

1. Title Bar — यह Presentation का नाम दिखाता है।
2. Menu Bar — इस बार पर बहुत से मेन्यू होते हैं किसी पर क्लिक करने पर नीचे लिस्ट दिखाई देगी।
3. Standard tool bar — इस बार पर editing के बटन होते हैं।
4. Formating tool bar — टेक्स्ट के फॉरमेट करने के लए इस बार पर बहुत से option होते हैं।
5. Place holder — स्लाइड पर किसी element को स्टार करने के लिए क्लिक या डबल क्लिक करें।

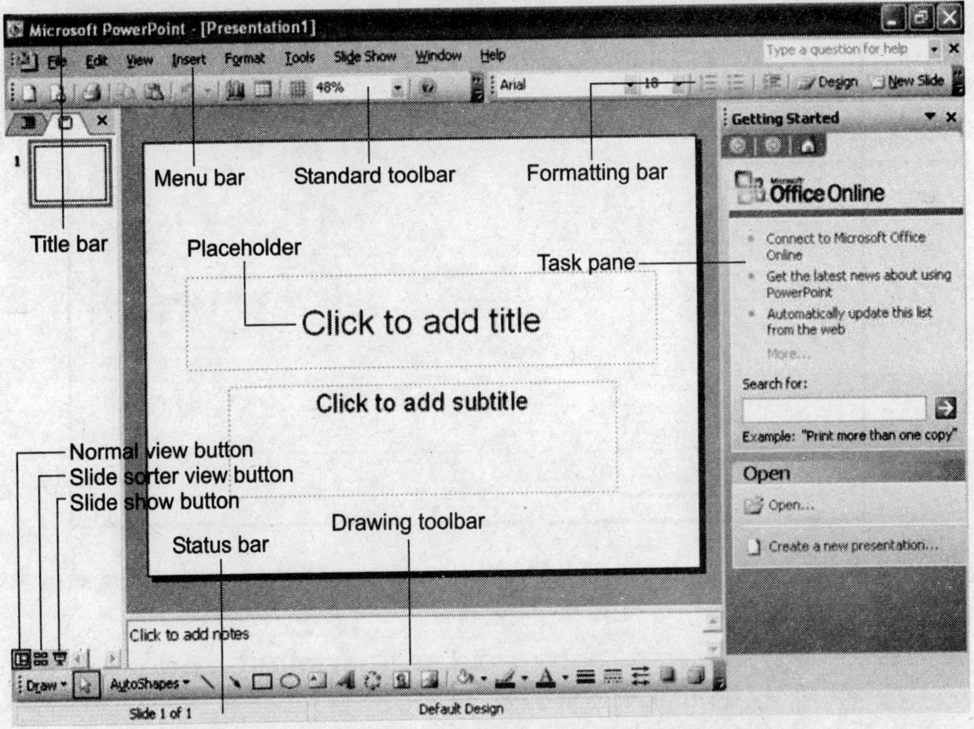

6. Normal View Button — किसी भी स्लाइड को उसके साधरण व्यू में देखने के लिए इस बटन पर क्लिक करें।
7. Slide Sorter — Presentation की सभी स्लाइडस् को एक साथ देखने के लिए इस slide sorter पर क्लिक करें। इस व्यू में स्लाइडस् छोटे-छोटे रूप में या thumbnial view में दिखाई देती है।
8. Slide show — यह बटन एक के बाद एक लाइन से स्लाइडस् का शो देखने के लिए है।
9. Drawing tool bar — इस बार पर ड्राइंग बनाने के लिए और ग्राफिक्स के लिए बटन होते हैं।
10. Status bar — यह जिस स्लाइड पर काम कर रहे हैं उसका नम्बर दिखाता है।
11. Task Pane — आपके काम को तेजी से करने के लिए यह आपकी सहायता करता है।

Auto Content विज़ार्ड को प्रयोग करके Presentation बनाना

जा इस सॉफ्टवेयर के लिए नये हैं उनके लिए यह सबसे आसान तरीका है presentation बनाने का। यह विजार्ड लगभग अपने आप ही आपका पूरा Presentation तैयार करता है। केवल अपना text और ग्राफिक्स डालो और अपना Presentation तैयार है।

इस विजार्ड का प्रयोग करके प्रेजेन्टेशन बनाने के लिए

1. फाइल मेन्यू से New पर क्लिक करो।
2. General पैनल से Auto content wizard को सेलेक्ट करो। OK पर क्लिक करो।

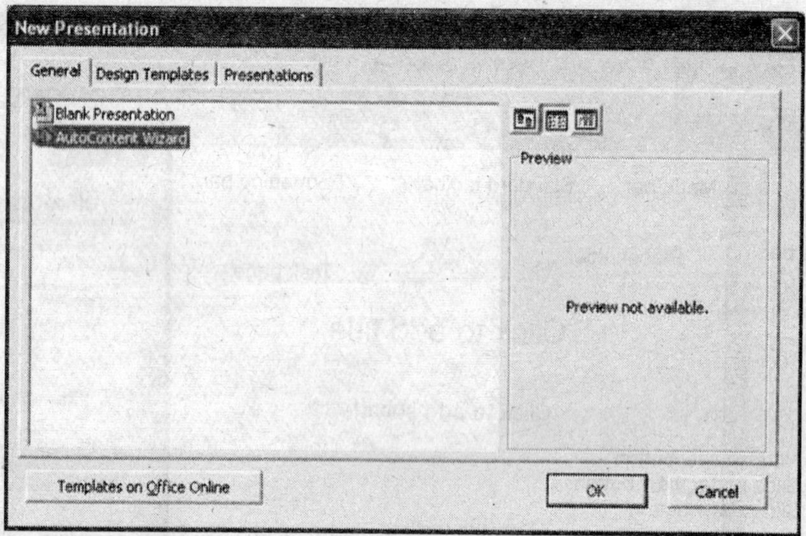

3. आपकी स्क्रीन पर Auto content wizard खुल जायेगा, जो आपको प्रेजेन्टेशन बनाने के लिए steps के कुछ आइडिज़या देगा। (चित्र 7.4) Next पर क्लिक करो।
4. चित्र 7.5 में यहाँ जिस प्रकार का प्रजेन्टेशन बनाना है वह चुन लें। यहाँ हमने marketing plan चुना है। तुम कुछ ओर भी चुन सकते हो। Next पर क्लिक करो।

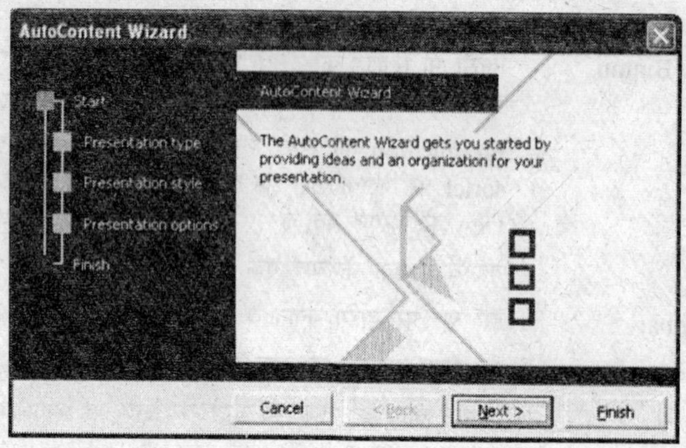

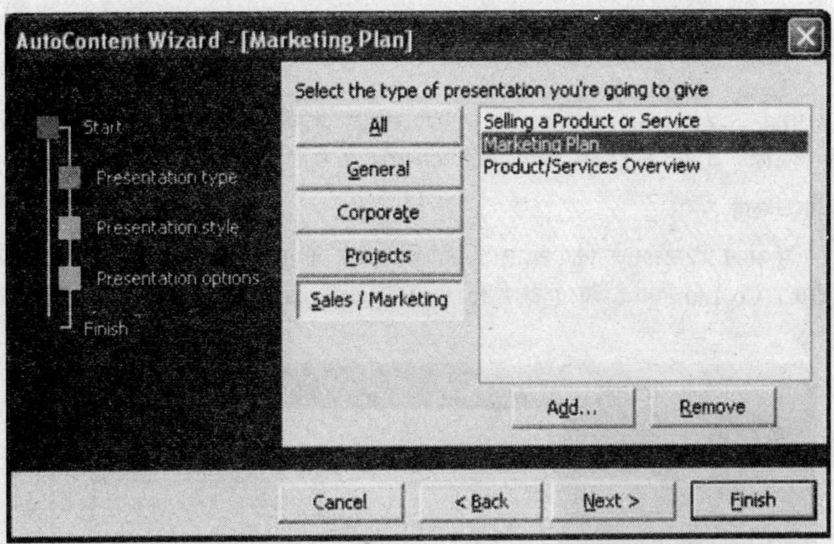

5. चित्र 7.6 में जिस प्रकार का आउटपुट चाहते हो वह बतायें। हमने यहाँ Onscreen presentation ना है।

यहाँ पर विभिन्न options हैं–

On Screen Preseutation—यह आपको अपने प्रेजेन्टेशन को कम्प्यूटर मॉनीटर पर या प्रोजेक्टर जो भी आपके कम्प्यूटर से कनेक्टेड हैं उस पर चलाने के लिए allow करता है।

Web Presentation—यह एक उपयुक्त फॉरमेट में प्रेजेन्टेशन बनाने के लिए allow करता है ताकि वह इंटरनेट पर आसानी से देखा जा सके।

Black & White OverheaosQ—यह जो प्रेजेन्टेशन बनाता है वह या तो कागज पर प्रिन्ट होगा या ब्लैक एंड व्हाइट पारदर्शित के साथ होगा।

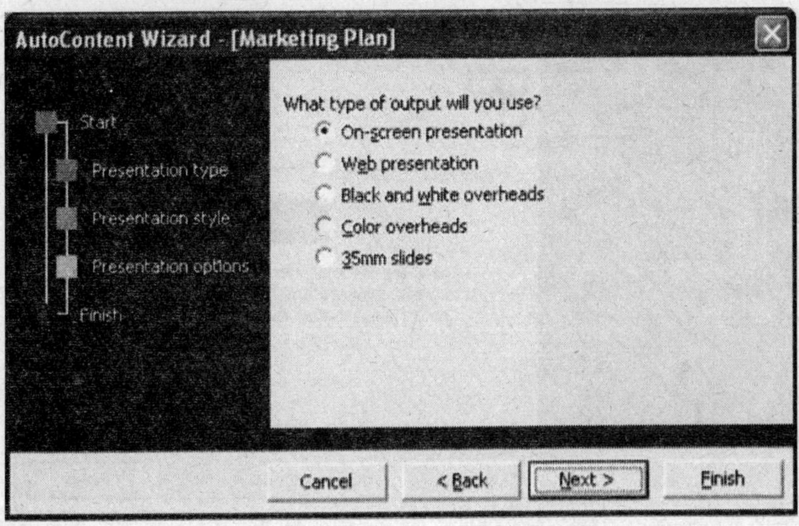

Colour OverheaosQ—यह जो प्रेजेन्टेशन बनाता है वह या तो कागज पर होगा या कलर पारदर्शिता के साथ होगा।

35 mm Slides—यह option प्रेजेन्टेशन देने के लिए स्लाइड प्रोजेक्टर को प्रयोग करने के लिए allow करता है। इसके लिए slides बनाने के लिए तुम्हारे कम्प्यूटर पर स्लाइड कन्वर्अश्र की जरुरत होगी।

Next पर क्लिक करो।

6. चित्र 7.7 में अपने प्रेजेन्टेशन के लिए टाइटल दें और वह टेक्स्ट जो फुटर पेज पर दिखाई देगा वह दें। जैसे हमने यहाँ ABCL Co. Ltd दिया है और फुटर में for the financial year 2002-2003 दिया है। Next पर क्लिक करो।

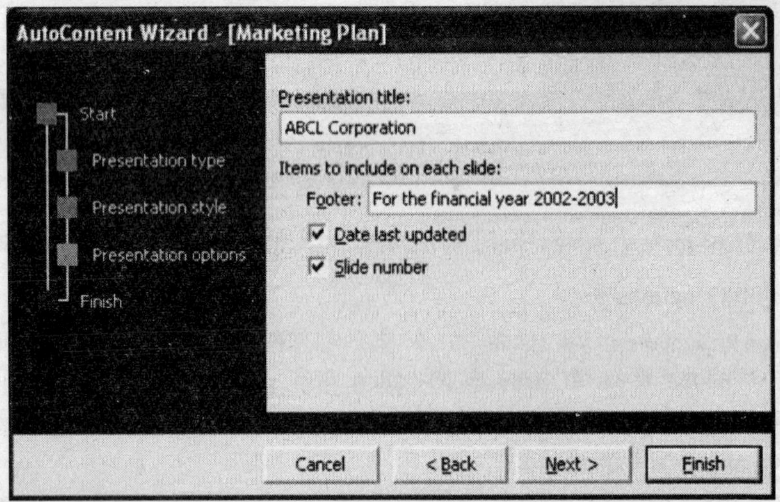

7. Auto content विजार्ड के सेशन को खत्म करने के लिए finish पर क्लिक करो। चित्र 7.81

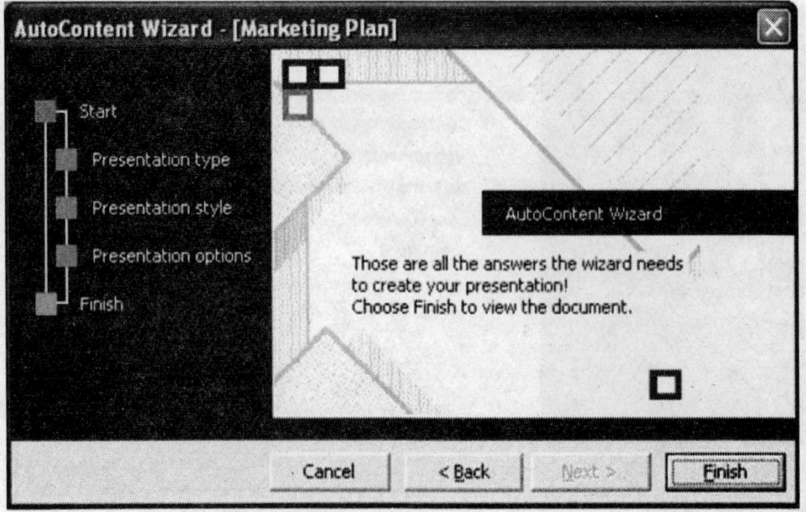

8. जो प्रेजेन्टेशन आपने बनाया है वह स्क्रीन पर दिखाई देगा।
9. जैसा कि आप स्क्रीन पर देख रहे हैं कि बायीं तरफ तो प्रेजेन्टेशन के टेक्स्ट हैं और दायीं तरफ प्रेजेन्टेशन है।
10. पूरी स्क्रीन पर देखने के लिए Slide tab पर क्लिक करो। हाँ तुम वापिस आउटलाइन व्यू में आउटलाइन tab पर क्लिक करके आ सकते हो।
11. Slide sorter view पर क्लिक करने पर आप देख सकते हो कि यहाँ काफी सारी स्लाइड्स हैं।

नया प्रेजेन्टेशन बनाना

प्रेजेन्टेशन बनाने में दूसरा option new में से Blank को चुनना है। देखिये केसे–

1. फाइल मेन्यू से New को चुनें।
2. डॉयलोग बॉक्स में से General पैनल पर से Blank presentation को चुनें।

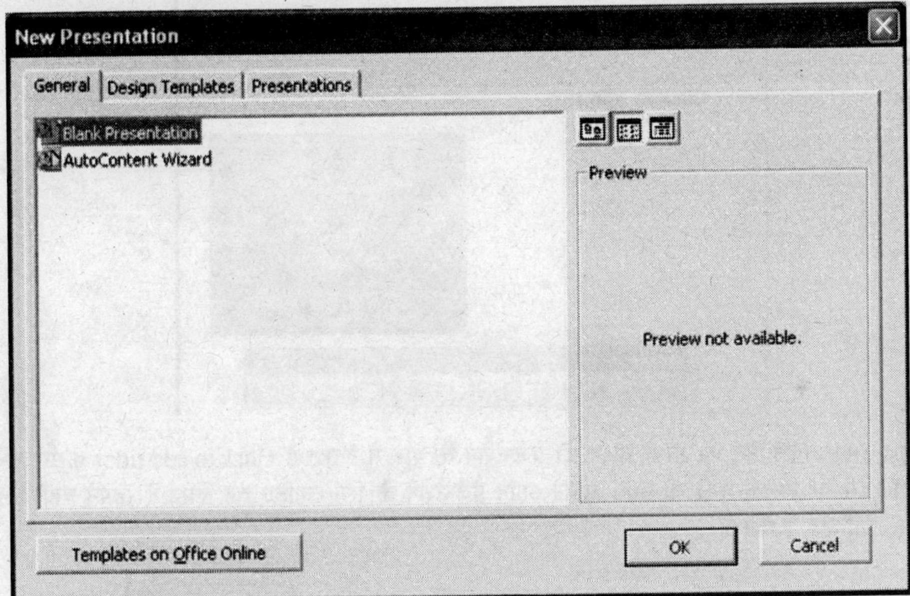

3. न्यू स्लाइड option का डॉयलोग बॉक्स खुलेगा। जिस प्रकार की स्लाइड बनानी है उसे चुनकर OK पर क्लिक करें। इनमें से हमने वह slide चुनी है जिसमें text और clip art है। Clipart एक छोटी-सी विंडों में दिखाई देते हैं।
4. इस बॉक्स में दो जगह टाइपिंग के लिए है और एक जगह क्लिप आर्ट के लिए है।
5. सबसे पहले प्रेजेन्टेशन के लिए clipart डालते हैं। इसके लिए इस छोटी सी विंडो पर डबल क्लिक करो।
6. इससे एक नया बॉक्स खुलेगा। जहाँ से आप अपने प्रेजेन्टेशन के लिए क्लिप आर्ट चुन सकते हैं।
7. किसी एक पर क्लिक करें। यहाँ हमने जो चुनी हो वह पिक्चर है।
8. पिक्चर के साथ ही पिक्चर स्लाइडर भी है जिससे आप अपनी पिक्चर को बड़ा या छोटा भी कर सकते हैं।

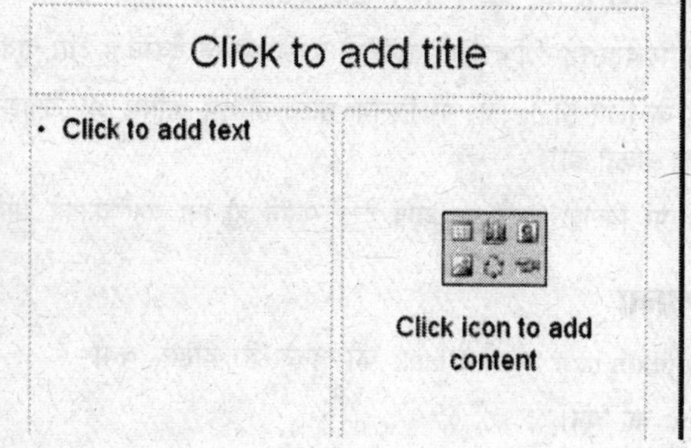

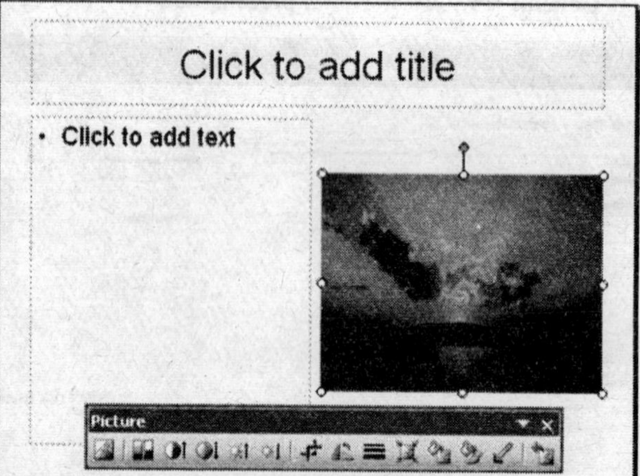

9. अब हमने अगले पार्ट की तरफ चलते हें। प्रेजेन्टेशन के शुरु में लिखा है Click to add title। कर्सर लाने के लिए इस पर क्लिक करें। जो title आपने अपने प्रेजेन्टेशन के लिए चाहिए वह लिख दें। हमने यहाँ ABCL कं॰ लिमिटेड लिखा है।

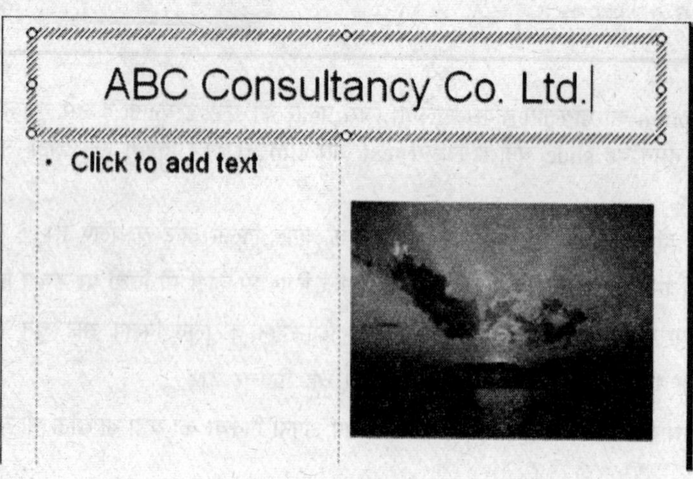

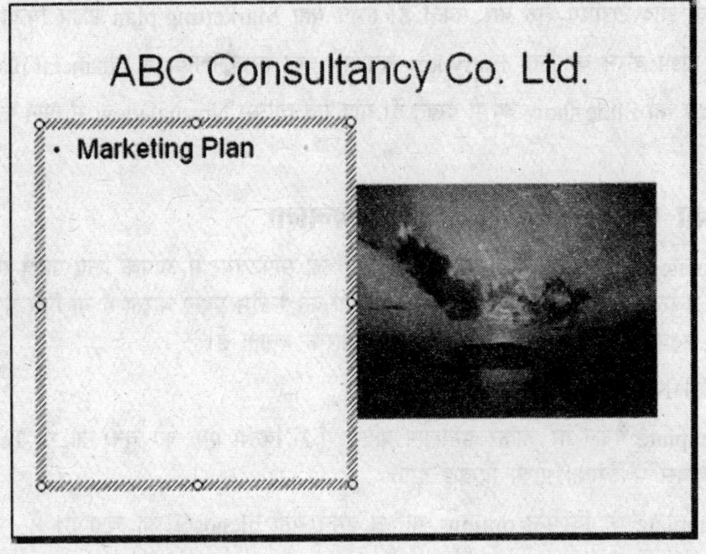

10. अब स्लाइड की बांयी तरफ Click to add text लिखा है। कुछ टेक्स्ट लिखने के लिए click करें।

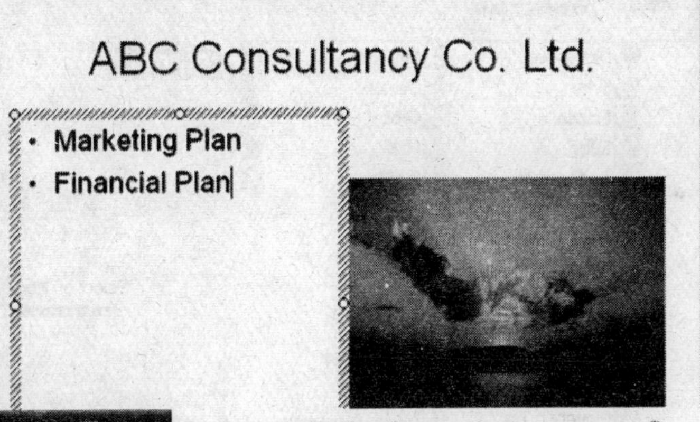

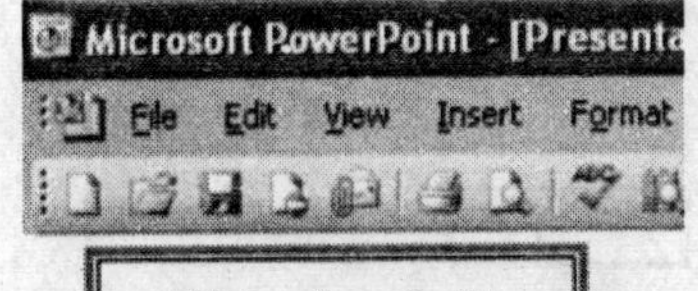

ABC Consultancy Co. Ltd.

• Marketing Plan
• Financial Plan

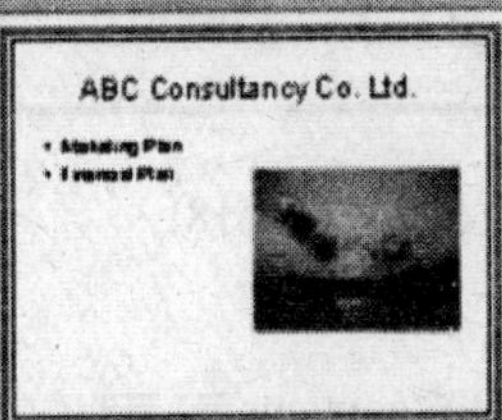

1

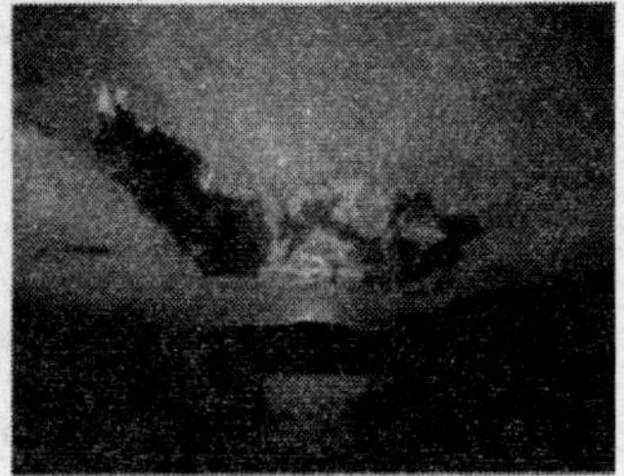

11. कर्सर आने के बाद टाइपिंग शुरु कर सकते हैं। हमने यहाँ Marketting plan टाइप किया है।
12. दूसरी लाइन टाइप करने के लिए Entry key दबाओ। अब हमने लिखा है Financial plan।
13. हम इस स्लाइड को Slide show व्यू में देखते हैं। याद रखे वापिस Normal view में आने के लिए Esc key दबायें।

Templates का प्रयोग करके प्रेजेन्टेशन बनाना

इस तरीके में Templates का प्रयोग करके प्रेजेन्टेशन बनाते हैं जो सॉफ्टवेयर में आपके लिए पहले से ही उपलब्ध है। Templates या बो प्रेजेन्टेशन को ग्रॉफिकल डिजाइन और रंगो की स्कीम प्रदान करता है या फिर प्रेजेन्टेशन के लिए content मैटर और स्ट्रक्चर, स्लाइडस् के set को प्रयोग करके बताता है।

1. फाइल मेन्यू से New चुनें।
2. Design Template पैनल पर जाकर डॉयलोग बॉक्स में से किसी एक को चुनें। जो भी Template देखोगे, दांयी तरफ बॉक्स में उसका प्रीव्यू दिखाई देगा।
3. Design Template के विभिन्न options मतें से हमने यहाँ blenosQ को चुना है।

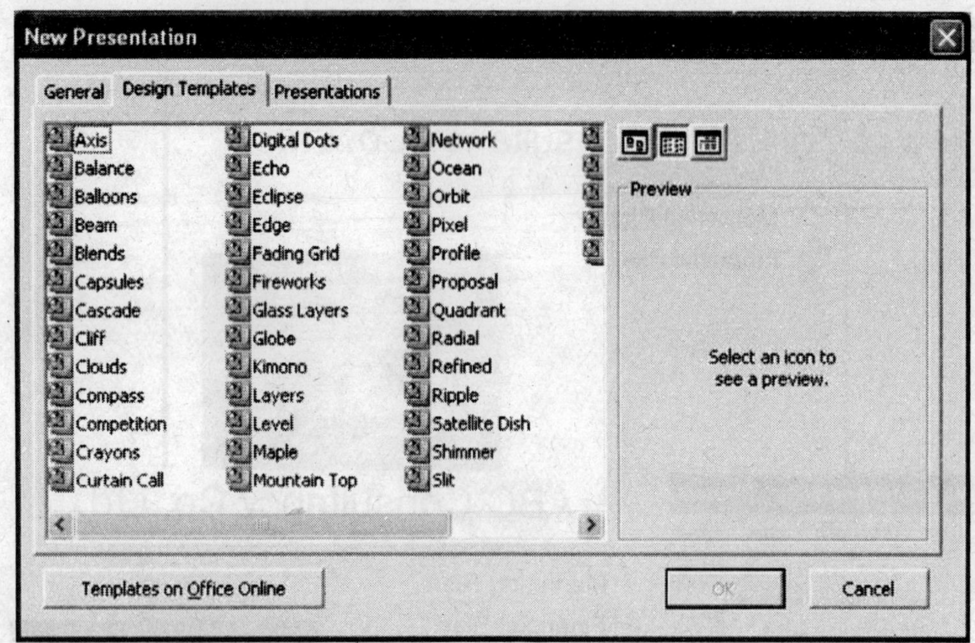

4. अब यह BlenosQ Design Template का नया presentable खोल देगा। देखें चित्र 7.18।
5. अब यहाँ तुमको टेक्स्ट डालना (Add करना) है।
6. पहली लाइन में जहाँ क्लिक टू एड टाइटिल है वहाँ हमने Microsoft office 2003 contents को चुना है।
7. दूसरे option में जहाँ Click to add text है वहाँ पर Microsoft word 2003

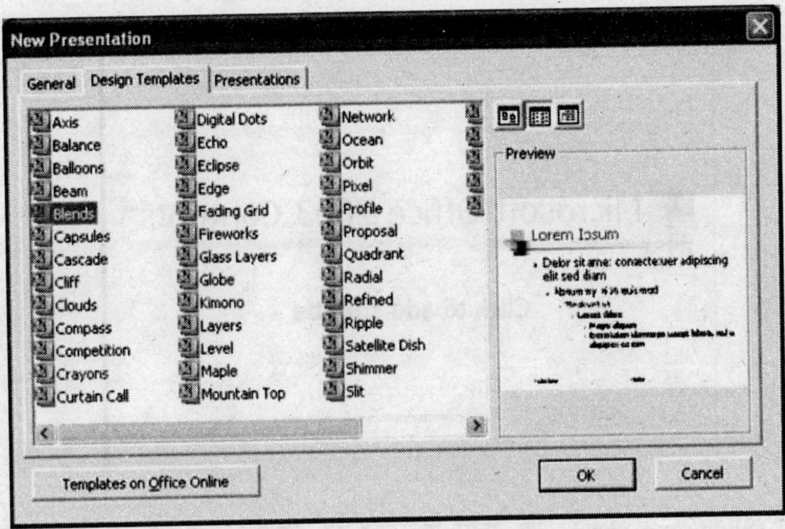

View बदलना

बहुत समय से हम view के बारे में बातें कर रहे हैं। चलो हम बताते हैं कि पावन प्वाइन्ट में हर व्यू का क्या प्रयोग है। यहाँ लगभग 4 व्यू तो हैं जिसमें आप अपना प्रेजेन्टेशन देख सकते हैं। वे हैं–

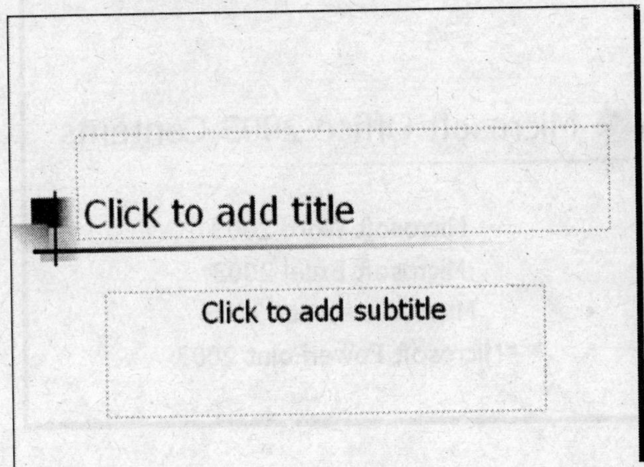

Normal View (नॉर्मल व्यू)–यह तीन पेन (Pane) दिखाता है। जिससे आउटलाइन, स्लाइड और वह क्षेत्र जहाँ Speaker's notes enter कर सकते हो।

स्लाइड सोर्टर व्यू (Slide Sorter View)—यह छोटे-छोटे यप में या thumb nail व्यू में स्लाइडस् को दिखाते हैं ताकि आप सभी स्लाइडस् को एक-साथ देख सकें। यदि प्रेजेन्टेशन के हिसाब से स्लाइड को आगे पीछे move भी करनी है तो सोर्टर व्यू में स्लाइड को सेलेक्ट करके drag and drop कर सकते हो। इस व्यू में स्लाइड शो के लिए ट्रॉन्सिशन के प्रभाव को दे भी सकते हो और बदल भी सकते हो।

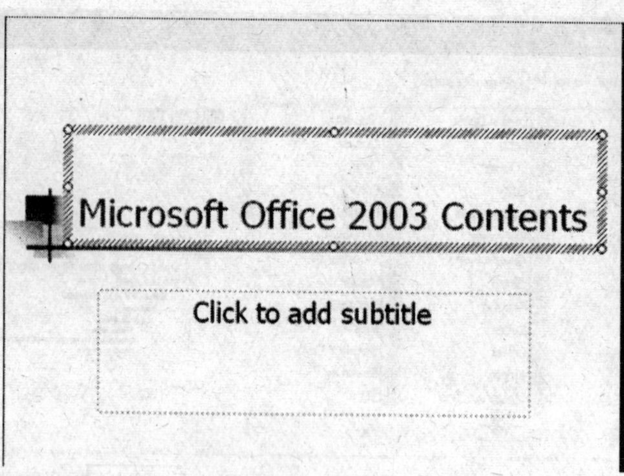

स्लाइड शो व्यू (Slide show view)—यह तुम्हारे प्रेजेन्टेशन की सभी स्लाइड्स को एक-एक करके लाइन के अनुसार दिखाती है। यह व्यू automatic (अपने आप चलने वाला) या manual (व्यक्ति के द्वारा चलाने वाला) भी हो सकता है।

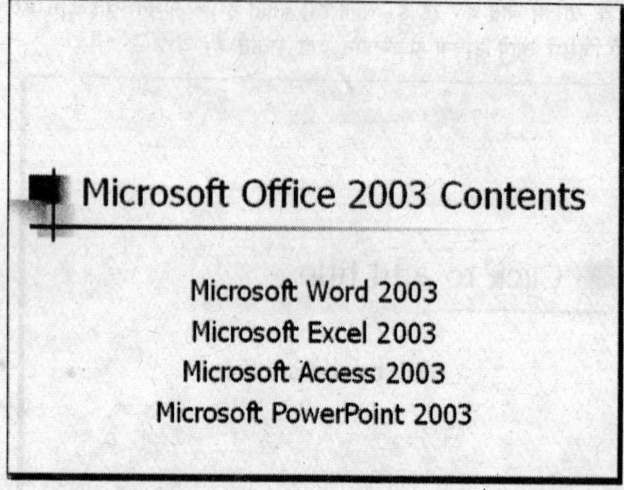

नोटस् पेज व्यू (Notes Page View)—यह व्यू केवल view menu में ही उपलब्ध है। तुम यहाँ प्रेजेन्टर के लिए speaker's notes लिख सकते हो।

नीचे आप सारे view देखेंगे।

याद रखें-

1. हर view एक प्रेजेन्टेशन की अलग रूप दिखाता है।
2. आप किसी भी समय एक व्यू से दूसरे व्यू में switch कर सकते हैं।

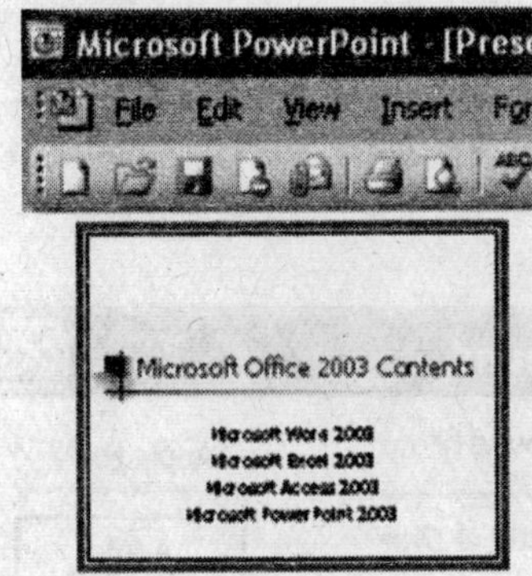

Microsoft Word 2003
Microsoft Excel 2003
Microsoft Access 2003
Microsoft PowerPoint 2003

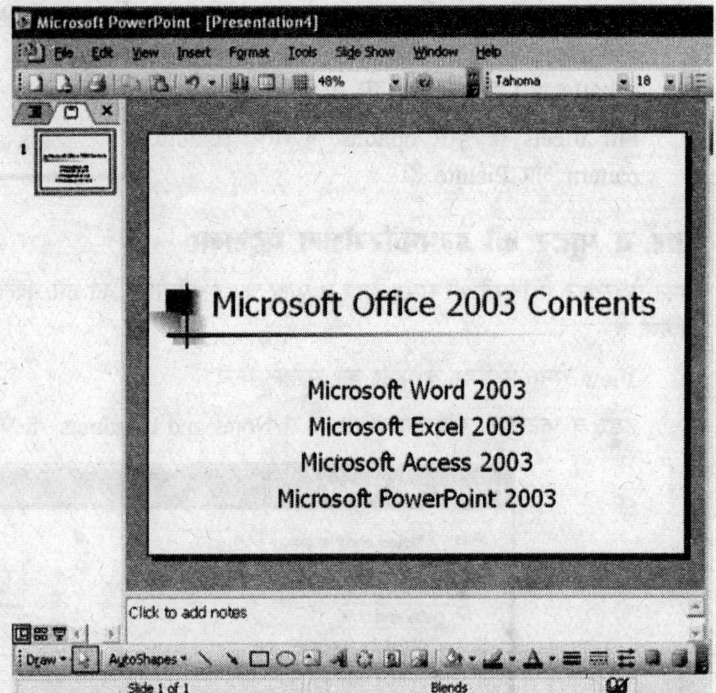

3. स्लाइड शो के shortcut के लिए स्लाइड सोर्टर पर right क्लिक करें या नीचे बायीं कोर्नर में स्लाइड शो के बटन पर क्लिक करें।

पावर प्वाइंट 2003 में प्रेजेन्टेशन पर काम करना

एक प्रेजेन्टेशन में अपनी जरुरत के अनुसार बदलाव कर सकते हो। विशेषतया उस केस में जहाँ आपने templates या ट्रान्सिशन का प्रयोग किया हुआ हो। यहाँ इस पाठ में, हम आपको बताएंगे कि प्रेजेन्टेशन का लुक केसे ज्यादा बढ़िया और अर्थ वान बनाया जा सकता है।

बैकग्राउंड का रंग व शेडिंग बदलना

तुम अपनी जरुरत के अनुसार किसी एक स्लाइड का या सभी स्लाइडस् का बैक ग्राउन्ड रंग बदल सकते हो।

रंग व शेडिंग के लिए

1. फॉरमेट मेन्यू से बैकग्राउन्ड चुनें।

   या

   स्लाइड पर Place holder के बाहरी तरफ दांया बटन क्लिक करें (Right click & mouse), उसमें से shortcut menu से बैकग्राउन्ड चुनें।

2. बैकग्राउन्ड डॉयलोग बॉक्स में रंग के बॉक्स के नीचे वाले arrow पर क्लिक करें। वहाँ से कोई भी रंग चुनें या fill affects (डिजाइन बने हुए रंग) को चुनें।

3. Fill affects के दूसरे options के बीच Texture, pattern और Picture है।

हैडर व फुटर की इन्पफॉरमेशन बदलना

अपने प्रेजेन्टेशन में किसी भी समय हैडर व फुटर की इन्फॉरमेशन को तुम बदल सकते हो। इसके लिए निम्नलिखित प्रक्रिया है–

1. View मेन्यू से हैडर व फुटर को सेलेक्ट करें।
2. हैडर व फुटर के डॉयलोग बॉक्स में से Notes and Handouts के पैनल पर जायें।

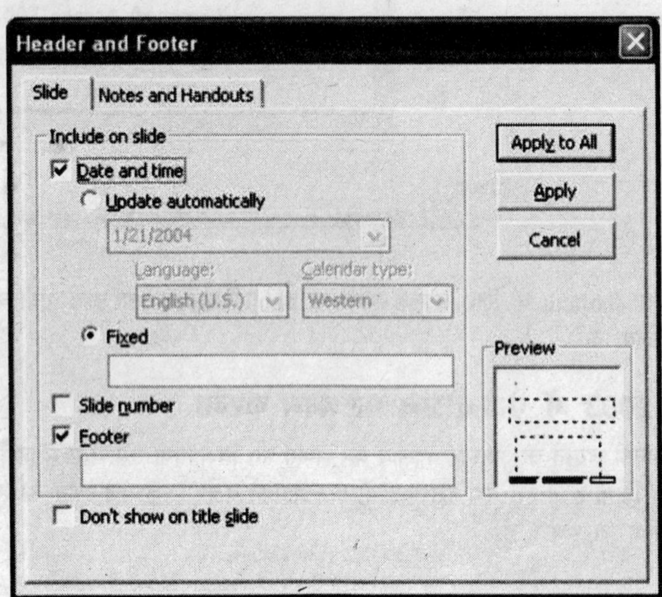

3. फिक्स्ड text टाइप करो जो सामान्यतया किताब का नाम या वह नाम जो सभी स्लाइडस् में कॉमन हो।
4. हैडर के लिए मैटर टाइप करो जो प्रेजेन्टेशन के सभी पेजों पर आयेगा।
5. फुटर के लिए भी मैटर टाइप करो जो प्रेजेन्टेशन के लिए सभी स्लाइड पर आयेगा।

बैकग्राउंड में लोगो (Logo) डालना

एक कम्पनी का लोगो उसे कम्पनी की एक खास पहचान होती है। यदि एक खास पहचान कम्पनी को बहुत-सी जगह पर पहचान (represent) दिलाती है। तुम अपना logo स्वयं भी बना सकते हो या फिर किसी ग्राफिक को भी प्रयोग कर सकते हो।

1. View मेन्यू की Master कमान्ड से स्लाइड मास्टर को चयनित करें।
2. डायॅयलोग बॉक्स दिखायी देगा। देखें चित्र 7.21।

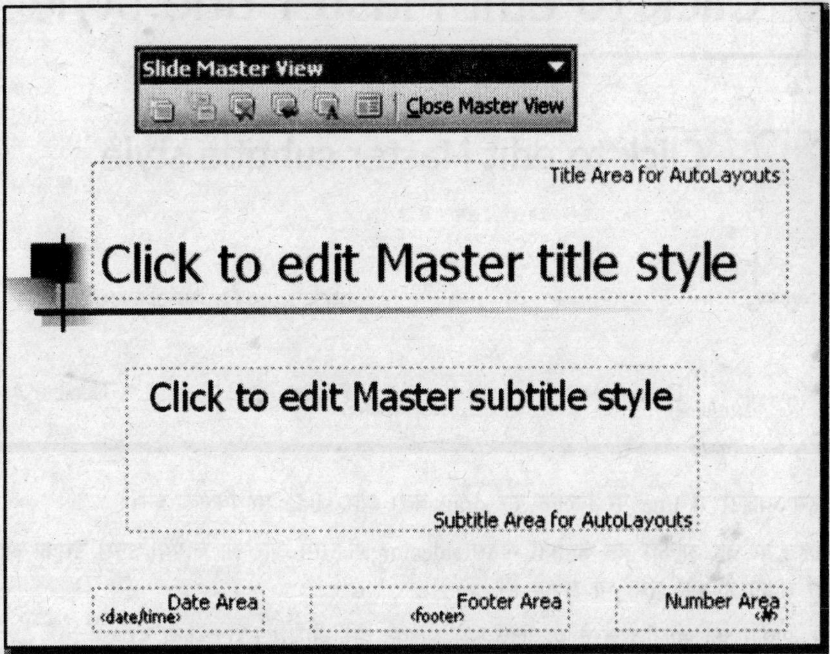

3. Insert मेन्यू से पिक्चर व क्लिप आर्ट को चुनें या कोई ओर पिक्चर जो भी आप प्रयोग करना चाहते हो वह चुन लें।
4. क्लिप आर्ट मेन्यू से, क्लिप आर्ट को सेलेक्ट करें।
5. पिक्चर स्लाइड के बीचो बीच आ जायेगी। तुम पिक्चर का आकार कम या ज्यादा भी कर सकते हो और प्रेजेन्टेशन में जहाँ पर भी वह logo देखना चाहे उसे वहाँ रख सकते हैं।
6. सलाइड मास्टर पर किसी दूसरे प्रोग्राम से कोई ग्राफिक भी कॉपी व पेस्ट भी कर सकते हो।

विभिन्न प्रकार के आकर व लाइनें बनाना

ड्राइंग टूल की सहायता से पावर प्वाइंट पर विभिन्न प्रकार की फिगर भी बना सकते हो। जैसे–चौकोर, गोल आदि।

1. स्लाइड व्यू में ड्राइंग टूल बार पर से ड्राइंग टूल में किसी एक को चुनें।

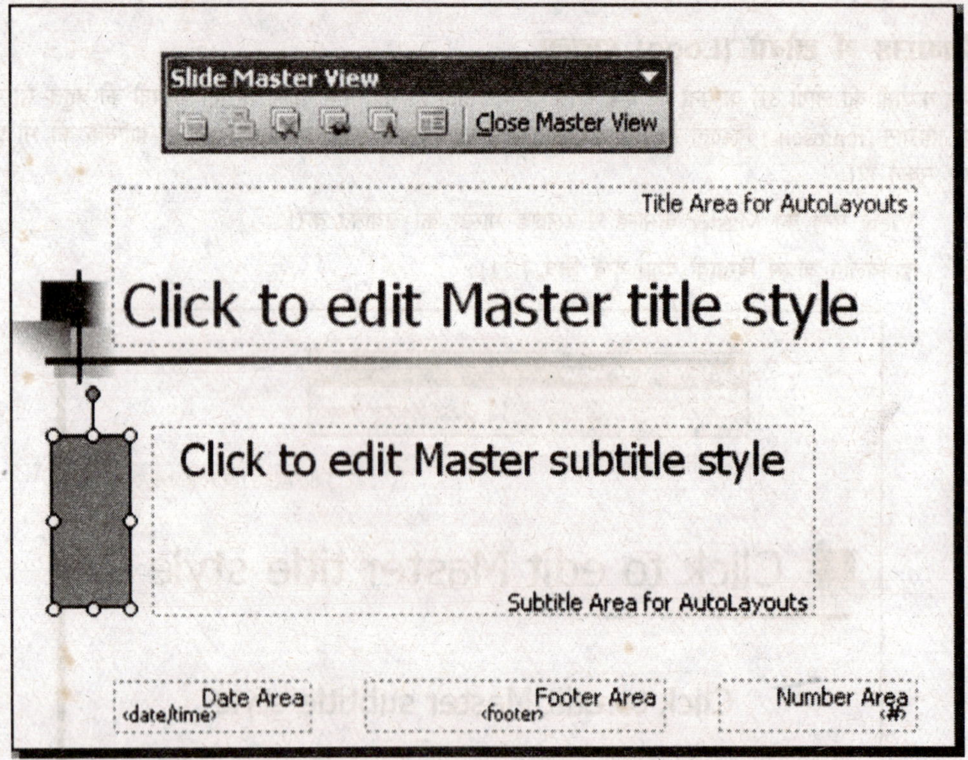

2. माउस प्वाइंटर से line पर क्लिक करें drag करें। और slide पर क्लिक करें।
3. स्लाइड पर वह आकार बन जायेगा। माउस selector भी चारों ओर आ जायेंगे। उनसे उसका आकार भी घटा बढ़ा सकते हैं और घुमा भी सकते हैं।
4. उस आकार को डीलीट करने के लिए उसे सेलेक्ट करें और del key दबा दें।
5. कोई ओर आकृतिया भी इस टूल बार से बना सकते हैं जैसे चाकौर, गोल, आयताकार, ऑवेल आदि। जो भी आकृति बनानी है उस पर क्लिक करें, Shift key दबायें और आकृति को drag करें।

पहले से बनायी हुई आकृतियाँ

Auto shapes में वे आकृतियाँ हैं जो सॉफ्टवेयर के द्वारा पहले से बनी हुई हैं। इसमें अलीग–अलग तरीके की आकृतियाँ बनी हुई हैं। इन आकृतियों के अन्दर अपने टेक्स्ट को लिखकर अपने प्रेजेन्टेशन को ओर अच्छा बना सकते हैं।

1. ड्राइंग टूल बार पर Autoshapes का बटन उपलब्ध है।

2. इस पर क्लिक करने पर एक मेन्यू खुलेगा जिसमें विभिन्न प्रकार की आकृतियों के नाम लिखे हैं। उन सबकी भी अलग लिस्ट है। जैसे लाइन्स, कनेक्टर्स, बेसिक शेप, ब्लाक एरोस, फ्लो चार्ट, चार्टस् एंड बैनर्स, कॉलआउटस् और एक्शन बटनस।
3. इनमें से एक मेन्यू खोलें, जैसे हमने स्टार्स एंड बनसै पर क्लिक किया है।
4. जहाँ पर आकृति बनानी हैं वहाँ माउस का प्वाइंटर रखो। माउस बटन को दबाओ और drag करो। जितनी बड़ी आकृति बनानी है वहाँ तक पहुँचकर माउस बटन को छोड़ दो।

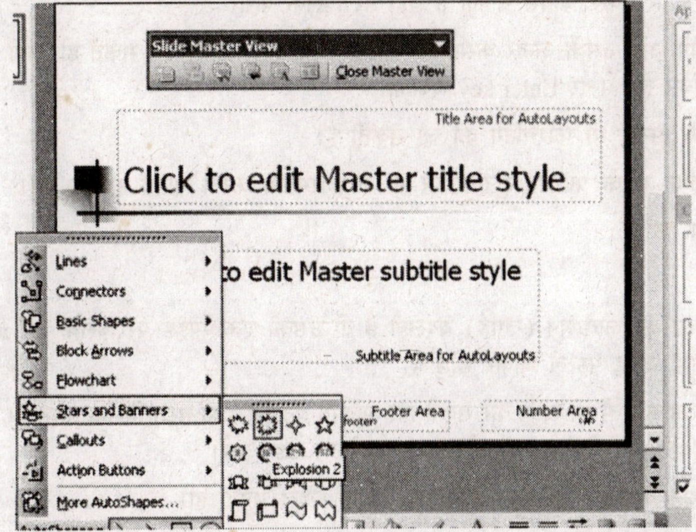

5. आकृति बन जायेगी।

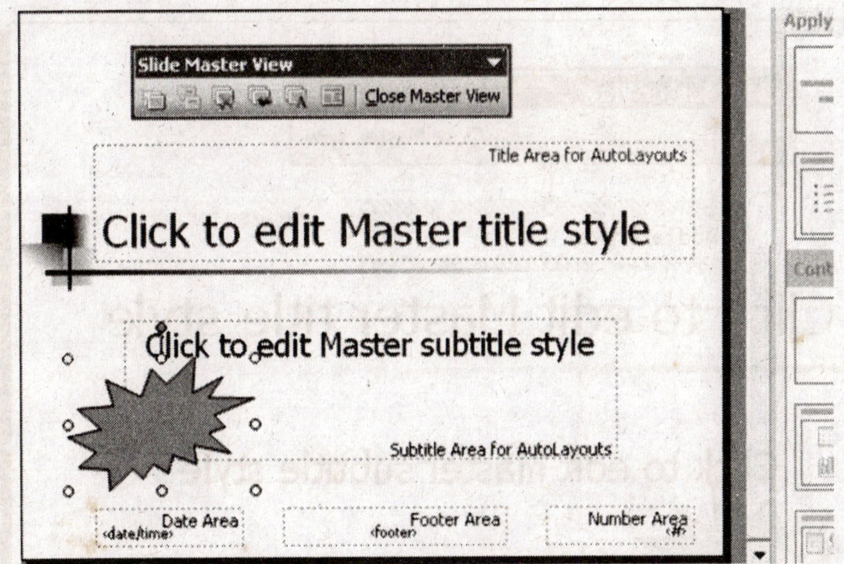

टेक्स्ट बॉक्स बनाना (Adding Text Box)

यदि आपको स्क्रीन पर कोई मैसेज डालना है तो आप अलग से टेक्स्ट बॉक्स बनाकर लिख सकती हैं।

1. Insert मेन्यू से text box को चयनित करें।

   या

   drawing टूल बार पर से भी text box बना सकते हो।

2. स्लाइड पर जहाँ पर टेक्स्ट बॉक्स बनाना है वहाँ पर क्लिक करो।

3. बॉक्स बन जायेगा और उसके अन्दर कर्सर आ जायेगा। अब टेक्स्ट टाइप कर सकते हो। नयी लाइन बनाने के लिए टेक्स्ट बॉक्स के अन्दर Enter key दबाओ।

4. टेक्स्ट बॉक्स के अन्दर भी फॉरमेटिंग की जा सकती है।

5. टेक्स्ट को चयनित करके फॉरमेट टूलबार पर से जो फॉरमेटिंग करना चाहते हो वह करें।

6. OK पर क्लिक करें।

याद रखें-

1. यदि टेक्स्ट बॉक्स की लोकेशन (जगह) बदलनी है तो उसकी एक साइड पर क्लिक करें arrow आने पर drag करके नयी जगह पर ले जाकर छोड़ दें।

2. तुम किसी ओर आकृति में भी टाइप कर सकते हो। आकृति बनाकर दांया बटन क्लिक करने पर जो मेन्यू खुलेगा उसमें से Add text पर क्लिक करें और कर्सर आने पर टाइप करें।

3. टेक्स्ट लिखा होने के बाद भी आप बॉक्स का आकार बदल सकते हो।

4. टेक्स्ट बॉक्स डिलीट करने के लिए बॉक्स की एक साइड पर क्लिक करें, जिससे कर्सर गायब हो जाये और del key दबा दें।

वर्ड आर्ट से कुछ डिजाइन डालना (Adding from Word Art)

वर्ड आर्ट विशेषतया एक फॉरमेटिंग टेक्स्ट है जिसमें बहुत से स्टाइल दिये गये हैं। कुछ टूल्स भी दिये गये हैं। जिनकी सहायता से वर्ड अर्ट में कुछ बदलाव भी कर सकते हो।

1. ड्राइंग टूल बार से वर्ड आर्ट को सेलेक्ट करो।
2. वर्ड आर्ट की गैलरी से एक स्टाइल को चुनों।
3. वर्ड आर्ट के Edit डॉयलोग बॉक्स में "Yout Text Here" को बदलकर अपना टेक्स्ट लिखो।
4. फोन्ट स्टाइल, आकार (Size) व फोन्ट को set करो।
5. OK पर क्लिक करो।

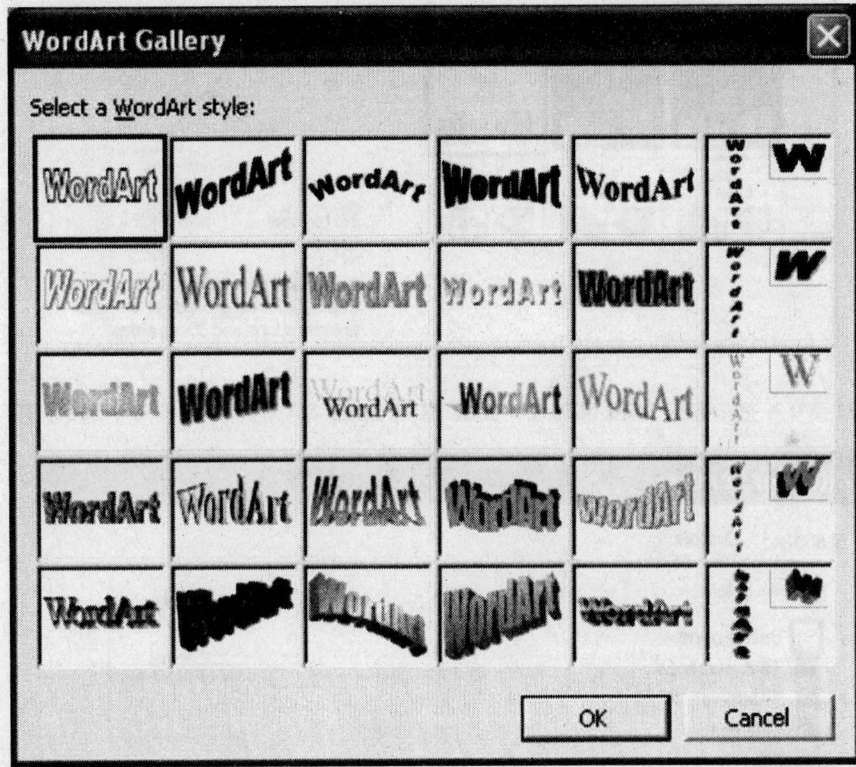

रंग बदलना

अपने काम के suit (सूट) करने के हिसाब से आप रंगों की स्कीम भी बदल सकते हो। यह उस जगह (वातावरण पर निर्भर करता है कि आप अपना प्रेजेन्टेशन कहाँ देने जा रहे हैं।

रंग बदलने के लिए

1. फॉरमेट मेन्यू से स्लाइड कलर स्कीम को चुनें।

या

Placeholder क्षेत्र से बाहर स्लाइड पर दायां बटन क्लिक कीजिये। जो मेन्यू खुलेगा उसमें से फॉरमेट आब्जेक्ट पर क्लिक करो।

2. कलर स्कीम डॉयलोग बॉक्स में दो पैनल हैं Standard और Custom
3. स्टैण्डर्ड कलर स्कीम आपको, कुछ स्टैण्डर्ड कलर में से एक चुनने का option देती है।
4. कस्टम कलर स्कीम आपको अपना रंग खुद ही बनाने के लिए कहती है।

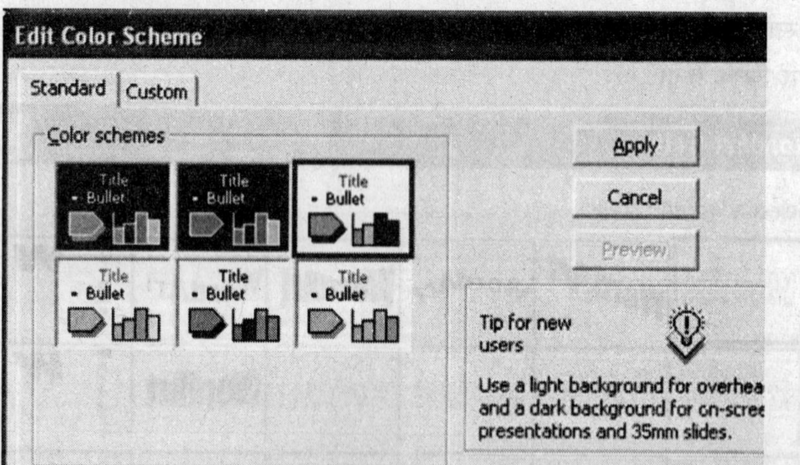

5. दोनों ही केस में आप कलर स्कीम किसी एक slide पर भी apply कर सकते हैं या सभी स्लाइडस् पर।

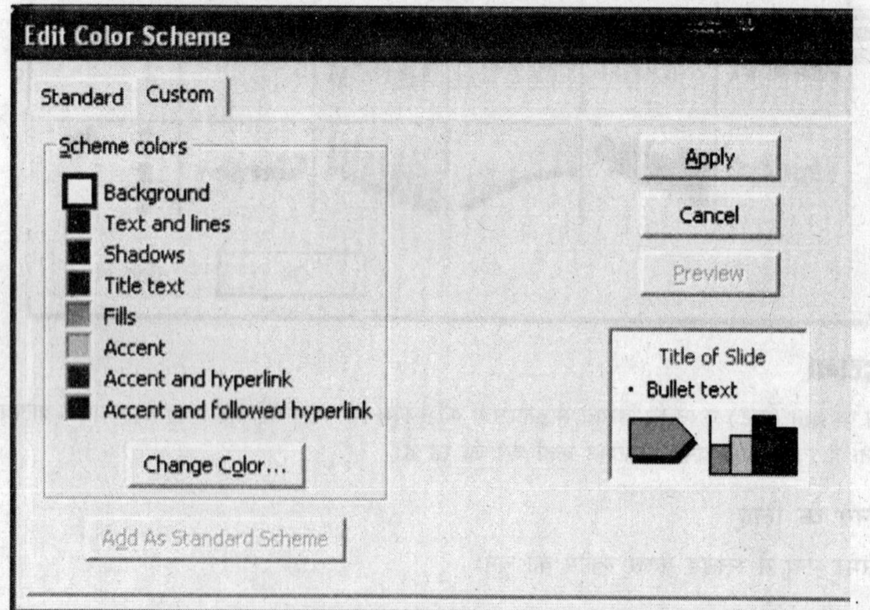

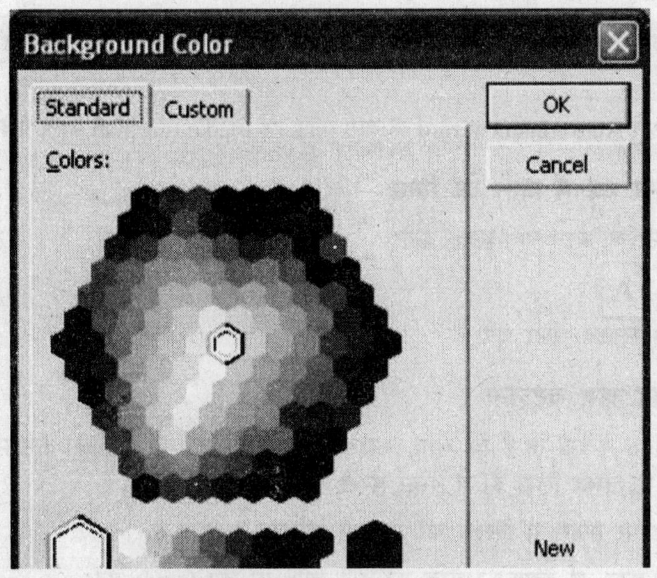

पावर प्वाइंट 2003 में स्लाइड सोर्टर व्यू में काम करना

जैसा कि पहले भी बताया जा चुका है कि स्लाइड सोर्टर व्यू में सभी स्लाइडस् लाइन में थंबनेल (Thumbnail) व्यू में दिखाई देती है। इस व्यू (view) में आप स्लाइडस को दोबारा से arrange (क्रम बदलना) कर सकते हो।

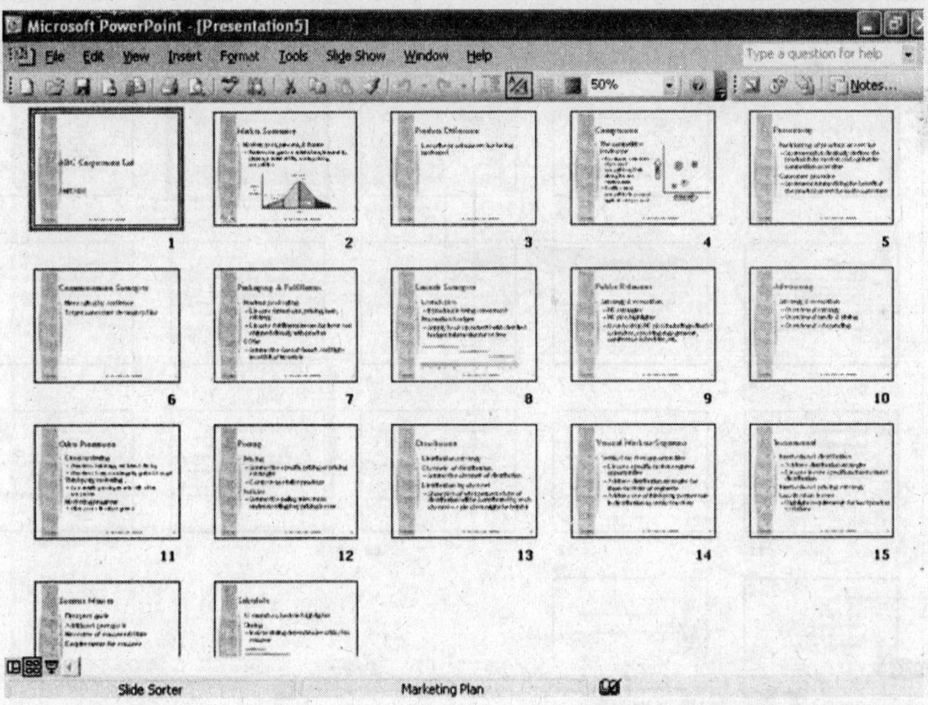

डीलीट या डुप्लीकेट स्लाइडस् बना सकते हो, और प्रेजेन्टेशन का लुक बदलने के लिए टेम्प्लेट (Template) भी बदल सकते हो।

इसके लिए हम पहले Auto content wizard के द्वारा बनाई हुई marketting plan वाला प्रेजेन्टेशन प्रयोग करते हैं।

1. स्लाइड सोर्टर व्यू में जाने के लिए

1. स्लाइड सोर्टर व्यू बटन पर क्लिक करो।

   या

   व्यू मेन्यू से स्लाइड सोर्टर चुनें।

2. स्लाइडस् का क्रम बदलना

जैसा आप चित्र 7.36 में देख रहे हैं कि सभी स्लाइडस् पर नम्बर लिखे हुए हैं। जिस क्रम में स्लाइड शो होगा उसी क्रम में स्लाइडस् पर नम्बर लिखे हैं। ये नम्बर बदले भी जा सकते हैं।

1. उस स्लाइड पर माउस से क्लिक करें जिसकी पॉजिशन बदलनी है।
2. अब माउस बटन को दबाकर स्लाइड को नयी जगह पर ड्रेग (drag) करें।
3. एक लम्बी लाइन दिखाई देगी जो निर्देश देगी कि स्लाइड कहाँ drop (छोड़नी) करनी है।
4. माउस बटन को वहाँ पर छोड़ों जहाँ पर स्लाइड ड्रॉप करनी है।

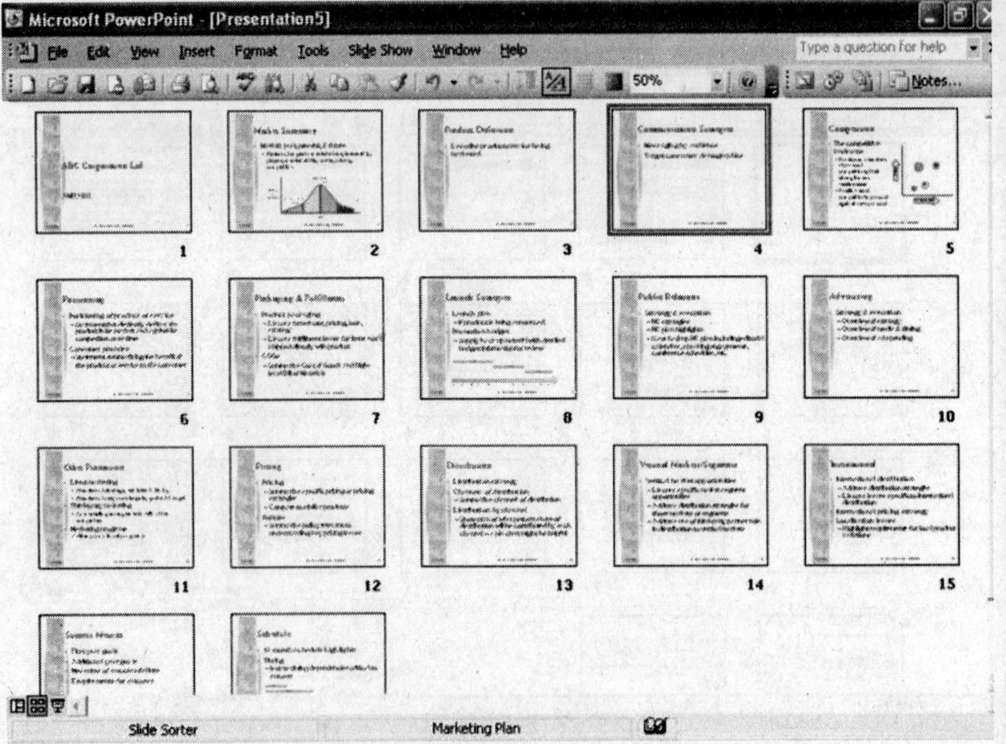

5. जैसे हमने स्लाइड नं॰ 6 को स्लाइड नं॰ 3 और नं॰ 4 के बीच में छोड़ा है। स्लाइड के नम्बर भी अपने आप ही बदलकर एक लाइन में हो जायेंगे।
6. चित्र 7.37 में आप स्लाइड बदलने पर प्रभाव देख सकते हो।

याद रखें-

1. तुम एक साथ एक के ज्यादा स्लाइड भी सेलेक्ट करके drag कर सकते हो।
2. तुम विभिन्न स्लाइडस् को एक साथ shift key दबाकर माउस से क्लिक करके भी चयनित (select) कर सकते हो।
3. प्रेजेन्टेशन से अलग-अलग नम्बर वाली स्लाइड को select करने के लिए Ctrol key दबाकर सलाइड पर माउस से क्लिक करके select कर सकते हो। और इस ग्रुप में से किसी एक स्लाइड को move करके दूसरी पॉजिशन पर क्लिक करने पर वे सभी स्लाइडस् क्रम से नई जगह पर आ जायेगी।

स्लाइड सोर्टर व्यू में डिजाइन बदलना

इस व्यू में रहते हुए ही आप स्लाइडस् का डिजाइन भी बदल सकते हो। यदि आप ऐसा करते हो तो आप देखोगे कि सभी स्लाइडस् में बदलाव आ गया है। आप कुछ चुनी हुई स्लाइडस् में बैकग्राउंड या कलरव स्कीम भी बदल सकते हो।

नया डिजाइन Template डालना

1. फॉरमेट मेन्यू से स्लाइड डिजाइन को चुनें।
2. टॉस्क पेन पर बहुत से डिजाइन दिखाई दे जायेंगे।
3. इनमें से एक डिजाइन को चुनें।
4. जिस डिजाइन को डालना है उस पर डबल क्लिक करें। स्लाइडस् में डिजाइन स्वतः ही बदल जायेगा।
5. चित्र 7.38 में बदले हुए डिजायन का प्रभाव देखें।

बैकग्राउंड बदलना

1. स्लाइड या स्लाइडस् को चुनें जिसमें बैक ग्राउंड बदलना है।
2. फॉरमेट मेन्यू से बैकग्राउंड चुनें।
3. डॉयलोग बॉक्स में बैकग्राउंड बदलें।
4. Apply पर क्लिक करें।
5. चुनी हुई स्लाइडस् पर प्रभाव देखें।

कलर स्क्रीन बदलना

1. स्लाइड या स्लाइडस् को चुनें।
2. टॉस्क पेन पर से कलर स्कीम को चुनें।

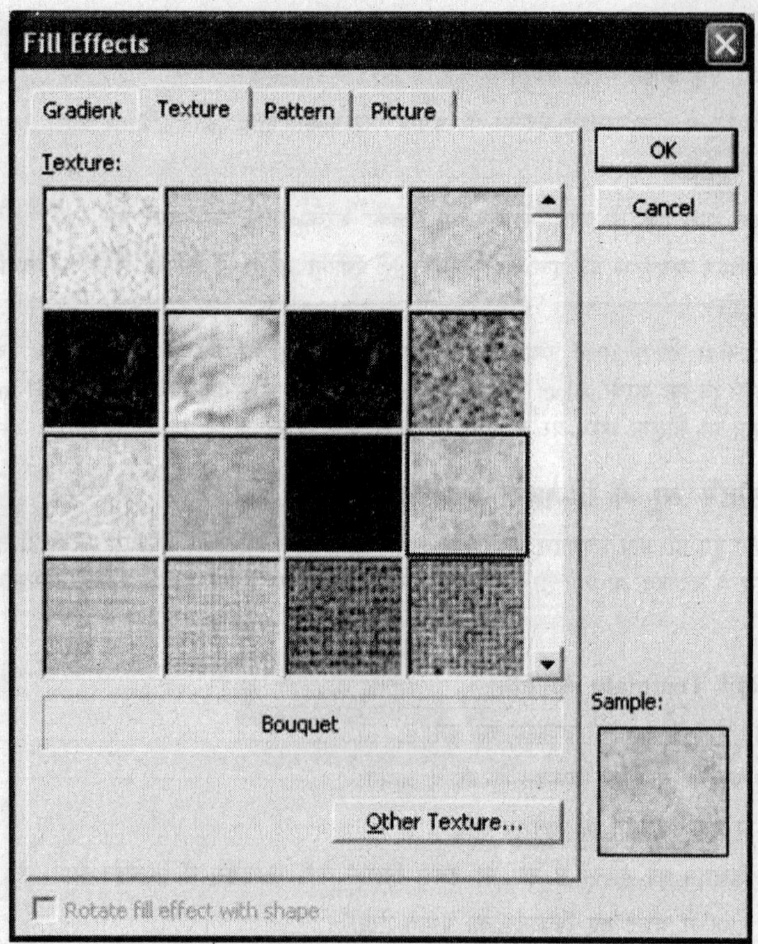

3. डॉयलोग बाूक्स में बदलाव करें।
4. Apply पर क्लिक करें।

डुप्लीकेटिंग और डिलीटिंग

स्लाइड सोर्टर व्यू में स्लाइड को डुप्लीकेट बनाना या डिलीट करना आसानी से हो जाता है और प्रभाव भी हाथे-हथथ देख सकते हैं।

डुप्लीकेट स्लाइड बनाने के लिए

1. उस स्लाइड को चयनित करो जिसका डुप्लीकेट करना है।
2. जैसे हमने market summary slide 2 को सेलेक्ट किया है।
3. Ctrl + D दबाओ या Edit मेन्यू में डुपलीकेट पर क्लिक करो।

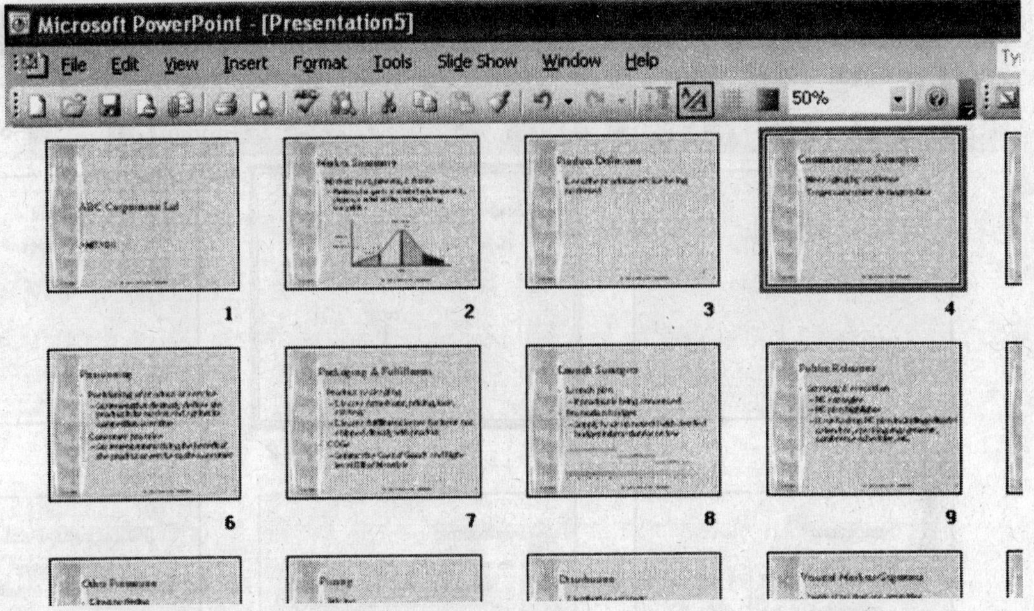

4. सोर्टर व्यू में प्रभाव देखें कि Slide no. 3, Slide 2 की डुप्लीकेट है।

स्लाइड डिलीट करने के लिए

1. जिस स्लाइड का डिलीट करना है उसे चुनें।
2. मान लीजिये कि हमें 6 और 7 नम्बर की स्लाइड को डिलीट करना है। दोनों को चयनित करें।
3. Del key दबायें या Ctrl + X दबायें।
4. सोर्टर व्यू में देखें कि स्लाइड नम्बर 5 के बाद जो लाइन दिख रही है वह बताती है कि स्लाइडस् डीलिट हो गयी है।

याद रखें-

आप Duplicate और Delete स्लाइड को Edit मेन्यू में से भी चुन सकते हैं।

पावर प्वाइंट 2003 में स्लाइड शो बनाना

स्लाइडस् बनाने में तुमने जो मेहनत की है उसका प्रभाव स्लाइड शो में दिखलता है। स्लाइड शो में सभी स्लाइडस् जो समय हमने set किया है उसके अनुसार मॉनीटर पर या प्रोजेक्टर पर, एक के बाद एक दिखायी देती है। स्लाइडस् को एक सुन्दर तरीके से दिखाने के लिए कुछ animation (एनिमेशन) का प्रभाव डालना भी सम्भव है। स्लाइडस् में audio (आवाज), music आदि डालना भी सम्भव है।

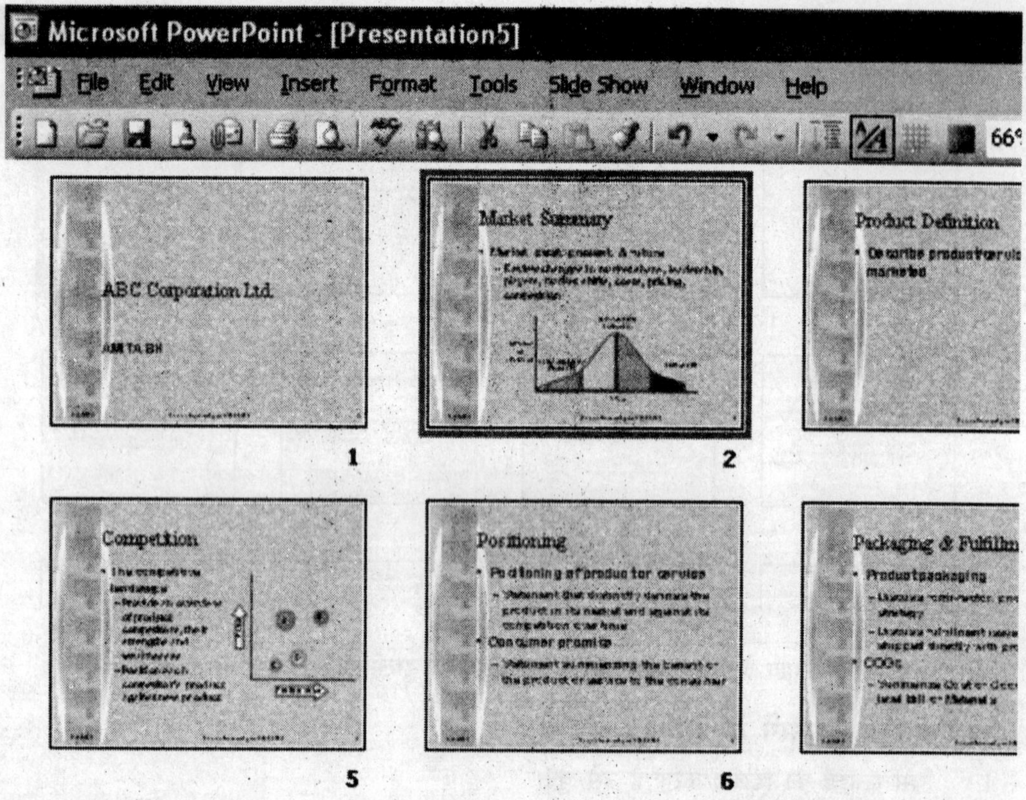

प्रभाव डालने के लिए

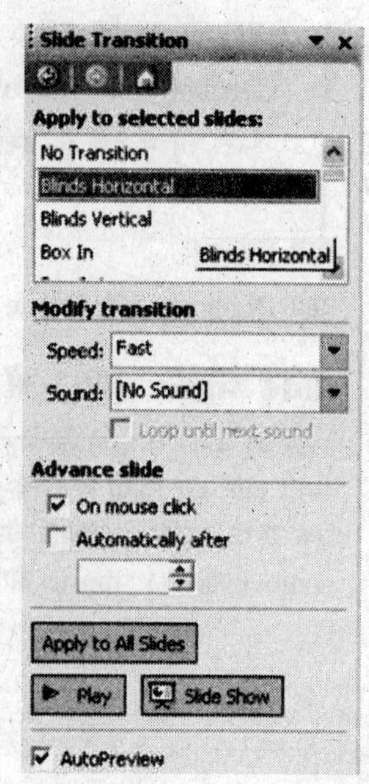

साधरणतया जो प्रभाव आप फिल्म शो में देखते हो जैसे एक स्क्रीन के बाद दूसरी स्क्रीन ऊपर से आती है या slide से या कोने से या लाइनों में बदलती है आदि, ये सब प्रभाव आप भी डाल सकते हैं।

1. सबसे पहले स्लाइड सोर्टर व्यू में आयें। सभी स्लाइडस् को सेलेक्ट करें।
2. स्लाइड शो मेन्यू से स्लाइड ट्रॉन्सिशन पर क्लिक करें।
3. बायीं तरफ की लिस्ट में से ट्रॉन्सिशन का प्रभाव डालें और उसका प्रीव्यू भी देख लें।
4. गति (Slow, medium or fast) तीनों में से एक चुन लें। Advance option में माउस क्लिक को चुनें या अपने आप कितने सेकण्ड में दूसरी स्लाइड आये यह बतायें।
5. Apply पर क्लिक करें ताकि यह प्रभाव सभी स्लाइडस् पर आ जाये।
6. सोर्टर व्यू में ट्रान्सिशन के प्रभाव का प्रीव्यू दोखने के लिए स्लाइड के नीचे बने एक आइन पर क्लिक करें।

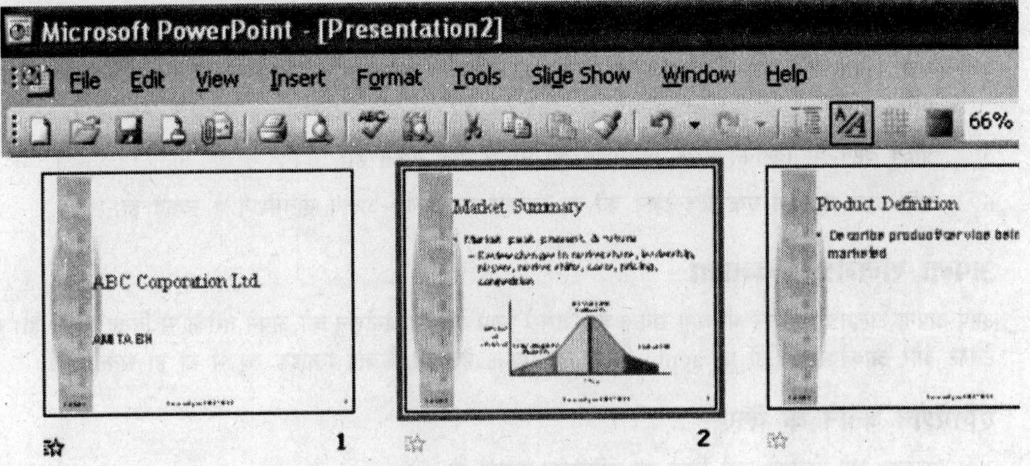

7. यह आइकन सभी स्लाइउस् के नीचे दिखायी देगा।

एनिमेशन डालना (Adding Animation)

जैसा कि हमने पहले भी बताया है कि आप सभी स्लाइडस् पर एनिमेशन भी डाल सकते हैं। इसी सहायता से हम अपने प्रेजेन्टेशन को विशेष प्रभाव के साथ दर्शा सकते हैं।

1. स्लाइड सोर्टर व्यू में स्लाइड को चयनित करो जिस पर एनिमेशन डालना है।
2. स्लाइड शो मेन्यू से एनिमेशन स्कीम को सेलेक्ट करो।

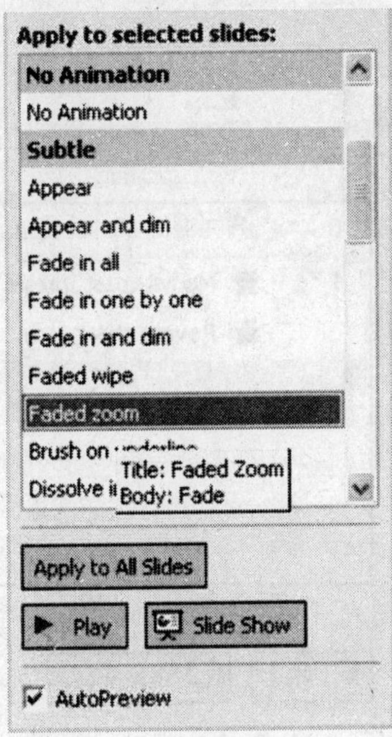

3. कोई एक एनिमेशन सेलेक्ट करो।
4. जब Apply हो जाये तो स्लाइड के नीचे एक आइकन आ जाता है जिससे यह पता चलता है कि स्लाइड एनिमेटेड है।
5. प्रीव्यू बटन पर क्लिक करके एनिमेशन का प्रभाव देख सकते हो।
6. यदि आप चाहे तो एक प्रेजेन्टेशन की हर स्लाइड पर अलग-अलग एनिमेशन दे सकते हो।

अपना एनिमेशन बनाना

आप अपना अलग एनिमेशन भी बना सकते हैं। जिससे आप अपने प्रेजेन्टेशन को अपने तरीके से दिखा सकते हो। यह टेक्स्ट और आब्जेक्टस् दोनों पर apply किया जा सकता है। यह केवल स्लाइड व्यू में ही हो सकता है।

एनिमेशन बनाने के लिए

1. स्लाइड को सेलेक्ट करो जिस पर एनिमेशन बनाना है।
2. एनिमेशन effect tool bar पर से custom animation को चुन लो।
3. डॉयलोग बॉक्स में से उन items को सेलेक्ट करो।

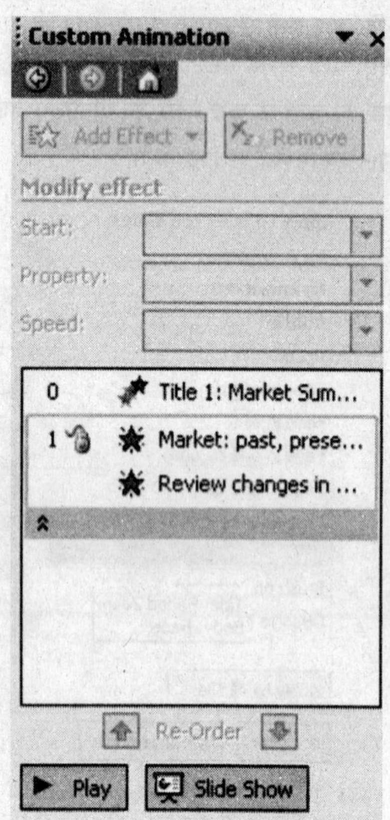

4. छोटा सा बॉक्स खुलेगा। उसमें दो option हैं Automatically अर्थात् अपने आप sound आये। या when chicked अर्थात् जब क्लिक करो तो sound आये।
5. स्लाइड के बीच में sound का आइकन आ जायेगा। आप इन स्लाइड पर जहाँ चाहे वहाँ move कर सकते हैं।
6. यदि आप sound आइकन पर दाहिनां क्लिक करेंगे तो आप short cut मेन्यू से play sound या Edit sound चुन सकेंगे।
7. Sound आइकन की स्लाइड पर चित्र 4.47 में दखें।

वीडियो का प्रभाव डालना

Sound की तरह से ही वीडियो का effect भी डाल सकते है। वीडियो डालने का तरीका भी ऑडियो जैसा ही है।

वीडियो फाइल डालने के लिए

1. स्लाइड को चयनित करो जिसमें वीडियो डालना है और उसे स्लाइड व्यू में खोलो।
2. इन्सर्ट मेन्यू में Moves and sounosQ कमान्ड से मूवी की फाइल को सेलेक्ट करो।
3. वीडियो का प्रभाव देखने के लिए OK पर क्लिक करो।

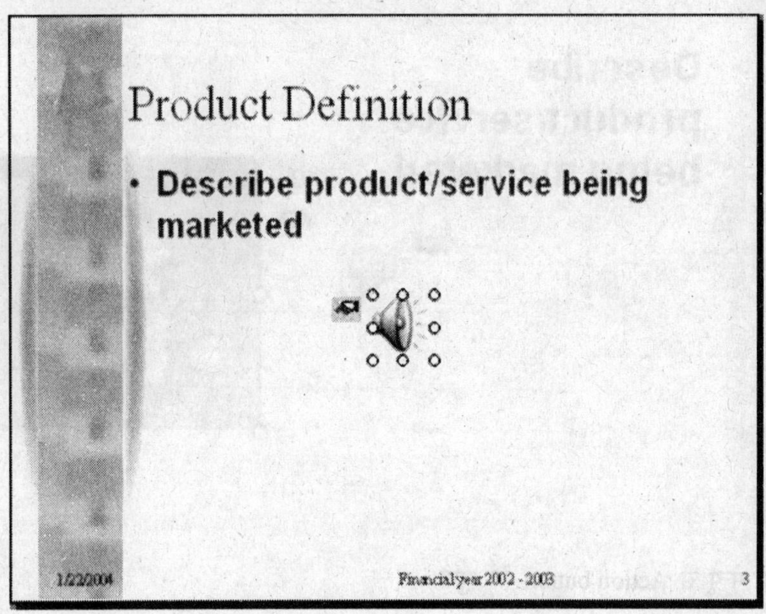

4. Automatically या When clicked में से एक को सेलेक्ट करो।

5. वीडियो का आइकन स्लाइड के बीच में आ जायेगा। आप इसे कहीं ओर स्लाइड पर ही move कर सकते हैं।
6. माउस का दाहिना क्लिक करने पर short cut मेन्यू से play video or Edit video में से चुन सकते हो।

एक्शन बटन डालना (Adding Action Button)

जब प्रेजेन्टेशन चल रहा हो तब हमारी इच्छानुसार ये बटन हमें sound और video चलाने के लिए आज्ञा देते हैं। इसके लिए निम्नलिखित प्रक्रिया है–

1. उस स्लाइड को चयनित करो जिस पर एक्शन बटन डालने हैं। यह स्लाइड सोर्टर व्यू को छोड़कर किसी भी व्यू में बनाये जा सकते हैं।

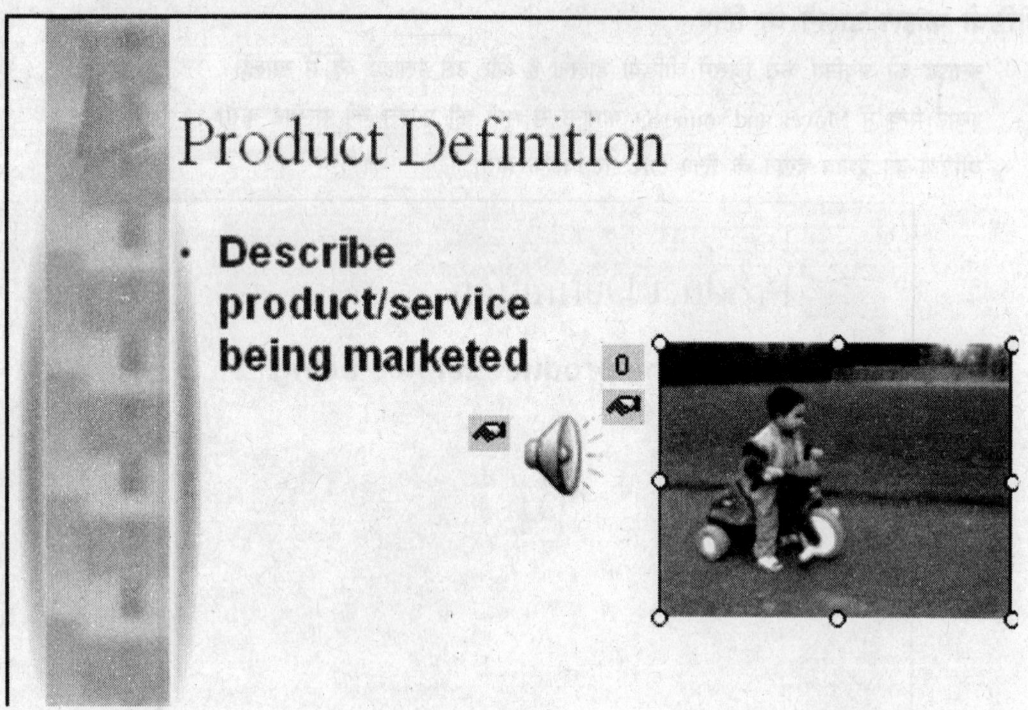

2. स्लाइड शो मेन्यू से Action button को चुनो।

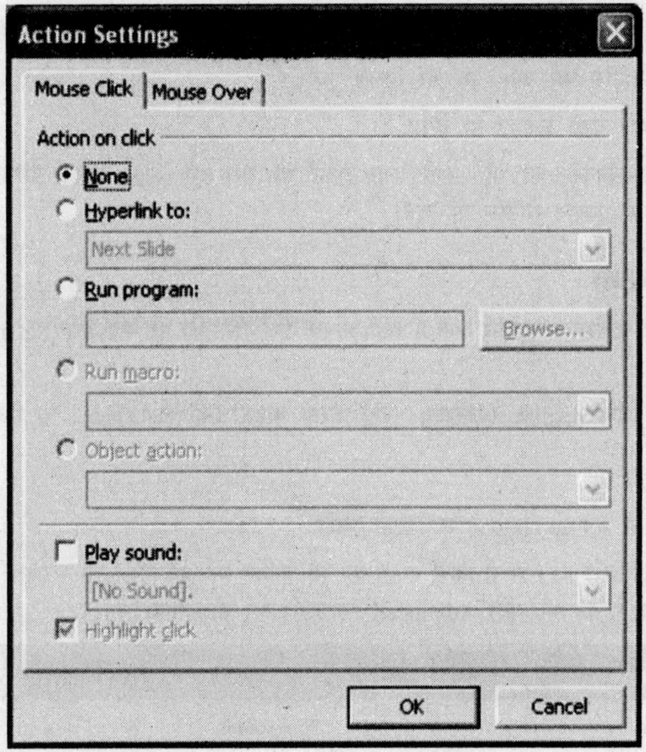

3. अपनी पसन्द से एक बटन चुनो।
4. स्लाइड पर बटन की जगह निश्चित करो।

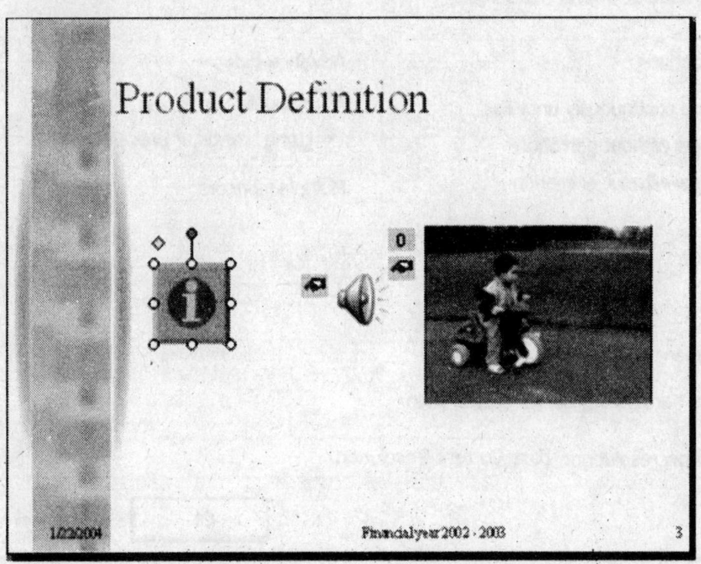

5. बटन पर क्लिक करने पर पाव प्वाइंट नया डॉयलोग बॉक्स खोलेगा जिसे एकशन सेटिंग कहते हैं।
6. सभी आवश्यक सेटिंग्स करें और OK पर क्लिक करें।
7. अब आपका एक्शन बटन स्लाइड पर तैयार है।
8. तुम किसी दूसरे आब्जेक्ट्स पर भी एक्शन डाल सकते हो, बस उसे select करना पड़ेगा। और उनके बाद स्लाइड शो मेन्यू से एक्शन सेटिंग्स को चुनें।

शो की सेटिंग करना

अब सॉफ्टवेयर के सबसे आवश्यक पार्ट पर आते हैं जहाँ आपके प्रेजेन्टेशन का पूरा सेट अप (Set up) बिना किसी की सहायता से चलेगा।

तुम कुछ स्लाइडस् को जिन्हें display (दिखाना) नहीं करना चाहते उन्हें छिपा (hide) भी सकते हो।

सेटिंग के लिए

1. स्लाइड शो मेन्यू से set up shown पर क्लिक करें।
2. डॉयलोग बॉक्स (चित्र 7.51) में से किस प्रकार का शो चाहिए यह चुन लें। किस स्लाइड को छिपाना है और किस को दिखाना है यह भी चुनें। Advanced स्लाइडस् का भी तरीका चुनें।

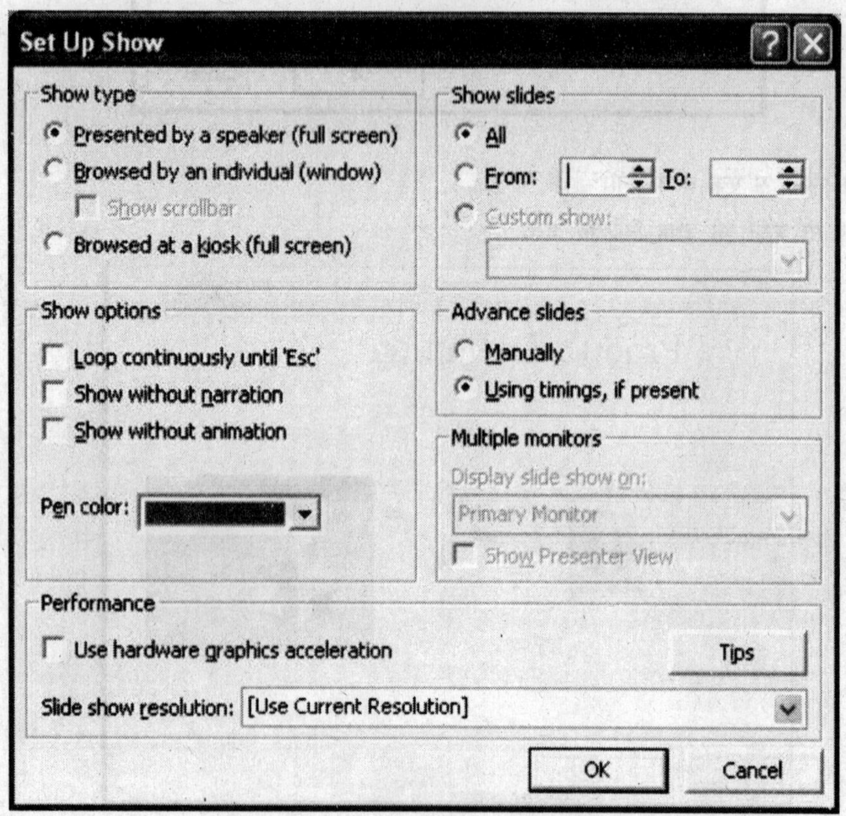

3. कुछ दूसरे options भी हैं उन्हें चुनकर OK पर क्लिक करें।
4. अपने कम्प्यूटर को प्रोजेक्टर पर कनेक्ट (जोड़ने) के लिए डॉयलोग बॉक्स से प्रोजेक्टर विजार्ड पर क्लिक करो।
5. सभी स्लाइडस् को प्रेजेन्टेशन में शो के लिए स्लाइड शो से कस्टम शो को चुनें।
6. यदि कोई सलाइड छिपी हुई (Hide) है तो आप उसे हाइपरलिंक (Hyperlink) और action pointing से भी दिखा (display) कर सकते हैं।

शो की रिहर्सल करना (प्रैक्टिस करना)

जैसे हम प्रिन्टिंग से पहले पेज का प्रीव्यू देखते हैं। ऐसे ही पावर प्वाइंट भी हमें option देता है। इस option को शो की रिहर्सल (Rehersal) कहते हैं। आप किसी भी व्यू में शो को चला सकते हैं।

1. स्लाइड शो मेन्यू से Rehearse Timings को चुनो।
2. स्लाइड सोर्टर व्यू में स्लाइड सोर्टर टूल बार पर से भी रिहर्स टाइम्रिं को क्लिक किया जा सकता है।
3. स्क्रीन पर बने सबसे ऊपर बायीं तरफ बने timer के साथ शो शुरु होता है।

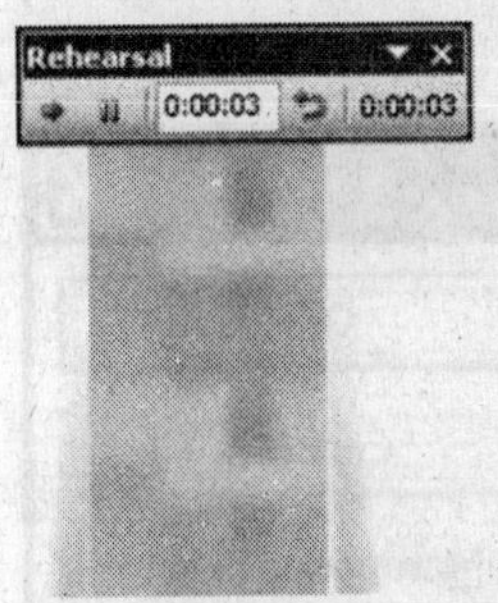

4. इस टामिंग को प्रयोग करने के लिए set up show डॉयलोग बॉक्स से using Timings को चुने।
5. आप स्लाइड पर कहीं पर भी माउस का दाहिनां क्लिक करके short cut मेन्यू से कोई भी एक्शन चुन सकते हो।

तुम निम्नलिखित keystrokes (short cut key) को प्रयोग कर सकते हो।

Slide show	Keystrokes
Next Action	Spacebar, Enter, N, Page Down, Right arrow
Previous Action	P, Backspace, Page up, Left arrow
Go to slide number	number + ENter
Black/White Screen	B or W (Press again to return to show)

टाइमिंग को मैन्यूली Set करना

तुम टाइमिंग को मैन्यूली (अपने आप) भी सेट कर सकते हो। मतलब, जितना समय आप एक स्लाइड को स्क्रीन पर रखना चाहते हैं उतना समय दे सकते हैं।

टाइमिंग को सेट करने के लिए–

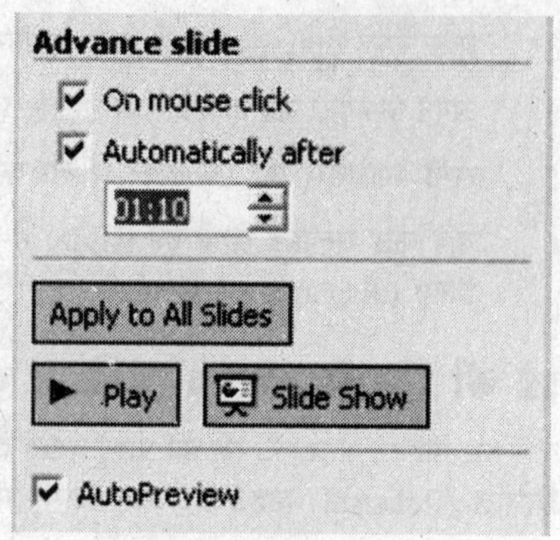

1. Normal view में उस स्लाइड को चयनित कर लें जिस पर टाइम सेट करना है।
2. स्लाइड शो मेन्यू से स्लाइड ट्रान्सिशन को चुने डॉयलोग बॉक्स खुल जायेगा।
3. Advances Slide option में Automatically को टिक करें और जितना समय चाहते हो एक स्लाइड के लिए उतना समय प्रविष्ट करें।
4. शो की हर स्लाइड के लिए इस step को दोहरायें

आवाज रिकार्ड करना (Record Narration)

पावर प्वाइंट में स्लाइड शो के लिए आप अपनी आवाज को भी रिकार्ड कर सकते हो। यदि आप किसी एक स्लाइड के लिए रिकार्ड करना चाहे तो भी कर सकते हैं। लेकिन पावर प्वाइंट आपकी आवा की फाइल को Sound (.wav) फाइल की तरह ही प्रयोग करेगी।

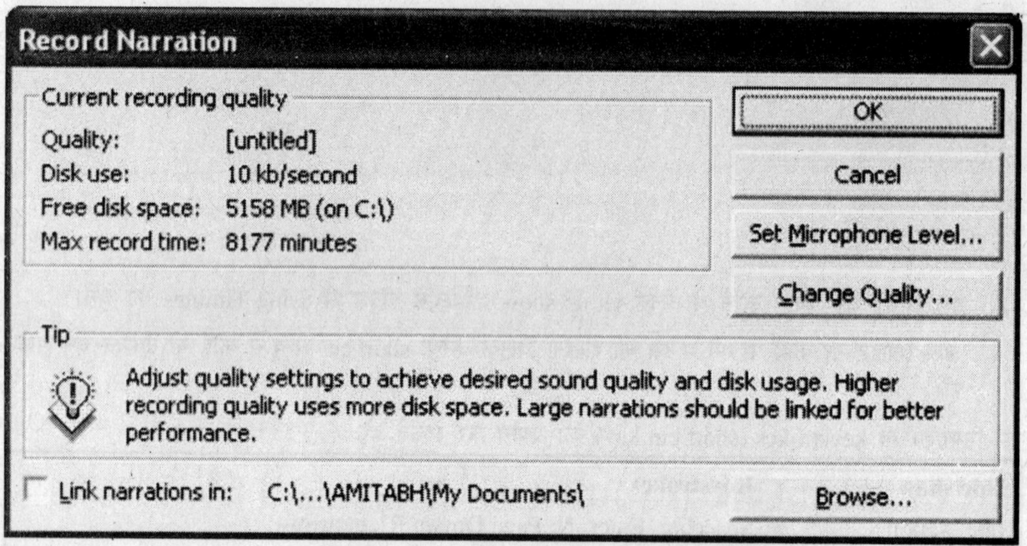

आवाज रिकार्ड करने के लिए आपके कम्प्यूटर में sound card होना चाहिए, एक माइक्रोफोन और एक सेट स्पीकर का भी होना चाहिए।

इसके लिए निम्नलिखित प्रक्रिया है–

1. स्लाइड शो मेन्यू से Record Narration को चुनें। डॉयलोग बॉक्स खुल जायेगा। Disk पर कितना space खाली है और कितने मिनट आप आवाज रिकार्ड कर सकते हैं। यह जरुर देख लें।
2. अपने माइक्रोफोन को प्रयोग करने के लिए set microphone level पर क्लिक करें।

3. माइक्रोफोन check डॉयलोग बॉक्स खुल जायेगा।
   इसे रिकार्डिंग के लिए सेट करें।
4. रिकार्डिंग शुरु करने के लिए OK पर क्लिक करें।
5. अब हर स्लाइड के लिए प्वाइंट्स रिकार्ड करें।

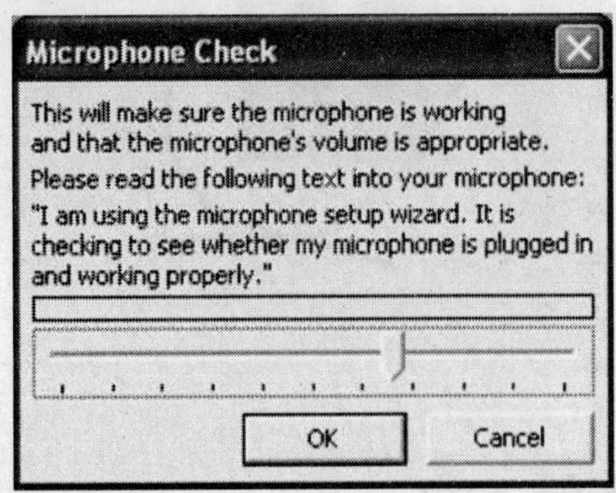

6. जब रिकार्डिंग खत्म होगी तो पावर प्वाइंट एक डॉयलोग बॉक्स दिखायेगा और पूछेगा कि क्या आप अपनी आवाज को स्लाइड टाइमिंग के साथ सेव करना चाहते हैं। (to save your narration with your slide timings)। इसके लिए sare पर क्लिक करें।
7. अब आपका प्रेजेन्टेशन स्लाइट सोर्टर व्यू में खुलेगा और हर स्लाइड के नीचे दायें कोर्नर पर एक sound का आइकन भी दिखाई देगा।

स्लाइडस् को मार्क करने के लिए पेन (Pen to markslides)

आप स्लाइड शो में माउस प्वांटर के बजाये पेन को भी चुन सकते हैं।

1. स्लाइड शो में स्क्रीन पर माउस का दाहिनां क्लिक करो।
2. प्वाइंटर options पर क्लिक करो।

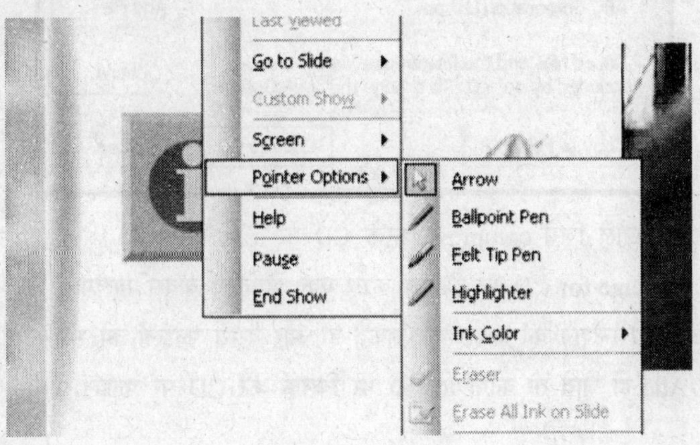

3. Sub menu से दो पेन में से एक को चुनो। हमने यहाँ felt Tip pen को चुना है।

4. इस पेन को माउस से move करो और स्क्रीन पर कुछ भी माक्र करके दिखा सकते हो।

5. इसी option के द्वारा आप पेन का रंग भी बदल सकती है।

6. वापिस माउस प्वाइंटर पर आने के लिए Ctrl + A दबायें।

7. पेन से माक्र किया हुआ मिटाने के लिए E दबायें।

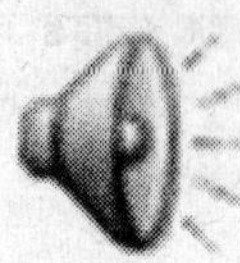

CD पर प्रेजेन्टेशन को पैक करना

आप अपने प्रेजेन्टेशन को CD पर भी पैक कर सकते हैं पैक करके जहाँ पर भी आप प्रेजेन्टेशन देना चाहे वहाँ ले जा सकते हैं। यह एक पैकेज बनाता है, जिसमें आपके प्रेजेन्टेशन की compressed कॉपी होती है और साथ ही इसकी सारी मल्टीमीडिया फाइलें भी होती हैं। यह आपको अपने प्रेजेन्टेशन को चलाने की अनुमति देता है चाहे इस कम्प्यूटर पर पावर प्वाइंटर लोड हो या ना हो। अपने प्रेजेन्टेशन को CD पर पैक करने के लिए निम्नलिखित चरण हैं–

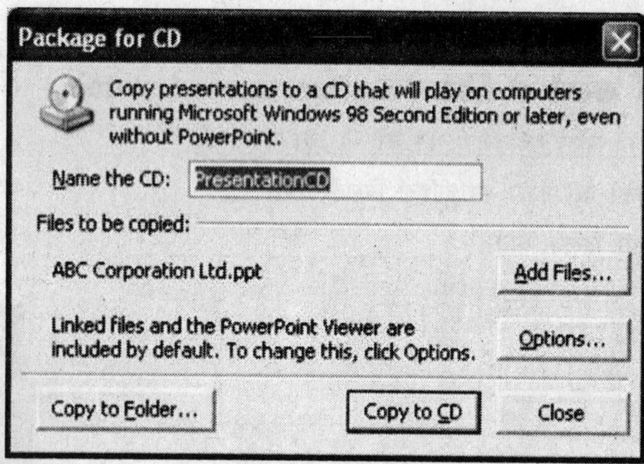

1. उस प्रेजेन्टेशन को खोले जिसे compress करके CD पर sare करना है।
2. File मेन्यू से package for CD पर क्लिक करो। एक डॉयलोग बॉक्स खुलेगा।
3. तुम यहाँ से अपने प्रेजेन्टेशन को save कर सकते हो और दूसरी फाइलों को भी कॉपी कर सकते हो।
4. एक बार जब Add हो जाये तो कॉपी to CD पर क्लिक करें CD पर फाइल write हो जायेगी।

माइक्रोसॉफ्ट फ्रंट-पेज 2003
(Microsoft FrontPage 2003)

फ्रंटपेज 2003 का प्रयोग करते हुए वेब पेज बनाना

फ्रंटपेज 2003 आपको एक विजार्ड के द्वारा पूरा केकेज प्रदान करता है जिससे आप आराम से कुर्सी पर बैठे और फ्रंटपेज को वेब पेज बनाने के लिए आज्ञा दें। केवल आपको यहि करना है कि सॉफ्टवेयर के कुछ प्रश्नों का उत्तर देना है बस।

फ्रंटपेज में दो प्रकार के विजार्ड हैं; एक तो जो वेबसाइड बनाता है और एक वह जो सिगल पेज बनाता है।

विजार्ड का प्रयोग करके वेबपेज बनाना

1. फाइल मेन्यू से न्यू पर क्लिक करो।
2. टॉस्क पेन पर से वेब साइड टेम्प्लेट (Template) को चुनें।
3. डॉयलोग बॉक्स खुल जायेगा देखें चित्र 8.1।

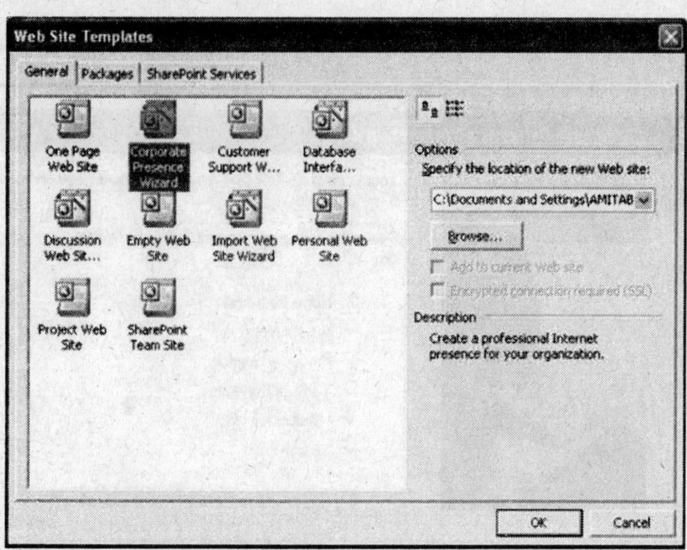

4. दिये हुए options में से किसी एक को चुनें। हमने यहाँ Corporate Presence Wizard को चुना है। यह विजार्ड एक प्रोफेशनल वेब बनाने में गाइड का काम करेगा।
5. OK पर क्लिक करें। विजार्ड शुरु हो जायेगा।
6. इसमें बहुत सारे गुण (features) हैं जो किसी कम्पनी का वेब बनाने (establish) में सहायता करता है।

7. जब आप इस विजार्ड को चुनेंगे तो आपको 13 अलग-अलग डॉयलोग बॉक्स में इन्फोरमेशन को भरना होगा।
8. जो आप जानते हो वह डाटा भरो।
9. पहले बॉक्स में Next पर क्लिक करो।
10. दूसरे डॉयलोग बॉक्स में डाटा भरने के लिए, हम सुझाव देंगे कि तैयार इन्फॉरमेशन को देखें– प्रोडक्टस् और सेवाएं वेब पर प्रमोट करेंगे।

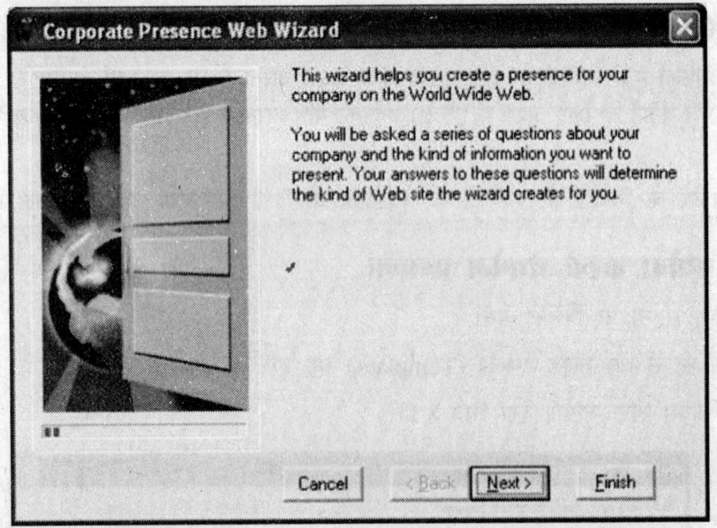

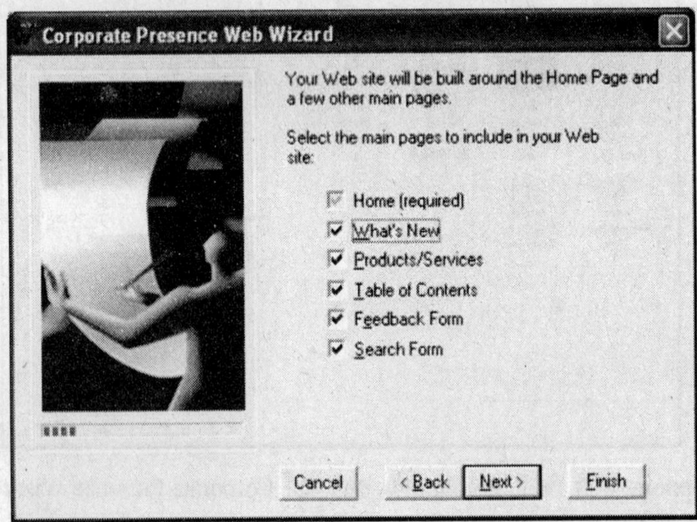

टेबल के Contents देंगे, अर्थात् option पर टिक करेंगे।

दर्शकों के लिए फीडबैक फॉरम भी देंगे।

कम्पनी की सारी इन्फॉरमेशन वेब पर होगी। जैसे–ई–मेल का पता आदि।

कम्पनी के अपने सर्च इंजन भी होंगे।

11. यदि किसी बॉक्स में कोई संदेह है तो उसे ऐसे ही रहने दें। हाँ आप बैक बटन दबाकर किसी भी बॉक्स पर वापिस जा सकते हैं।

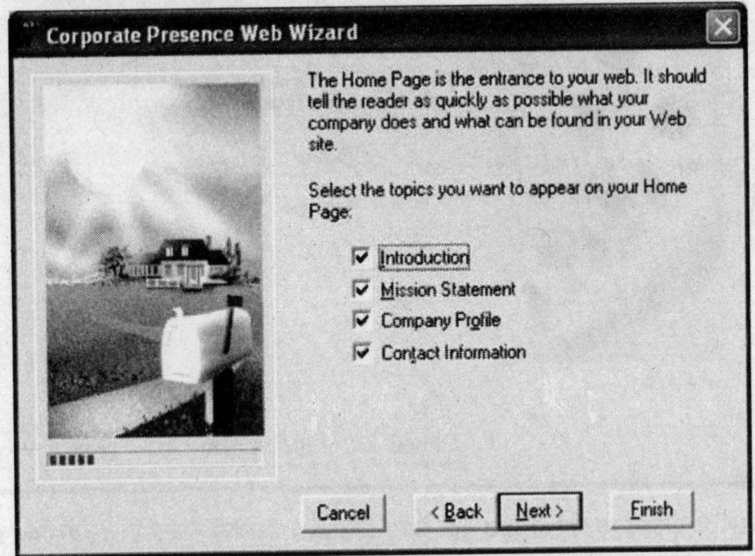

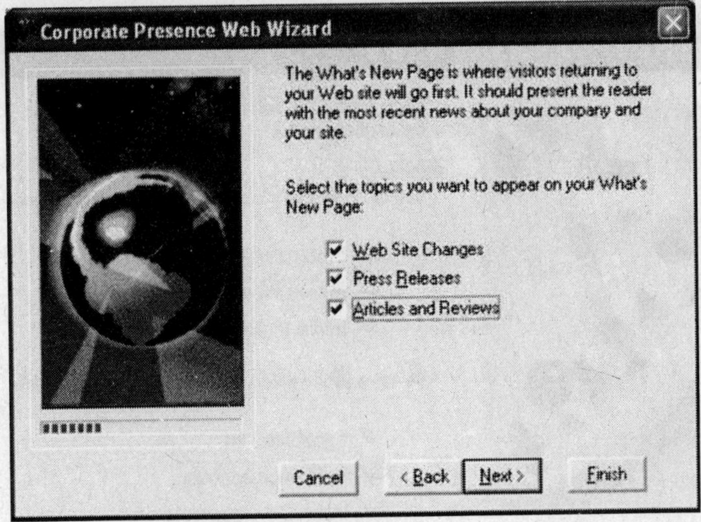

12. तीसरे बॉक्स में उन options को टिक करो जिन्हें आप Home page पर देखना चाहते हो। हमने यहाँ सभी options को टिक किया है।

13. विजार्ड के अगले बॉक्स में What's new page में जो टॉपिक (topics) चाहते हो उन्हें क्लिक करो।
14. अगले बॉक्स में Products and Services पेज पर हमने दोनों बॉक्स में 3.3 भरा है।

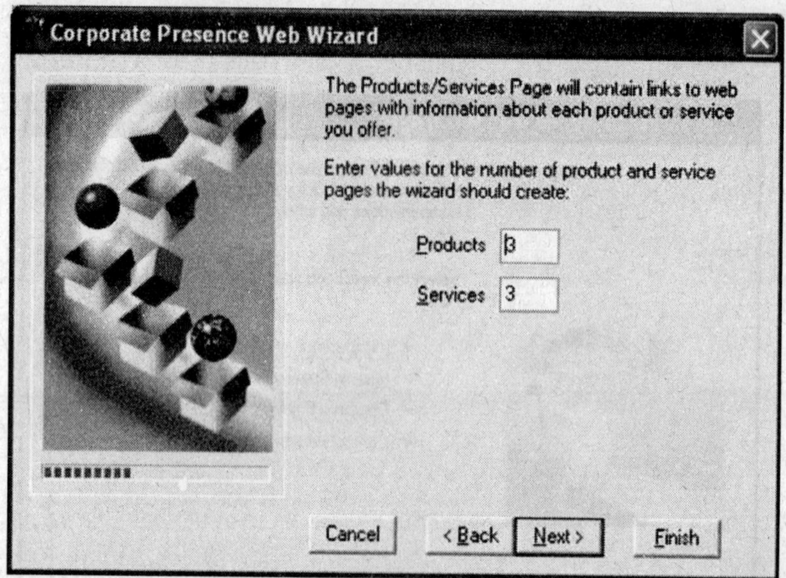

15. अलग चरण में प्रोडक्ट के बारे में कुछ और टर्मस (Terms) हैं जिन्हें देखना है उन पर क्लिक करो। ऐसे ही Services के लिए पूछता है। हमने सब पर टिक किया है।

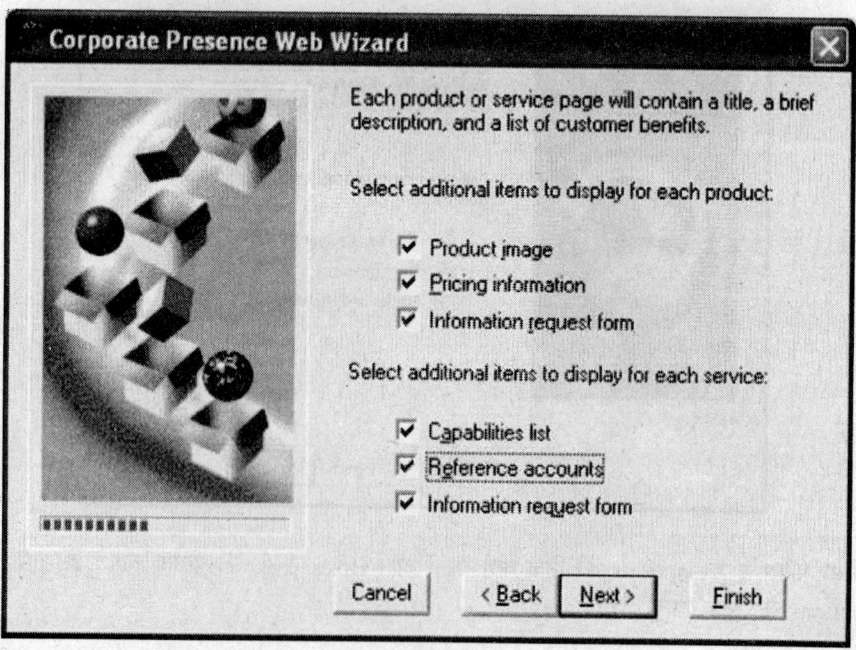

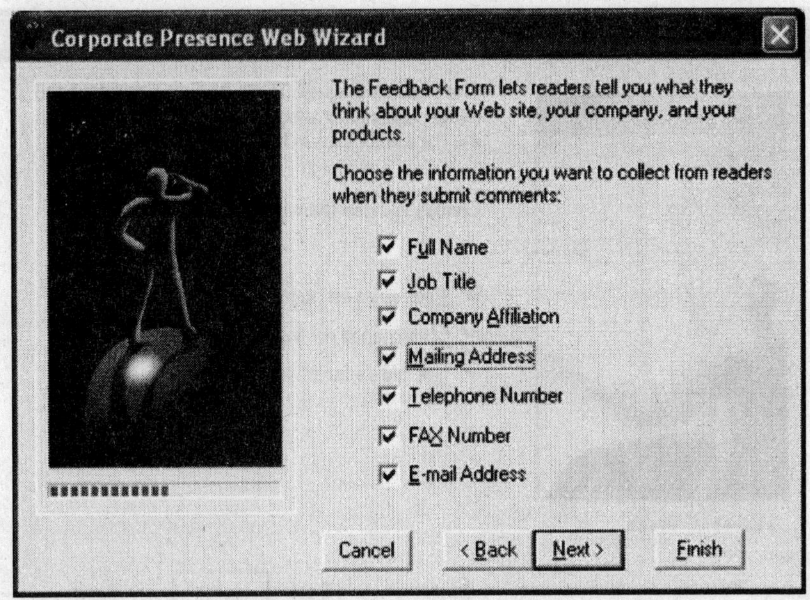

16. विजार्ड के अगले डॉयलोग बॉक्स में जो रीडर अपने कमेन्टस् देगा, उसकी इन्फॉरमेशन के Topics चुनें। सभी पर क्लिक करो।

17. अगले बॉक्स में reedback फाइल के लिए पूछेगा Yes पर क्लिक करें।

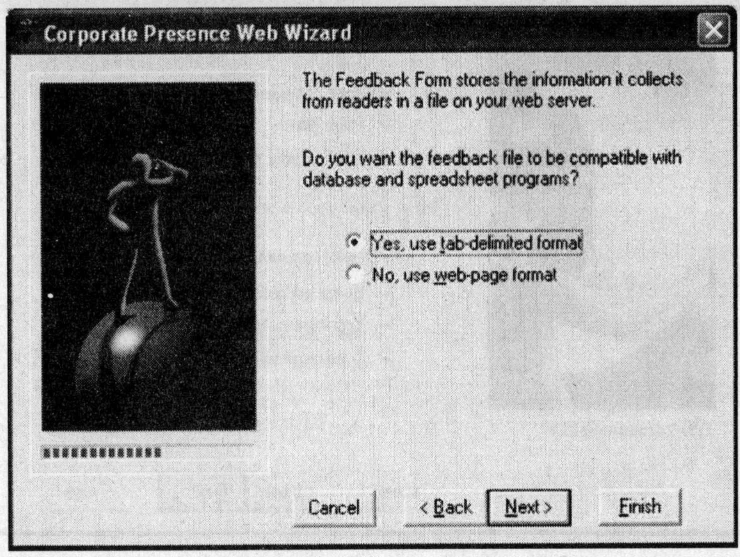

18. अगले बॉक्स में प्रेजेन्टेशन के options पूछेगा। सभी पर क्लिक करें।

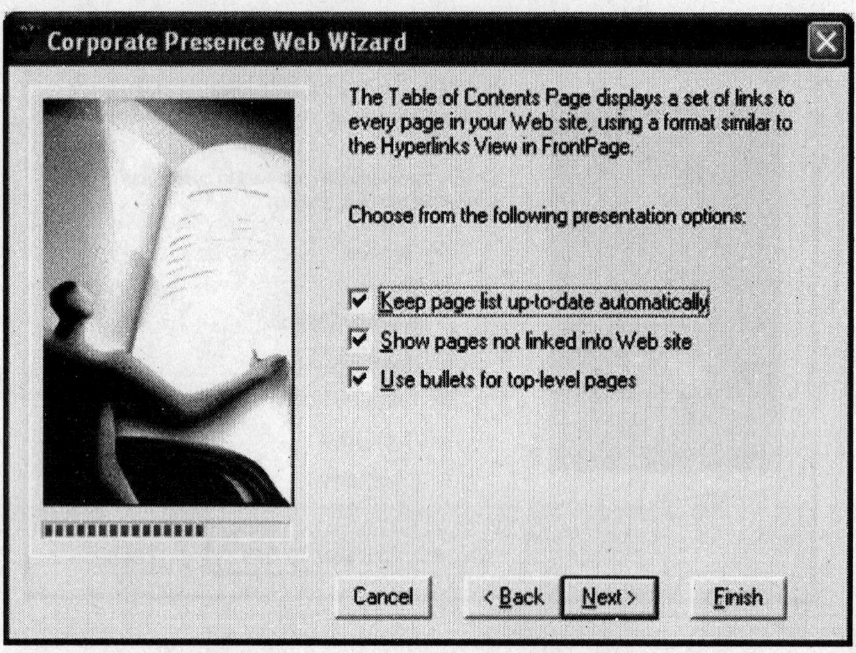

19. अगले बॉक्स में पेज की शुरु में और पेज के अन्त में जो इन्फॉरमेशन देनी है उन्हें चुने।

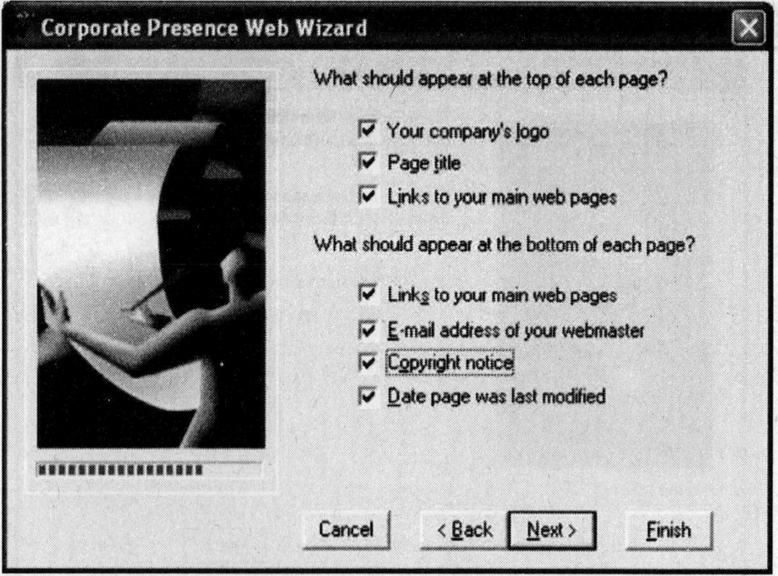

20. अगले Step में बॉक्स काम खत्म होने तक हर पेज के अन्त में एक आइकन दिखाने के लिए पूछता है। वह आइकन "कार्य अभी प्रगति पर है" (Under construction) दिखाता है। Yes या No पर क्लिक करें।

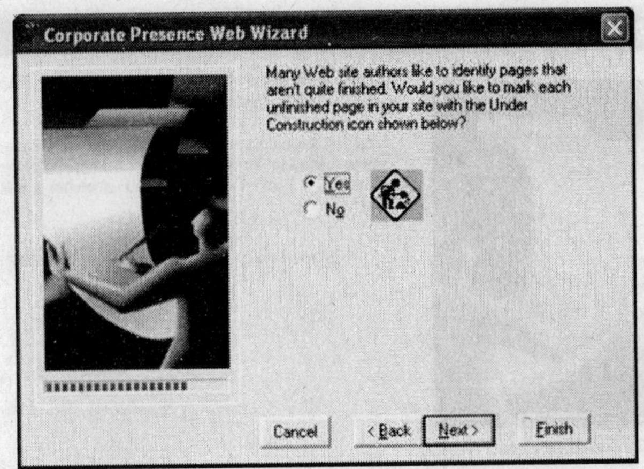

21. अगले बॉक्स में वह कम्पनी का नाम, पता पूछेगा। वह जानकारी दे दें।

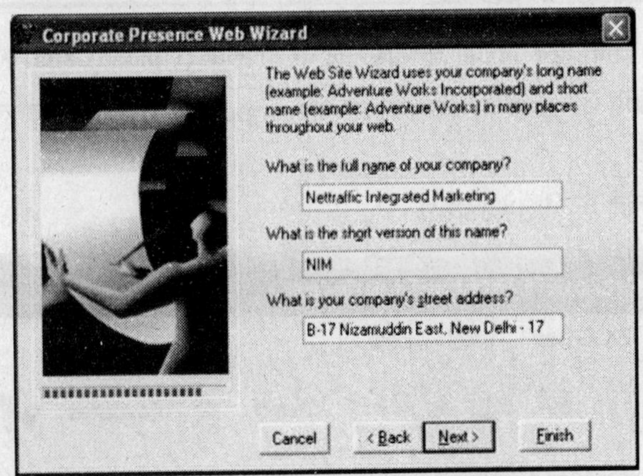

22. अगले चरण में कम्पनी का फोन नं॰, फैक्स नं॰ व ई-मेल ID पूछता है, वह भर दें।

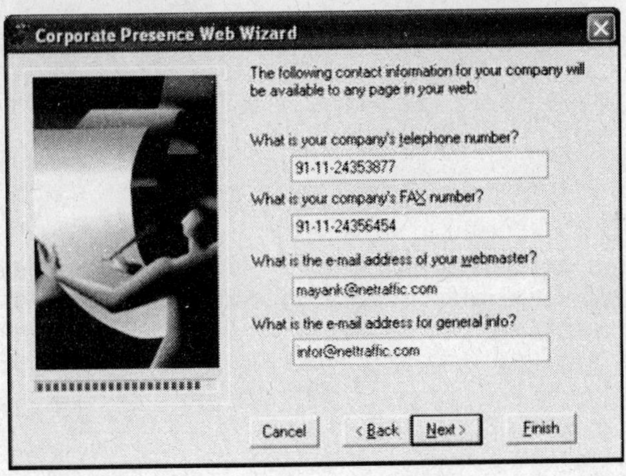

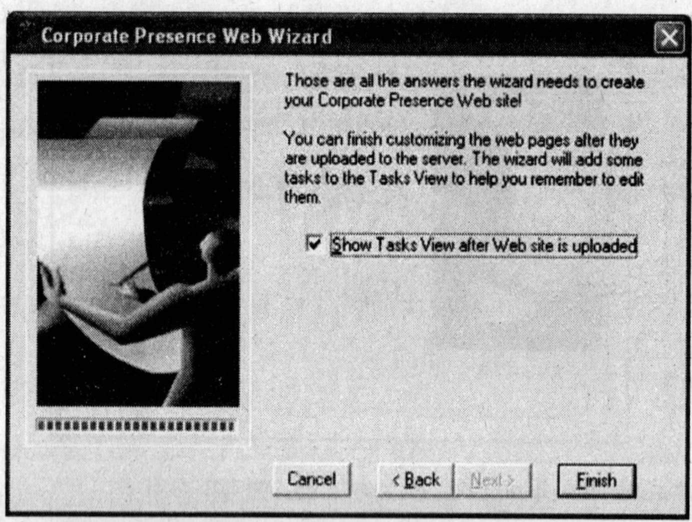

23. यह अन्तिम बॉक्स होगा। अब आपकी वेबसाइट नेट पर अपलोड (Upload) होगी। Finish पर क्लिक करें।
24. सभी डॉयलोग बॉक्सों के प्रश्नों का उत्तर देने के बाद, copporate wizard फाइनली आपकी wabsite बनाने के लिए तैयार है।

जो Page बनेगा वह स्क्रीन पर display करें।

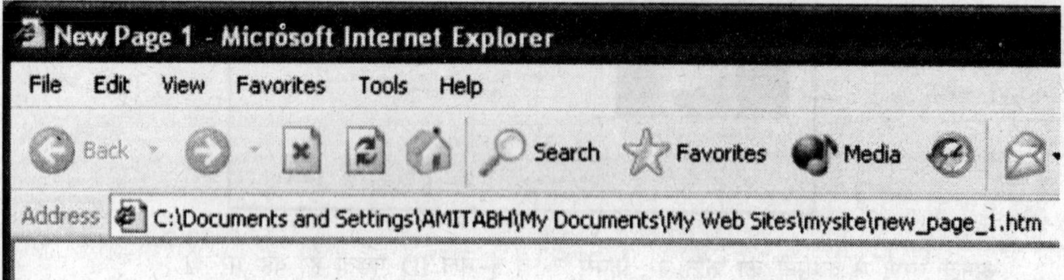

फ्रंटपेज 2003 में टेम्प्लेट्स का प्रयोग करके वेब पेज बनाना

फ्रंटपेज 2003 प्रयोग करते हुए तैयार (Readymade) टेम्प्लेट्स देती है। यहाँ लगभग 48 Templeates हैं, मुझे विश्वास है कि इनमें से एक जरुर आपके वेबपेज के स्टाइल को सूट (Suit) करेगा। फ्रंट पेज 2003 में पेज बनाने से पहले आपको वेज बना लेना चाहिए।

वेब टेम्प्लेट ढूंढना

1. टास्कपेन पर से empty वेब पर क्लिक करो।
2. नया डॉयलोग बॉक्स खुलेगा।
3. निम्न में से एक चुन सकते हो।

   One Page Web—यह एक अकेले पेज का वेब है।

   Customer Support web—यह 19 पेज का वेब है जो अपनी कम्पनी को इस योग्य बनाती है, कि अपने एक या ज्यादा प्रोडक्टस् के लिए कस्टमर को सपोर्ट करें।

   Empty Web—इस वेब में कोई पेज नहीं है।

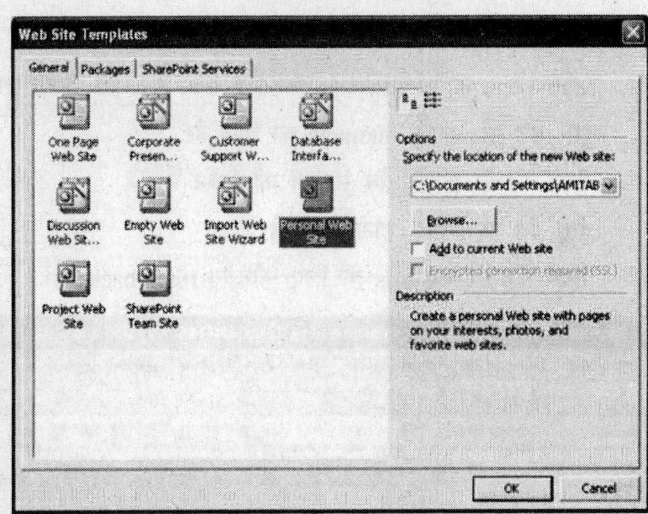

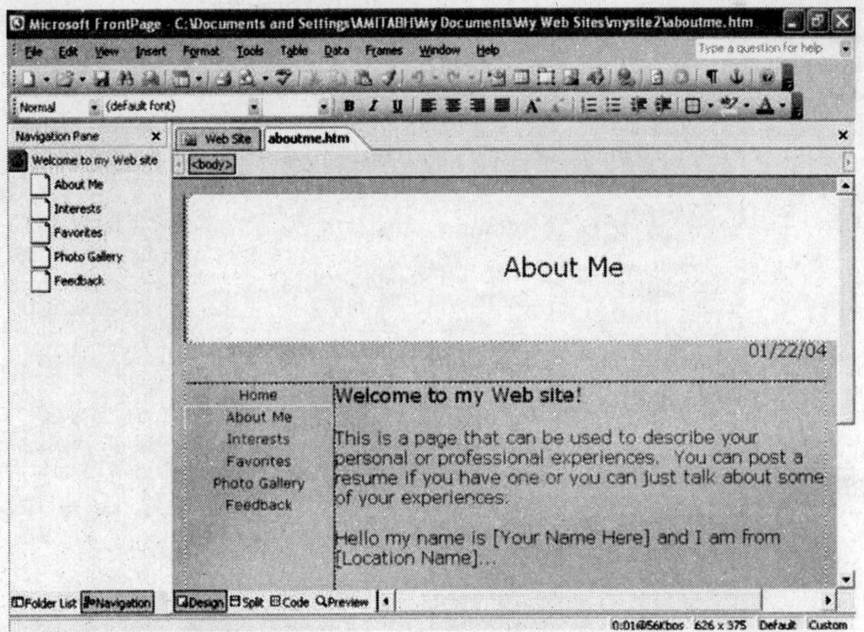

Personal Web—यह पर्सनल इन्फॉरमेशन का वेब है।

Project Web—यह 23 पेज का वेब है जिसमें मेम्बर इन्फॉरमेशन, प्रोजैक्ट स्टेटस, रोड्यूल, ग्रुप (discussions) आदि हैं।

4. तुम्हें अपनी हार्ड-डिस्क को भी बताना होगा कि तुम्हारी वेब पेज की लोकेशन कहाँ है।
5. यहाँ से Personal Web Page को चुनों। OK पर क्लिक करो।
6. पर्सनल वेब पेज तुम्हारे सामने आ जायेगा।
7. जैसा कि दिख रहा है कि इसमें 4 main पेज हैं–

Main page को Home page कहते हैं जिस पर सारी इन्फॉरमेशन होती हैं।

दूसरे पेज पर आपके internets का वर्णन है।

तीसरे पेज पर फेवरेट वेब साइटस् की लिस्ट है।

चौथे पेज पर तुम्हारी फोटो गैलरी है।

पांचवे पेज पर Visitors के लिए फीडबैक (feed back) है।

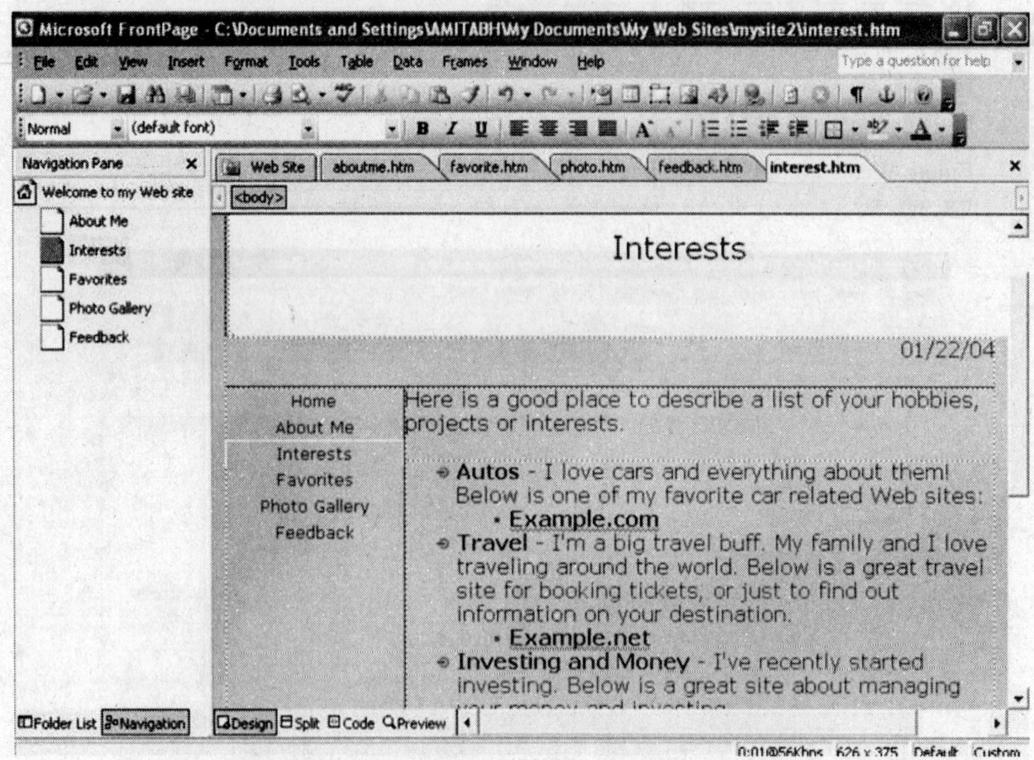

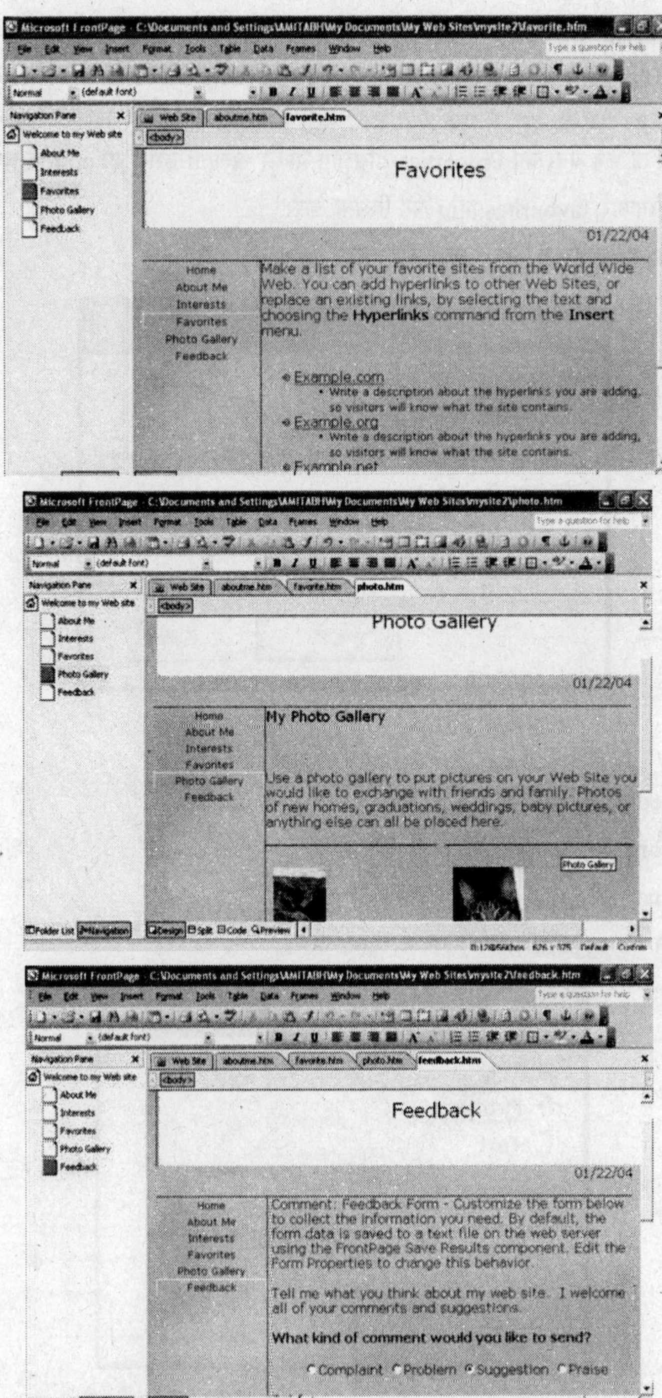
Microsoft FrontPage - C:\Documents and Settings\AMITABH\My Documents\My Web Sites\mysite2\favorite.htm
Navigation Pane
Welcome to my Web site
About Me
Interests
Favorites
Photo Gallery
Feedback
Web Site
aboutme.htm
favorite.htm
Favorites
01/22/04
Home
About Me
Interests
Favorites
Photo Gallery
Feedback
Make a list of your favorite sites from the World Wide Web. You can add hyperlinks to other Web Sites, or replace an existing links, by selecting the text and choosing the Hyperlinks command from the Insert menu.
Example.com
Write a description about the hyperlinks you are adding, so visitors will know what the site contains.
Example.org
Write a description about the hyperlinks you are adding, so visitors will know what the site contains.
Microsoft FrontPage - C:\Documents and Settings\AMITABH\My Documents\My Web Sites\mysite2\photo.htm
photo.htm
Photo Gallery
01/22/04
My Photo Gallery
Use a photo gallery to put pictures on your Web Site you would like to exchange with friends and family. Photos of new homes, graduations, weddings, baby pictures, or anything else can all be placed here.
Photo Gallery
Microsoft FrontPage - C:\Documents and Settings\AMITABH\My Documents\My Web Sites\mysite2\feedback.htm
feedback.htm
Feedback
01/22/04
Comment: Feedback Form - Customize the form below to collect the information you need. By default, the form data is saved to a text file on the web server using the FrontPage Save Results component. Edit the Form Properties to change this behavior.
Tell me what you think about my web site. I welcome all of your comments and suggestions.
What kind of comment would you like to send?
Complaint
Problem
Suggestion
Praise

आप index.htm पर क्लिक करो। इस पेज पर data and time होता है जो text के ठीक बाद आता है। जिस पर लिखा होता है कि "This page is lase updated on", मतलब यह पेज आखिरी बार कब अपडेट हुआ था।

पर्सनल वेब टेम्प्लेट के हर पेज के शुरु में एक बैनर है। जिसमें टेक्स्ट व ग्राफिक्स दोनों हो सकते हैं। इसे बदलने के लिए डबल क्लिक करें तो पेज बैनर का Properties डॉयलोग बॉक्स खुलेगा। उसमें जो option चाहे वह टिक कर दें।

अब Page view में आकार favourites.htm पर क्लिक करें।

इस पेज पर तीन hyperlink हैं। ये तीनों एक अलग सर्च इंजन को खोलते हैं।

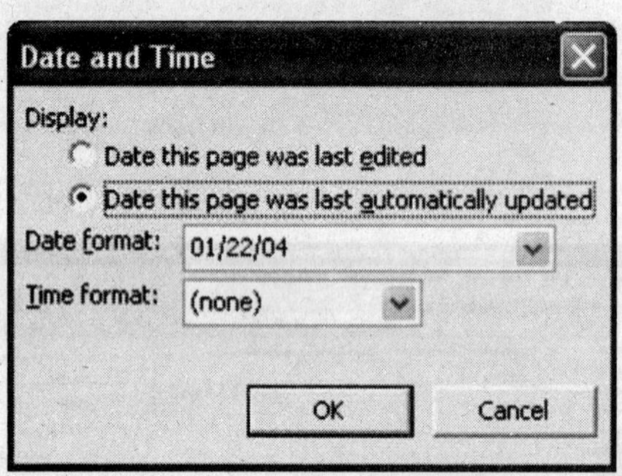

ये इस प्रकार हैं–

Example.com

Example.org

Example.net

यदि तुम चाहो तो तुम इन hyperlinks को बदल सकते हो।

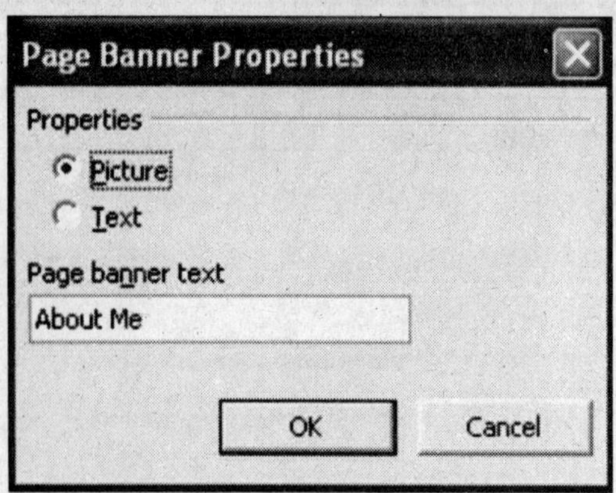

इंटरनेट और ई–मेल
(Internet and E-mail)

परिचय

एडवांस टेक्नॉलोजी और सैटेलाइटस् के प्रयोग ने सारे संसार से डाटा को प्राप्त करना (access) संभव बना दिया है। यह टेलीफोन लाइन और सैटेलाइटस् के द्वारा ही सम्भव हो सकता है। इस कान्सेप्ट का प्रयोग करके ही बड़ी मात्रा में स्कूल, कालिज, खोज, सरकार और व्यवसायिक इन्स्टीटयूटस् (institutes) को एक–दूसरे से जोड़ दिया है ताकि वे इन्फॉरमेशन की एक ग्लोबल हार्ड डिस्क बन सकें।

यहाँ तक कि बहुत सारे नेटवर्कस् का एक नेटवर्क बनाने के लिए बहुत बड़ी संख्या में कम्प्यूटर्स को एक साथ नेटवर्क किया जाता है। यह नेटवर्कस् का नेटवर्क **इंटरनेट** कहलाता है। इंटरनेट की सहायता से संसार भर में 60 मिलियन कम्प्यूटर्स का नेटवर्क सम्भव हो सकता है। जिस पर 1 बिलियन यूजर्स (users) इन्फॉरमेशन को बांटने (share) के लिए संसार भर में कनेक्ट (जुड़े) रहते हैं।

इंटरनेट आपको ना केवल इन्फॉरमेशन बांटने (share) करने के लिए आज्ञा देता है बल्कि आप इंटरनेट पर उपलब्धा बहुत सारे फ्री सॉफ्टवेयर भी डाउनलोड कर सकते हैं। आप इन्हें अपनी हार्डडिस्क पर डाउनलोड करने के बाद में चला सकते हैं।

इंटरनेट, पूरे संसार में, लोगों से बात करने के लिए, मनोरंजन के लिए, धन क ट्रान्सेक्शन (लेन–देन) के लिए, मैसेज देने के लिए, बिजनेस करने आदि के लिए एक बहुत फास्ट प्लेटफार्म है। इंटरनेट पर सभी प्रकार की सवाएँ उपलब्धा हैं जैसे कि Yellow pages, अखबार, टेलीफोन की डायेरक्टरी, वीडियो कान्फ्रन्सिंग, मैसेज बदलना, चैट फोरम, रसोई और भी बहुत सी सेवाएं हैं। ये सब इन्फॉरमेशन दिन में 24 घण्टे उपलब्ध है।

भारत में इंटरनेट

भारत में Educational Research Network (ERNET) के द्वारा (1970) में परिचित कराया गया था। यह United Nations Development Program (UNDP) और Department of Electronics (DOE) भारत सरकार के द्वारा स्थापित किया गया था।

बाद में 15 अगस्त 1995, विदेश संचार निगम लिमिटेड ने (VSNL) पहली प्राइवेट एक्सेस (acess) करने वाली इंटरनेट सेवा लॉन्च की जिसे (GIAS) Gateway Internet Access Service कहा गया। शुरु में यह केवल दिल्ली, मुम्बई, कलकत्ता, मद्रास, बैंगलोर और पुणे में ही उपलब्धा थी लेकिन अब यह देश के सभी मुख्य शहरों में उपलब्धा है।

प्राइवेट सेवा देने वालो ने इंटरसेट का access करना आम जनता के लिए आसान बना दिया है।

इन्हें ISPs (Internet Service Provider) कहते हैं। इनमें से कुछ हैं–सत्यम् ऑनलाइन, भारती टेलीकॉल आदि। और बहुत–सी पाइपलाइन में है, यानि बहुत से लोग इंटरनेट सेवा देने के लिए लाइसेन्स लेने की कतार में खड़े हैं।

दिनोदिन बढ़ने वाली इंटरनेट सेवा की वजह से, इंटरनेट से कनेक्ट होने का मूल्य तेजी से कम होता जा रहा है।

इंटरनेट कौन चलाता है?

जैसा कि पहले भी कहा गया है कि इंटरनेट नेटवर्कस् का नेटवर्क है। वास्तव में इसे कोई नहीं चलाता है। क्या यह आश्चर्यजनक नहीं है? हर नेटवर्क जो इंटरनेट से जुड़ रहा है वह अपने नेटवर्क के लिए खुद जिम्मेदार है। फिर भी 3 मुख्य संस्थाएँ हैं जो इंटरनेट के कार्य प्रणाली को सहयोग करती है और गाइड करती है–

Internet Engineering Task Force (IETF)

यह इंटरनेट को कम्यूनिकेट करने वाले प्रोटोकॉल को विकसित करती है और उन्हें बनाये रखती (Maintian) है। यह वह तरीका है जिससे इन्टरनेट पर कम्प्यूटर्स जुड़े रहते हैं।

Internet Research Task Force (IRTF)

यह long term research problem को देखता है। ये वे समस्यायें हैं जो कभी-कभी इंटरनेटर के लिए क्रीटिकल (जटिल) हो जाती हैं।

Internet Architecture Board (IAB)

यह IETF और IRTF (उपर्युक्त दोनों संस्थायें) को देखता है। और IETF से आये बड़े बदलाव को इंटरनेट पर apply करता है।

इन्टरनेट से काम करता है?

किसी भी नेटवर्क में दिये गये सभी कम्प्यूटर्स और दूसरे उपकरण मुख्यतया एक-दूसरे से केबल्स की सहायता से जुड़े रहते हैं। नेटवर्किंग प्रोटोकॉल्स की सहायता से कोई मैसेज नेटवर्क को पार करके ट्रेवल कम्प्यूटर्स को Adress देने के लिए इन्टरनेट पर प्रोटोकॉल्स का प्रयोग किया जाता है। इस प्रकार से, एक जैसे प्रोटीकॉल का प्रयोग करते हुए विभिन्न प्रकार के नेटवर्कस् एक-दूसरे से कम्यूनिकेट करते हैं। इन्फॉरमेशन की अपनी भाषा में लेने के लिए यह जरुरी है कि उचित सॉफ्टवेयर और हार्डवेयर अपने स्थान पर होने चाहिए।

मुख्य रूप से प्रयोग किये जाने वाले प्रोटोकॉल हैं–

Internet Protocol (IP)

Transmission Control Protocol (TCP)

एक साथ ये दोनों TCP/IP प्रोटोकॉल कहलाते हैं। यह बहुत साधारण सा नाम और पता ऑफर करता है जिसे इन्टरनेट पर स्रोत (resources) आसानी से खोज सकते हैं।

इन्टरनेट, डाटा (Data) ट्रॉन्समिशन के लिए टेलिफोन के द्वारा और दूसरी टेली-कम्यूनिकेशन कम्पनियों के द्वारा तैयार इन्फ्रॉस्ट्रक्चर (infrastructure) पर निर्भर है। ISP (इन्टरनेट की सेवा देने वाले) टेलिफोन नेटवर्क से डाटा सर्किटस् लेते हैं और नेटवर्किंग के उपकरणों पर डाटा डालते हैं जिन्हें routers कहते हैं। जब टेलिफोन लाइन प्रयोग कर रहे होते हैं तब टेलिफोन कम्पनी के महंगे switching कम्प्यूटर्स पर डाटा घूमता है। (by passing)। यह इस तरह भी कहा जा सकता है कि इन्टरनेट पर नेटवर्कस् दूसरे नेटवर्क से कम्पयूनिकेट करने के लिए router (राउटर) का प्रयोग करते हैं। हर कम्पयूटर सिस्टम पर जिस पर direct इन्टरनेट कनेक्शन होता है उन्हें आवश्यक हार्डवेयर और सॉफ्टवेयर रखने पड़ते हैं जिनसे वे इन्फॉरमेशन के इन पैकेट्स के साथ काम कर सके।

जिन कम्पयूटर पर इंटरनेट के सभी contents होते हैं उन्हें server कहते हैं। और ये server उन कम्पनियों और संस्थाओं के द्वारा रखे जाते हैं जो इन्फॉरमेशन को distribute (बाँटना चाहते हैं। बहुत-सी इन्टरनेट सेवाएं एक स्कीम

के अनुसार काम करते हैं जिन्हें Client and Server (क्लाइन्ट और सर्वर) कहते हैं। तुममे से बहुत से लोग जो नेटवर्किंग से परिचित हैं, वे इन शब्दों को जानते होंगे। Server मुख्य कम्प्यूटर होता है, जो बहुत से कम्प्यूटर्स को कंट्रोल करता है जिन्हें क्रमश: Client और nodes कहते हैं। जब इन्फॉरमेशन के लिए इन servers पर request की जाती है, तब ये उस requested इन्फॉरमेशन को छोटे पैकेट में बाँध देते हैं, उस address के साथ जहाँ इसे भेजना है। और ये उस इन्फॉरमेशन को उसके सबसे पास के इन्टरनेट कनेक्शन पर भेज देते हैं। ये पैकेट router के द्वारा पढ़े जाते हैं और उसमें दिये हुए Address पर भेजे जाते हैं। और यदि सब प्रक्रिया इन्टरनेट के अगले (junction) जंक्शन पर होती है, तुम तक, जब तक वह पैकेट सही Address पर नहीं पहुँज जाता, वहाँ पहुँचकर यह पैकेट असली इन्फॉरमेशन में बदल जाता है।

इन्टरनेट के लाभ

बहुत-सी व्यवसायिक कम्पनियाँ इन्टरनेट को उसके maximum limit तक (जहाँ तक इसका use कर सकती हैं वहाँ तक) प्रयोग करती हैं। इन्टरेनेट प्रयोग करने के बहुत से लाभ हैं–

- जटिल डाटाबेस को पहुँच (access) प्रदान करने के लिए इन्टरनेट का प्रयोग होता है जैसे फाइनेशियल और मैनेजमेंट डाटाबेस।
- सामान को खरीदने, बेचने, प्रोमोट करने और सबसे अच्छे प्रयोग के लिए प्रयोग करते हैं जैसे ई–कामर्स।
- वीडियो कान्फ्रेन्सिंग और टेलीकम्यूनिकेशन्स जैसे कम्यूनिकेशन बनाने के लिए
- ई–म्ेल के लिए
- मीडिया ट्रान्समिशन जैसे रेडियो broadcast आदि।

डोमेन के नाम

जैसा कि पहले भी बताया गया है कि, यहाँ कोई नहीं है जो इंटरनेट पर कन्ट्रोल करें। यहाँ आप जरुर आश्चर्यचकित होंगे कि फिर users को नाम आई-D (ID) कौन देता है? इसके लिए Internet engineering task force (IETF) के द्वारा addressing सिस्टम डिजाइन किया गया है। यह एड्रैसिंग स्कीम इंटरनेट पर कम्प्यूटर्स को पहचानने के लिए नाम और नम्बर प्रदान करता है। ये नाम डोमेन कहलाते हैं और ये नम्बर IP address कहलाते हैं। इन्टरनेट पर हर कम्प्यूटर सिस्टम का अपना डोमेन नेम और IP address होता है। इस address में नम्बर के चार set होते हैं जो dots (·) या perioosQ से अलग-अलग (seperate) होते हैं। हर नम्बर कर सेट 1 से 255 तक के नम्बर के बीच में होता है। dots के बीच में जो नम्बर होते हैं उन्हें octet कहते हैं। एक IP address बायें से दाएं (left to right) ओरगेनाइज्ड (organized) किए जाते हैं जहाँ सबसे बाएं वाला octet सबसे बड़े नेटवर्क ऑरगेनाइजेशन को दर्शाता है और सबसे दाएं वाला octet वास्तविक नेटवर्क कनेक्शन को बताता है। host कम्प्यूटर के लिए ये जुड़े हुए नम्बर हमेशा खास होते हैं।

यह स्कीम अच्छी बताई गयी है लेकिन इन नम्बर्स को मैनेज करना कठिन है और इन्हें याद करना लगभग असम्भव है। कम्प्यूटर्स को उनके नाम के द्वारा पहचानना थोड़ा आसान है।

एक छोटा नेटवर्क भी इन्टरनेट बनानता है जिसमें बहुत से कम्प्यूटर होते हैं या इसमें छोटे-छोटे नेटवर्क भी होते हैं जिन्हें डोमेन कहते हैं। ये डोमेन एक प्रकार के ऑरगेनाइजेशन को या एक भौगोलिक दिशा को दर्शाते हैं। छोटे नेटवर्क और कम्प्यूटर डोमेन का पार्ट होते हैं जो कि आगे जाकर sub-domain में स्पिलिट (बट) हो जाते हैं।

उदाहरण के लिए मेरे नेटवर्क कनेक्शन का कोड है–

nda.vsnl.net.in

इस कोड का मतलब है–

nada — यह VSNL के द्वारा दिया हुआ कोड है जो आपके कम्प्यूटर को नाम देता है।

vsnl — VSNl की सेवा देने वाले का ऑरगेनाइजेशन कोड

net — नेटवर्क प्रदान करने वाला

in — देश का कोड, India

नेटवर्क देने वाले के लिए दूसरे विभिन्न options हैं–

com — एक कम्पनी या कमर्शियल ऑरगेनाइजेशन उदाहरण–माइक्रोसॉफ्ट. com

Net — नेटवर्क resources या इन्टरनेट की सेवा देना वाला

उदाहरण — internic.net

Mil — मिलिट्री साइट

उदाहरण — army.mil

Org — ऑरगेनाइजेशन, जैसे NgO 5 आदि।

उदाहरण — osho.org

Gov — गवर्नमेंट ऑरगेनाइजेशन

उदाहरण — pmo.gov

Edu — एजुकेशनल इन्स्टीट्यूड्स, कॉलिज, स्कूल आदि।

उदाहरण — du.edu

देशो के लिए कुछ दूसरे options (और भी हैं)

Au — Australia

Uk — United kingdom

Usa — United State of America

Fr — France

Ca — Canada

यदि मैं अपना नई ई–म्ल यहाँ डालती हूँ तो ई–मेल address होगा–

deep@nda.vsnl.net.in

Source Requrements (जरूरत के उपकरण)

इन्टरनेट एक्सेस (access) करने के लिए, सबसे आवश्यक चीज जो हमें चाहिए वह है कम्प्यूटर। यह सम्भावना भी है कि निकट भविष्य में आप इन्टरनेट अपने cell फोन या TV पर भी access कर सकते हैं। शायद किसी मोबाइल कम्पनी के द्वारा यह सम्भव भी हो पाया है। कम्प्यूटर के अलावा और चीजों की भी आवश्यकता होती है वे हैं–

जरुरतें–

Computer (कम्प्यूटर) इन्टरनेट access करने के लिए कोई भी प्रसिद्ध कम्प्यूटर प्रयोग किया जा सकता है। यदि आप केवल ई-मेल के उद्देश्य से प्रयोग कर रहे हैं तो DC AT-386 भी पर्याप्त हैं लेकिन पेन्टियम कम्प्यूटर 400 MHz की गति वाला प्रयोग करना आइडियल है।

Modem (मोडेम) यह मुख्य उपकरण है जो हमारे सिग्नलस को कम्प्यूटर के सिगनल्स में बदलता है और यह टेलीफोन लाइनों के द्वारा होता है। एक बार डाटा डालने (Transmit) के बाद यह कम्प्यूटर के पढ़ने योग्य सिग्नल्स में बदल देता है। आजकल प्रसिद्ध मोडेम 56 K की गति के होते हैं।

ISP Internet Service Provider आजकल बहुत से प्रोवाइडर उपलब्धा हैं जैसे—VSNL, MTNL, सत्यम् online आदि। अपने लोकल क्षेत्र के ISP को चेक करो, वह काम करना आसान बना देता है। तुम किसी भी इन्टरनेट कनेक्शन के लिए ISP को ring कर सकते हो। क्योंकि तुम्हें सिंगल कॉल के लिए भी चार्ज देना होगा चाहे वह USA की वेबसाइट के लिए ही हो।

Telephone (टेलीफोन) हमेशा यदि सुझाव दिया जायेगा कि इंटरनेट को dedicate करने वाली लाइन अलग से होनी चाहिए। दूसरी कॉल (cells) के लिए अलग से लाइन होनी चाहिए। हाँ, यदि तुम इंटरनेट प्रयोग नहीं कर रहे हो तो यह लाइन फ्री पड़ी रहेगी।

Software (सॉफ्टवेयर) इंटरनेट access करने के लिए और ई-मेल के लिए दर्जन से ज्यादा सॉफ्टवेयर हैं। एक प्रसिद्ध सॉफ्टवेयर outlook express है। तुम इनमें से भी कोई भी सॉफ्टवेयर प्रयोग कर सकते हो।

TCP/IP सॉफ्टवेयर प्रोटोकॉल की डायलिंग के लिए।

Web Browser इन्टरनेट browse करने के लिए।

E-mail सॉफ्टवेयर मेल्स को भेजने और प्राप्त करने के लिए

डॉयल–अप (Dial-up) नेटवर्विफंग को सेट करना

यह तीन चरणों में होती है–

डॉयल-अप नेटवर्किंग सॉफ्टवेयर इन्स्टॉल करके

नेटवर्किंग सॉफ्टवेयर इन्सटॉल करके

नेटवर्किंग सॉफ्टवेयर की सेटिंग करके

हम Dial-up नेटवर्किंग के साथ शुरु करेंगे जहाँ पर तुम ISP कनेक्शन दोंगे। मैं यहाँ मानती हूँ कि तुम्हारे कम्प्यूटर में मोडेम पहले से ही इन्स्टॉल्ड (installed) है।

Dial-up नेटवर्किंग को इन्सटॉल करना

1. Start मेन्यू में जाकर Programs में Accessories में जाकर Dial-up networking पर क्लिक करें।
2. यदि आपके पास इसे nstall djus के लिए CD है तो CD-drive में इसे लगाये। Dial-up कनेक्शन के लिए make new connection आइकन पर क्लिक करो।

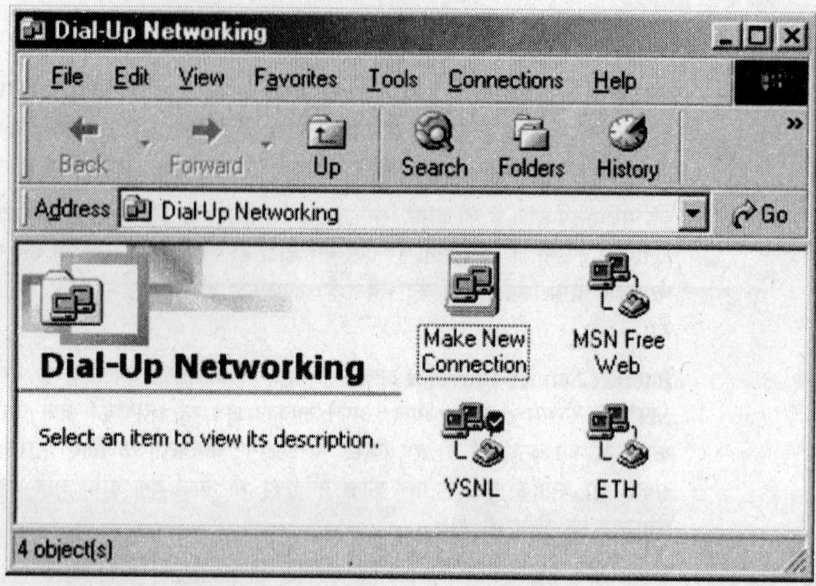

3. विजार्ड के पहले बॉक्स में new connection के लिए नाम टाइप करो। (यह नाम आइकन के साथ आपके कनेक्शन के लिए Dial-up networking पैनल पर दिखायी देगा)।
4. यदि आपके पास एक से ज्यादा मोडेम है तो इस कनेक्शन के लिए जो मोडेम प्रयोग करना है वह चुनें। यदि आवश्यकता हो तो मोडेम को दोबारा से configure भी कर सकते हो।

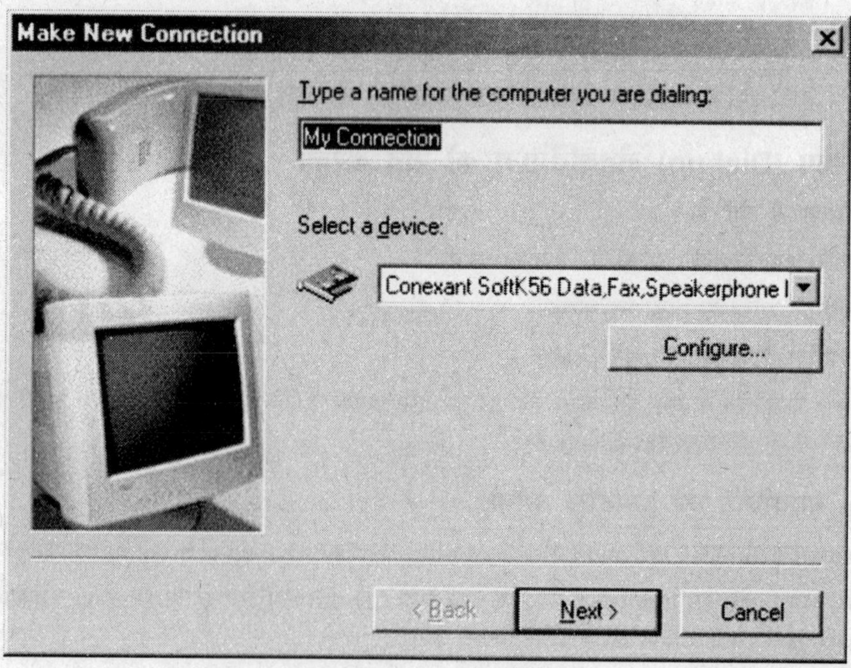

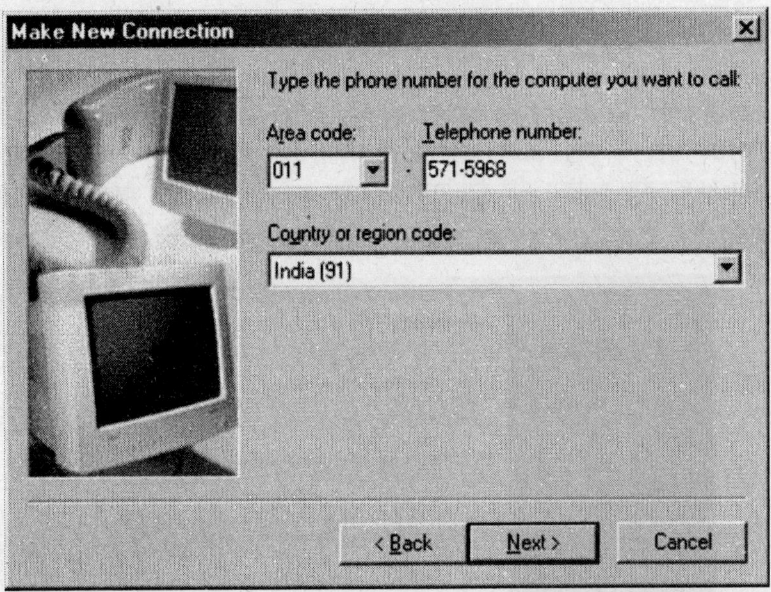

5. Next बटन पर क्लिक करें। दूसरे बॉक्स में area code भरें और जो टेलीफोन इससे कनेक्ट होगा उसका नम्बर दें। Next पर क्लिक करें।
6. अगले बॉक्स में यह दिखाता है कि आपका नया कनेक्शन बनने का काम पूरा हो चुका है।
7. Finish बटन पर क्लिक करो।
8. Dial-up networking के बॉक्स में आपके नये कनेक्शन का ऑइकन आ जायेगा।

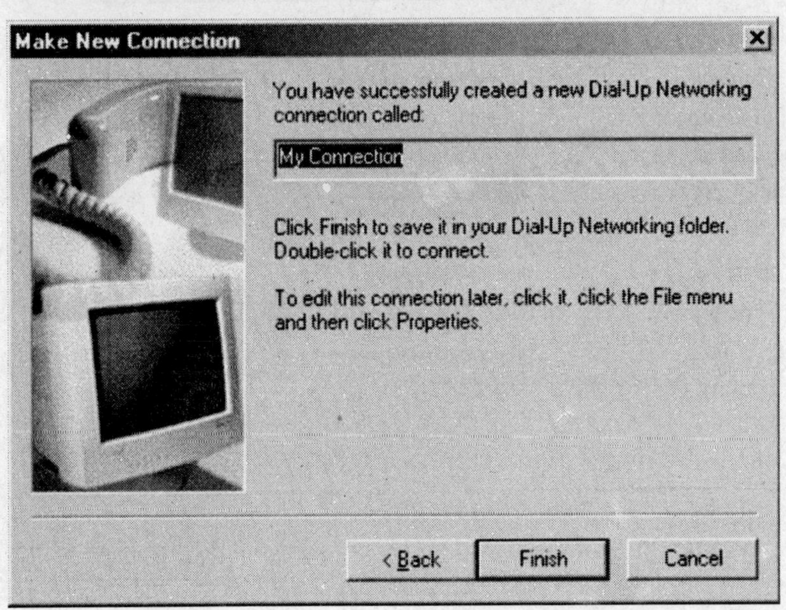

इंटरनेट कनेक्शन विजार्ड को प्रयोग करना

यह विजार्ड start मेन्यू में Accessories में communication में Internet connection wizard के नाम से खोला जा सकता है। इस विजार्ड में 10 स्क्रीन है जो एक के बाद एक आयेंगी और आपसे इन्फॉरमेशन भरने के लिए कहेंगी। एक बार इन्फॉरमेशन भरने के बाद आपका इन्टरनेट कनेक्शन तैयार हो जायेगा। ये बॉक्स अपने आप ही सारी इन्फॉरमेशन Explain कर देंगे। इसलिए कोई इन्फॉरमेशन देने की जरुरत नहीं है। आगे के पेजों पर ये स्क्रीन देखिये।

1. पहले बॉक्स में I want to set up my Internet connection पर क्लिक करो।

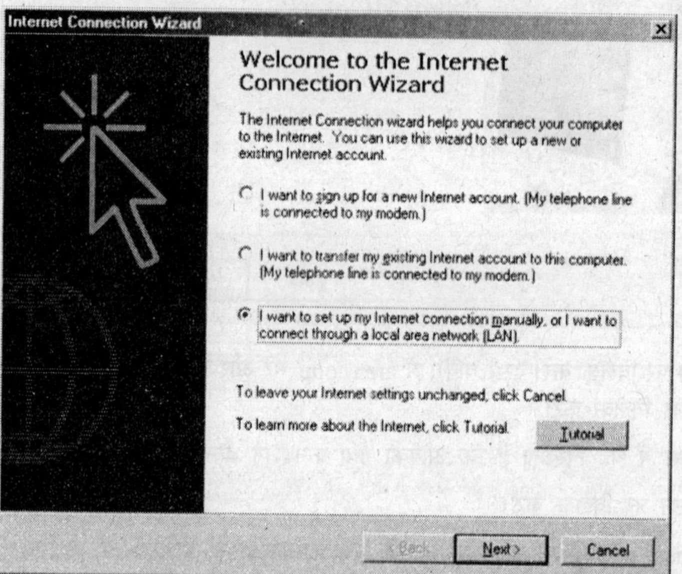

2. दूसरे बॉक्स में In connect through a phone and a modem पर क्लिक करो।

3. तीसरे बॉक्स में Area code, phone no. और country code भरो।

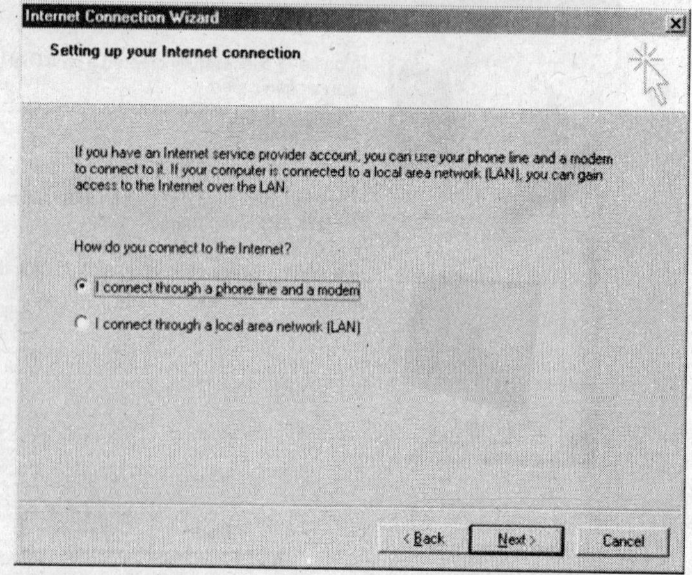

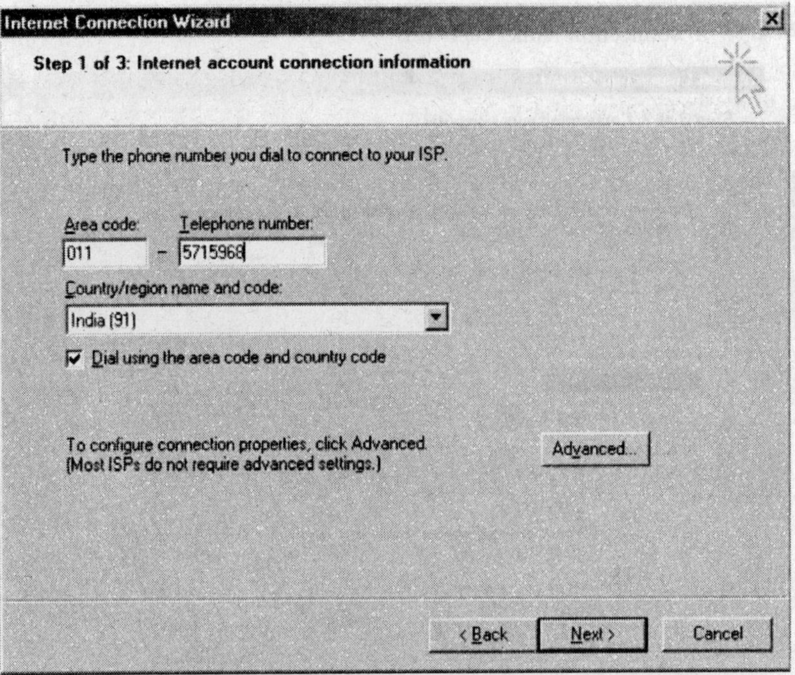

4. चौथे में user name व passward दो, पासवर्ड टाइप करने पर स्टार के चिन्ह दिखाई देंगे, ताकि किसी को पता ना चले कि आपने क्या पासवर्ड टाइप किया है।

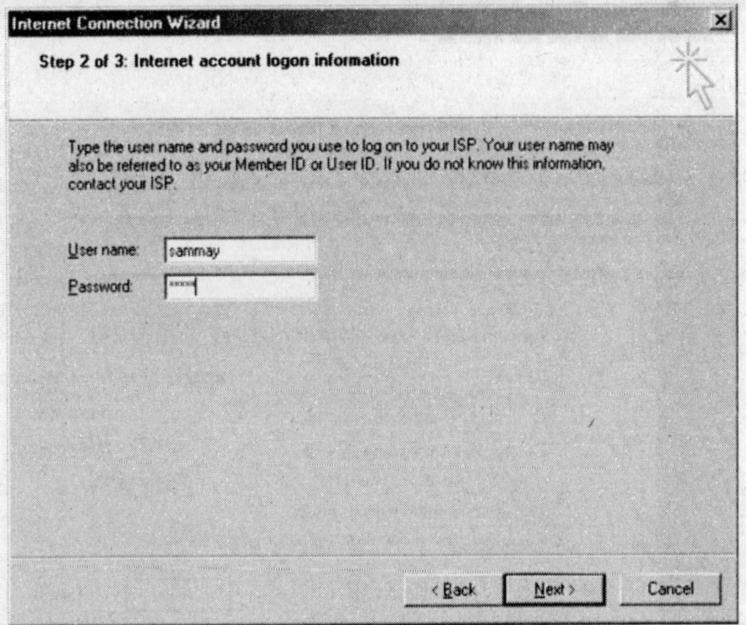

5. पाँचवे बॉक्स में connection name टाइप करो।

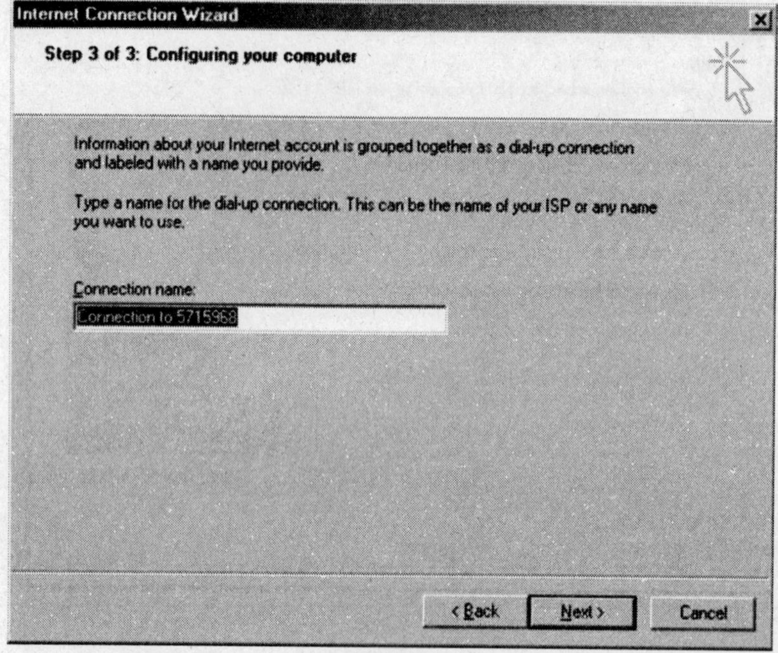

6. छठे में yes पर क्लिक करो।

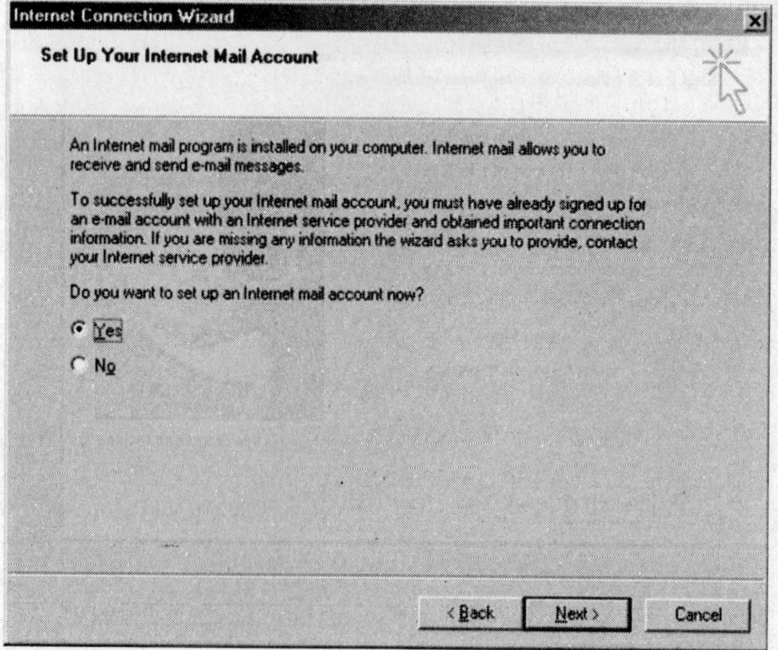

7. सातवें बॉक्स में use an existing Internet mail account पर क्लिक करो।

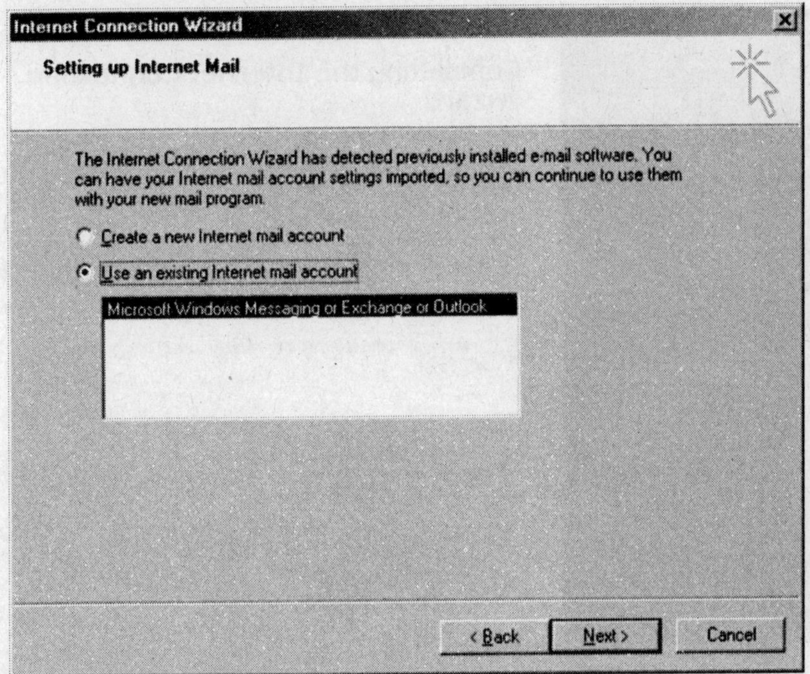

8. आठवें बॉक्स में Accept setting पर क्लिक करो।

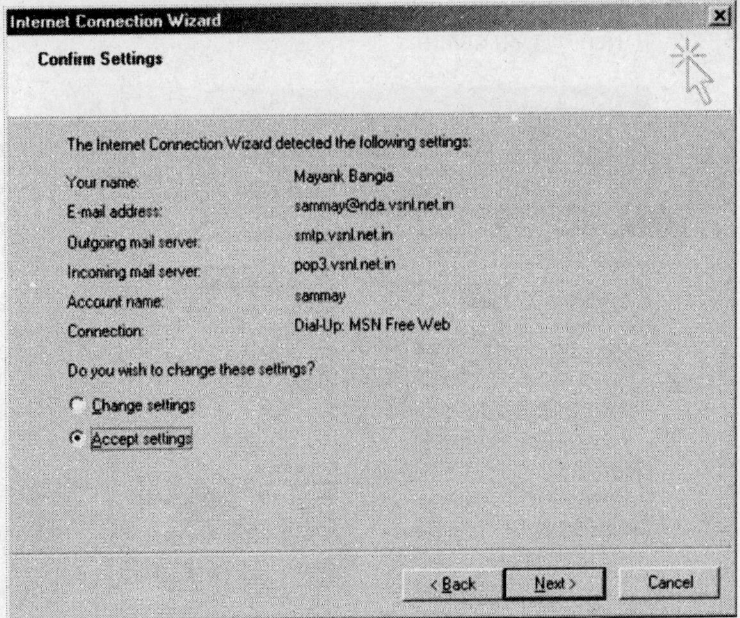

9. नवें बॉक्स में To connect the Internet immediaty... पर क्लिक करके finish पर क्लिक करो।

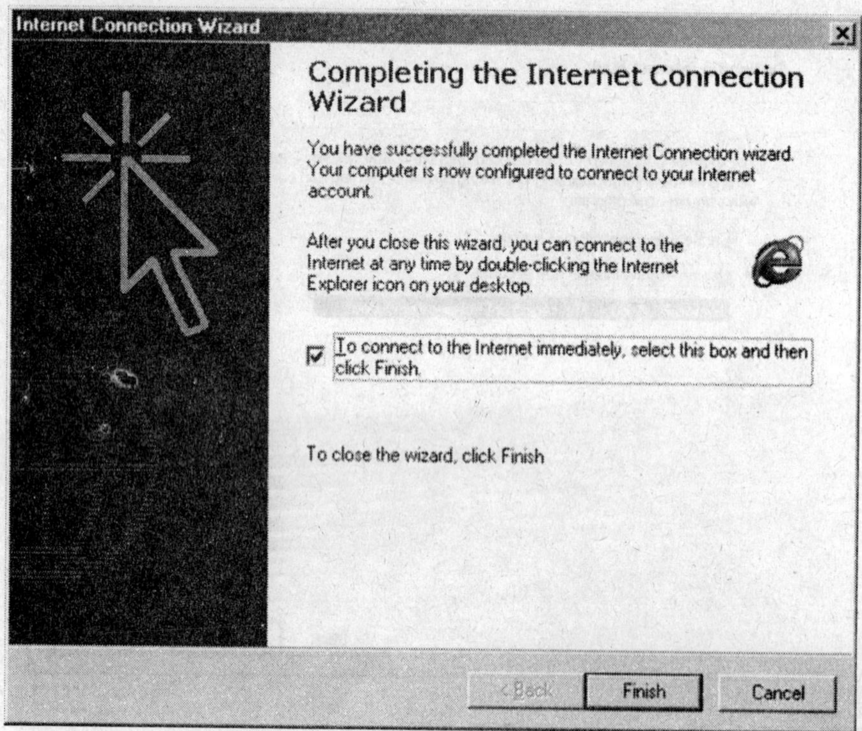

10. दसवीं स्क्रीन पर connect to का बॉक्स होगा। अब connect पर क्लिक करके connection जुड़ेगा और आपके कम्प्यूटर पर Net चालू हो जायेगा।

Dial-up Server की तरह विंडोज 98 की सेटिंग करना

तुम्हारे ऑफिस के कम्प्यूटर पर dial-up server इन्स्टॉल और configure हो जाने पर, तुम इन्टरनेट access कर सकते हो।

यदि तुम्हारा ऑफिस कम्प्यूटर नेटवर्क पर है तो यह नेटवर्क के लिए गेटवे (gate way) का काम कर सकता है।

इन चरणों के द्वारा तुम अपने कम्प्यूटर को Dial-up server की तरह set कर सकते हो।

1. My computer आइकन पर क्लिक करो।
2. Dial-up networking फोल्डर पर क्लिक करो।

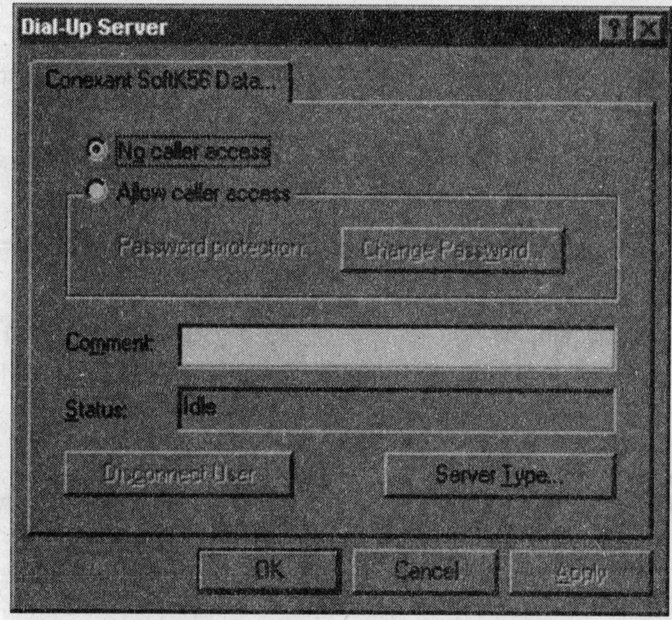

3. डॉयलोग बॉक्स से connections मेन्यू पर क्लिक करो।
4. इस मेन्यू से Dial-up server option पर क्लिक करो।

विंडोज 98 पर आधारित कम्प्यूअर पूरी तरह configure हो जाने के बाद, तुम दूसरे users को इसे access करने की आज्ञा दे सकते हो, बिल्कुल वैसे ही जैसे तुम दूसरे का कम्प्यूटर access करते हो। तुम अपने PC से files और प्रिन्टर share करने के लिए कह सकते हो। यदि आपका PC विंडोज पर आधारित नेटवर्क से connected है तो दूसरे users भी dial-up से तुम्हारा PC access कर सकते हैं और नेटवर्क के लिए इसे gate way की तरह प्रयोग कर सकते हैं।

इलेक्ट्रॉनिक मेल

इन्टरनेट का सबसे बड़ा लाभ ई–मेल है। यह विभिन्न users के बीच में जो कम्यूनिकेशन गैप है, उसके लिए यह ब्रिज (पुल) की तरह काम करता है। ई–मेल की सहायता से आप किसी मैसेज को, संसार में कहीं भी कुछ ही सेकेंडस् में

भेज सकते हैं। और वह भी केवल सिंगल कॉल के कीमत पर। केवल बोलिए या लिखिए, ई-मेल इलैक्ट्रॉनिकली मैसेज को भेज सकता है और प्राप्त कर सकता है।

जब आप ई-मेल भेजते हैं तो मैसेज नेटवर्क पर एक कम्प्यूटर से दूसरे कम्प्यूटर पर भेजा जाता है, जब तक यह अपनी निश्चित जगह पर ना पहुँच जाये। यह मैसे Recipient (जिसे भेजा जाता है) के कम्प्यूटर सिस्टम के मेल बॉक्स में चला जाता है, यह एक फाइल होती user के आए हुए मैसेजेस् को स्टोर करती है। ये मैसेज इस मेल बॉक्स में तब तक पड़े रहते हैं जब तक कि recipient इसे पढ़ ना ले या अपनी-डिस्क में save ना कर ले या फिर इसे delete ना कर दें।

ई-मेल के विभिन्न लाभ हैं, उनमें से कुछ यहाँ पर हैं–

ई-मेल के लाभ

संसार में ई-मेल पहला option है जिसे टेलीफोन, फैक्स और दूसरे टाइप के कम्यूनिकेशन के ऊपर जी (take over) पाई है।

1. ई-मेल कीमत को प्रभावित करती है। क्योंकि एक सिंगल कॉल की कीमत पर तुम एक बहुत लम्बा पत्र भी कितनी ही दूरी पर भेज सकते हो।
2. जैसा कि बताया भी है कि यह साधारण मेल को पीछे छोड़ते हुए कुछ ही सेकेण्डस् में संसार में कहीं पर भी पहुँच सकती है।
3. टेलिफान और फैक्स की तरह, यह यूजर की लाइन के फ्री होने का इन्तजार नहीं करती। यह तो यूजर के मेल-बॉक्स में पहुँच जाती है और वह अपनी सुविधा के अनुसार कभी भी इसको खोल सकता है।
4. बहुत से ई-मेल प्रोग्राम एक मैसेज को एक से ज्यादा पार्टी को भेजने का option भी देते हैं ताकि समय व धन दोनों की बचत हो सके।
5. मैसेज आपके कम्प्यूटर में ही पड़ा रहता है आप जब चाहे इन्टरनेट access करके इसे देख सकते हैं और इसका उत्तर दे सकते हैं।

ई-मेल की टर्मस् (E-mail Terms)

यदि आप ई-मेल प्रयोग करना चाह रहे हैं तो कुछ टर्मस् हैं जिनका ज्ञान आपको होना चाहिए। ये एकदम साधारण टर्मस् हैं जो सभी जगह प्रयोग की जाती हैं।

Attachments ये वे फाइलें होती हैं जो ई-मेल के साथ जोड़ कर (attach) करके भेजी जाती हैं। यह प्रक्रिया डाटा को व प्रोग्रामों को बांटने (share) का आसान तरीका है।

BCC Blind Carbon Copy यह CC (Carbon copy) से काफी मैच करती है इसे recipients (भेजने वालो की) लिस्ट नहीं पता चलती है।

Body जो मैसेज का मुख्य भाग होता है।

Cc यह receipients की लिस्ट होती है जिन्हें यह मैसेज भेजा जाता है। इनके बीच में कोमा (,) लगाकर मैसेज को भेजा जाता है।

From भेजने वाले का पता आता है।

Signature	यह एक या ज्यादा लाइनों का टेक्स्ट होता है। ज्यादातार इसमें भेजने वाले का पूरा नाम व पता होता है या कोई इन्फॉरमेशन जो वह भेजना चाहता है।
Subject	किस विषय पर मैसेज आधारित है। यह लिखा जाता है।
To	receipient (जिसे भेज रहे हैं) उसका पता।

ई-मेल की कुछ छोटी टर्म (Abbreviations)

मान लीजिए कि आप अपना ई–रेुल का मैटर टाइप कर रहे हैं। यूजर्स टाइपिंग से बचने के लिए कुछ short cuts (छोटे फॉरमेट में) टाइप करते करते हैं। आपको बता दें, कि ये शब्द स्टैण्डर्ड के शब्द नहीं हैं और ना ही डिक्शनरी में आते हैं, लेकिन फिर भी ये ई–म्ेल, मैसेजस् में बहुत प्रसिद्ध हैं। जैसे–

BTH	—	by he way
FAQ	—	frequently asked questions
FOAF	—	friend of a friend
FWIW	—	For what it is worth
FYI	—	for your information
IMHO	—	in my humble opinion
IMO	—	in my opinion
IOW	—	in other worosQ
LR	—	Later
LOL	—	Laughing out loud
MOTAS	—	member of the appropriate sex
MOTOS	—	member of opposite sex
ROFTL	—	rolling on the floor laughing
SO	—	Significant other
U	—	You
WRT	—	with respect to

ई-मेल के पते (Address)

जब ISP (इंटरनेट सेवा देने वाले) से तुम्हारा कनेक्शन होगा तो तुम्हें इससे सम्बन्धित ई-मेल के address दिये जायेंगे। ऐसा नहीं है कि तुम्हें सिर्फ यही कोड प्रयोग करने हैं। तुम दूसरी web sites का प्रयोग करके अपना ई-मेल एकाउन्ट बना सकते हो, जो तुम्हें फ्री में अपना एकाउन्ट बनाने के लिए allow करते हैं।

कुछ प्रसिद्ध साइट्स हैं जिसमें अपना ई–मेल एकाउन्ट फ्री में बना सकते हो–

Yahoo http://www.mail.yaho.com

Hotmail	http://www.hotmail.com
Rediff	http://www.rediff.com
Mailcity	http://www.mailcity.com

यहाँ तो सिर्फ मुख्य साइट्स बताई गई हैं जबकि यहाँ बहुत सारी वेबसाइटस् हैं जिनमें तुम अपना ई-मेल एकाउन्ट बना सकते हो।

ई-मेल एकाउन्ट को खोलना

जैसा कि पहले बताया गया है कि विभिन्न साइटस् को खोलकर फ्री ई-म्ल एकाउन्ट बनाया जा सकता है। यहाँ कोई एकाउन्ट खोलने में बन्धान नहीं है। जैसे मेरी नजर में एक व्यक्ति हैं जिसके लगभग 8 से ज्यादा ई-मेल एड्रेस (address) हैं। लेकिन, एक स्टेज के बाद, इन एकाउन्टस् को याद रखना मुश्किल हो जाता है। तुम ऊपर लिखिी किसी भी साइट में अपना एकाउन्ट बना सकते हो।

ई-मेल की हानियाँ

ऐसा नहीं है कि ई-मेल के सिर्फ लाभ ही है। इसकी कुछ हानियाँ भी हैं–

1. कुछ पता नहीं है कि तुम्हारे ई-मेल एकाउन्ट को कितनी सुरक्षा दी गई है। यह भी सम्भव है कि कोई बहुत से पासवर्ड के combination से तुम्हारा एकाउन्ट access कर ले। जब तुम काम कर रहे हो, उस समय कोई तुम्हारा पासवर्ड देख ले। इसलिए जिन लोगों का बहुत ज्यादा confidential (गोपनीय) मैटर होता है, वे इसे ई-मेल से नहीं भेजते।
2. मान लीजिए, ई'मेल का तुम्हारा मैटर बहुत बड़ा है और, यदि आपको टाइपिंग नहीं आती है, तो एक-एक अक्षर देखकर टाइप करने में बहुत ज्यादा समय लग जायेगा।
3. यह भी सत्य है कि ई-म्ल एक आदत बन जाती है। एक बार यदि आपको आ गया, तो तुम किसी को पत्र लिखने के लिए कभी भी पेन नहीं उठाओगे।
4. यदि कोई आपको अपना ई-मेल address ना बतायें, तो उसे खोलना बहुत मुश्किल होगा। इसका कोई रास्ता नहीं है कि आप जिसका नाम जानते हो, उसका ई-मेल address पता कर सको।

ई-मेल का प्रबन्धन (E-mail organization)

ई-मेल के मैसेजस् हार्ड डिस्क में निम्नलिखित फाइल/फोल्डर में प्रबन्धित होते हैं।

Inbox	—	सभी आये हुए मैसेजेस् के लिए
Outbox	—	सभी भेजे हुए मैसेज के लिए
Sent items	—	सभी मैसेजज् जो पहले ही भेजे हैं।
Deleted items	—	डिलीट का मार्क लिए हुए मैसेजेज्
Drafts	—	वे मैसेज जो पूरा होने के लिए पड़े हैं। (Pending message)

मैसेज इन फोल्डर्स में तक तक होते हैं, जब तक इन्हें दूसरे फोल्डर में move ना कर दिया जाये या डीलिट कर ना दिया जाय। अपने ई-म्ल को अच्छे से arrange करने के लिए, तुम अपने नये फोल्डर भी बना सकते हो। वे किसी

विषय पर आधारित या किसी क्राइटीरिया (criteria) पर भी आधारित हो सकते हैं। जैसे आप अपनी ऑफिस की सभी फाइल्स को अलग-अलग विभाग में रखते हैं।

मैसेजेस् वेफ साथ काम करना

यह पूरी तरह आप पर निर्भर करता है कि सारे मैसेज स्वतः ही एकत्रित होते रहें या फिर आप उन्हें अलग-अलग फोल्डर में Manage करते हैं। जैसे ही कोई नया मैसेज आपके Inbox में आया, आपने उसे खोला, पढ़कर उसे या तो delete कर दिया या फिर उसे move कर दिया या फिर उसे नये बने फोल्डर में arrange कर दिया।

मैसेज को प्राप्त करना (Reveive करना)

तुम outlook express को, कुछ समयान्तराल पर मैसेजस् स्वतः ही check करता रहे, इस पर set कर सकते हो या फिर जब आप चाहे तब मैसेज चेक करें, इस पर set कर सकते हो।

1. स्टैण्डर्ड टूल बार से send/receive बटन पर क्लिक करो। Inbox विंडों में या outlook today की विंडों में जैसा कि चित्र में दिखाया गया है।
2. जिस टाइप का कनेक्शन आप चाहते हैं उसी टाइप का इंटरनेट कनेक्शन बन जायेगा। इसकी प्रगति स्क्रीन पर सबसे नीचे दायें कॉर्नर पर (डॉयलोग बॉक्स में) दिख जायेगी।
3. जब मैसेज आयेगा, Outlook आपसे पूछेगा कि क्या आप मैसेज पढ़ना शुरु करना चाहते हैं यदि हाँ, तो माइक्रोसॉफ्ट आउटलुट डॉयलोग बॉक्स में Yes पर क्लिक करें। यदि बाद में पढ़ना चाहते हैं तो No पर क्लिक करें।
4. आये हुए मैसे के लिए outlook फोल्डर में मैसेज भेजता है।

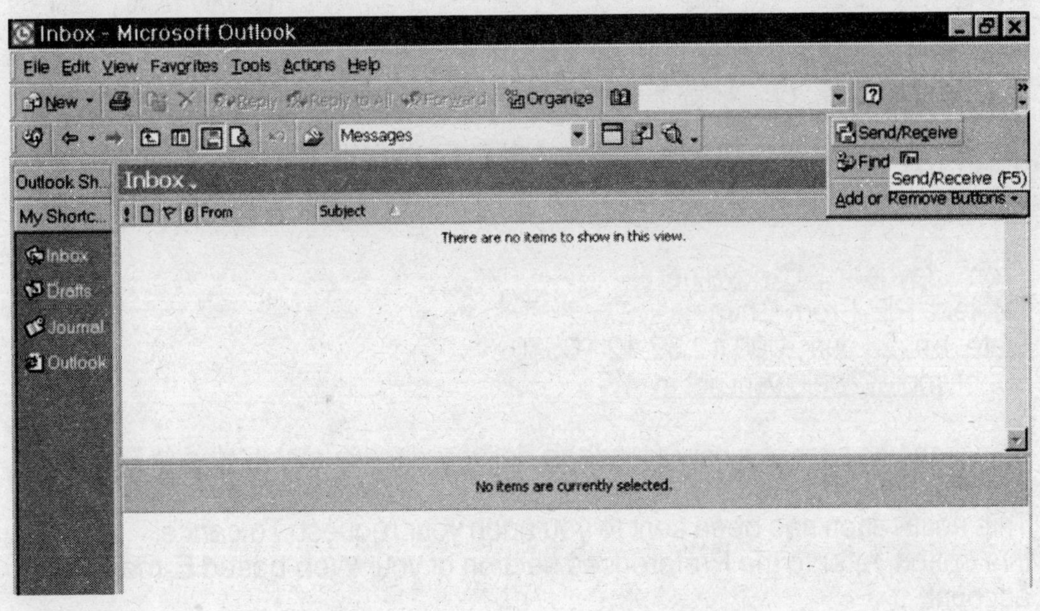

मैसेज पढ़ना

एक बार मैसेज जब Inbox में आ जाता है। तब यह आपके लिए हो जाता है। अन्त के कुछ मैसे नये होते हैं। नया जो मैसेज आता है वह अन्त में जुड़ जाता है। मेल बॉक्स में विभिन्न प्रकार के मैसेज होते हैं।

मैसेज के साथ Inbox में विभिन्न चिन्ह (Symbols) भी होते हैं। वे चिन्ह निम्नलिखित के लिए होते हैं–

Unread message (बिना पढ़ा हुआ मैसेज)

High importance message (अधिक महत्त्वपूर्ण मैसेज)

low importance message (कम महत्वपूर्ण मैसेज)

Message that has been read (मैसेज जो पढ़ा जा चुका है)

Message with attachment (मैसेज के साथ कुछ कागज भी जुड़ा हुआ है)

Message that has been forwarded (मैसेज जो आगे भेजा जा चुका है)

Message that has been replied to (मैसेज जिसका उत्तर देना है)

Meating for which response is requested (मीटिंग जिसके response (उत्तरदायित्व) को स्वीकार किया गया है।

इन सभी के साथ चिन्‍ (symbol) जुड़े हुए हैं। इसलिए एक बार जब तुम नियमित रूप से outlook को प्रयोग करना शुरु कर दोगे, तब आप चिन्ह के साथ आये हुए मैसेज के प्रकार को आसानी से समझ जाओगे।

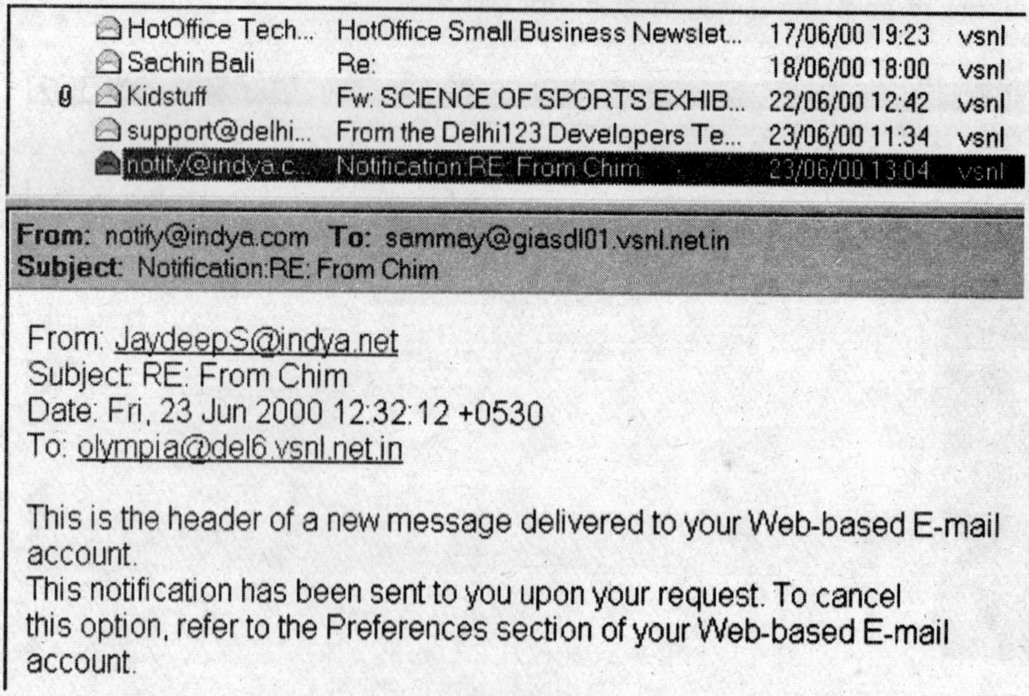

	HotOffice Tech...	HotOffice Small Business Newslet...	17/06/00 19:23	vsnl
	Sachin Bali	Re:	18/06/00 18:00	vsnl
0	Kidstuff	Fw: SCIENCE OF SPORTS EXHIB...	22/06/00 12:42	vsnl
	support@delhi...	From the Delhi123 Developers Te...	23/06/00 11:34	vsnl
	notify@indya.c...	Notification:RE: From Chim	23/06/00 13:04	vsnl

From: notify@indya.com **To:** sammay@giasdl01.vsnl.net.in
Subject: Notification:RE: From Chim

From: JaydeepS@indya.net
Subject: RE: From Chim
Date: Fri, 23 Jun 2000 12:32:12 +0530
To: olympia@del6.vsnl.net.in

This is the header of a new message delivered to your Web-based E-mail account.
This notification has been sent to you upon your request. To cancel this option, refer to the Preferences section of your Web-based E-mail account.

मैसेज को पढ़ना

1. Inbox की लिस्ट में मैसेज को डबल क्लिक करो।

   या

   मैसेज को सेलेक्ट (चयनित) करो और Ctrl + 0 दबाओ।

   या

   फाइल मेन्यू से मैसेज को सेलेक्ट करके खोलो (open करो)

हर मैसेज एक अलग विंडो में खुलता है।

मैसेज का उत्तर देना

यदि आप चाहे तो किसी मैसेज का उत्तर दें, यदि नहीं चाहते तो नहीं दें, ignoe कर दें।

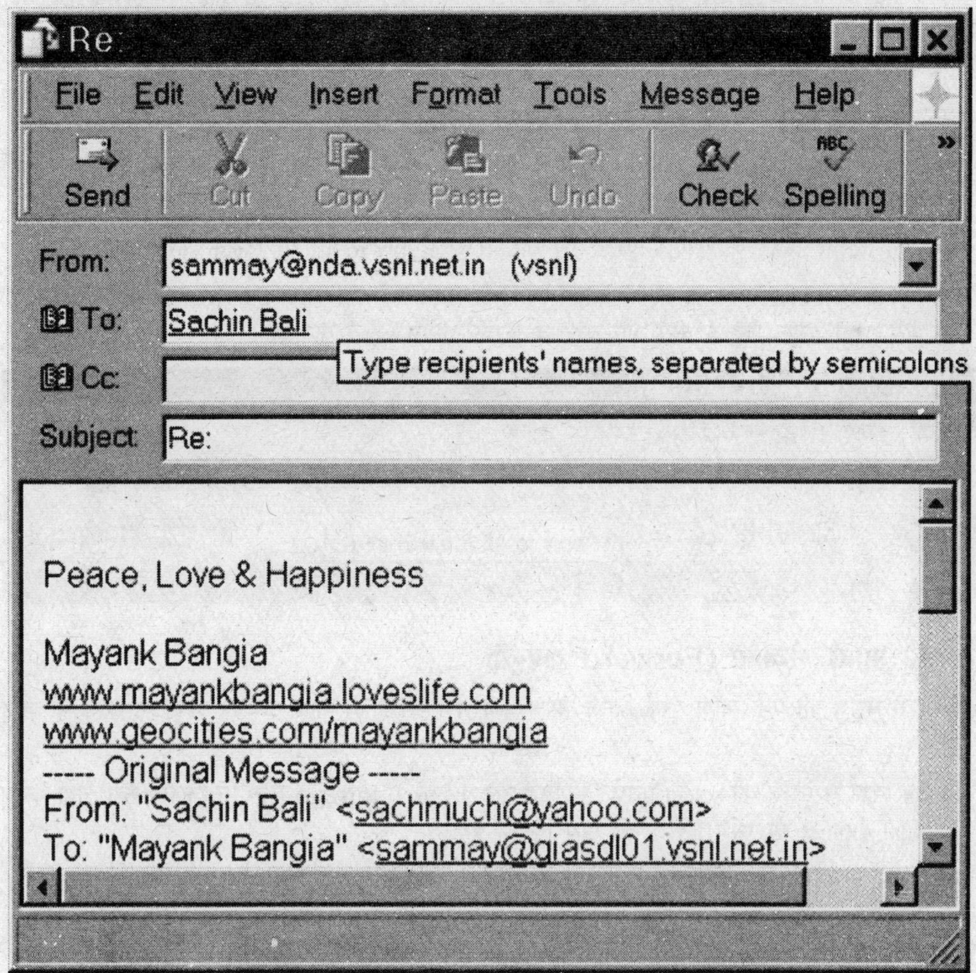

1. प्इवग विंडों में मैसेज को सेलेक्ट करके या मैसेज को खोलकर स्टैण्डर्ड टूल बार से Reply बटन पर क्लिक करें। Reply बॉक्स में जिसे भेजना है उसका address To बॉक्स में आ जायेगा और subject बॉक्स में RE : (Reply) लिखा होगा इसके आगे Subject (विषय जिस पर mail लिखी है) लिखें।
2. टेक्स्ट बॉक्स में अपना उत्तर टाइप करें। Original मैसेज के ऊपर उत्तर (Reply) दिखाई देगा।
3. स्टैण्डर्ड टूल बार पर से Send पर क्लिक करें।
4. यदि एक से ज्यादा को Reply भेजना है तो To के बॉक्स में semicolon(;) से अलग करके नाम टाइप करें।

बाद में पूरा करने के लिए Reply को Save करें

यदि आप कोई बड़ा मैसेज टाइप करना चाहते हैं और समय की कमी है। तो थोड़ा-सा मैसेज आज टाइप करके Save कर दें, शेष बाद में टाइप करें।

1. स्टैण्डर्ड टूलब बार से Save पर क्लिक करें।

   या

   फाइल मेन्यू से, Save को चुनें।
2. विंडों बन्द कर दें।

   Outlook आपके Reply को Drafts फोल्डर में सेव (Save) कर देगा। आप मैसेज पूरा करने के लिए Draft फोल्डर से खोल सकते हैं।
3. सभी को Reply करने के लिए स्टैण्डर्ड टूल बार पर से Reply to all पर क्लिक करें।
4. एक बार मैसेज Send करने पर वह Outlook में wait करता है। यदि आप कुछ बदलाव करना चाहते हैं तो बस मैसेज को डबल क्लिक करो और बदलाव करके दोबारा send कर दें।

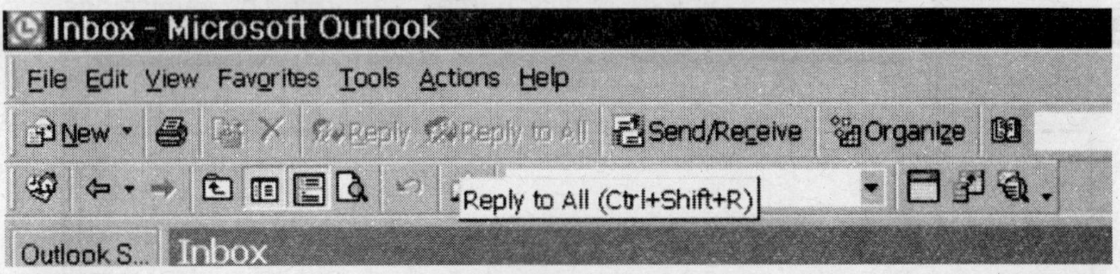

मैसेज को आगे भेजना (Forward करना)

इस option से मैसेज की एक कॉपी दूसरे किसी व्यक्ति को भेज सकते हैं। साथ में आप अपने कमेन्टस् भी जोड़ सकते हैं।

1. Inbox विंडों से मैसेज को select करके, स्टैण्डर्ड टूल बार पर से forward बटन पर क्लिक करो। नया मैसेज original subject के साथ FW : के साथ दिखाई देगा।
2. ज्व बॉक्स में जिसे भेजना है (Receipient) का ई-मेल address टाइप करें।
3. मैसेज के ऊपर वाली जगह पर अपने कमेन्टस् टाइप करें।

4. मेसेज को outlook फोल्डर में move करने के लिए स्टैण्डर्ड टूल बार पर से send पर क्लिक करो।
5. यदि मैसेज के साथ फाइल भी जुड़ी हुई है (attached) है तो फाइल्स भी फॉरवर्ड हो जायेंगी।

मैसेज को डीलिट करना

यदि किसी मैसेज की जरुरत नहीं है तो आप उसे डिलीट कर सकते हैं–

1. मैसेज विंडों में से डिलीट बटन पर क्लिक करो।

   या

   Ctrl + D दबाओ।

   मैसेज Delted items के फोल्डर में move हो जायेगा।

जब आप outlook से बाहर आओगे तो एक मैसेज बॉक्स दिखाई देगा और वह आपसे पूछेगा कि deleted items के फोल्डर को खाली करना है क्या?

मैसेज में कोई टेक्स्ट फाइन्ड (खोजना) करना

1. टूल्स मेन्यू से find पर क्लिक करो।
2. Find items के बॉक्स में, वह शब्द या उन शब्दों को टाइप करो, जिन्हें खोजना है।
3. Search all text पर क्लिक करो।
4. Find now पर क्लिक करो।

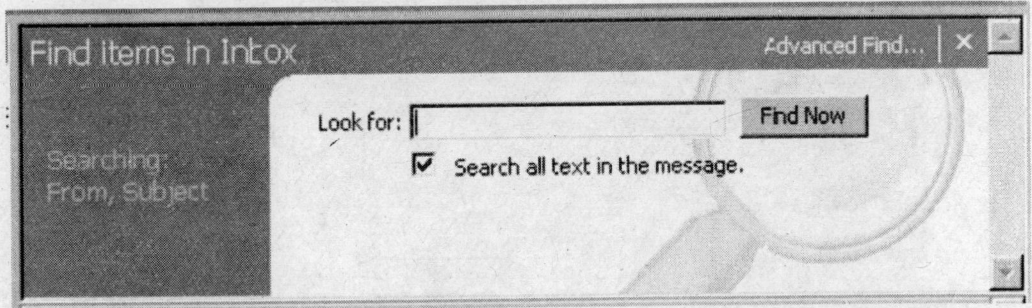

मैसेज बन्द करना (Close करना)

1. Esc दबाओ।

   या

   मैसेज विंडों में close पर क्लिक करो।

   या

   फाइल मेन्यू से close पर क्लिक करो।

2. अगला या पहला मैसेज पढ़ने के लिए स्टैण्डर्ड टूल बार पर से Next/previous बटन पर क्लिक करें।

मैसेज की प्रिन्टिंग

यदि आप कोई मैसेज प्रिन्ट करना चाहते हैं तो यह कोई आवश्यक नहीं है कि वह मैसेज खुला होना चाहिए। प्रिन्टिंग के समय आप उसका स्टाइल भी बदल सकते हो।

1. मैसेज को सेलेक्ट करके फाइल मेन्यू से प्रिन्ट को चुनें।

   या

   Ctrl + P को दबायें।

2. प्रिन्ट डॉयलोग बॉक्स से, जो स्टाइल व option आप चाहते हैं वह चुनें।

3. प्रिन्टिंग के लिए OK पर क्लिक करें।

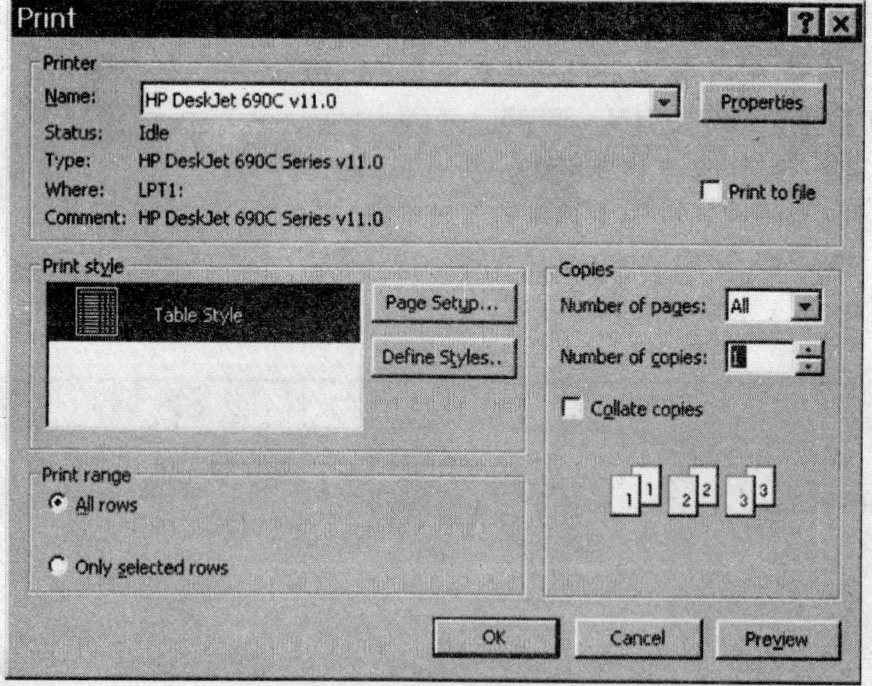

4. स्टैण्डर्ड टूल बार पर से भी प्रिन्ट का बटन क्लिक कर सकते हैं।
5. नया स्टाइल बनाने के लिए, प्रिन्ट डॉयलोग बॉक्स से Define styles पर क्लिक करें। फिर पहले वाले स्टाइल पर कॉपी व एडिट करें।

पफोल्डर्स की लिस्ट देखना

Outlook में बहुत से फोल्डर्स installed रहते हैं और तुम इन फोल्डर्स को जोड़ (add) कर सकते हो, मैसेजेस् को स्टोर करने के लिए और ठीक से संगठीत करने के लिए। Inbox (आने वाले मैसेज), Outbox (भेजे जाने वाले मैसेज), Sent items (जो मैसेज पहले ही जा चुके हैं) और drafts (मैसेज को स्टोर करने के लिए) आदि फोल्डर स्वत: ही बने होते हैं।

1. विंडों टाइटल के दाहिनी तरफ नीचे जाने वाला arrow (down arrow) क्लिक करो।
2. Push-in आइकन पर क्लिक करो, यदि आप फोल्डर की लिस्ट खोलना चाहते हैं।
3. किसी फोल्डर के contents को देखने के लिए दाहिने पेन (right pane) में क्लिक करो।
4. यदि फोल्डर की लिस्ट खुली है तो ऊपर दाहिने कॉर्नर पर लिस्ट को बन्द करने के लिए close बटन होगा।
5. तुम ऊपर फोल्डर्स की दो स्क्रीन देख सकते हो। तुम एक स्क्रीन में सभी फोल्डर्स को फिट नहीं कर सकते।

मेल पफॉरमेट Options

मेल फॉरमेट options के द्वारा आउटगोईंग (बाहर जाने वाले) मैसेज को सुन्दर रूप दे सकते हो।

मेल फॉरमेट Options की सेटिंग करना

1. Tools मेन्यू से options को चुनें।
2. डॉयलोग बॉक्स में मेल फॉरमेट पैनल पर जायें
3. Send in this format में से एक फॉरमेट चुनें।

   HTML फॉरमेट को चुनें। जो Text की फॉरमेटिंग allow करती है। सबसे अधिक प्रसिद्ध मेल प्रोग्राम भी HTML ई-मेल मैसेज दिखाते हैं।
4. Use Microsoft word को Tick करें, यदि आप word के सारे गुण लेना चाहते हैं तो जैसे कि स्पेलिंग, जीमेंनतनेए आदि जब आप ई-मेल मैसेज तैयार कर रहे हों तब।
5. OK पर क्लिक करो।

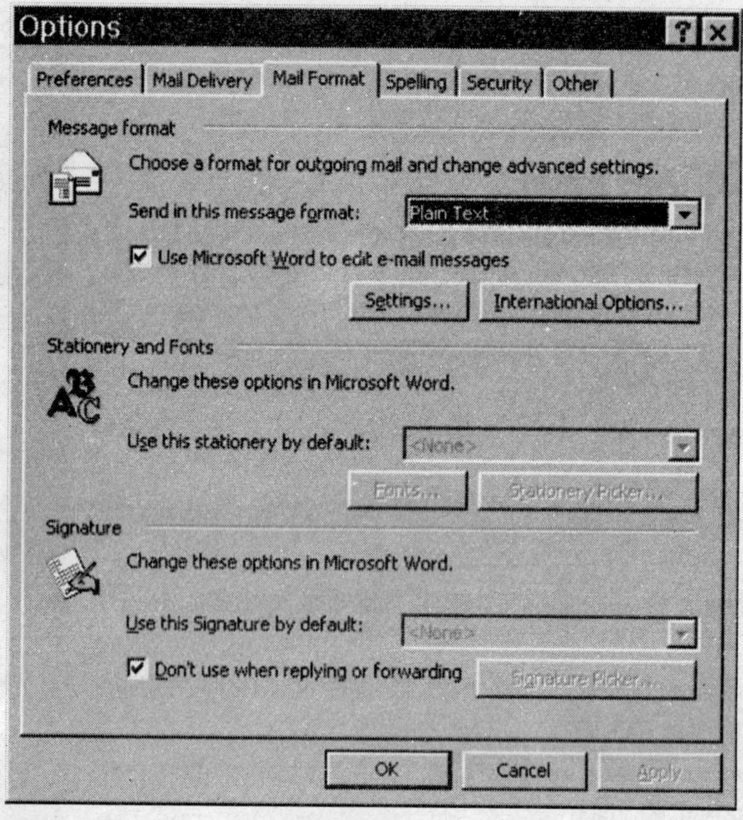

मैसेज को स्टार्ट (शुरु करना) और Address करना

तुम किसी भी Outlook ई-मेल फोल्डर में मैसेज शुरु कर सकते हो। और बहुत से receipient (भेजने वाले के नाम) को address कर सकते हो, और किसी को भी जानकारी देने के लिए मैसेज भेज सकते हो। तुम किसी को blind copy भी सकते हो।

मैसेज शुरु करना

1. Inbox में या Outlook today की विंडों में स्टैण्डर्ड टूल बार पर से New बटन पर क्लिक करो।
2. यदि आपका ई-मेल एडिटर (editor) word नहीं हो तो आप इसे वर्ड चुन सकते हो।

मैसेज विंडों अपने फॉरमेट के साथ खुल जायेगी।

एड्रैस (Address) टाइप करना

1. To बॉक्स में, address टाइप करो।

   या

   बहुत से address को comma (,) या semicolon (;) से अलग करके टाइप कर सकते हो।

Address Book प्रयोग करना

1. Address Book से चुनने के लिए To या Cc बॉक्स में क्लिक करो।
2. डॉयलोग बॉक्स से Name सेलेक्ट करो और To, Cc या Bcc में add करो।

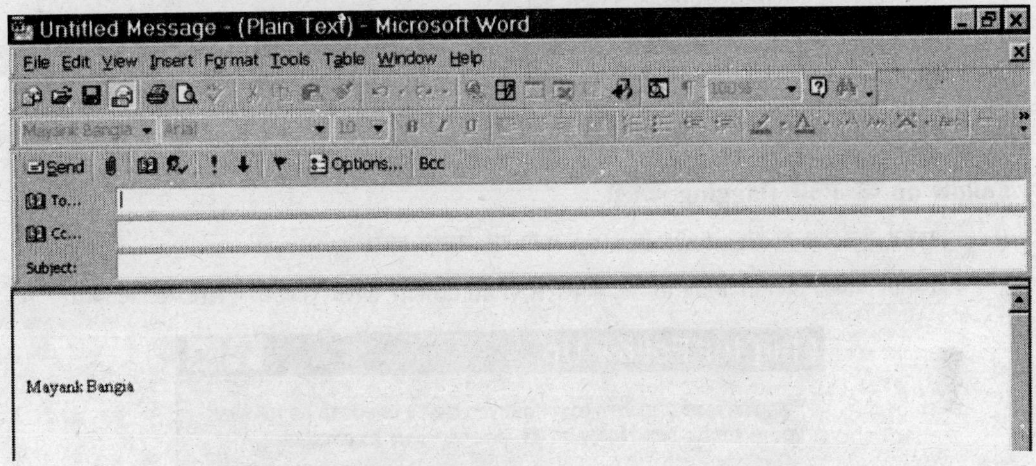

3. जब Name add हो जाये तो OK पर क्लिक करो।
4. Address Book तेजी से खोलने के लिए, स्टैण्डर्ड टूल बार से Address Book के बटन पर क्लिक करो।

मैसेज प्रविष्ट कराना

1. Address टाइप हो जाने के बाद Subject बॉक्स में Subject टाइप करो।
2. Tab key दबाओ और message area में आकर टाइप करो।

   या

   वर्ड में भी मैसेज को टाइप करके वहाँ से कॉपी व पेस्ट कर सकते हो।

पफॉरमेट करना

वर्ड के मैसेज एडिटर में सारे टूल बार भी उपलब्ध हैं जिनसे वर्ड जैसी फॉरमेटिंग भी कर सकते हो।

मैसेज Options की सेटिंग करना

Follow up के लिए किसी मैसेज को flag भी कर सकते हो। इसके लिए तुम्हें इसकी महत्ता बतानी होगी। और डिलीवरी और ट्रेकिंग के लिए Options बताने होंगे।

1. किसी भी खुले हुए मैसेज के view मेन्यू से options को चुनें।

   या

   टूल बार से option बटन पर क्लिक करें।

2. मैसेज option डॉयलोग बॉक्स में, इसकी महत्ता को Low, Normal या High पर Set करें और संवेदनशीलता को Normal (सामान्य), Personal (व्यक्तिगत), Private (प्राइवेट) या Confidential (गोपनीय) पर set करें।
3. जरुरत होने पर डिलीवरी options को भी set करें।
4. रिसिप्ट (Recepit) के लिए request (प्रार्थना) दें, यदि आप यह जानना चाहते हो कि मैसेज पढ़ लिया था या नहीं।
5. जब पूरा finish हो जाये close पर क्लिक करें।

Follow up के लिए flagging करना

1. स्टैण्डर्ड टूल बार से flag for follow up बटन पर क्लिक करें।
2. डॉयलोग बॉक्स खुलेगा। Flag to के बॉक्स में (Pull down) लिस्ट से एक एक्शन सेलेक्ट करो।

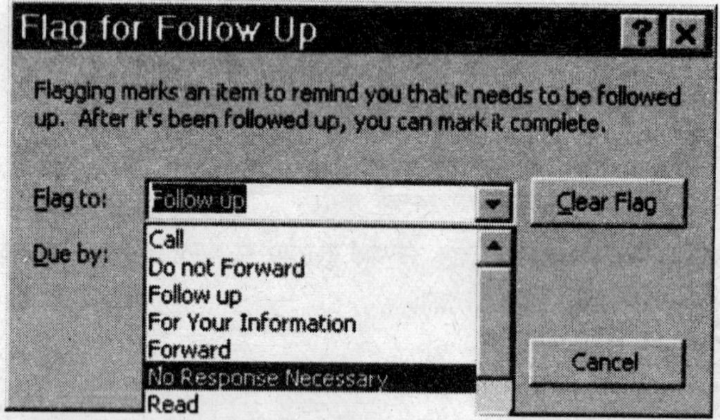

3. Due by बॉक्स में एक option select करो।
4. डॉयलोग बॉक्स को close करो। हैडर के बायीं तरफ एक flag दिखाई देगा।

स्टेशनरी बनाना

HTML फॉरमेट में ई-मेल के लिए, तुम पहले से डिजाइन की गई स्टेशनरी को चुन सकते हो। जिसमें बैक ग्राउन्ड, ग्रॉफिकल डिजाइन, जैसे–पिक्चर, रेखाएँ, बुलेटस्, टेक्स्ट फोन्ट और रंग आदि आते हैं।

यदि वर्ड आपका ई-मेल एडिटर है और HTML चुना हुआ फॉरमेट है तो आप एक नया मैसेज नयी theme (थीम) से बना सकते हो।

1. Tool मेन्यू से options पर क्लिक करो।
2. Mail format पैनल पर जाकर HTML फॉरमेट को चुनें।
3. स्टेशनरी पिकर बटन पर क्लिक करो।
4. स्टेशनरी पिकर के डॉयलोग बॉक्स में से एक स्टेशनरी डिजाइन को चुनें।
5. Options डॉयलोग बॉक्स में वापिस आने के लिए OK पर क्लिक करें।

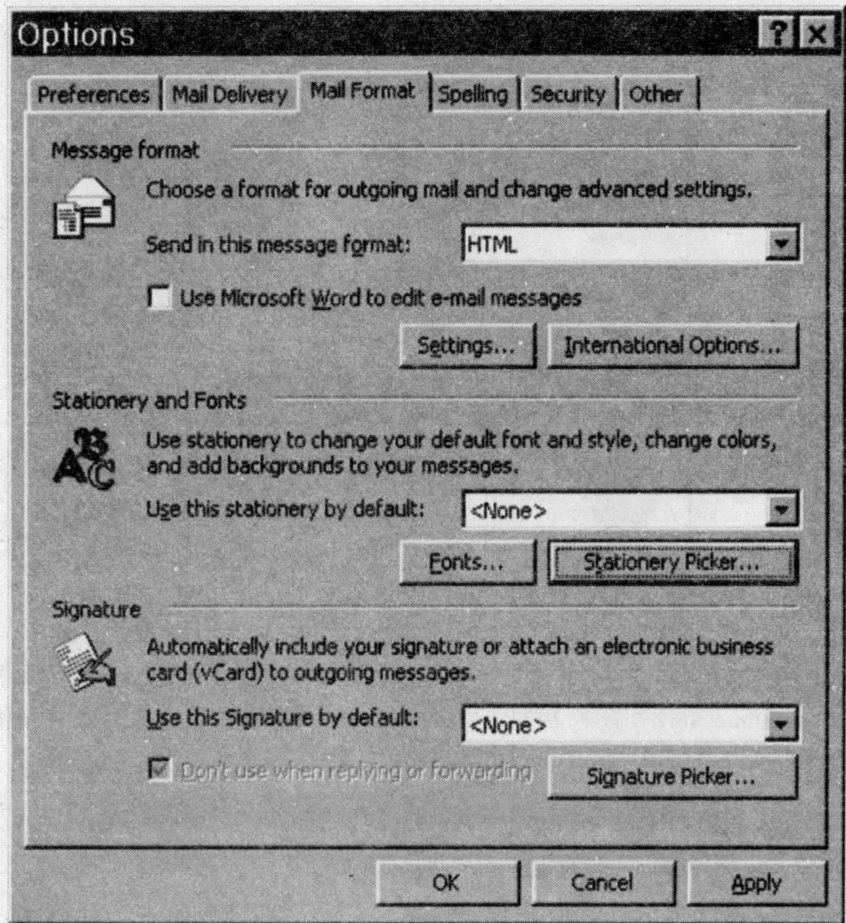

वर्ड से स्टेशनरी चुना

1. वर्ड के फॉरमेट मेन्यू से, Theme को चुनें।
2. डॉयलोग बॉक्स में से अपने मैसेज के लिए एक थीम चुनें।
3. OK पर क्लिक करो।

Signature (हस्ताक्षर) बनाना

तुम Outlook में हस्ताक्षर बना सकते हो, एक विशेष tag वाली लाइन, उन मैसेज के लिए जो तुम भेजते हो।

1. Tools में से options को चुनो।
2. मेल फॉरमेट टेब पर जाकर Signature picker के बटन पर क्लिक करो।
3. Signature पकिर डॉयलोग बॉक्स में New पर क्लिक करो।

4. Create New डॉयलोग बॉक्स में हस्ताक्षर के लिए नाम Enter करो और Next पर क्लिक करो।
5. Edit signature डॉयलोग बॉक्स हस्ताक्षर पर फॉरमेटिंग करें। उसका फोन्ट बदले, रंग डाले आदि। फिर यदि हस्ताक्षर आपके हर मैसेज के अन्त में दिखाई देगा।

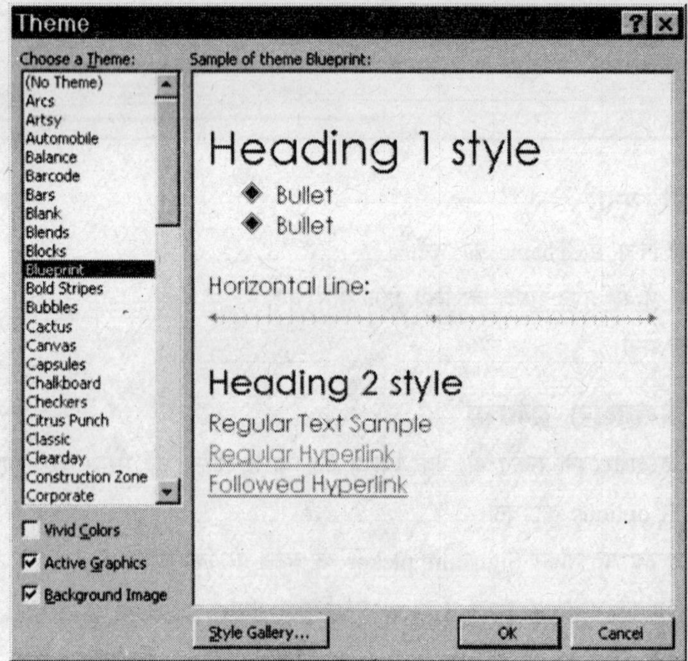

6. Finish पर क्लिक करो।
7. OK पर क्लिक करके options डॉयलोग बॉक्स में वापिस आयें।
8. Options डॉयलोग बॉक्स में यह निश्चित कर लें कि नया हस्ताक्षर Select हो गया है या नहीं।

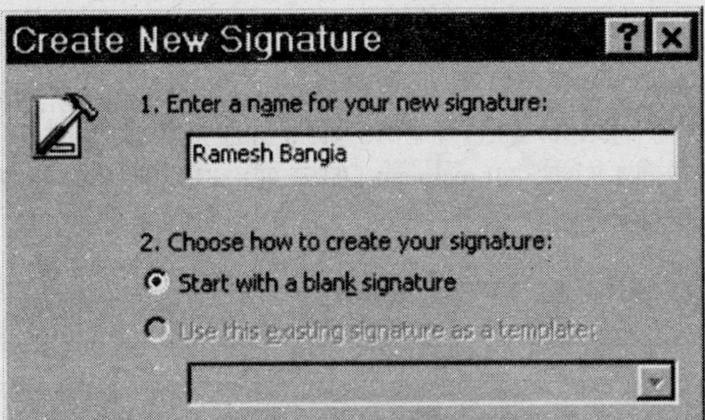

9. Don't use when Replying पर Tick करें।
10. OK पर क्लिक करें।

11. यदि आप्र कभी अपने हस्ताक्षर बदलने के बारे में सोच रहे हैं तो use the signature में None चुनें। अब आप हस्ताक्षर add कर सकते हो किसी भी मैसेज में

मैसेज वेफ साथ पफाइल जोड़ना (Attach करना)

Outlook फोल्डर में मैसेज के साथ कोई भी फाइल या टेक्स्ट जोड़ (attach) कर सकते हो।

1. Insert मेन्यू से फाइल चुनें।

   या

   स्टैण्डर्ड टूल बार Insert file के बटन पर क्लिक करें।

2. डॉयलोग बॉक्स में, उस फाइल को select करो जिसे जोड़ना (attach) है और इन्सर्ट पर क्लिक करो। फाइल का आइकन मैसेज के नीचे दिखाई देगा। recipient (फाइल प्राप्त करने वाला) इस आइकन पर डबल क्लिक करके फाइल खोल सकता है।

मैसेज में (Object) ऑब्जेक्ट इन्सर्ट करना

Outlook को एडिटर की तरह प्रयोग करते हुए plain टेक्स्ट मैसेज में आप कोई आब्जेक्ट इन्सर्ट नहीं कर सकते हैं। लेकिन Outlook एडिटर में कोई दूसरा फॉरमेट प्रयोग करके आप ऑब्जेक्ट डाल (इन्सर्ट) सकते हैं। यदि आप वर्ड को एडिटर की तरह प्रयोग कर रहे हैं तो वर्ड के सब इन्सर्ट करने वाले तरीके आपके पास उपलब्ध्या होंगे।

माइक्रोसॉफ्ट आउटलुट Rich Text फॉरमेट मैसेज में आब्जेक्टर इन्सर्ट करने के लिए–

1. इन्सर्ट मेन्यू से ऑब्जेक्ट चुनें।
2. इन्सर्ट ऑब्जेक्ट डॉयलोग बॉक्स में Create New या Create from file को सेलेक्ट करें। तुम किसी फाइल को लिंक (link) कर सकते हो या फाइल को इन्सर्ट करने के लिए ऑइकन की तरह दिखा सकते हो।
3. यदि तुम create from file पर क्लिक करते हो तो फाइल को खोजने के लिए browse बटन पर क्लिक करो।
4. Broose डायलोग बॉक्स में, इन्सर्ट करने के लिए फाइल को चयनित करो और OK पर क्लिक करो। ऑब्जेक्ट इन्सर्ट हो जायेगा।

पिक्चर इन्सर्ट करने के लिए

1. इन्सर्ट मेन्यू से पिक्चर चुनें।
2. पिक्चर डॉयलोग बॉक्स में, पिक्चर को खोजने के लिए Browse पर क्लिक करें। Browser में पिक्चर GIF या JPG फाइल फॉरमेट में होगी।
3. यदि आवश्यक हो तो text[space और layout को set करें।
4. OK पर क्लिक करें। पिक्चर इन्सर्ट हो चुकी होगी।

अलग फॉरमेट या प्रोग्राम को प्रयोग करते हुए मैसेज शुरु करना

Outlook आपको यह allow (परमिशन) करता है कि आप पहले से set की गई Mail की फॉरमेटिंग सेटिंग को नजर अन्दाज कर दें और अन्य उपलब्ध्या फॉरमेट से नया मैसेज शुरु करें।

अलग फॉरमेट से शुरु करना

1. Action मेन्यू से New mail message using पर क्लिक करें और submenu से एक फॉरमेट चुनें। चुने हुए फॉरमेट पर नया मैसेज खुल जायेगा।

अलग प्रोग्राम से शुरु करना

1. Action मेन्यू से New mail message using चुनें। Sub मेन्यू से माइक्रोसॉफ्ट ऑफिस चुनें और तब एक option चुनें। माइक्रोसॉफ्ट प्रोग्राम खुल जायेगा।
2. जब प्रोग्राम को प्रयोग करके मैसेज बनाने का काम खत्म हो जाये तो Program के send बटन पर क्लिक करें।
3. यदि चाहते हैं तो प्रोग्राम में अपने काम को save करें।
4. प्रोग्राम को बन्द कर दें।

मेल बॉक्स के साथ काम करना

अपने Inbox के और दूसरे मेल बॉक्स फोल्डर्स के मैटर को ठीक से प्रबन्धा करने के लिए outlook तुम्हें बहुत–सी सुविधायें देता है। आये हुए मैसेजस् को छांट कर अलग–अलग फोल्डर में फिल्टर करने के लिए तुम फोल्डर्स व rulers (rule करने वाला) बना सकते हो। एक प्रबन्धित (organize) पेज तुम्हें मैसेजेस् को तेजी से और आसानी से फिल्टर करने व move करने देता है। rulers की सेटिंग उपयुक्त तरीके से करने के लिए तुम rular wizard की ओर (रुख) कर सकते हो। तुम्हारे पास Outlook delete भी है जो तुम्हारे देखने से पहले ही जंक ई–मेल्स (बेकार की मेल) को delete भी कर देता है।

फोल्डर बनाना

फोल्डर डायरेक्टरी फोल्डर की तरह हैं जो अपने आप में नोटस्, कान्टेक्ट्स, टॉस्क आइटमस् (items) और नियुक्तियों (apointments) को स्टोर किये रहती है।

1. New बटन के आगे वाले arrow को क्लिक करो, जो मेन्यू खुलेगा उसमें से फोल्डर को चुनों।

   या

   स्टैण्डर्ड टूल बार से Organize बटन पर क्लिक करके New folder पर क्लिक करो।
2. Create new foler डॉयलोग बॉक्स में फोल्डर का नाम दें। Folder contains box में फोल्डर का प्रकार चुनें।
3. लिस्ट में से एक फोल्डर को चुनें जिसके बदले नया फोल्डर लाना है। उसी लेवल पर फोल्डर को रखने के लिए personal folders को सेलेक्ट करें।
4. OK पर क्लिक करें।
5. यह फोल्डर सिर्फ तुम्हारे लिए ही होगा। Outlook आपसे पासवर्ड डालने के लिए भी पूछेगा।

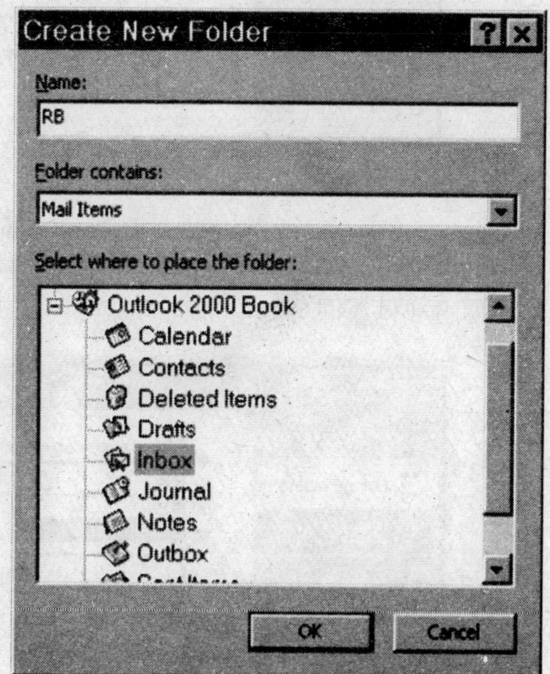

6. यदि पासवर्ड देना है तो Yes पर क्लिक करें और यदि नहीं तो No पर क्लिक करें। फिर Outlook आपसे Shortcut बनाने के लिए (इसी फोल्डर का) पूछेगा।
7. अब फोल्डर लिस्ट में आपका फोल्डर आ जायेगा।
8. Move Items डॉयलोग बॉक्स में New बटन पर क्लिक करने पर भी नया फोल्डर बन सकता है। या फिर स्टैण्डर्ड टूल बार पर से Organize बटन पर क्लिक करने पर भी।

मैसेजेस् का प्रबन्धन

किसी भी फोल्डर में मैसेजेस् को ठीक तरीके से अरेंज (manage) करने के लिए outlook आसान व तेज तरीका देता है। Organize पैनल पर आप खुले हुए फोल्डर के contents को भी rule कर सकते हो या उसका view बदल सकते हो और नये फोल्डर भी बना सकते हो।

1. Mail बॉक्स फोल्डर से एक मैसेज को सेलेक्ट करके स्टैण्डर्ड टूल बार पर से Organize बटन पर क्लिक करो।

   या

   Tools मेन्यू से Organize चुनो।

2. Organize पैनल जो हमारे मैसेज के ऊपर खुलेगा using folders के option में outlook किसी एक या सेलेक्टेड मैसेज को फोल्डर में move करने के लिए कहता है। भविष्य के मैसेजेस् के लिए एक rule भी बनाने के लिए कहता है।

3. बॉक्स को बन्द करने के लिए ऊपर दाँहिने कार्नर में × को क्लिक करें।
4. तुम एक साथ बहुत से मैसेज को सेलेक्ट करके भी एक साथ move कर सकते हो।

Using Colors Option में

1. Organize folder के using colors पैनल में या तो दिये गये रंग को स्वीकार करें या लिस्ट में से कोई एक रंग चुन लें।
2. Automatic फॉरमेटिंग बटन पर क्लिक करने पर नया बॉक्स खुलेगा। उसमें से कोई भी फॉरमेटिंग पर क्लिक करके apply करें।

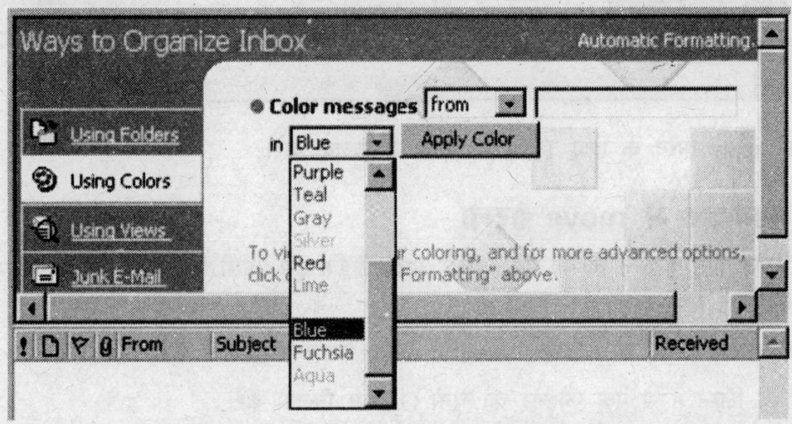

3. OK पर क्लिक करके वापिस using colors पैनल पर आ जायेंगे

Using View पैनल में

1. Views के विभिन्न options को देखने के लिए using views पर क्लिक करें।
2. ये सभी options टूल बार पर भी हैं।

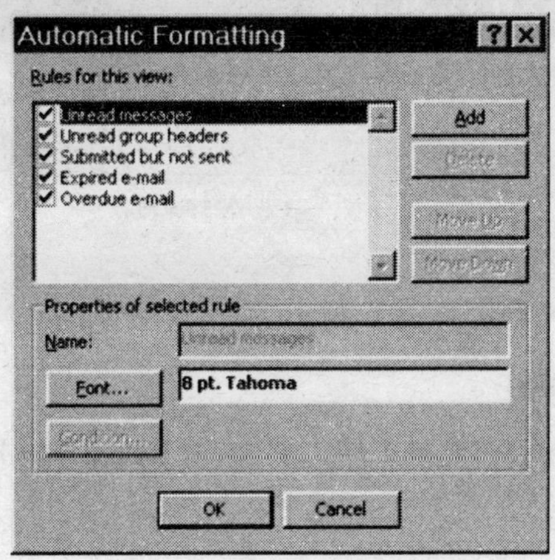

Junk ई-मेल पैनल में

1. दिये गये rule को स्वीकार करें या लिस्ट में से अपना rule बनाये। जसे आप चाहते हैं कि Junk message gray (ग्रे) रंग में आये तो ग्रे रंग चुन लें।

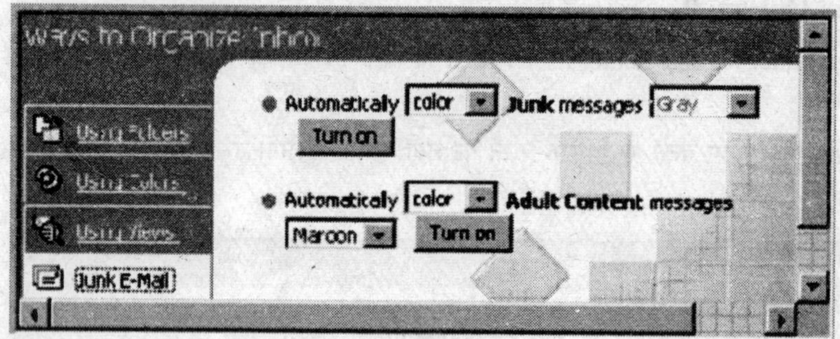

2. Rule को apply करने के लिए Turn on बटन पर क्लिक करें।

मैसेज को पफोल्डर में move करना

जब आप कोई मैसेज प्राप्त करते हैं तो यह एक अच्छी आदत है कि उसे किसी फाइल या फोल्डर में रख दें। ताकि आप उसे बाद में खोज सकें।

1. मैसेज को सेलेक्ट करके या खोलकर move to folder बटन पर क्लिक करें।
2. फोल्डर्स की लिस्ट में से एक फोल्डर को चुनें। OK पर क्लिक करें।
3. तुम बहुत से मैसेज को एक साथ भी move कर सकते हो। सभी मैसेज को एक साथ सेलेक्ट करने के लिए shift key के साथ माउस से क्लिक करें।

फोल्डर को Move करना

1. किसी फोल्डर को move करने के लिए एक फोल्डर को दूसरे में drag करो।

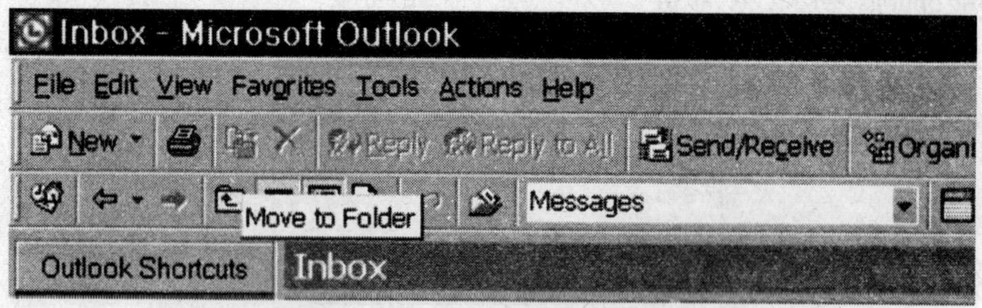

पफोल्डर को डिलीट करना

1. फोल्डर लिस्ट से फोल्डर को सेलेक्ट करो और टूल बार से Delete बटन क्लिक करो।

या

Ctrl + D दबायें।

या

Edit मेन्यू से Delte option को चुनो।

2. Outlook confirmation के लिए मैसेज देगा। Yes या No पर क्लिक करें।
3. Delete किया हुआ मैटर Deleted items फोल्डर में चला जाएगा।
4. Deleted items folder में से कभी भी सभी आइटमस् को डिलीट कर सकते हो।

मैसेज Rule बनाना

आने वाले और जाने वाले मैसेज के लिए rules निश्चित किये जा सकते हैं।

Rule के लिए कंडीशन (स्थिति) बनाना

1. Outlook today विंडो में या किसी दूसरे मेल बॉक्स की विंडो में Advanced टूल बार पर से Rules wizard पर क्लिक करो।

   या

   Tools मेन्यू से Rules wizard पर क्लिक करो।

   या

   Organize पेज पर से Rule wizard पर क्लिक करो। 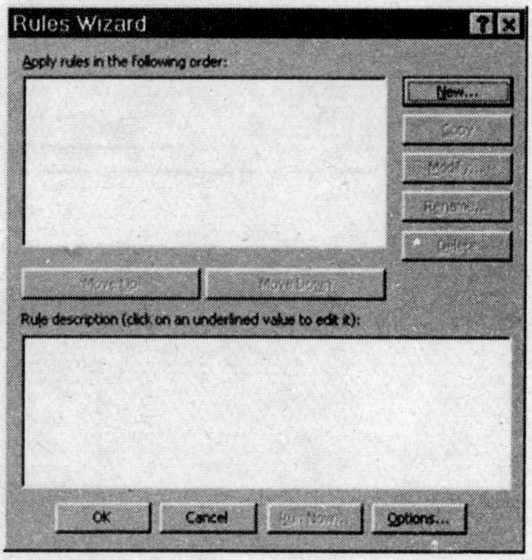
2. Rules विजार्ड के पहले पेज के लिए New पर क्लिक करें।
3. जिस प्रकार का rule apply करना चाहते हो वह चुनो। Next पर क्लिक करो।
4. विजार्ड की विभिन्न स्क्रीनस् पर दिये गये options को ध्यान से चुनो। ये स्क्रीनस् अगले पेजों पर देखें।

Rule के लिए Action

1. Rule विजार्ड डॉयलोग बॉक्स में कंडीशन्स या स्थितियाँ मिलने पर एक्शन को Select करो।
2. पहले बॉक्स में Check message when they arrive पर क्लिक करें। Next पर क्लिक करें।
3. दूसरे बॉक्स में इस मैसेज के साथ क्या करना चाहते हैं वह टिक करें। Next पर क्लिक करें।
4. तीसरे बॉक्स में किन कन्डीशन्स् में check करना चाहते हैं वे टिक करें। Next पर क्लिक करें।
5. यदि आवश्यकता तो कोई exception दें। Next पर क्लिक करें।
6. अगले बॉक्स में rule के लिए नाम दें और finish पर क्लिक करें।

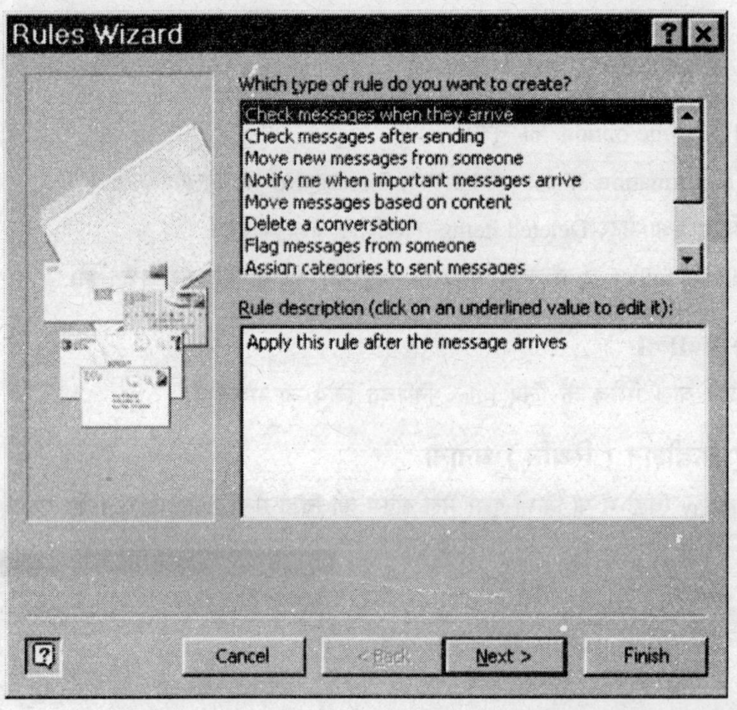
Rules Wizard
Which type of rule do you want to create?
Check messages when they arrive
Check messages after sending
Move new messages from someone
Notify me when important messages arrive
Move messages based on content
Delete a conversation
Flag messages from someone
Assign categories to sent messages
Rule description (click on an underlined value to edit it):
Apply this rule after the message arrives
Cancel
< Back
Next >
Finish

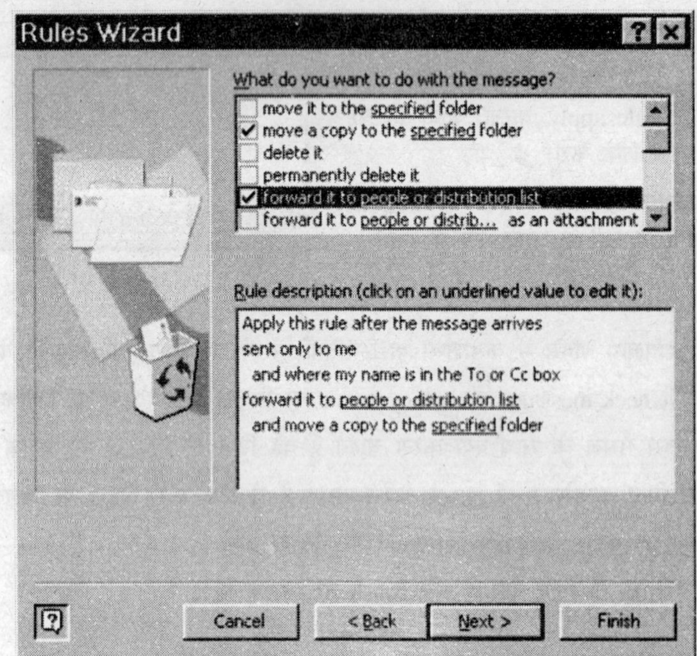
Rules Wizard
What do you want to do with the message?
move it to the specified folder
move a copy to the specified folder
delete it
permanently delete it
forward it to people or distribution list
forward it to people or distrib... as an attachment
Rule description (click on an underlined value to edit it):
Apply this rule after the message arrives
sent only to me
and where my name is in the To or Cc box
forward it to people or distribution list
and move a copy to the specified folder
Cancel
< Back
Next >
Finish

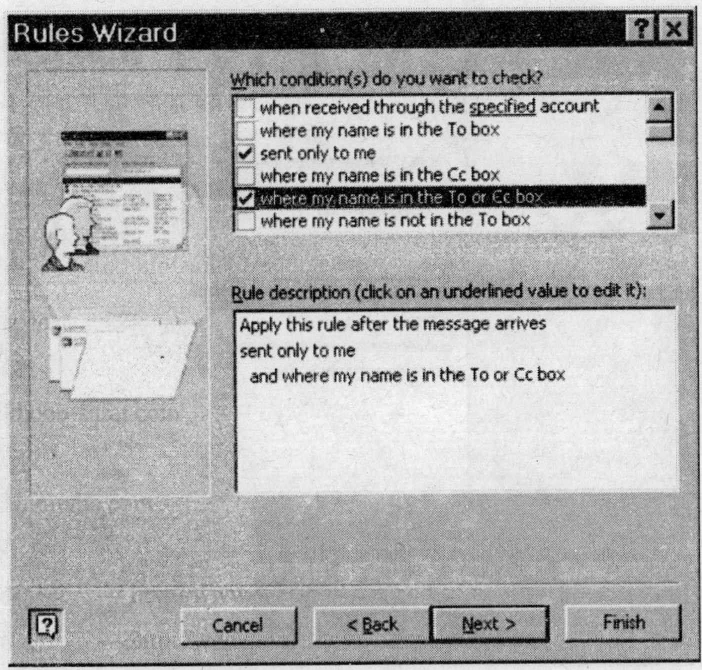
Rules Wizard
Which condition(s) do you want to check?
when received through the specified account
where my name is in the To box
sent only to me
where my name is in the Cc box
where my name is in the To or Cc box
where my name is not in the To box
Rule description (click on an underlined value to edit it):
Apply this rule after the message arrives
sent only to me
and where my name is in the To or Cc box
Cancel
< Back
Next >
Finish

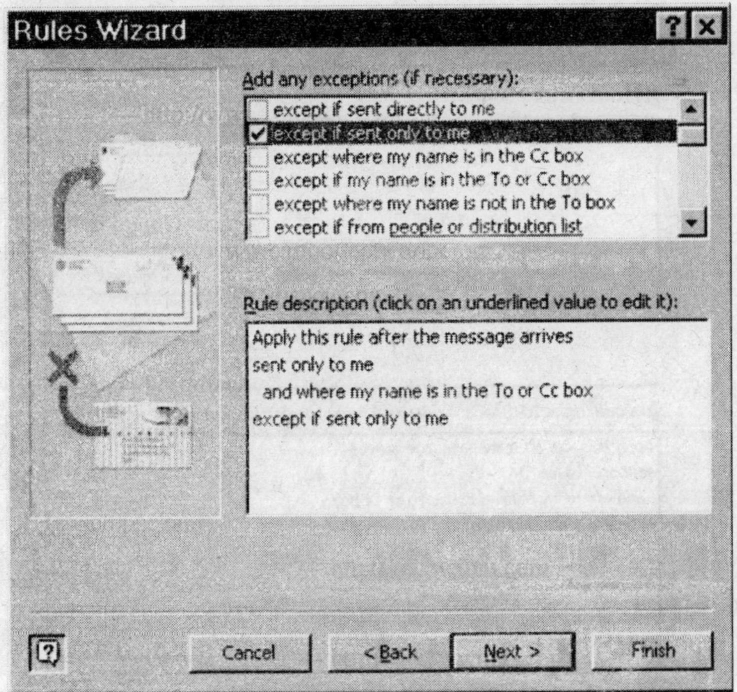
Rules Wizard
Add any exceptions (if necessary):
except if sent directly to me
except if sent only to me
except where my name is in the Cc box
except if my name is in the To or Cc box
except where my name is not in the To box
except if from people or distribution list
Rule description (click on an underlined value to edit it):
Apply this rule after the message arrives
sent only to me
and where my name is in the To or Cc box
except if sent only to me
Cancel
< Back
Next >
Finish

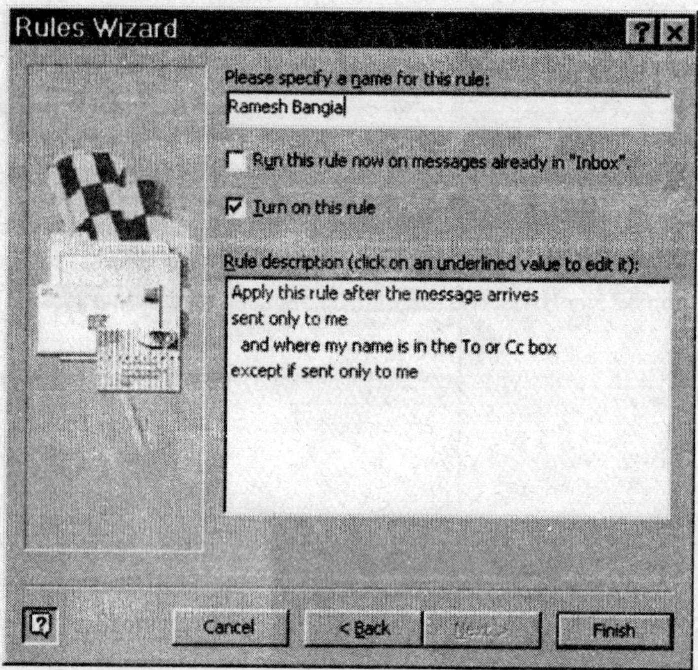

7. तुम किसी भी समय rule पर डबल क्लिक करके उसमें कुछ भी बदलाव कर सकते हो। यह Rules wizard के डॉयलोग बॉक्स में खुलेगा।

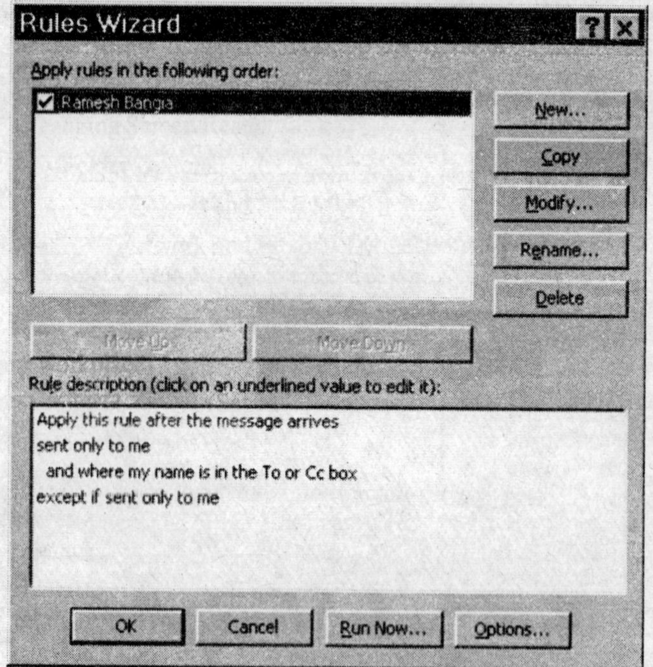

कुछ मनोरंजक वेबसाइट्स

सारे संसार में लगभग 1 लाख से भी ज्यादा वेब साइटस् हैं। उन सभी को बतना तो सम्भव नहीं होगा। उनमें से कुछ की लिस्ट display कर रहे हैं।

ज्योतिषशास्त्र (Astrology) के लिए

http://www.astrology.net

(Astronomy) के लिए

http://www.spacestation.com

सुन्दरता एवं फैंशन के लिए

http://www.khoob-surat.com

ऑटो (Auto) के लिए

http://www.autoindia.com

बॉलीवुड के लिए

बॉम्बे फिल्म इन्डस्ट्री — http://www.indiabolloywood.com

हिन्दी सिनेमा — http://www.hindimovies.com

इन्डियन टॉकीज — http://www.indiatalikies.com

सिनेमा — http://www.movies.com

ऑनलाइन बुकस्टोर के लिए

होगन बुकस् — http://www.hoganboks.com

अमेजन बुक्स — http://www.amazon.com

पहली और दूसरी — http://www.firstanosQecond.com

कार्टूनस् के लिए

कार्टून नेटवर्क — http://www.cartoonnetwork.com

डिज्नी लैण्ड — http://www.disney.com

ऑनलाइन सिनेमा टिकट के लिए

दिल्ली — http://www.delhitickate.com

कम्प्यूटर कम्पनियों के लिए

अडोब (Adobe) — http://www.adobe.com

हैवलेट् पैकर्ड (Hewlett packard) — http://www.hp.com

IBM (आई बी एम) — http://www.ibm.com

माइक्रोसॉफ्ट कॉरपोरेशन — http://www.microsoft.com

विप्रो — http://www.wipro.com

ई-मेल सेवाओं के लिए

हॉटमेल (Hotmail) — http://www.hotmail.com
मेलसिटी (Mailcity) — http://www.mailcity.com
याहू मेल (Yahoo mail) — http://www.yahoo.com

मनारेंजन के लिए

आर्चीज गैलरी — http://www.archiesgreeting.com

फैशन के लिए

एली (Elle)मैगजीन — http://www.ellemag.com
फैशन इंटरनेट — http://www.finy.com

भोजन और रेसिपी के लिए

बावर्ची — http://www.bawarchi.com
दावत — http://www.dawat.com
गौरमेट — http://www.gaurmet.com

फ्री सॉफ्टवेयर के लिए

डाउनलोड — http://www.download.com
शेयरवेयर — http://www.shareware.com
टयूकाओस् — http://www.tucows.com

गेम्स के लिए

बीजेक — http://www.bezerk.com
क्राइम सीन — http://www.quest.net/crime
गेम्स — http://www.games.2nd.net
थर्स्ट वर्ल्ड — http://www.thrustworld.co.uk

इंडिया के लिए

एबाउट (About) इंडिया — http://www.aboutindia.com
बेस्ट इंडियन साइट्स — http://www.bestindiansites.com
दिल्ली दर्शन — http://www.delhiworld.com

इंटरनेट सेवा देने वाला (ISP)

भारती BT — http://www.bhartibtinternet.com
मंत्र ऑनलाइन — http://www.mantraonline.com
MTNL — http://www.mtnl.net.in

सत्यम् — http://www.satyamonline.com

VSNL — http://internet.vsnl.net.in

जॉब के लिए

नौकरी — http://www.naukri.com

जौक्स और शायरी के लिए

जोक्स् — http://www.info-india.com

जोक्स् एंड क्यूटेशन्स — http://www.quoteland.com

हूमर — http://www.timepass.com

मैगजीन्स के लिए

बिजनेस इंडिया — http://www.business-india.com

बिजनेस टूडे — http://www.india-today.com/btoday

कम्प्यूटर्स टूडे — http://www.computers-today.com

फेमिना — http://www.feminaindia.com

इंडिया टूडे — http://www.india-today.com

आउटलुक — http://www.outlookindia.com

मीडिया के लिए

BBC — http://www.bbc.co.uk

CNNTV — http://www.cnn.com

ESPNTV — http://www.espnstar.com

MUSIC TV — http://www.mtvasia.com

SONY Entertainment — http://www.setindia.com

Star TV — http://www.startelevision.com

T Televison — http://www.channelv.com

Zee TV — http://www.zeetelevision.com

मेडिकलन और स्वास्थ्य के लिए

डॉक्टर्स, दिल्ली — http://www.doctorsdelhi.com

फर्स्ट एंड ऑनलाइन — http://www2vivid.net/~cicley/safety

म्यूजिक के लिए

इंडिया म्यूजिक — http://www.indiamusic.com

MP3 — http://www.mp3.com

अखबार के लिए

हिन्दुस्तान टाइम्स	— http://www.hindustantimes.com
टाइम्स ऑफ इंडिया	— http://www.timesofindia.com

रेडियो के लिए

बी बी सी	— http://www.bbc.co.uk
द वॉयरन ऑफ अमेरिका	— http://www.ftp.voa.gov/1

खेल के लिए

क्रिकेट	— http://www.bol.net.com
	http://www.clickcriket.com
	http://www.cricket.org

क्रिकेट	— http://www.cricketnext.com
हॉकी	— http://www.indianhockey.com
खेल	— http://www.khel.com
लॉन टेनिस	— http://www.wimbledon.org
स्काई स्पोर्ट्स	— http://www.sky.co.uk/sports

10
अध्याय

दोहराना और प्रश्न
(Revision and Questions)

पाठ 1-कम्प्यूटर्स के बेसिक

1. पाषाणकालीन युग की गणना की आवश्यकता पर ही कम्प्यूटर आधरित है।
2. अबेकस पहला गणना करने वाला मैकेनिज्म है।
3. साल दरन साल विभिन्न गणना करने वाली और केल्कूलेशन करने वाली मशीनें विकसित की गई।
4. पहली जेनरेशन के कम्प्यूटर इलैक्ट्रॉनिक वॉल्वस पर आधरित थे।
5. दूसरी जेनरेशन के कम्प्यूटर ट्रॉन्सिस्टर्स पर आधरित थे।
6. तीसरे जेनरेशन के कम्प्यूटर इंटीग्रेटेड सक्रिटस् पर आधरित थे।
7. चौथी जेनरेशन के कम्प्यूटर माइक्रोप्रोसेसर्स पर आधरित थे।
8. पाँचवी जेनरेशन के कम्प्यूटर बड़े स्केल वाले इंटीग्रेटेड सक्रिटस् पर आधरित थे।
9. कम्प्यूटर की मैमोरी बाइटस् की टर्म में नापी जाती है। 1 बाइट का मतलब 1 अक्षर की जगह है।

पाठ 2-इनपुट आउटपुट उपकरण

1. कम्प्यूटर में इनपुट (डाटा डालने वाले) और आउटपुट (रिजल्ट लेने वाले) दोनों उपकरण होते हैं।
2. कुछ ऐसे उपकरण हैं जो इनपुट, आउटपुट दोनों ही तरह से प्रयोग होते हैं।
3. विभिन्न इनपुट, उपकरणों में कीबोर्ड, माउस, लाइट पेन आदि हैं।
4. विभिन्न आउटपुट उपकरणों में प्रिन्टर्स, प्लोटर्स, डिस्प्ले स्क्रीन आदि हैं।
5. विभिन्न उपकरण जो इनपुट आउटपुट दोनों ही प्रकार से प्रयेग होते हैं वे हार्ड-डिस्क, फ्लॉपी डिसक, मैग्नेटिक टेप आदि हैं।

पाठ 3-ऑपरेटिंग सिस्टम-विंडाज XP

1. विंडोज के डेस्कटॉप पर कुछ हमेशा रहने वाले आइन होते हैं वे हैं–माई कम्प्यूटर, रिसाइकल बिन, माई डॉक्यूमेन्टस्, नेटवक्र नेबरहड आदि।
2. डेस्कटॉप पर कुछ दूसरे ऑइकन जैसे किसी सॉफ्टवेयर का आइकन और कुछ शार्ट कट आइकन भी होते हैं।
3. डेस्कटॉप पर बने start बटन को दबाकर तुम बहुत से प्रोग्राम को खोल सकते हो।
4. डॉक्यूमेन्ट में पिछले 15 डॉक्यूमेन्टस् को खोलकर एक्ससे (access) कर सकते हो।

5. फाइन्ड (find) की सहायता से फाइल्स, फोल्डर, उपकरण या कम्प्यूटर को खोजने में सहायता मिलती है।
6. Help की सहायता से विशेष विंडोज हेल्प सिस्टम को खोलकर ट्रबलशूटिंग को access करने में सहायता मिलती है।
7. एक डॉयलोग बॉक्स को प्रयोग करके किसी विशेष प्रोग्राम को चलाने में Run हमारी सहायता करता है।
8. Shut Down कम्प्यूटर को बन्द करने के लिए तैयार करता है।
9. Recycle Bin में सारी बिना जरुरत वाली फाइलों को फेंक सकते हो।
10. My Documents में सभी फाइलें रखी जाती हैं।
11. Network Neighbourhood तुम्हारे नेटवक्र को access करने के लिए allow करता है।
12. Quick Launch toolbar की सहायता से किसी भी एप्लीकेशन को टूलबार से लॉन्च किया जा सकता है।
13. तुम application, documents आदि के अपने shortcuts बना सकते हो।
14. कम्प्यूटर में फाइलों और फोल्डर के साथ काम करने में विंडोज एक्सप्लोरर (Explorer) एक प्लेटफॉर्म की तरह काम करता है।
15. विंडोज एक्सप्लोरर को प्रयोग करके फोल्डर बनाना, फाइल/फोल्डर कॉपी करना; फाइल/फोल्डर को डिलीट करना आदि काम किये जा सकते हैं।
16. एसेसरीज के मुख्य प्रोग्रामों को विंडोज कहते हैं।
17. यूजर्स के लाभ के लिए मैग्नीफाइंग ग्लास का प्रयोग करके स्क्रीन के आइटमस् को बड़ा किया जा सकता है।
18. नेटवक्र कनेक्शन बनाने के लिए डायल-अप नेटवक्रिंग तुम्हें गाइड करता है।
19. इंटरनेट कनेक्ट करने में इंटर कनेक्टिविटी विजार्ड तुम्हें गाइड करता है।
20. इंटरनेट पर दूसरे व्यक्तियों से बात करने के लिए नेट मीटिंग कम्यूनीकेशन को सेट करने के योग्य बनाती है।
21. फोन डॉयलर कम्प्यूटर से अपने आप डॉयल करने में सहायता करता है।
22. CD प्लेयर की सहायता से विभिन्न प्रकार की CD चलायी जा सकती है।
23. Sound Recorder की सहायता से माइक्रोफोन के द्वारा आवाज रिकार्ड की जा सकती है।
24. Volume control की सहायता से स्पीकर की आवाज को कम या ज्यादा किया जा सकता है।
25. Video CD देखने के लिए विंडोज मीडिया प्लेयर सहायता करता है।
26. विंडोज में काम करते हुए भी विभिन्न खेल खेले जा सकते हैं।
27. Microsoft Personal Web Server (PWS) डेस्कटॉप का वेब सर्वर है।
28. वेब पब्लिशिंग विजार्ड की सहायता से वेब पेजों को और उसकी सपोर्ट करने वाली फाइलों को और वेब सर्वर पर से दूसरे वेब फाइलों को पब्लिश किया जा सकता है।
29. जब आप Disk cleanup चलाते हो तो यह उन फाइलों की लिस्ट दिखाता है जो बिना किसी परेशानी के डिलीट की जा सकती हैं।
30. Disk Defragmenter घर की देखभाल की तरह काम करता है। वह हार्ड-डिस्क पर फाइलों को एक तरफ और खाली जगह को दूसरी तरफ रख देता है।

31. Drive space बताता है कि हार्ड डिस्क की कितनी जगह उपयोग में आ चुकी है।
32. Maintanance wizard की सहायता से बहुत से उपयोगी प्रोग्रामों को चलाने के लिए तारीख व समय set किया जा सकता है।
33. Character map से यह देखा जा सकता है कि सिस्टम पर कितने फोन्टस् उपलब्ध हैं।
34. Imaging से विभिन्न ग्राफिक्स को देखा जा सकता है।
35. पेन्ट एक बहुत उपयोग ग्राफिकल प्रोग्राम है जो ग्राफिक्स बनाने में भी सहायता करता है।
36. वर्ड पेड एक छोटा प्रोसेसिंग प्रोग्राम है।
37. केलकूलेटर की भी दो वैरायटी हैं–स्टैण्डर्ड (नार्मल) और साइंटिफिक।

पाठ 4-माइक्रोसॉफ्ट वर्ड 2003

1. वर्ड प्रोसेसिंग प्रोग्राम शब्दों को समेटे हुए टेक्स्ट को मैनिपुलेट (Manipulate) करता है।
2. वर्ड प्रोसेसिंग प्रोग्राम में, तुम टेक्स्ट के विभिन्न पक्षों को बदल सकते हो।
3. वर्ड प्रोसेसिंग प्रोग्राम के विभिन्न मुख्य गुण हैं– Alignment, गलतियों को डिलीट करना, लाइन की स्पेसिंग, मेल-मर्ज, कर्सर को घुमाना, डाक्यूमेंट को नाम देना, पेज ब्रेक, पेज नम्बर्स, सर्च, स्पेलिंग चेक करना आदि।
4. टेक्स्ट वह मैटर है जो तुम टाइप करते हो।
5. डॉक्यूमेन्ट एक पूरा टेक्स्ट मेटर है जो तुम बनाते हो जैसे कि कोई पत्र या कोई चेप्टर (पाठ) आदि।
6. टेक्स्ट के लिए विभिन्न स्टाइल में फोन्ट उपलब्ध है।
7. कर्सर एक आता-जाता (Blinking) प्वाइंट है जो तुम्हें बताता है कि कहाँ से टाइपिंग शुरु करनी है या तुम किस जगह पर हो।
8. शब्दों के बीच में जगह देने के लिए space bar है।
9. टेक्स्ट को टेबल फॉरमेट में सेट करने के लिए Tabs प्रयोग की जाती है।
10. टेक्स्ट में पिछला अक्षर गलत टाइप होने पर Backspace से हटाया जा सकता है।
11. स्टार्ट बटन से प्रोग्राम्स के द्वारा माइक्रोसॉफ्ट वर्ड शुरु किया जा सकता है।
12. तुम आइकन से भी वर्ड को शुरु कर सकते हो।
13. वर्ड की शुरुआती स्क्रीन एक खाली स्क्रीन की तरह है।
14. डाक्यूमेंट बनाने के लिए फाइल मेन्यू से New पर क्लिक किया जाता है।
15. किसी नाम से वर्ड के डॉक्यूमेंट को save कर सकते हैं।
16. फाइल की auto saving के लिए टाइम भी set किया जा सकता है।
17. Save करने के बाद ही close करना चाहिए।
18. टेक्स्ट की फॉरमेटिंग करने के लिए उसे पहले सेलेक्ट करना चाहिए।

19. टेक्स्ट को माउस व कीबोर्ड दोनों से सेलेक्ट कर सकते हो।
20. टेक्स्ट को Bold, italc व underline तीनों एक साथ भी कर सकते हो।
21. तुम टेक्स्ट को सतह से उठाना (Emboss), सतह से झुका हुआ (Engrave), छोटे अक्षरों में, बड़े अक्षरों में, छिपाना superscripe (C^2) अर्थात् अक्षर से छोटा व अक्षर से छोटा व नीचे की ओर लिख हुआ आदि तरीकों से फॉरमेट कर सकते हो।
22. टेक्स्ट का फोन्ट व आकार फोरमेटिंग टूल बार या फॉरमेट बॉक्स की सहायता से कर सकते हो।
23. टेक्स्ट का रंग भी बदल सकते हो।
24. चार तरीकों से टेक्स्ट को Align भी किया जा सकता है।
25. पैराग्रॉफ डॉयलोग बॉक्स की सहायता से लाइनों में स्पेस (जगह) और पैराग्राफ के बीच में जगह कम या ज्यादा कर सकते हैं।
26. पेज के शुरु व अन्त में कुछ लिखने के लिए हैडर व फुटर के option हैं।
27. अपनी इच्छानुसार पेज नम्बर set करव सकते हो।
28. वर्ड प्रोसेसिंग का मुख्य पक्ष स्पेलिंग चेक करना है।
29. जो शब्द डिक्शनरी में नहीं है उन्हें भी जोड़ सकते हैं।
30. प्रिन्टर में डॉक्यूमेन्ट के सभी पेजों की जगह कुछ पेज भी प्रिन्ट कर सकते हो।
31. च्ंहम `मज नच से पेज की सेटिंग अलग तरीके से भी कर सकते हो।
32. बुलेट्स और नम्बरिंग से टेक्स्ट को हाईलाइट भी कर सकते हैं।
33. किसी विशेष शब्द को खोजकर उसे बदल भी सकते हैं।
34. वर्ड का एक मुख्य गुण मेल-मर्ज है।
35. टेक्स्ट के बीच-बीच में कोई विशेष चिन्ह भी डाल सकते हैं।
36. टेक्स्ट के चारों ओर बॉर्डर व शेड भी दे सकते हैं।
37. अपने टेक्स्ट को एक पेज पर विभिन्न कॉलम में विभाजित करके भी लिख सकते हैं।
38. वर्ड में टेबल भी बनाई जा सकती है।
39. डॉक्यूमेंट की indexing भी की जा सकती है।
40. टेक्स्ट में Bookmark (बुकमाक्र) भी लगा सकते हैं।
41. टेक्स्ट में कितने शब्द आये हैं यह भी गिन सकते हो।

पाठ 5-माइक्रोसॉफ्ट एक्सेल 2003

1. दूसरे सॉफ्टवेयरों की तरह ही एक्सेल में भी टूल बार, फॉरमेटिंग बार, स्टैण्डर्ड टूल बार आदि हैं।
2. पूरी वक्रशीट को स्क्रोल बटन से ऊपर से नीचे move भी कर सकते हैं।

3. फॉरमूला बार में, जो भी आप cell में लिखते हैं वह दिखाई देता है।
4. Cell में टेक्स्ट के फोन्ट को set करने के लिए font bar का प्रयोग करते हैं।
5. फॉरमेटिंग बार से B को क्लिक करके cell के टेक्स्ट को Bold कर सकते हैं।
6. माउस का दाहिनाँ क्लिक करके shortcut मेन्यू भी खोल सकते हैं।
7. प्रिन्ट कमान्ड प्रयोग करके वक्र शीट को प्रिन्ट कराया जा सकता है।
8. तुम अपनी वक्रशीट को चार्ट के फॉरमेट में भी दर्शा सकते हो।
9. चार्ट्स् बनाने के लिए जो कमान्ड प्रयोग में आती हैं उसे चार्ट विजार्ड कहते हैं।
10. चार्ट पर डबल क्लिक करके तुम अपने बनाये चार्ट में कुछ भी बदलाव कर सकते हो।
11. चार्ट में कुछ भी डाटा जोड़ा जा सकता है।
12. यहाँ तक कि चार्ट के लिए पाइवट टेबल भी बनाई जा सकती है।
13. वक्रबुक को सुरक्षित भी किया जा सकता है। ताकि कोई आपके काम को ना छेड़े।
15. विभिन्न cells के बीच में फॉरमूला सम्बन्ध बनाता है।
16. फॉरमूला में बहुत से गणितीय फंक्शन भी प्रयोग होते हैं।
17. बहुत जल्दी से sum (जोड़) को केलकूलेट करने के लिए स्टैण्डर्ड टूल बार पर Autosum बटन भी उपलब्ध है।
18. वक्रशीट में अपनी फिक्स्ट (Fixed) पॉजिशन को बताने वाले reference को Absolute reference कहते हैं।
19. सभी केलकूलेशन के लिए ज्यादातर sum फंक्शन का प्रयोग किया जाता है।
20. विभिनन फंक्शनों को प्रयोग करने के लिए फंक्शन विजार्ड का प्रयोग करें।
21. विभिन्न वक्रशीट्स के डाटा को एक वक्रशीट पर जोड़ा भी (consolidate) भी किया जा सकता है।

पाठ 6-माइक्रोसॉफ्ट एक्ससे 2003

1. डाटा के कलेक्शन को डाटाबेस कहते हैं।
2. डाटाबेस बनाने के लिए माइक्रोसॉफ्ट एक्ससे को प्रयोग किया जाता है।
3. बहुत-सी टेबल्स से या निश्चित कंडीशन में मिलने पर डाटा को प्राप्त करने के लिए query बनायी जाती है।
4. टेबल में सीधे ही डाटा को आसानी से देखने के लिए, डालने के लिए या बदलने के लिए फॉर्म बनाया जाता है।
5. प्रिन्ट में एक निश्चित तरीके से डाटा का दर्शाने के लिए या डाटा को एनालाइज करने के लिए रिर्पोट बनायी जाती है।
7. प्रिन्टिड फॉरमेट में डाटा को दर्शाने का प्रभावशाली तरीका रिपोर्ट है।
8. पेन्सिल का चिन्ह यह बताता है कि जो entry अभी-अभी की है या edit की है वह save नहीं है।
9. एक बार डाटा डल जाने पर, फॉरमेट मेन्यू के विभिन्न टूल्स की सहायता से बदले जा सकते हैं।

10. नयी query बनाने का सबसे अच्छा तरीका विजार्ड से है।
11. विजार्ड का प्रयोग करके फॉर्म भी बनाये जा सकते हैं।
12. विजार्ड के द्वारा रिर्पोट तैयार करने के लिए आपका डाटाबेस तैयार होना चाहिए।

पाठ 7-माइक्रोसॉफ्ट पावर प्वाइंट 2003

1. पावर प्वाइंट चार्टस्, ग्रॉफ्स, स्लाइडस, हैंडआउटस, और प्रेजेन्टेशन के विभिनन फॉरमेट, जो भी किसी ऑफिस में जरुरी होते हैं, बनाने में सहायता करते हैं।
2. पावर प्वाइंट स्टार्ट बटन से, ऑफिस टूल बार से और डेस्कटॉप के ऑइकन से शुरु किया जा सकता है।
3. Auto content wizard से कुछ प्रश्नों के उत्तर द्वारा प्रेजेन्टेशन तैयार किया जा सकता है।
4. सॉफ्टवेयर के द्वारा दिये गये टेम्प्लेटस् से भी प्रेजेन्टेशन बनाया जा सकता है।
5. विभिन्न स्लाइड्स के द्वारा भी प्रेजेन्टेशन को बनाया।
6. प्रेजेन्टेशन को save किया जा सकता है।
7. पावर प्वाइंट में बहुत सारे view भी हैं। सबसे उपयोगी नार्मल view और स्लाइड सोर्टर view हैं।
8. तुम अपने प्रेजेन्टेशन की स्लाइड में टेक्स्ट भी लिख सकते हो।
9. स्लाइडस् का view बदला भी जा सकता है।
10. स्लाइड में टेक्स्ट को ऊपर व नीचे move भी किया जा सकता है।
11. स्लाइड के रंग भी बदले जा सकते हैं।
12. तुम स्लाइड का पैटर्न वाल बैकग्राउंड भी दे सकते हो।
13. टेक्श्चर (Texture) वाला बैकग्राउंड भी बनाया जा सकता है।
14. कोई पिक्चर भी बैकग्राउन्ड में डाल सकते हो।
15. वर्ड की तरह स्पेलिंग चेक करना, Auto correct करना आदि कार्य भी कर सकते हो।
16. प्रेजेन्टेशन में चार्ट भी बनाये जा सकते हैं।
17. चार्ट के सारे गुण प्रेजेन्टेशन में मौजूद होते हैं।
18. स्लाइडस् में विभिन्न तरीके की आकृतियाँ भी बनाई जा सकती हैं।
19. अलग से टेक्स्ट बॉक्स भी बनाया जा सकता है।
20. ॅवतक ।तज से विभिन्न स्टाइल में टेक्स्ट लिखा जा सकता है।
21. स्लाइडस् का क्रम भी बदला जा सकता है।
22. डुपलीकेट स्लाइड भी बनाई जा सकती है।
23. स्लाइड को डिलीट भी कर सकते हैं।
24. सभी स्लाइडस् को एक के बाद एक दिखाने के लिए स्लाइड शो होता है।

25. Audio क्लिप भी डाल सकते हैं।
26. वीडियो क्लिप भी डाली जा सकती है।
27. स्लाइड में विभिनन एक्शन भी डाले जा सकते हैं।
28. यहाँ तक कि एनिमेशन भी जोड़े जा सकते हैं।
29. अपने एनिमेशन भी बनाये जा सकते हैं।

पाठ 8-माइक्रोसॉफ्ट फ्रंटपेज 2003

1. फ्रंटपेज में विजार्ड का प्रयोग करके अपने वेब पेज भी बनाये जा सकते हैं।
2. फ्रंट पेज में टेम्प्लेटस् का प्रयोग करके भी वेब पेज बनाये जा सकते हैं।

पाठ 9-इंटरनेट और ई-मेल

1. कम्प्यूटर नेटवक्र मिलकर के नेटवर्कों का एक नेटवक्र बनाते हैं जिसे इंटरनेट कहते हैं।
2. इंटरनेट इन्फॉरमेशन को बांटने और सॉफ्टवेयर को डाउनलोड करने के लिए होता है।
3. इंटरनेट 1970 ई॰ में ERNET के द्वारा परिचित कराया गया था।
4. इंटरनेट UNDP और DOE (Department of Electronics) ने मिलकर setup किया था।
5. 15 Aug 1995 को VSNL ने GIAS (Gateway Internet Access Service) को लॉन्च किया ाि।
6. IETF इंटरनेट के कम्यूनिकेशन प्रोटोकॉल्स को विकसित करती है और बनाये रखती है।
7. IRTF लम्बे समय की खोज को देखती है।
8. IAB, IETF और IRTF दोनों पर नजर रखती है और इंटरनेट के लिए किसी भी बदलाव को ध्यान देती है।
9. नेटवक्रिंग प्रोटोकॉल की सहायता से मैसेज नेटवक्र में घूमता है।
10. प्रोटोकॉल्स दो प्रकार के होते हैं–इंटरनेट प्रोटोकॉल और ट्रॉन्सिमिशन कंट्रोल प्रोटोकॉल।
11. इंटरनेट को access करने के लिए कम्प्यूटर, मोडेम ISP, टेलीफोन और सॉफ्टवेयर की आवश्यकता होती है।
12. ई-मेल, मैसेजेस् को भेजने और प्राप्त करने का इलैक्ट्रॉनिक साधन है।
13. तुम वेब साइटस् का प्रयोग करके अपना ई-मेल एकाउन्ट स्वयं ही बना सकते हो।
14. तुम अपने PC पर डॉयल-अप नेटवक्रिंग सेट कर सकते हो।
15. स्टार्ट मेन्यू में, एसेसरीज में, कम्यूनिकेशन में जाकर इंटरसेट कनेक्शन विजार्ड को खोल सकते हो।
16. विंडोज 98 को डॉयल-अप सर्वर की तरह सेट कर सकते हो।
17. In box में विभिन्न प्रकार के मैसेजेस, आते हैं। जैसे बिना पढ़ा हुआ मैसेज, ऊँची महत्ता रखने वाला मैसेज, मैसेज जिसका उत्तर दे दिया है आदि।
18. किसी मैसेज को पढ़ने के लिए उस पर डबल क्लिक करो।
19. तुम ई-मेल भेजने के लिए अपनी अलग डिक्शनरी बना सकते हो।
20. वे सभी मैसेज जो तुम भेज रहे हो, उन सभी पर तुम अपने हस्ताक्षर जोड़ सकते हो।
21. तुम ई-मेल के साथ कोई फाइल जोड़ भी सकते हो।

प्रश्न (Questions)

पाठ-1 कम्प्यूटर का बेसिक

1. कम्प्यूटर की विभिन्न जेनरेशन्स का वर्णन करो?
2. IBM कम्प्यूटर अधिक प्रसिद्ध क्यों है?
3. IBM compatible कम्प्यूटर के उपलब्ध विभिन्न versions का वर्णन करो?
4. निम्नखित का वर्णन करो–(a) बाइट (b) किलोबाइट (c) मेगाबाइट (d) Giga byte (गीगा बाइट)

पाठ-2 इनपुट के उपकरण

1. इनपुट उपकरणों (devices) का क्या प्रयोग है?
2. आउटपुट उपकरण क्या है?
3. CD-ROM डाटा केसे स्टोर कर सकती है?
5. हार्ड-डिस्क को Multipurpose (एक साथ बहुत से काम करने वाली) मीडियो क्यों कहा जाता है?
6. प्रिन्टर्स को नॉन-इम्पेक्ट क्यों कहा जाता है?
7. मैग्नेटिक टेपस् (tapes) का ज्यादातर प्रयोग कहाँ होता है।
8. प्रिन्टर्स को इम्पेक्ट क्यों कहा जाता है?
9. पंचेड कार्डस् (Purched carosQ) क्या थे? और ये किसलिए प्रयोग किये जाते थे।

पाठ-3 ऑपरेटिंग सिस्टम-विंडोज XP

1. विंडोज XP के डेस्कटॉप के permanant (हमेशा रहने वाले) ऑइकन कौन-से हैं?
2. स्टार्ट मेन्यू में उपलब्ध विभिन्न options का वर्णन करो।
3. टॉस्क बार के विभिन्न ऑइटम्स का वर्णन करो।
4. My computer का क्या प्रयोग है। इसके भागों का वर्णन करो।
5. फाइलों को कॉपी करने की प्रक्रिया का वर्णन करो।
6. Short cut बनाने की प्रक्रिया का वर्णन करो।
7. नीचे दिये गये विभिन्न कार्यों और ऑइकन का वर्णन करो।

   Appearance और थीम्स् (themes)

   नेटवर्क और इन्टरनेट कनेक्शन्स्

   यूजर एकाउन्ट

   प्राग्राम को जोड़ना/हटाना (Add/Remove)

   दिनाँक, समय, भाषा और क्षेत्रीय (Regional) ऑप्शन्स,

आवाज (Sound), स्पीच (Speach) और ऑडियो उपकरण

Accessability ऑपशन्स

Performance और Maintenance

8. Accessories मेन्यू में उपलब्ध विभिन्न ऑप्शन्स् का वर्णन करो?

Accessibility (एक्सेसीबिलीटी)

कम्यूनिकेशन

एन्टरटेनमेन्ट (Entertainment)

सिस्टम टूल्स

गेम्स

पाठ-4 माइक्रोसॉफ्ट वर्ड 2003

1. वर्ड प्रोसेसिंग क्या है?
2. वर्ड प्रोसेसिंग के विभिन्न गुण क्या है?
3. निम्नलिखित टर्म को परिभाषित करो?

   (a) टेक्सट (b) फोन्ट (c) Arrow keys (d) टेब (Tabs)

   (e) डॉक्यूमेन्ट (f) कर्सर (g) स्पेस बार (h) बैक स्पेस (Back space)
4. माइक्रोसॉफ्ट वर्ड को शुरु करने के विभिन्न तरीकों का वर्णन करो?
5. वर्ड की स्क्रीन के विभिन्न ऑइटम्स का वर्णन करो?
6. तुन नया डॉक्यूमेन्ट कैसे बनाओगे?
7. डॉक्यूमेन्ट को save करने की प्रक्रिया बताओ?
8. Auto save के टाइमिंग (समय) को केसे set करोग?
9. यदि बन्द करने से पहले save नहीं करते हो, तो क्या होगा?
10. किसी Exist (पहले से बने हुए) डाक्यूमेन्ट को खोलने के लिए क्या प्रक्रिया है?
12. टेक्स्ट को Bold, Italic और Underline करने के तरीके को वर्णन करो?
13. फोन्ट डॉयलोग बॉक्स के विभिन्न ऑप्शन्स को वर्णन करो?
14. टेक्स्ट का फोन्ट व आकार केसे बदलोगे?
15. टेक्स्ट का रंग बदलने की प्रक्रिया को बतायें।
16. Alignment क्या होता है? वर्ड में बताये गये विभिन्न alignments को बताओ?
17. पैराग्राफ डॉयलोग बॉक्स के विभिन्न ऑप्शन्स का वर्णन करो?
18. अपने डॉक्यूमेन्ट के विभिन्न पेजों को पेज नम्बर किस प्रकार दोगे?

19. स्पेलिंग किस प्रकार check होती है?
20. स्पेलिंग चेक डॉयलोग बॉक्स के विभिन्न ऑप्शन्स क्या है?
21. प्रिन्ट डॉयलोग बॉक्स के विभिन्न ऑप्शन्स का वर्णन करो?
22. वर्ड के विभिन्न एडिटिंग टूल्स को वर्णन करें।
23. एडिटिंग टूल्स (editing tools) के विभिन्न shortcuts को बतायें?
24. बूलेट्स और नम्बरिंग केसे प्रयोग होती है?
25. बॉर्डर और शेडिंग के विभिन्न ऑप्शन्स का वर्णन करो?
26. वर्ड की विभिन्न टेबस् (Tabs) के बारे में बतायें और ये केसे प्रयोग की जाती है?
27. किसी शब्द को खोजने और उसे बदलने की प्रक्रिया को वर्णन करें।
28. मेल-मर्ज की पूरी प्रक्रिया का वर्णन करें।
29. बायोडाटा बनाने के लिए विजार्ड का प्रयोग केसे करेंगे?
30. हैडर और फुटर क्या होते हैं और ये डॉक्यूमेन्ट में केसे डाले जाते हैं?
31. तुम डाक्यूमेन्ट में चिन्ह (symbol) केसे इन्सर्ट करोगे?
32. डाक्यूमेन्ट में टेक्स्ट को बॉर्डर केसे दोगे?
33. कॉलम्स कमॉन्ड का क्या प्रयोग है?
34. Table of contents केसे बनाओगा?
35. Index बनाने की क्या प्रक्रिया है?
36. बुकमार्क क्यों प्रयोग किये जाते हैं?
37. डाक्यूमेन्ट के शब्द केसे गिने जाते हैं?

पाठ 5-माइक्रोसॉफ्ट एक्सेल 2003

1. एक्सेल को शुरु करने के विभिन्न तरीके के बारे में बताइये?
2. एक्सेल की वर्कशीट के विभिन्न भागों को बताइये?
3. फॉरमुला को कॉपी करने का तरीका बताइये?
4. वर्कशीट को save करने की प्रक्रिया बताइये?
5. अपनी वर्कशीट में (chart) चार्ट केसे इन्सर्ट करोगे?
6. चार्ट विजार्ड की कार्य प्रणाली बताइये?
7. चार्ट को बदलने की क्या प्रक्रिया है?
8. चार्ट में डाटा केसे जोड़ोगे?
9. पाइवर (Divot) टेबल बनाने के की प्रक्रिया का वर्णन करो?

10. वर्कशीट में कमेन्ट डालने (इन्सर्ट) करने की प्रक्रिया का वर्णन करें?
11. वर्कशीट में हैडर व फुटर केसे डालेंगे?
12. दो वर्कशीट को केसे मर्ज (जोड़ेगें) करेंगे?
13. तुम अपनी वर्कशीट को केसे सुरक्षित (Protect) करोगे?
14. एक सेल (cells) की रेन्ज को नाम केसे दिया जाएगा?
15. विभिन्न प्रकार के References का वर्णन करें?
16. गोल सीक (Goal seak) कमान्ड का वर्णन करें?
17. शीटस् को नाम देने की प्रक्रिया का वर्णन करें?
18. वर्कबुक्स् के बीच में टेक्स्ट केसे कॉपी करेंगे?
19. माइक्रोसॉफ्ट एक्सेल फॉरमुला में कौन-कौन से गणितीय चिन्ह प्रयोग होते हैं?
20. Autosum को केसे प्रयोग करेंगे?
21. Auto calculate को प्रयोग करने की प्रक्रिया बतायें?
22. Absolute और Mixed Reference का वर्णन करें?
23. Sum फंक्शन केसे प्रयोग होता है?
24. Average फंक्शन केसे प्रयोग होता है?

पाठ 6-माइक्रोसॉफ्ट एक्सेस 2003

1. डाटाबेस क्या है?
2. नया डाटाबेस बनाने की प्रक्रिया का वर्णन करें?
3. माइक्रोसॉफ्ट एक्ससे को शुरु केसे करोग?
4. फॉर्म विजार्ड का प्रयोग करके फॉर्म केसे बनेगा?
5. विजार्ड का प्रयोग करके रिपोर्ट केसे बनती है?
6. विजार्ड का प्रयोग करते हुए Query बनाने की प्रक्रिया समझायें?
7. निम्नलिखित टर्म को परिभाषित करो–

   1. टेबल 2. Query (क्वेरी) 3. फॉर्म 4. रिपोर्ट

पाठ 7-माइक्रोसॉफ्ट पावर प्वाइंट 2003

1. पावर प्वाइंट केसे शुरु करेंगे?
2. ऑटो कन्टेन्ट विजार्ड का प्रयोग करके प्रेजेन्टेशन बनाने की प्रक्रिया का वर्णन करें?
3. टेम्प्लेटस् का प्रयोग करते हुए प्रेजेन्टशेन बनाने का तरीका समझाये?

4. विभिन्न स्लाइड् को प्रयोग करके प्रेजेन्टेशन केसे बनेगा? उदाहरण देकर बताये?
5. पावर प्वाइंट में प्रेजेन्टेशन पर विभिन्न views का क्या प्रभाव होगा, समझाये?
6. स्लाइड में टेक्स्ट प्रविष्ट करने की प्रक्रिया बताये?
7. विभिन्न प्रकार के बैकग्राउन्ड को वर्णन करें जो आप अपनी स्लाइड्स में दे सकते हों?
8. स्लाइड के टेक्स्ट का alignment केसे बदलेंगे?
9. आप केसे संतुष्ट होंगे कि आपके टेक्स्ट में कोई गलत स्पेलिंग नहीं है?
10. Autocorrect के विभिन्न ऑप्शन को केसे set करोगे?
11. अपनी स्लाइड में ऑडियो क्लिप डालने की प्रक्रिया समझायें?
12. स्लाइड में वीडियो क्लिप केसे डलती है।

पाठ 8-माइक्रोसॉफ्ट फ्रंट पेज 2003

1. विजार्ड का प्रयोग करके वेब पेज केसे बनाओग?
2. टेम्प्लेट्स का प्रयोग करके वेब पेज केसे बनेगा?

पाठ 9-इन्टरनेट और ई-मेल

1. इंटरनेट क्या है? यह केसे काम करता है?
2. (Domain) डोमेन नेम से आप क्या समझते हैं? वर्णन करें?
3. इन्टरनेट access करने के लिए किन मुख्य स्रोतों की जरुरत पड़ती है?
4. इलैक्ट्रॉनिक मेल का वर्णन करें? ई-मेल की टर्म (Terms) भी बताइये?
5. ई-मेल के लाभ व हानियाँ बताये?
6. 15 abbreviations (छोटे फॉरमेट में प्रयोग होने वाले शब्द) लिखें, जो ई-मेल में प्रयोग की जाती है?
7. ई-मेल एकाउन्ट बनाने की प्रक्रिया समझायें?
8. ई-मेल address क्या है?
9. निम्नलिखित साइट्स का address लिखें–

   1. Yahoo (याहू) 2. Hot mail (हॉट मेल)

   3. Radiff (रेडिफ) 4. Mail city (मेल (सिटी)
10. ई-मेल का प्रबन्धन बताये?
11. डॉयल-अप नेटवर्किंग क्या है? डॉयल-अप नेटवर्किंग इन्सटॉल करने के चरण (steps) बतायें?
12. इन्टरनेट कनेक्शन विजार्ड केसे प्रयोग करते हैं?
13. किसी मैसेज का उत्तर (Reply) करने के लिए क्या करोगा।

14. किसी मैसेज को आगे भेजन (forward) के लिए क्या करोगे?
15. किसी मैसेज में किसी विशेष शब्द को खोजने के लिए क्या करोगे?
16. नया मैसेज तैयार करने की प्रक्रिया का वर्णन करें।
17. मैसेज को फ्लेग करने के लिए क्या प्रक्रिया है?
18. मैसेज में हस्ताक्षर केसे करोग?
19. मैसेज में किसी आब्जेक्ट को डालने (Insert) के लिए क्या प्रक्रिया है?